Interkulturelle Studien

Interkulturelle Kontakte und Konflikte gehören längst zum Alltag einer durch Mobilität und Migration geprägten Gesellschaft. Dabei bedeutet Interkulturalität in der Regel die Begegnung von Mehrheiten und Minderheiten, was zu einer Verschränkung von kulturellen, sprachlichen und religiösen Unterschieden sowie sozialen Ungleichheiten beiträgt. So ist die zunehmende kulturelle Ausdifferenzierung der Gesellschaft weitaus mehr als die Pluralisierung von Lebensformen und -äußerungen. Sie ist an Anerkennungs- und Verteilungsfragen geknüpft und stellt somit den Zusammenhalt der Gesellschaft als Ganzes, die politische Steuerung und mediale Repräsentation kultureller Vielfalt sowie die unterschiedlichen Felder und Institutionen der pädagogischen Praxis vor besondere Herausforderungen: Wie bedingen sich globale Mobilität und nationale Zuwanderungs- und Minderheitenpolitiken, wie geht der Staat mit Rassismus und Rechtsextremismus um, wie werden Minderheiten in der Öffentlichkeit repräsentiert, was sind Formen politischer Partizipationen von MigrantInnen, wie gelingt oder woran scheitert urbanes Zusammenleben in der globalen Stadt, welche Bedeutung besitzen Transnationalität und Mehrsprachigkeit im familialen, schulischen wie beruflichen Kontext? Diese und andere Fragen werden in der Reihe „Interkulturelle Studien" aus gesellschafts- und erziehungswissenschaftlicher Perspektive aufgegriffen. Im Mittelpunkt der Reihe stehen wegweisende Beiträge, die neben den theoretischen Grundlagen insbesondere empirische Studien zu ausgewählten Problembereichen interkultureller als sozialer und damit auch politischer Praxis versammelt. Damit grenzt sich die Reihe ganz bewusst von einem naiven, weil kulturalistisch verengten oder für die marktförmige Anwendung zurechtgestutzten Interkulturalitätsbegriff ab und bezieht eine dezidiert kritische Perspektive in der Interkulturalitätsforschung.

Weitere Bände in der Reihe http://www.springer.com/series/12594

Nora Warrach

Hochqualifizierte Transmigrantinnen

Bildungswege und Migrationserfahrungen zwischen Befremdung und Beheimatung

Nora Warrach
Universität zu Köln
Köln, Deutschland

Diese Dissertation wurde von der Humanwissenschaftlichen Fakultät der Universität zu Köln im November 2018 angenommen.

Interkulturelle Studien
ISBN 978-3-658-27704-8 ISBN 978-3-658-27705-5 (eBook)
https://doi.org/10.1007/978-3-658-27705-5

Die Deutsche Nationalbibliothek verzeichnet diese Publikation in der Deutschen Nationalbibliografie; detaillierte bibliografische Daten sind im Internet über http://dnb.d-nb.de abrufbar.

Springer VS

Springer VS ist ein Imprint der eingetragenen Gesellschaft Springer Fachmedien Wiesbaden GmbH und ist ein Teil von Springer Nature.
Die Anschrift der Gesellschaft ist: Abraham-Lincoln-Str. 46, 65189 Wiesbaden, Germany

Vorwort

Die Entstehung der vorliegenden Doktorarbeit fiel zusammen mit weitreichenden politischen Wandlungsprozessen in der Türkei sowie Veränderungen in der bundesdeutschen Politik.

In der aktuellen Zeitgeschichte spitzt sich die politische Beziehung zwischen der EU und der Türkei zu. Die Gezi-Park-Proteste in Istanbul und die Korruptionsaffäre 2013 sowie der Putschversuch 2016 sind dabei nur einige der bedeutenden Ereignisse, die zum gegenwärtigen Wandel der Türkei führen. Der amtierende Präsident Recep Tayyip Erdoğan der Partei AKP lenkt das westlich-demokratisch orientierte Land in eine antidemokratische Kehrtwende. Gerade die Beziehung zwischen der Türkei und Deutschland ist u. a. aufgrund der Inhaftierung deutscher Staatsbürger*innen türkeistämmiger Herkunft, hierunter v. a. Journalist*innen, angespannt. Zeitgleich etabliert sich nach und nach eine Partei in Deutschland, die besonders gegen Mitbürger*innen mit Einwanderungsgeschichte oder -erfahrung aufbegehrt: Die Alternative für Deutschland (AfD) gründete sich 2013 und ist 2017 als drittstärkste Kraft in den Bundestag eingezogen. Die rechts gesinnte AfD schürt Fremdenhass und richtet ihre restriktive Politik beharrlich auf muslimische Mitbürger*innen.

Noch wenige Jahre zuvor, ab 2006, verzeichnete Deutschland eine erhöhte Abwanderung türkeistämmiger Personen in die Türkei. Es konnte davon ausgegangen werden, dass sich hierunter besonders viele sogenannte Hochqualifizierte befanden. Neuere Zahlen zeigen, dass die Zuzüge aus der Türkei wieder die Fortzüge übersteigen. Das Phänomen, die Abwanderung Hochqualifizierter in die Türkei, ist somit als eine einmalige Phase zu bewerten. Interviewmaterial aus dieser Zeit ist daher bedeutsam. Eine Datenanalyse zu gesellschaftlichen und migrantischen Phänomenen in Bezug auf die Türkei kann in eine Zeit „vor Erdoğan" und „während Erdoğan" unterteilt werden.

In dieser Arbeit werden die Lebenswelten hochqualifizierter Frauen porträtiert, die aus unterschiedlichen Beweggründen Deutschland Richtung Türkei verlassen haben. Die Interviews führte ich im August 2014, als Erdoğan zum Präsidenten gewählt wurde. Mein Fokus lag jedoch nicht auf politischen Fragestellungen. Zwar erwähnten meine Interviewpartnerinnen die politischen Ereignisse und teilten ihre persönliche Meinung über Erdoğan mit mir. Hinsichtlich der Forschungsfragen habe ich mich jedoch dazu entschlossen, diese Erzählungen nicht in die Fallportraits zu integrieren. Lediglich bei einer Interviewpartnerin ist etwas zu ihrer Teilnahme an Demonstrationen gegen Erdoğan zu lesen, da sie hierüber ihre Zugehörigkeitsgefühle zur Türkei stärkt.

Nora Warrach

Inhaltsverzeichnis

Abbildungsverzeichnis

Tabellenverzeichnis

Einleitung

1

Der Dualismus Migration und Integration rekurriert in einem öffentlichen Diskurs auf einen bestimmten Typus von Migration und parallel auf eine spezifische Gesellschaftsform: Migrant*innen befinden sich in dieser Perspektive in einer sozial oder ökonomisch prekären Lage und wandern in eine Gesellschaft ein, von der sie sich eine Verbesserung ihrer Lebensbedingungen erhoffen. Die assoziierte Gesellschaft tritt als Kollektiv „Einheimischer" in Erscheinung, die politisch, wirtschaftlich und zivilgesellschaftlich auf die Ankunft und Eingliederung von Eingewanderten[1] zu reagieren hat. Diese Perspektive stellt ein Machtungleichgewicht dar, die Denkstrukturen von „Minderheit" und „Mehrheit" akzentuieren.

In der sozialwissenschaftlichen Auseinandersetzung wird diese einseitige und unausgewogene Sicht auf Migrationsprozesse, die die Grenzziehung zwischen *dem Eigenen* und *dem Fremden* untermauert und die Differenzkategorien „Wir" und „die Anderen" verfestigt, jüngst kritisiert. Mit dieser Kritik einher geht eine Hinterfragung von Nationalstaaten und „Kulturen" als etablierte aber starre Referenzrahmen für die Erforschung von Migrationsprozessen. Die Annahme

[1]Anfangs wurden die angeworbenen Arbeitskräfte als „Gastarbeiter*innen" bezeichnet, als sie in Deutschland blieben, wurden sie zu „Ausländer*innen" und als sie schließlich in Deutschland Kinder zur Welt brachten, wurde aus ihnen „Personen mit Migrationshintergrund" (vgl. Cöster 2016, S. 24). Zu den genannten Bezeichnungen gibt es v. a. aus der Minderheiten- und Ethnizitätsforschung kritische Auseinandersetzungen sowie Vorschläge für andere Terminologien. Zur sprachlichen Differenzierung zwischen Mitbürger*innen mit familiär deutscher Herkunft und jenen mit familiär türkischer (oder sonstiger nicht-deutscher) Herkunft, spreche ich von Einwander*innen bzw. Eingewanderten und beziehe hierbei sowohl Personen mit und ohne deutsche Staatsangehörigkeit ein als auch in Deutschland oder im Ausland geborene Personen, die temporär oder dauerhaft ihren Lebensmittelpunkt in der Bundesrepublik haben.

N. Warrach, *Hochqualifizierte Transmigrantinnen*, Interkulturelle Studien,
https://doi.org/10.1007/978-3-658-27705-5_1

von Nationalstaaten als in sich geschlossene „Container“ und von „Kulturen“ als unvereinbare Entitäten werden unter den Begriffen des methodologischen Nationalismus (hierzu Wimmer und Glick-Schiller 2002) und des methodologischen Kulturalismus (hierzu Hess 2013) kritisiert. Eine kritische Migrationsforschung überwindet und dekonstruiert die von der klassischen Migrationsforschung geprägte normative Annahme, nach der Gesellschaftsmitglieder sesshaft innerhalb gesetzter territorialer Grenzen verweilen: Migration wurde demnach im konventionellen Diskurs als unilaterale Bewegung wahrgenommen und die Folgen von Einwanderung auf die Ankunftsgesellschaft fokussiert (vgl. Pusch 2013, S. 12).

Migration nimmt Einfluss auf Vergesellschaftungsprozesse: Gesellschaften wandeln und verändern sich, öffnen und schließen sich und befinden sich mitunter aufgrund eines kontinuierlichen Kommens, Gehens und Pendelns ihrer Gesellschaftsmitglieder in einem stetigen Prozess der Aushandlung von Zugehörigkeiten und Identitäten, von Eingliederung und Ausgrenzung. Dabei birgt gerade der Austausch unterschiedlicher Menschen unterschiedlicher Herkunft ein essenzielles Potenzial: Die Interaktion kann etwas Neues entstehen lassen, im Sinne des „dritten Raumes“, in dem kulturelle Differenzen Akzeptanz statt Ablehnung erfahren (hierzu Bhabha 1994). Eine Kernthematik, die um den Themenkomplex Migration kreist, ist die Frage nach Zugehörigkeit und Nichtzugehörigkeit: Wer ist Teil einer Gesellschaft? Wer gehört dazu, wer wird ausgegrenzt und wer bestimmt über die Mechanismen von Ein- und Ausgrenzung? Nichtzugehörigkeit ist ein Phänomen, das der Dimension sozialer Fremdheit zugeschrieben wird (hierzu Münkler und Ladwig 1997; Reuter 2002). Es stehen sich jeweils zwei Gruppen gegenüber: „Wir“, die anderen Fremdheit zuschreiben und „die Anderen“, die als Fremde konstruiert werden. In einer sich transnationalisierenden Welt hingegen finden Vergesellschaftungsprozesse statt, die eine Umkehrung oder Überlappung dieser tradierten sozialen Gruppen ermöglichen.

In der interdisziplinären wissenschaftlichen Auseinandersetzung mit Migration ist hinsichtlich der Perspektive auf Emigrations- und Immigrationsprozesse ein Wandel zu verzeichnen, den Nieswand und Drotbohm als „reflexive Wende“ bezeichnen (vgl. ebd. 2014a). Das Forschungsinteresse an transnationalen Migrationsprozessen hat zu einer kritischen Reflexion der Migrationsforschung beigetragen. Eine transnationale Perspektive auf Migration als dynamischen und unabgeschlossenen Wanderungsprozess sowie auf Migrant*innen als handlungsaktive Akteur*innen ihrer individuellen Alltagswirklichkeiten bewirkt ein neues Verständnis von Migration: Migration kann als biographisches Ereignis, als unabgeschlossener Prozess im Lebenslauf und als Wirkmacht auf

Vergesellschaftungsprozesse verstanden werden. Wer aus unterschiedlichen Motiven seinen Lebensmittelpunkt in ein anderes Land verlegt und dabei die Verbindungen zur Herkunfts- und Ankunftsgesellschaft auf sozialer und familiärer, wirtschaftlicher und organisationaler, politischer, religiöser und kultureller Ebene aufrechterhält, kann als „Transmigrant*in" bezeichnet werden (hierzu Glick-Schiller et al. 1992; Han 2010, S. 69). Diese synchrone Einbindung in mindestens zwei Gesellschaftskontexte macht die Gestaltung grenzübergreifender sogenannter „transnationaler sozialer Räume" möglich (hierzu Goldring 1997; Han 2010, S. 68 ff.).

Empirisches Vorgehen

Migration ist so alt wie die Menschheit selbst, da sich Menschen zur Verbesserung ihrer Lebensumstände immer schon auf Wanderschaft begeben haben (vgl. Han 2018, S. 1). Die deutsche Migrationsforschung hingegen ist noch verhältnismäßig jung, sie entwickelte und etablierte sich als interdisziplinäre Forschungsrichtung in der Bundesrepublik als ein Teil der sogenannten „Gastarbeiter*innen" mit dem Anwerbestopp 1973 ihre Familien nachholten und in Deutschland sesshaft wurden. Deutschland als Einwanderungsland rief nicht nur eine politische, sondern ebenso eine wissenschaftliche Auseinandersetzung mit Migration und Integration auf den Plan. Unter dem Einfluss postkolonialer und gendersensibler Ansätze hat sich in der sozialwissenschaftlichen Migrationsforschung jüngst ein Perspektivwandel ausgebildet, der die klassischen Migrationsbegriffe wie „Kultur", „Gesellschaft" und „Identität" sowie auf Assimilation ausgelegte Integrationsmodelle (darunter Esser 2001) kritisch hinterfragt und reflektiert (hierzu Nieswand und Drotbohm 2014a; Mecheril et al. 2013). Aus diesem diversitätsbewussten und differenzbetonten Blickwinkel wird Migration nicht länger als Problem, sondern als Chance wahrgenommen: Neben Studien über Schwierigkeiten mit Bildungspartizipation und Integration geraten neuerdings Biographien derjenigen „Deutschen mit Migrationsgeschichte" in den Blick, die eine hohe Bildungsaspiration aufzeigen und anhand ihrer Entscheidungen und Handlungen klischeebehafteten Lebensverläufen widersprechen (hierzu Transmigrationsstudien bspw. von Sievers et al. 2010; Siouti 2013; Schmitz 2013). Im Besonderen erhalten Frauen im Migrationsgeschehen eine neue Aufmerksamkeit: Wurden Migrantinnen in der Vergangenheit als Hausfrauen oder Heiratsmigrantinnen marginalisiert, wird nun ein Diskurs mit ihnen als handlungsaktive Subjekte und Akteurinnen „auf Augenhöhe" geführt (hierzu Lutz 2004; Dausien 2000).

In dieser Gemengelage der Migrationsforschung hat sich seit 2006 eine sozialwissenschaftliche Auseinandersetzung mit Auswanderungsinteressen und -motiven der *zweiten* und *dritten Generation* türkeistämmiger[2] Personen entwickelt, die als hochqualifiziert gelten und vermehrt Deutschland Richtung Türkei verlassen. Der gegenwärtige Forschungsstand (darunter Alscher und Kreienbrink 2014; Aydın 2011, 2013; Alkan 2011; Sievers et al. 2010) zeigt folgendes Ergebnis: Der wirtschaftliche Aufstieg der Türkei, Heirat oder Familiennähe scheinen ebenso eine Rolle als Auswanderungsmotiv zu spielen wie die Ausweitung von Islamophobie und Rassismus in Deutschland, ein fehlendes Heimatgefühl, mangelnde Identifikation auf gesellschaftlicher Ebene sowie strukturelle und institutionelle Diskriminierungserfahrungen bspw. in Bildungsinstitutionen, am Wohn- oder Arbeitsmarkt (vgl. Aydın 2010, S. 11 ff.; Kaya und Adaman 2011, S. 39; Heinrich-Böll-Stiftung 2011, S. 16). Bisherige Studien eruieren die Abwanderungsmotive vor der Leitfrage, *warum* „erfolgreich integrierte" türkeistämmige Hochqualifizierte von Deutschland in die Türkei auswandern und eruieren diese Frage vordergründig im Kontext des „Kampfes um die klügsten Köpfe". Ich bin mit der Hypothese ins Feld gegangen, dass sich die Bedingungsfaktoren im Ankunftskontext für Frauen zu denen für Männer unterscheiden. Zudem fokussiere ich nicht alleinig ihre Auswanderungsmotive, sondern nehme anhand ihrer Bildungswege und Migrationserfahrungen auch die biographisch bedingten Ursachen in den Blick, die sie zu diesem Schritt bewogen haben. Dass die interviewten Frauen als Töchter türkeistämmiger Eingewanderter in Deutschland zur Welt kamen ist ebenso eine Parallele, wie ihr jeweilig erreichter akademischer Abschluss. Die Entscheidungsprozesse und -momente und Motive, die zur Auswanderung in das Herkunftsland ihrer Eltern führten, sind hingegen höchst individuell: Neben Heirat und Familiennähe werden auch Neugier und Abenteuerlust aufgeführt. Meine Arbeit versteht sich als empirischer Beitrag zu einem Feld innerhalb der qualitativen Migrationsforschung, der neue Impulse und anschlussfähige Konzepte liefert, die auf einer kritischen und reflektierten Auseinandersetzung mit Daten und Theorien basieren. Gleichzeitig entsteht durch die Fokussierung auf den transnationalen Raum zwischen Deutschland und Türkei

[2]Ich werde in dieser Arbeit auf die Bezeichnung „türkeistämmig" zurückgreifen, da diese bezüglich meiner Interviewpartnerinnen am zutreffendsten zu sein scheint. Insbesondere in Bezug auf die in Deutschland lebenden türkeistämmigen Personen gilt zu beachten, dass ein Großteil der oftmals als „die Türk*innen" bezeichneten Gruppe keine eigenen Migrationserfahrungen gemacht hat, sondern in Deutschland geboren wurde (vgl. Hanrath 2011, S. 5). Zudem berücksichtigt der Ausdruck *türkeistämmig* die Heterogenität der Bevölkerung von Menschen in und aus dem „Vielvölkerstaat" Türkei.

ein Blickwechsel, in dem Deutschland als Auswanderungs- und die Türkei als Einwanderungsland in Erscheinung treten.

Wenn Hochqualifizierte türkeistämmiger Herkunft Deutschland verlassen, stellt sich die Frage, ob fehlende Zugehörigkeitsgefühle oder die fehlende Akzeptanz ihrer kulturellen Differenzen ihre Auswanderung begünstigt haben könnten. Die transnationale Perspektive, die in dieser Arbeit eingenommen wird, zeigt hingegen: Begriffe wie „Zugehörigkeit" werden neu ausgehandelt. So können Zugehörigkeitsgefühle auch außerhalb eines gesellschaftlichen und begrenzten Kontextes bestehen bleiben und sich somit auf mehr als eine sozial-gesellschaftliche Gruppierung beziehen und pluri-lokal erfüllt werden. Zugehörigkeit kann sich zudem in unterschiedlichen Facetten niederschlagen: Personen können sich kulturellen Praktiken zugehörig fühlen, aber nicht einem Nationalstaat, sie können sich emotional zugehörig fühlen, aber nicht formal. *Andere Deutsche,* wie Mecheril und Teo Deutsche multiethnischer Herkunft bezeichnen (vgl. ebd. 1994), haben mit der Etikettierung als Fremde umzugehen. Dabei gibt es insbesondere zwei Haltungen, die sich aus der Fremdmarkierung ergeben können: Es als persönliches Schicksal anzunehmen und das stereotype Bild als *self-fulfilling prophecy* zu leben. Oder aber, es zu dekonstruieren und somit als Chance zu begreifen, als Triebfeder für ein Streben nach Selbstverwirklichung.

Die Untersuchungsgruppe, die in dieser Forschungsarbeit in den Blick genommen wird, besteht aus in Deutschland geborenen und aufgewachsenen Frauen aus türkeistämmigen Elternhäusern. Insgesamt wurden im Sommer 2014 acht Frauen in deutscher Sprache in den Städten Istanbul und Izmir interviewt, die seit mindestens 2013 in der Türkei lebten. Die Interviewpartnerinnen verfügen über einen in Deutschland oder der Türkei erlangten universitären Abschluss. Dabei geht es a) um die Gruppe der *zweiten Generation* türkeistämmiger Einwander*innen, da die türkeistämmige Bevölkerung die zahlenmäßig größte Einwanderungsgruppe in der Bundesrepublik ausmacht. Zudem sollen neuere und spezifischere Erkenntnisse zu Fremdheitserfahrungen Anschlüsse für das Verständnis des komplexen deutsch-türkischen transnationalen Raumes liefern. Besonders auffällig ist jedoch, dass ab 2006 erstmals mehr türkeistämmige Personen von Deutschland in die Türkei ausgewandert sind als umgekehrt eingewandert sind.[3] Zudem sollen gerade Personen, die in Deutschland geboren wurden, in den Blick genommen werden, da ihre Wanderung ins

[3]Auch das Jahr 2014 verzeichnet eine negative deutsch-türkische Wanderungsbilanz: Rund 27.800 Zuzüge aus der Türkei standen knapp 32.000 Abwanderungen in die Türkei gegenüber (vgl. BAMF 2014b, S. 3). Im Jahr 2016 verhält es sich bereits wieder anders: Gut 41.300 Zuzüge stehen 30.505 Fortzügen gegenüber (vgl. Statistisches Bundesamt 2018).

Herkunftsland der Eltern hinsichtlich transnationaler Lebensweisen untersucht werden kann. Des Weiteren werden b) ausschließlich Frauen fokussiert, da sie zum einen jahrzehntelang in der Migrationsforschung marginalisiert behandelt wurden. Zum anderen sind gerade Frauen aus türkeistämmigen Familien mit dem Stigma der unterdrückten Tochter versehen. Die Bildungswege und Migrationserfahrungen meiner Untersuchungsgruppe widersprechen jedoch prognostizierten Lebensverläufen, die von einer patriarchalen Familienkultur ausgehen und gerade Töchtern Bildung verweigern. Diese Studie stellt somit Frauen vor, die äußerst individuell auf sie projizierte Fremdheitsbilder aushandeln, subjektive Strategien aus Diskriminierungserfahrungen entwickeln und innerhalb ihrer transnationalen sozialen Räume eigene „Wir"-Gruppen kreieren. Der terminologische Apparat der Migrationsforschung wird durch ihre Selbstbeschreibungen erweitert und trägt somit zur Überwindung dichotomer und essenzialistischer Konzepte bei. Letztlich interessieren in dieser Arbeit c) bildungserfolgreiche Frauen, da ich Bildung als eine Ressource für die transnationale Lebensführung in den Blick nehme. Zudem stellt sich gerade für die spezifizierte Untersuchungsgruppe die Frage nach dem Umgang mit Fremdheitserfahrungen. Die Biographien der Interviewpartnerinnen zeigen in ihren subjektiven Selbstdarstellungen und -positionierungen diverse Irritationsmomente: Sie widersprechen gängigen und vielfach reproduzierten „Normalitätserwartungen" hinsichtlich biographischer Verläufe von türkeistämmigen Frauen aus „Gastarbeiter*innen"-Familien. Dienlich ist daher eine tiefenanalytische individuelle Fallauswertung, um ein differenzierteres Verständnis komplexer Bedingungsfaktoren, fernab von normativ aufgeladenen Alltagsklischees zu ermöglichen. Insgesamt werden vier Fälle detailliert ausgewertet und dokumentiert, die ich nach den Aspekten Bildungsweg, Migrationsgeschichte und -erfahrung sowie dem individuellen Auswanderungsmotiv strukturiere.

Die dieser Arbeit zugrunde liegenden Forschungsfragen zielen auf ein Verständnis transnationaler Lebensweisen, in denen Begriffe wie „Identität" und „Heimat" ebenso neu ausgehandelt werden, wie die subjektive Integrationsleistung oder individuelle Zugehörigkeitsfragen. Hinsichtlich der Untersuchungsgruppe stellt sich auch die Frage nach den Auswanderungsmotiven und gerade danach, was sie bewegt, ihren Lebensmittelpunkt in das Herkunftsland ihrer Eltern zu verlegen. Der Logik des abduktiven[4] Forschungsverfahrens folgend,

[4]Das abduktive Vorgehen der Grounded Theory meint den zirkulären Prozess, in dem es gewisse theoretische Vorannahmen gibt, die empirisch am Material geprüft werden: „Grounded Theory ist keine Theorie, sondern eine Methodologie, um in den Daten schlummernde Theorien zu entdecken" (Strauss 1994).

haben sich im Auswertungsprozess unterschiedliche interessante Aspekte für eine Ergebnisanalyse gezeigt. Letztlich sind verschiedene Faktoren transnationalen Lebens bereits erforscht und qualitativ eruiert, sodass mit dieser Arbeit folgendes Desiderat geschlossen werden soll: Transmigrant*innen scheinen Fremdheitserfahrungen als Chance zu begreifen, als Motor, ihr Streben nach einem im individuellen Verständnis besseren Leben zu realisieren. Hierfür ist mitunter Bildungserfolg ausschlaggebend, sodass im Ergebnis auch eine Begriffsdifferenzierung zum – teils inflationär verwendeten – Begriff des Transmigranten möglich werden soll. Wie also erleben hochqualifizierte Transmigrantinnen Fremdheitskonstruktionen innerhalb transnationalisierter Vergesellschaftungsprozesse und konstruieren eigene „Wir"-Gruppen innerhalb ihrer transnationalen sozialen Räume? Wie gestaltet sich ihr transnationales Leben? Welche Strategien entwickeln hochqualifizierte Transmigrantinnen aus a) Fremdheitserfahrungen und b) ihren pluri-lokalen Zugehörigkeiten?

Aufbau der Arbeit

Die Arbeit gliedert sich in zwei Teile: Im ersten Teil werden die theoretische Rahmung und der Forschungsstand herausgearbeitet. Die theoretische Rahmung verknüpft die transnationale Perspektive mit den Soziologien des Fremden. Der Forschungsstand beleuchtet Bildungshintergründe und Bildungsaufstiegsprozesse türkeistämmiger Mitbürger*innen in Deutschland und explizit die Abwanderung türkeistämmiger Hochqualifizierter von Deutschland in die Türkei. In Teil zwei folgen nach der Präsentation des methodischen Forschungsdesigns die Analyse von vier ausgewählten Einzelfallportraits und schließlich die Extraktion der empirischen Ergebnisse.

Das Konzept der Transmigration (Abschn. 2.1) geht zurück auf die US-amerikanische Sozialanthropologin Nina Glick-Schiller und ihre Kolleginnen (vgl. 1992, 1995) und wurde von Ludger Pries in die deutschsprachige Migrationsforschung eingeführt (vgl. 1997). Dabei löst die transnationale Perspektive (Abschn. 2.2) eine Sichtweise auf Migrationsprozesse ab, die von einer unilateralen Mobilität ausgeht – denn transnationale Migration zeichnet sich durch zirkuläre Bewegungen aus, sodass der Migrationsprozess selbst unabgeschlossen gehalten wird. Die Beobachtung transnationaler Migrationsphänomene und erste Forschungserkenntnisse hierzu zeigten rasch, dass Transnationalität grenzüberschreitend Netzwerke, Felder und Räume entstehen lässt. Transnationale soziale Räume (Abschn. 2.3) rekurrieren dabei nicht auf geographisch begrenzte Territorien, sondern zeichnen sich durch Interaktionsbeziehungen zwischen Herkunfts- und Ankunftsgesellschaften aus (vgl. Gogolin und Pries 2004, S. 11) und gelten somit als „Ausdruck des gleichzeitigen Lebens im Hier und Dort"

(Rommelspacher 2002, S. 170). Die Einführung transnationaler Phänomene hat den Paradigmenwandel einer bis dato konventionell orientierten Migrationsforschung begünstigt. Durch die Kritik an der klassischen Migrationsforschung hat sich eine kritische Migrationsforschung (Abschn. 2.4) ausgebildet, die auf Basis einer terminologischen Reflexion und eines diversitätsbewussten sowie differenzbetonten Ansatzes eine neue Forschungsrichtung zum Gegenstand von Migration einleitet (hierzu Mecheril et al. 2013).

Das dritte Kapitel nimmt eine Verknüpfung der transnationalen Konzepte mit den Soziologien des Fremden vor: Gerade die konstant rezitierte Fremdenfigur Simmels (1908), charakterisiert als potenziell Bleibender und potentiell Wandernder, kann als „Vorreiter" des Typus des Transmigranten gewertet werden. So sollen zunächst vier klassische Sozialtypen des Fremden (Simmel, Park, Schütz und Siu) unter Abschn. 3.1.1 bis 3.1.4 herausgearbeitet werden, um daran anschließende Konzepte zu präsentieren (Abschn. 3.2). Hierzu zählt der avancierende Fremde, den Hüttermann angelehnt an Simmels Fremdenfigur typisiert (Abschn. 3.2.1) und der Transmigrant nach Pries (Abschn. 3.2.2), der die Frage aufwirft, ob der Transmigrant einen weiteren Sozialtypus des Fremden darstellt. Weiterhin präsentiere ich das Phänomen der Hybridität und des „dritten Raumes" nach Bhabha (Abschn. 3.2.3), der die Akzeptanz kultureller Differenzen als Notwendigkeit für Interaktions- und Identifizierungsprozesse voraussetzt. Als weiteres anschließendes Phänomen werden prekäre Zugehörigkeiten *Anderer Deutscher* nach Mecheril (Abschn. 3.2.4) herausgearbeitet. Gerade die zuletzt genannten Phänomene liefern für das Verständnis transnationalen Lebens Antworten: Denn besonders die Zugehörigkeitsfrage und „Sowohl-als-auch-Identitäten" sind im Kontext transnationaler Lebensführung und pluri-lokaler Verortung zentral.

Ausgehend von der Abhandlung klassischer Sozialtypen des Fremden und ausgewählter Anschlüsse an diese, diskutiere ich die Konstruktion von Fremdheit anhand der zwei Dimensionen und diverser Ordnungsmuster (Abschn. 3.3). Daran anknüpfend findet eine Fokussierung auf die Konstruktion der Migrantin als „fremde Frau" statt (Abschn. 3.4). Denn innerhalb eines öffentlich geführten Fremdheitsdiskurses kommt gerade der Migrantin eine gesonderte Rolle als Fremde zu. Der migrationswissenschaftliche Paradigmenwechsel holt das Versäumnis nach, Frauen als aktive und handlungsmächtige Akteurinnen von Migrationsprozessen in den Blick zu nehmen. Ihre Selbst- und Fremdwahrnehmungen in Ankunftskontexten unter Berücksichtigung ihrer Qualifikationen und Erfahrungen aus den Herkunftsländern werden nicht länger ignoriert (hierzu Lutz 2007, 2004; Dausien 2000; Gutiérrez Rodríguez 1999). Gerade die soziale Konstruktion der Migrantin als „andere, fremde, unbekannte, unvertraute" Frau begründet sich immer mehr durch ihre emanzipierten und selbstbestimmten Bildungsbiographien (vgl. Reuter und Warrach 2015). So lässt sich auch an dieser Stelle erneut eine Parallele zu Simmel ziehen: Denn Migrantinnen sind ebenso wie Simmels Fremder systemisch integriert und zeugen von einer Ambivalenz zwischen Nähe und Ferne (vgl. ebd.).

Die Verknüpfung der Soziologien des Fremden und der transnationalen Perspektive soll anhand einer konkreten Untersuchungsgruppe herausgearbeitet werden. Daher folgt zunächst unter Kap. 4 eine Einordnung der deutsch-türkischen Migrationsgeschichte im Zuge der Anwerbung von Arbeitskräften. Der gesellschaftliche Umgang mit sogenannten „Gastarbeiter*innen" sowie ihre individuellen Lebenssituationen in Deutschland (Abschn. 4.1) dient dabei als Hinführung zum Aufwachsen der *zweiten Generation* (Abschn. 4.2), der häufig ein *Kulturkonflikt* „zwischen zwei Stühlen" prognostiziert wurde. Entgegen dieser essenzialistischen These offenbaren Studien jedoch, dass ein nicht zu verachtender Teil der *zweiten Generation* ihr Potenzial gerade aufgrund ihrer Mehrfachzugehörigkeiten (hierzu Mecheril 2003) wahrnimmt sowie einsetzt und sich „auf allen Stühlen" (Otyakmaz 1995) statt „zwischen den Stühlen" verortet.

In Bezug auf die Integrationsfrage etablierte sich die Vorstellung eines Nebeneinanders statt Miteinanders, was durch die Diskussion der Existenz sogenannter „Parallelgesellschaften", also stark wohnräumlich und sozial segregierte Bereiche innerhalb von Stadtteilen, befeuert wurde. Die Integrationsdebatte entflammte vornehmlich an der Frage nach der Existenz von Parallelgesellschaften, in denen nach den Geboten *des Islams* gelebt würde (Abschn. 4.3). In der deutsch-türkischen Migrationshistorie lag der diskursive Fokus jahrzehntelang auf der Problematisierung von Einwanderung und den Defiziten der Eingewanderten und ihrer Nachkommen. Als Argumentationsfolie für Integrationsprobleme dien(t)en konstant „der Islam" und „kulturelle Fremdheit" (hierzu Beck-Gernsheim 2004; Schiffauer 2004; Ha 1999). Anhand der Dichotomie Tradition und Modernität ließen sich aus „westlicher" Sicht Assimilierungsforderungen begründen.

Die faktische Heterogenität der Bevölkerung Deutschlands und ihre Teilhabe bspw. am Bildungs- und Ausbildungssektor sowie am Arbeitsmarkt verdeutlicht eine fortwährende Chancenungleichheit aufgrund ethnischer und kultureller Herkunft (Abschn. 4.4). Dabei gilt Bildung als Schlüssel zur Integration und Integration meint die gleichberechtigte Partizipation und Zugangsmöglichkeiten aller Individuen an den Ressourcen einer Gesellschaft. Da die Forschungsgruppe der vorliegenden Arbeit hochqualifizierte Personen umfasst, werden somit folgend Forschungsbefunde zu Bildungshintergründen und Bildungsaufstiegsprozessen von türkeistämmigen Mitbürger*innen präsentiert (Abschn. 4.5). Vor dem Hintergrund der Herausforderungen und Bedingungen im gesellschaftlichen

Miteinander der deutschen Einwanderungsgesellschaft und türkeistämmigen Einwanderungsfamilien, werden in Abschn. 4.6 die Forschungsbefunde zur Abwanderung türkeistämmiger Hochqualifizierter skizziert, wobei sich terminologische Ungenauigkeiten zeigen, die Transmigration und Remigration nicht klar voneinander trennen. Anschließend arbeite ich die Forschungsbefunde zur Abwanderung türkeistämmiger Hochqualifizierter heraus (4.6). Forschungen über türkeistämmige Hochqualifizierte aus Deutschland in der Türkei (hierzu Aydın 2010, 2013; Sievers et al. 2010; Sezer, Dağlar 2009) kreisten vor allem um die Frage eines *brain-drains* seitens der Türkei: Die Abwanderung der fokussierten Untersuchungsgruppe wird in Zusammenhang mit einem Fachkräftemangel Deutschlands gebracht, sodass vor allem transnationale Arbeitswelten eruiert werden (vgl. Pusch 2013, S. 15).

Vor dem Hintergrund der theoretischen Rahmung, bestehend aus der transnationalen Perspektive und den Soziologien des Fremden, sowie vor der Herausarbeitung der deutsch-türkischen Migrationshistorie und konkreten Forschungsbefunde, leite ich den empirischen Teil anhand der methodischen Zugänge ein. Das Forschungsdesign ist im Spiegel der Migrationsforschung (Abschn. 5.1) entstanden und setzt sich aus dem narrativen Interview (Abschn. 5.2) als Erhebungsmethode und der Grounded Theory als Auswertungsinstrument zusammen (Abschn. 5.3). Auf die Herausarbeitung der Methodenanwendung folgt der Feldzugang, das theoretische Sampling und eine Darlegung, an welchen Stellen ich methodische Ergänzungen vorgenommen habe (Abschn. 5.4). Das Kapitel schließt mit einem Reflexionsprozess meiner Rolle als Forscherin im Feld (Abschn. 5.5), denn „der Diskurs über das Fremde in der Soziologie [muss] durch einen Diskurs über die Konstruktionen des Beobachters in der Soziologie ergänzt werden“ (Reuter 2002, S. 82).

In Kap. 6 werden die Lebensgeschichten von vier ausgewählten Gesprächspartnerinnen als exemplarische Einzelfallanalysen rekonstruiert. Dabei beleuchte ich die Bildungswege, die Migrationserfahrungen und die individuellen Motive für die Auswanderung und formuliere jeweils ein Resümee. Der Forschungslogik der transnationalen Perspektive und kritischen Migrationsforschung folgend, lasse ich meine Interviewpartnerinnen über ihre Erfahrungen sprechen und lege ihre Selbstpositionierungen offen. Einige leitende Untersuchungsfragen sind dabei: Wie gestaltete sich ihr Aufwachsen als Frau aus einer türkeistämmigen Familie in Deutschland? Wie beschritten sie ihren Bildungsweg? Welche Erfahrungen machten sie in den verschiedenen Bildungsinstitutionen? Wodurch nährte sich die Idee, in die Türkei auszuwandern? Und wie vollzogen sie schließlich den Schritt auszuwandern? Welches Motiv legen sie selbst ihrer Auswanderung zugrunde? Und warum führte ihr Weg sie ausgerechnet in die

Türkei, das Herkunftsland ihrer Eltern? Welchen Herausforderungen sehen sie sich als Frau in der Türkei gegenüber? Und wie „bewerten" sie ihr Leben in der Türkei?

Das siebte Kapitel führt die zentralen Ergebnisse der Empirie mit der zuvor geleisteten theoretischen Ausarbeitung zusammen. Auf die Fallkontrastierung erfolgt dabei nahtlos die theoretische Konzeptualisierung. Der Fokus wird hierbei auf zentrale Kategorien gelegt: Das transnationale Leben (Abschn. 7.1), Bildung als Weichensteller für ein transnationales Leben (Abschn. 7.2) und die Lebensführung zwischen Befremdung und Beheimatung im transnationalen sozialen Raum (Abschn. 7.3). Schließlich wird aus diesen Befunden eine Begriffsdifferenzierung zum Typus des Transmigranten nach Pries extrahiert (Abschn. 7.4) und in ein Schema mit den klassischen Sozialtypen des Fremden veranschaulichend integriert (Abschn. 7.5). Abschließend folgen resümierende Schlussbetrachtungen sowie ein Ausblick auf die Situation Deutschlands, der Türkei und der Interviewpartnerinnen (Kap. 8).

Zielsetzung

Vor diesem Hintergrund leistet die vorliegende Arbeit einen Beitrag für die wissenschaftliche Diskussion zu Transmigrationsstudien, einer kritischen Migrationsforschung und Soziologien des Fremden. Gerade die Verknüpfung der transnationalen Perspektive mit den Soziologien des Fremden soll dabei Differenzierungsansätze bieten und zum Verständnis komplexer Aushandlungsstrategien mit Fremdheitserfahrungen beitragen. Die Debatte zum politischen Wandel der Türkei und Implikationen für Integrationspolitiken können allerdings nicht bedient werden. Dafür sollen die komprimierten biographischen Narrationen der Interviewpartnerinnen umso mehr dazu dienen, den Blick auf Einwanderungsfamilien im Allgemeinen und auf Frauen mit Migrationsgeschichte im Besonderen zu schärfen. Diese Arbeit soll somit der Leserin und dem Leser selbst die Möglichkeit geben, Perspektivwechsel einzunehmen, sich für Multiperspektivität zu sensibilisieren und „schon immer" vorhandene Vorstellungen über das Leben *der Anderen* zu hinterfragen.

2 Transnationale Perspektive und Konzept der Transnationalität

Die Migrationsforschung unterliegt einem Wandel: Von Forschungsarbeiten, die die Ursachen von Migration nach einem klassischen Pusch-Pull-Modell fokussierten, hat sich das Interesse seit gut zwei Jahrzehnten zu solchen Forschungsansätzen hin verschoben, die eruieren, „*wie* und *warum* die Migrationsprozesse trotz veränderter Bedingungen fortgesetzt werden" (Glorius und Matuschewski 2009, zitiert nach Pusch 2013, S. 12, Hervorhebung NW). Transnationalismus und Transmigration beziehen sich auf häufige, unregelmäßige und grenzüberschreitende Verlagerungen von Wohnorten, wodurch soziale Felder, pluri-lokale Netzwerke und transnationale Räume jenseits von nationalstaatlichen Grenzen entstehen (vgl. Merz-Benz 2015, S. 105).

Den theoretischen Rahmen dieser Arbeit bilden die Konzepte der Transmigration und die transnationale Perspektive. Zunächst soll daher Transmigration beleuchtet werden, um daran anschließend die transnationale Perspektive auf Migrationsprozesse zu eröffnen. Ergänzt wird die Perspektive durch die Herausarbeitung des Konzepts transnationaler sozialer Räume. Anhand der Kenntnisse über die Entwicklungen der Transnationalismusforschung wird daran anschließend die Kritik an einer konventionellen Migrationsforschung dargestellt, durch die sich eine sogenannte „kritische Migrationsforschung" etabliert hat.

2.1 Transmigration

Der Begriff der Transmigration ist seit den 1990er Jahren Bestandteil der wissenschaftlichen Auseinandersetzung verschiedener Disziplinen (darunter Soziologie, Ethnologie sowie Kultur- und Sozialanthropologie) und bezeichnet einen Idealtypus transnationaler Migrationsprozesse. Als neues Phänomen von

N. Warrach, *Hochqualifizierte Transmigrantinnen*, Interkulturelle Studien,
https://doi.org/10.1007/978-3-658-27705-5_2

Migrationsbewegungen typologisierten zunächst US-amerikanische Wissenschaftler*innen die sogenannten „Transmigrant*innen", die sich durch ihre multilokalen sozialen Kontakte, die sie grenzübergreifend aufrechterhalten, vom traditionellen Einwanderungstypus unterscheiden (vgl. Han 2010, S. 61). Die ersten Definitionsansätze führen dabei auf Nina Glick-Schiller, Linda Basch und Cristina Szanton Blanc (1992) zurück, die aus sozialanthropologischer Perspektive Transnationalismus als den Prozess definieren, bei dem Immigrant*innen soziale Felder aufbauen, die ihr Herkunftsland und ihr Zielland miteinander verknüpfen: Diejenigen, die diese sozialen Felder kreieren, bezeichnen sie als Transmigrant*innen (vgl. Glick-Schiller et al. 1992, S. 1).

> We have defined transnationalism as the processes by which immigrants build social fields that link together their country of origin and their country of settlement. Immigrants who build such social fields are designated ‚transmigrants'. Transmigrants develop and maintain multiple relations – familial, economic, social, organizational, religious, and political that span borders. Transmigrants take actions, make decisions, and feel concerns, and develop identities within social networks that connect them to two or more societies simultaneously (Glick-Schiller et al. 1992, S. 1 f.).

Bereits 1995 ergänzen sie ihre Definition der Transmigration: Während sie 1992 noch alleinig von der Beziehung und Verortung zwischen Herkunfts– und Einwanderungsland ausgehen, erweitern sie das Konzept der Transmigration, in dem sie den Bezugsrahmen transnationaler Beziehung von Migrant*innen auf *mehrere* Gesellschaftskontexte erweitern (vgl. Glick-Schiller et al. 1995, S. 48). Dadurch sind Transmigrant*innen mit mehreren Gesellschaften gleichzeitig verbunden (vgl. ebd.), ohne dass aufgrund ihrer Migrationsprozesse ein *Bruch* mit einem ihrer gesellschaftlichen Bezugsrahmen entstehen würde. Aus dem nordamerikanischen Forschungskontext hat der Soziologe Ludger Pries die Transnationalismusforschung in die deutschsprachige Migrationsforschung eingeführt. Pries definiert Transmigration zunächst als Form der Migration, bei der ein häufiger Wohnortwechsel zwischen Ländern, dessen Ursache ökonomisch oder organisational bedingt ist, stattfindet (vgl. Gogolin und Pries 2004, S. 7 f.). Als Hauptmerkmal gilt, dass sich Transmigrant*innen pluri–lokal positionieren und ihre sozialen Alltagswelten gleichzeitig in den jeweiligen Regionen aufrechterhalten (vgl. ebd., S. 9 f.). Die Sozialanthropologin Janine Dahinden verweist ebenfalls auf multiple Verbindungen als Kern von Transnationalität (vgl. ebd. 2009, S. 17). Diese Verbindungen spannen Transmigrant*innen an verschiedenen Orten gleichzeitig auf, sodass sie ihre Bindungen über nationale Grenzen hinweg bewahren und pflegen (vgl. ebd.). Glick-Schiller et al., Pries und Dahinden zentrieren die Aspekte der gleichzeitigen Interaktion und grenzübergreifenden

„pluri-lokalen“ (Gogolin und Pries 2004) bzw. „multiplen“ (Dahinden 2009) Verbindung zu unterschiedlichen Gesellschaften als Merkmale transnationalen Lebens.

Die traditionelle Herangehensweise an eine unilaterale Migration, wird durch die zirkuläre Charakterisierung des neuen Typus der Transmigration abgelöst (vgl. Han 2010, S. 61; Dahinden 2010, S. 396). Die verschiedenen Migrationsprozesse von Auswanderung über Integration bis zur Remigration entstehen demnach in transnationalen (sozialen) Räumen[1] (vgl. Dahinden 2010, S. 396; Han 2010, S. 69). In diesen grenzüberschreitenden transnationalen Räumen spannen sich die „subjektiven Selbst- und Fremdverortungen der Menschen und ihre tatsächlichen Positionssequenzen“ (Gogolin und Pries 2004, S. 7) auf. Im Zentrum der Transnationalismusforschung befinden sich die multiplen oder pluri-lokalen Verbindungen von Transmigrant*innen, die auf einen dynamischen Verlauf des unabgeschlossenen Migrationsprozesses verweisen, der keinen *Bruch* mit dem Herkunftsland bedeutet, sondern eine gleichzeitige Verbindung zwischen dem Herkunftskontext und weiteren Gesellschaften erlaubt (vgl. ebd.). Denn Transmigrant*innen bringen ihre sozialen Bindungen aus ihren Herkunftskontexten und damit partiell auch tradierte Lebensweisen, religiöse Ansichten sowie Kunst– und Kulturgüter in den Ankunftskontext mit (vgl. Rommelspacher 2002, S. 170). Gleichzeitig tätigen sie vom Ankunftsland aus finanzielle Transaktionen ins Herkunftsland und lassen ihre sozialen Herkunftskontakte gleichermaßen an „neuen“ Konsumgütern, Lebensformen und Einstellungen teilhaben (vgl. ebd.). Diese Erkenntnisse führen zu neuen Forschungsansätzen in der Migrationsforschung, darunter die Entwicklung von Netzwerkanalysen, um die multiplen grenzübergreifenden Vernetzungen von Transmigrant*innen erfassen zu können.[2]

Als Hauptmerkmal der Transmigration gilt die grenzübergreifende Verbindung zwischen Herkunfts– und Einwanderungsgesellschaft in familialer, wirtschaftlicher, sozialer, organisationaler, politischer, religiöser und kultureller Beziehung (vgl. Glick-Schiller et al. 1992; Han 2010, S. 69). Anhand von vier Kriterien zeichnet Pries den Transmigranten als Idealtypen internationaler Migration[3] aus (vgl. Gogolin und Pries 2004):

[1]Eine nähere Beleuchtung der Bedeutung transnationaler Räume folgt unter Abschn. 2.3.

[2]Michael Schönhuth, Markus Gamper et al. haben den sogenannten VennMaker entwickelt, eine Software, die die Vernetzung sozialer Netzwerke auf einer digitalen Karte visualisiert.

[3]Im Verständnis internationaler Migration als einmalige, langfristige oder permanente Verlagerung des Lebensmittelpunktes in ein anderes Land unterscheiden Pries und Gogolin zwischen Emigration/Immigration, Rückkehr-Migration/Remigration und Diaspora-Migration

1) Das *Verhältnis zur Herkunftsregion* ist durch Ambivalenz und als Gemengelage gekennzeichnet. Gleichermaßen gestaltet sich auch 2) das *Verhältnis zur Ankunftsregion*. Das 3) *Motiv* für die Migration kann wirtschaftlich begründet sein, jedoch können auch politische und organisationale Gründe als Triebfeder gewertet werden. Hinsichtlich des 4) *zeitlichen Aspekts* verlagern Transmigrant*innen ihren Lebensmittelpunkt teils kurzfristig und vorübergehend und halten ihren Wanderungsprozess unabgeschlossen (vgl. ebd., S. 7 f.). Am Exempel einer deutsch-türkischen Großfamilie veranschaulicht Pries die transnationale Perspektive und einen möglichen Entwurf transnationalen Lebens:

> Aufgrund neuer Technologien treffen sich die Mitglieder des großverwandtschaftlichen Zusammenhangs mit großer Regelmäßigkeit direkt und persönlich, z. B. auf Urlaubs- und Verwandtschaftsbesuchen. Gleichzeitig tauschen sie sich regelmäßig in Echtzeit mithilfe moderner Kommunikationsmedien über ihre alltägliche Lebenswelt aus. Vor allem die jüngeren Familienmitglieder treffen sich – unabhängig von ihrem gegenwärtigen tatsächlichen Wohnort – vielleicht täglich in einem sozialen Netzwerk (wie Facebook oder StudiVZ) oder skypen regelmäßig abends mehrmals in der Woche miteinander. Die älteren Mitglieder dieser transnationalen Familie pendeln z. B. als Rentner vielleicht zwei bis drei Mal im Jahr zwischen Orten in Deutschland und der Türkei hin und her, übernehmen die Versorgung und Pflege von Kranken oder Kindern und erscheinen zu den wichtigen familiären Festanlässen. Die Familienmitglieder mittleren Alters fahren zumindest einmal im Jahr zu Besuch oder für bedeutende Familienanlässe (Hochzeiten, Beerdigungen) in die Orte, in denen andere Teile des Familienverbandes leben. Auf diese Weise sind die an zwei oder fünf oder zehn verschiedenen Orten in der Türkei und in Deutschland lebenden Familienmitglieder in einer Art und Weise unmittelbar miteinander verbunden, die sich eventuell kaum von der Dynamik eines Familienverbandes unterscheidet, dessen Personen über Generationen in nur einer Nationalgesellschaft verteilt leben. Vergleichsweise preiswerte grenzüberschreitende Transportmöglichkeiten sowie die hohe Qualität und wirtschaftliche Verfügbarkeit moderner Informations- und Kommunikationstechnologien relativieren die Bedeutung der absoluten geographischen Raumdistanz zwischen Teilen sozialer Gruppen ganz erheblich (Pries 2010a, S. 14).

Das transnationale mehrgenerationale Familienleben, das Pries hier beispielhaft illustriert, verdeutlicht zudem die Möglichkeit einer transnationalen Remigration am Beispiel der Älteren, die gegebenenfalls ihren Lebensmittelpunkt zurück in ihr Herkunftsland verlegen, aber kontinuierlich am Leben der Jüngeren im Ankunftskontext partizipieren.

(vgl. 2004, S. 7). Hinsichtlich eines häufigen Wechsels zwischen mehreren Ländern kennzeichnen sie Transmigrantion als vierten Idealtypus internationaler Migration (vgl. ebd.).

2.2 Transnationale Perspektive

In gegenwärtigen wissenschaftlichen Publikationen zeigt sich, dass bis dato durch das Präfix „inter" ausgezeichnete Terminologien von „trans"-Begriffen nicht nur abgelöst wurden, sondern die Verschiebung von „inter" zu „trans" einen Perspektivwechsel markiert. Es geht nicht mehr um Konzepte von „Interkulturalität" und „Internationalität", sondern „Transkulturalität" und „Transnationalität". Es lässt sich somit festhalten, dass das Präfix „trans" auf eine Distanzierung von etablierten Konzepten verweist und auf ein *Dazwischen* rekurriert, in dem Identitäten, Zugehörigkeiten und Differenzkategorien neu ausgehandelt werden:

> Während die Vorsilbe *inter* an einer binären Logik des Entweder-Oder festhält und damit Identität und Differenz als sich wechselseitig ausschließende Entitäten gegenüberstellt, verweist das *trans* auf die *wechselseitige* Überlagerung von Zugehörigkeiten und auf grenzüberschreitende Kombinationen von Identitätsaspekten *innerhalb* der sichtbaren Differenzen (Reuter und Wieser 2005, S. 59, Hervorhebung im Original).

Wie bereits an der Ausarbeitung von Transmigrant*innen deutlich geworden ist, lässt sich aus der transnationalen Perspektive festhalten, dass Transmigrant*innen durch die Infragestellung tradierter Zugehörigkeiten und Identitäten, die Einwanderungsgesellschaft *verunsichern,* „weil sie keine ‚tiefe' stimmige Identität besitzen und Sortierangebote zwischen eigener und fremder Kultur entlang (national)staatlicher Grenzen fraglich machen" (ebd., S. 69).

Transnationalisierung ist ein vielschichtiges Phänomen, ein bedeutendes Forschungsparadigma, das neue und kritische Perspektiven auf die bisherigen Annahmen von Migrationsprozessen und deren Folgen und Auswirkungen für die Herkunfts- und Einwanderungsgesellschaft hervorbringt und die migrierenden Akteur*innen selbst ins Zentrum rückt:

> Der Begriff der Transnationalisierung versucht hingegen, die durch Migrationsprozesse eingetretenen Veränderungen auf der Ebene der handelnden Subjekte und der durch sie hergestellten Sozialräume – in Konfrontation mit und Reaktion auf nationalstaatliche wie supranationale Policies – zu begreifen. […] Das Konzept stellt zugleich eine Kritik an der dominanten Vorstellung dar, welche Migration als unidirektionalen Weg und begrenzten raum-zeitlichen Prozess von einem Herkunfts- in ein Aufnahmeland versteht (Apitzsch 2009, S. 123 f.).

Aus einer transnationalen Perspektive werden die Transmigrant*innen als handlungsaktive Akteur*innen analysiert und in den Fokus empirischer

Untersuchungen gestellt. Ludger Pries hat das Phänomen der Transmigration intensiv am Beispiel von Mexikaner*innen analysiert, die sich eben nicht nur durch ihre zirkuläre Mobilität zwischen Mexiko und den USA auszeichnen, sondern ihre transnationalen sozialen Räume grenzunabhängig aufrechterhalten (vgl. Pries 2015, S. 51 ff.). Die Transnationalismusforschung ist im nordamerikanischen Raum beheimatet, wo Wissenschaftler*innen v. a. Migrationsformen und -typen sowie die Ausbildung transnationaler Räume zwischen Mexiko, aber auch anderen südamerikanischen sowie karibischen Staaten und den USA erforschen. Da der Status als Einwanderungsland in den USA nie derart infrage gestellt wurde wie in der Bundesrepublik, konnte sich der transnationale Forschungszweig dort bereits früh etablieren. Verzögert wurde eine entsprechende Forschungsentwicklung in Deutschland durch den restriktiven Umgang mit Einwanderung seit den 1950er Jahren, insbesondere seit dem Anwerbestopp 1973. In wertvollen und detailgetreuen Niederschriften hat Pries die Transnationalisierung begreifbar werden lassen, verwiesen sei hier u. a. auf *Die Transnationalisierung der sozialen Welt* (2008, 1. Aufl.)[4]. So fällt es schwer, in einem Untergliederungspunkt der Komplexität einer transnationalen Perspektive gerecht zu werden. Daher werden jene Bezugspunkte komprimiert herausgearbeitet, die für den Gesamtzusammenhang der vorliegenden Forschungsarbeit bedeutungsvoll erscheinen.

Transnationalisierung zeichnet Pries durch eine gleiche Gewichtung unterschiedlicher Lokalitäten aus, die sich über Ländergrenzen hinweg aufspannen und so neue sozialräumliche Beziehungsgeflechte gestalten (vgl. Pries 2015, S. 160). In der transnationalen Vergesellschaftung sind in netzwerkförmiger Struktur „die alltagsweltlichen Sozialbeziehungen, soziale Positionierungen, geografische Projekte, die Identitäten oder Haushaltsstrategien und auch die Organisationsstrukturen" (ebd., S. 161) miteinander verflochten. Verdeutlicht werden können die genannten Netzwerkstrukturen wie folgt: Eine auf mehrere Länder verteilt lebende Familie kann die unterschiedlichen Orte mit unterschiedlichen Funktionen belegen. So kann es jene Orte geben, an denen Familienmitglieder Geld verdienen (z. B. Frankfurt am Main, Istanbul oder Amsterdam), an einem anderen Ort lassen sich die Älteren für ihren Ruhestand nieder (z. B. in der Eifel, an der Ägäis oder auf Mallorca) und an wiederum einem anderen Ort bilden sich die jüngeren Familienmitglieder aus (z. B. Köln, Ankara oder Brüssel). So entstehen

[4]Pries führt in dem genannten Buch u. a. sieben internationale Vergesellschaftungsformen auf: Inter-, Supra- und Re-Nationalisierung, Globalisierung, Glokalisierung, Diaspora–Internationalisierung und Transnationalisierung.

pluri-lokale Sozialräume. Allerdings ist ein Zentrum als Bezugspunkt für die *zweite* oder *dritte Generation* oftmals nicht mehr eindeutig: „Sie fühlen sich sowohl im Herkunftsort wie auch im Ankunftsland ihrer Vorfahren einerseits zu Hause und andererseits als Fremde" (ebd., S. 162)[5]. Identitäts- und Zugehörigkeitsfragen, Vorstellungen zur Zukunft und hinsichtlich des Lebensmittelpunktes werden dynamisch ausgehandelt und können weder genau noch eindimensional beantwortet werden – Transmigrant*innen lassen sich in diesen bisher als starre Eigenschaften, die Individuen formen und prägen, nicht festlegen: „Transnationale Sozialräume sind auf der lebensweltlichen Ebene häufig mit multiplen und dynamischen Selbstvergewisserungen und Lebensprojekten verbunden, sie besitzen keine eindeutige flächenräumliche Präferenz" (ebd., S. 163). Somit lassen sich durch die Transnationalismusforschung „Sozialräume jenseits von Nationalgesellschaften" (Pries 2008) in den Blick nehmen, die durch transnationales Leben geschaffen und gestaltet werden.

Die transnationale Perspektive fokussiert grenzüberschreitende und grenzunabhängige Netzwerke sowie die Akteur*innen, die diese Netzwerke gestalten. Deutlich wird, dass in einer sich transnationalisierenden Welt das Modell von Nationalstaaten als in sich geschlossene „Container" nicht nur infrage gestellt wird. Der Bezugsrahmen nationalstaatlicher Grenzen zur Erklärung und Aushandlung von Migrationsprozessen wird gar zur Herausforderung, die es zu dekonstruieren gilt, um eine tradierte klassische Sichtweise zu reflektieren sowie neue Blickwinkel zu gewinnen. Die transnationale Perspektive hinterfragt das bis dato klassische Modell von Nationalstaaten, um das sich die Konzepte einer klassischen Migrationsforschung zentrieren: Die einem nationalen Kontext zugeordnete Gesellschaft ist in den Sozialwissenschaften als *„natürliche Bezugseinheit"* (Pries 2010a, S. 17, Hervorhebung im Original) analysiert worden. Faist et al. verweisen auf klassische Assimilationstheorien und wissenschaftliche Studien, die die Annahme von territorialen Containern aufgreifen und somit „eine Deckungsgleichheit von Gesellschaft, der nationalstaatlichen Institutionen und des betreffenden territorialen Rahmens" (ebd. 2014, S. 156) unterstellen. Bezeichnet wird diese tradierte Sichtweise als methodologischer Nationalismus, den Wimmer und Glick-Schiller wie folgt definieren: „We are designating as *methodological nationalism* the assumption that the nation/state/society is the natural social and political form of the modern world" (ebd. 2002, S. 302, Hervorhebung im Original). In einer geschichtlichen und interdisziplinären Auseinandersetzung filtern sie drei Arten des methodologischen Nationalismus heraus:

[5]Eine nähere Auseinandersetzung zu Fremdheit folgt unter Kap. 3.

> The three variants of methodological nationalism that we have discerned in our *tour d'horizon* across disciplines and times are thus ignorance, naturalization and territorial limitation. The three modes intersect and mutually reinforce each other, forming a coherent epistemic structure, a self-reinforcing way of looking at and describing the social world. The three variants are more or less prominent in different fields of enquiry. Ignorance is the dominant modus of methodological nationalism in grand theory; naturalization of 'normal' empirical science; territorial limitation of the study of nationalism and state building (Wimmer und Glick-Schiller 2002, S. 308, Hervorhebung im Original).

Wimmer und Glick-Schiller verweisen auf die Beschränkung auf ein bestimmtes und festgelegtes Territorium im Sinne der Container-Perspektive, was in der Wissenschaft naturalisiert werde und somit andere Referenzsysteme ignoriere. Sie plädieren für einen Richtungswechsel in der Migrationsforschung zur Überwindung des methodologischen Nationalismus, in dem der Fokus auf transnationale *communities* statt auf das Zusammenspiel von Nationen und Einwander*innen gesetzt wird (vgl. ebd. 2002, S. 324). Damit einher geht eine Verschiebung in der Betrachtungsweise von Eingewanderten: „Describing immigrants as political security risks, as culturally others, as socially marginal and as an exception to the rule of territorial confinement, migration studies have faithfully mirrored the nationalist image of normal life" (Wimmer und Glick-Schiller 2002, S. 325). Migration wird also zum „Sicherheitsrisiko", in dem Migrant*innen als Ausnahmen zum Regulativ der „Sesshaften" werden. Faist et al. betonen, dass die Rolle des Nationalstaates im Zusammenhang mit Migrationsprozessen selbstredend nicht negiert werden dürfe – und auch nicht negiert werden kann, da wir de facto in einer *begrenzten* Welt leben –, gleichwohl der Nationalstaat als *einziger* wie *hauptsächlicher* Referenzrahmen zum Verständnis transnationaler sozialer Räume und der Praktiken transnationalen Lebens nicht ausreichend ist, gar in der Perspektive auf Transnationalität hinderlich sein kann (vgl. ebd. 2014, S. 157). Die transnationale Perspektive ergänzt bestehende Theoreme, die eine Vogelperspektive einnehmen, wie etwa die Weltsystem-Theorie[6] oder die globale Netzwerktheorie[7], durch den Blickwinkel der Migrant*innen (vgl. Faist

[6]Die Weltsystem-Theorie, entstanden in den 1970er Jahren, nimmt die Beziehungen von Staaten in den Blick, die sich durch eine kapitalistische Weltökonomie verändern. Immanuel Wallerstein, einer der Mitbegründer dieser Theorie, ist dabei der Frage nachgegangen, wie sich das moderne und globale Welt-System allumfassend verstehen lassen kann.

[7]Die globale Netzwerktheorie, oder auch Netzwerkgesellschaft nach Manuel Castells (1996), versucht die sich durch moderne Kommunikationsmittel und -wege verändernde Gesellschaft zu erklären. Da nationalstaatliche Grenzen aufgrund länderübergreifender Kommunikation in den Hintergrund geraten, werden die sozialen Netzwerke in den Blick genommen.

et al. 2014, S. 157 f.). Dabei richtet die transnationale Perspektive ihren Fokus darauf, *wie* die grenzüberschreitenden und grenzunabhängigen Verknüpfungen sozialer Praktiken von den entsprechenden Akteur*innen gestaltet und realisiert werden: „Prozesse der Transnationalisierung, Transnationale soziale Räume und Transnationalität werden damit als Heterogenität und folglich als Merkmal von Akteuren analysiert" (ebd., S. 197). Glick-Schiller spricht auch von einer „ethnischen Brille" *(ethnic lens),* die sich im methodologischen Nationalismus widerspiegelt: „Wenn die Migrationsforschung eine transnationale Perspektive auf Migration durch die ‚ethnische Brille' einnimmt, geht sie davon aus, dass Migrantinnen mit gemeinsamer ethnischer Identität eine transnationale Gemeinschaft bilden, die eine Verbindung zwischen Herkunfts- und Zuwanderungsland herstellt" (ebd. 2014, S. 158). Hinsichtlich der Gesellschaft als Referenzrahmen für Migrationsprozesse, insbesondere im Kontext klassischer Integrationsforschung und Assimilationsansätze gestaltet sich der methodologische Nationalismus somit zum Schauplatz aller Kritik (vgl. Nieswand und Drotbhom 2014b, S. 11). Deutlich wurde dadurch allemal, dass nationalstaatliche Grenzen nicht deckungsgleich mit gesellschaftlichen Grenzen verlaufen, sondern soziale Beziehungen, Netzwerke und Communities grenzüberschreitend gelebt und gestaltet werden (vgl. ebd., S. 12). Dass der methodologische Nationalismus erkannt wurde und durch eine kritische Haltung hinterfragt, gar zurückgewiesen wird, ist als reflexiver Prozess hervorzuheben, der die Herausbildung einer kritischen Haltung und Perspektive in der Migrationsforschung unterstreicht (siehe hierzu Abschn. 2.4).

2.3 Transnationale soziale Räume

In der Abhandlung von Transmigrant*innen und der Hinführung zur transnationalen Perspektive wurde bereits auf transnationale soziale Räume (transnational social spaces) hingewiesen, die durch die Prozesse transnationaler Migration entstehen. Han definiert unter Verweis auf Luin Goldring (1997) transnationale soziale Räume als lebensweltliche Konfigurationen, die geographisch losgelöst sind und in denen alltägliche Abläufe und Routinen auf individueller sowie kollektiver Ebene erfüllt werden können (vgl. Han 2010, S. 69). Auch Apitzsch konkretisiert,

> dass transnationale Räume keine geographischen Orte oder Verkehrsverbindungen sind, sondern unsichtbare Strukturen vielfach vernetzter staatlicher, rechtlicher und kultureller Übergänge, an denen die Individuen sich biographisch orientieren und in die sie zugleich als Erfahrungskollektive verstrickt sind (Apitzsch 2003, S. 69).

Mecheril stellt heraus, dass „das faktisch-imaginative Bewegen zwischen Zugehörigkeitskontexten“ (Mecheril 2010, S. 51) als zentrales Erlebnis von Transmigrant*innen gewertet werden kann. In diesen Zugehörigkeitskontexten entstehen, so führt Mecheril weiter aus, auf sozialer, materieller und subjektiver Ebene transnationale Räume (vgl. ebd.). Goldring blickt anhand ihrer Studie mexikanischer Transmigrant*innen auf die Gestaltung ebenjener transnationalen sozialen Räume:

> In other words, the transnational social space, and the locality of origin in particular, provide a special context in which people can improve their social position, make claims about their changing status and have it appropriately valorized, and participate in changing their place of origin so that it becomes more consistent with their changing expectations and statuses. […] This exploration of reasons behind the maintenance of transnational social spaces points to a need to broaden existing conceptions of citizenship, so that practices that express social, cultural, political, and civic claims/rights are examined in a transnational context (Goldring 1997, S. 180f.).

Der transnationale soziale Raum zeichnet sich also als dynamischer *space* aus, an dem eine Aufwertung des Selbst unter anderem durch Statusverschiebungen der Akteur*innen erfolgen kann.

Han hat den Versuch unternommen, die zentralen Termini transnationaler Migration in einer Systematik zu erfassen, wodurch veranschaulicht wird, dass sich acht Aktivitäten im transnationalen sozialen Raum unterscheiden lassen; dabei ist die Reihenfolge rein theoretisch an die prozesshafte Entwicklung angelehnt (vgl. Han 2010, S. 69): Im Herkunftskontext zurückgebliebene und ausgewanderte Familienmitglieder sind bestrebt, miteinander in Kontakt zu bleiben. So bilden sich 1) *transnationale Familien,* die aufgrund ihrer grenzübergreifenden Interaktionen einen transnationalen sozialen Raum erst entstehen lassen. Dabei bildet die transnationale Familie die Basis für den transnationalen sozialen Raum, die über nationalstaatliche Grenzen hinweg ihren Kontakt und ihre familiäre Beziehung aufrechterhält. Folglich bilden sich 2) *transnationale soziale Netzwerke* basierend auf ethnisch-kollektiven Werten und Normen, biografischer Gemeinsamkeiten oder sonstiger übereinstimmender Lebenspraktiken und Anschauungen. Durch die transnationalen sozialen Netzwerke entwickeln sich 3) *transnationale Gemeinschaften (communities),* welche Vergesellschaftungsformen beschreiben, die frei von nationalstaatlichen Grenzen existieren. Transmigrant*innen erhalten familiäre, soziale, ökonomische, politische, religiöse und kulturelle Beziehungen mit pluri-lokalem Charakter aufrecht und erschließen sich somit 4) *transnationale soziale Felder.* Innerhalb transnationaler Gemeinschaften können vielfältige transnationale soziale Felder bestehen, wobei auf den einzelnen Feldern spezifische 5) *transnationale Organisationen* aktiv sind. Auf allen bereits genannten transnationalen Ebenen besteht 6) *transnationales Leben,* sodass die Beziehungen zwischen Herkunfts- und Einwanderungsgesellschaft gestärkt werden. Durch die Fortsetzung ethnisch-kultureller Feste und Rituale und die gleichzeitige Aufnahme neuer Werte und Normen aus der Einwanderungsgesellschaft, entwickeln die Transmigrant*innen 7) *transnationale Identitäten.* Die Partizipation auf den diversen transnationalen sozialen Feldern und die daraus folgende parallele pluri-lokale Integration sind kennzeichnend für den 8) Transnationalismus (vgl. Han 2010, S. 68 ff.). Transnationale soziale Räume entfalten sich also als „neue soziale Alltags- und Lebenswelten quer zu der Ankunfts- und der Herkunftsgesellschaft durch komplexe und dauerhafte soziale Verflechtungsbeziehungen" (Gogolin und Pries 2004, S. 11). Gogolin und Pries konkludieren, dass dann von transnationalen sozialen Räumen gesprochen werden kann, wenn eine neue Interaktionsbeziehung zwischen beiden Gesellschaftskontexten entsteht, „die durch eine relative Dauerhaftigkeit und Dichte gekennzeichnet ist" (ebd., S. 11). Obgleich transnationale soziale Räume diffus bleiben und „als multiple, durchaus widersprüchliche und spannungsgeladene Konstruktionen auf der Basis identifikativer und sozialstruktureller Elemente der Herkunfts- *und* der Ankunftsregion zu verstehen" (Gogolin und Pries 2004, S. 9 f., Hervorhebung im Original) sind, lassen sie sich nicht als „beliebige Restekategorie" (ebd., S. 11) des überholten „Container"-Paradigmas einordnen. Vergesellschaftung wird in diesen transnationalen sozialen Räumen neu ausgehandelt, in dem sich die Transmigrant*innen Elemente aus ihrer Herkunfts- und ihrer Einwanderungsgesellschaft herausgreifen, die sie in ihren transnationalen Räumen derart miteinander vermengen, dass sie „zu einer Neumischung in hybrider Gestalt führen" (Lutz 2004, S. 484). Die Entwicklung dieser Räume führt gleichwohl zu einer Deterritorialisierung[8] der Nationalstaaten, wie anhand der Ausführungen zum methodologischen Nationalismus bereits veranschaulicht wurde. Vor allem die durch die Globalisierung erreichten technologischen Fortschritte in der Kommunikation, Informationsbeschaffung und Transportmittel und -wege begünstigen die Entstehung und Gestaltung

[8]Der Ausdruck der „Deterritorialisierung" geht auf Basch et al. (1994) zurück, die von „deterritorialized states" sprechen, um auf grenzüberschreitende Aktivitäten hinzuweisen. Luin Goldring hingegen plädiert für den Terminus „extraterritorialized states" (vgl. Goldring 1997, S. 179).

transnationaler sozialer Räume, die unabhängig von Nationalgrenzen existieren können. Eine Erleichterung erfährt transnationales Leben allem voran allerdings aufgrund der „Normalisierung des Migrierens" (Mecheril 2010, S. 51). So werden transnationale soziale Räume zu „alltagsweltliche(n) Lebensrealitäten" (ebd.). „Die einstige Denkweise, dass man eigene territoriale und kulturelle Wurzeln verlieren könnte, verblasst" (Han 2010, S. 72). Kulturelle Praktiken, Erziehung, Identität, Familienbande und so fort lassen sich leben, fortführen, ausgestalten und aufbauen, ohne an eine einzelne Lokalität gebunden zu sein (vgl. ebd.). Migration bedeutet also nicht mehr, dass mit gepackten Koffern und dem Ausreisedatum ein endgültiger Abschied von der Familie und dem sonstigen sozialen Umfeld einhergeht. Vielmehr kann angenommen werden, dass sich selbst für die im Herkunftsland zurückgebliebenen Freund*innen und Verwandten der Horizont durch den regelmäßigen Austausch mit den Transmigrant*innen über Grenzen hinaus erweitert und sie partiell am transnationalen Leben partizipieren. In diesem Zusammenhang wird auch von transnationalen sozialen Feldern gesprochen, in denen eben auch *nicht*-Migrant*innen als Akteur*innen auf unterschiedlichen Ebenen teilhaben können:

> Aufrechterhalten wird das transnationale soziale Feld sowohl durch umfangreiche Kommunikation zur Übermittlung von Neuigkeiten, Ratschlägen, Meinungen und emotionaler Unterstützung als auch durch diverse Transaktionen, wie das Schicken von Lebensmitteln, Kleidung und Geld für Alltagsausgaben, Bildung, Gemeindeprojekte, politische bzw. religiöse Aktivitäten (Glick-Schiller 2014, S. 156).

Die Ausführungen zu Transmigrant*innen, der transnationalen Perspektive und transnationalen sozialen Räumen, die engmaschig miteinander verwoben sind, hat verdeutlicht, dass sich transnationales Leben durch die „Gleichzeitigkeit von Verbundenheit" (Mecheril 2015, S. 51) zu mehreren Gesellschaftskontexten auszeichnet. Zudem konnte herausgestellt werden, dass sich auch die Verhältnisse zwischen Ländern, wie am Beispiel Deutschland und Türkei ausgeführt werden soll (hierzu Kap. 4), nicht mehr alleinig aus einer Perspektive auf Nationalstaaten verstehen lässt. Vielmehr können Lebenswirklichkeiten durch die Betrachtung eines zwischen Ländern aufgespannten transnationalen Raumes begriffen werden.

Die transnationale Perspektive hat im Zuge der 1990er Jahren ein neues Forschungsparadigma hervorgebracht und kann als „direkte Kritik an der über lange Zeit vorherrschenden bipolaren Sicht auf Migrationsprozesse verstanden werden" (Dahinden 2010, S. 396). Diese bipolare Herangehensweise hat einerseits Migrationsursachen mit Fokus auf Push- und Pullfaktoren fokussiert, andererseits wurden die Integrationsprozesse als Wirkungen von Migration in den

Blick genommen, wobei Migrant*innen als „entwurzelte“ Personen verstanden wurden (vgl. ebd.). Im Folgenden soll der Forschungswandel zur kritischen Migrationsforschung erläutert werden.

2.4 Transnationalitätsperspektive für eine kritische Migrationsforschung

Die Migrationsforschung ist eine im deutschsprachigen Raum noch junge Forschungsrichtung, die interdisziplinär beheimatet ist: Die Politikwissenschaften und die Soziologie, die Pädagogik und die Ethnologie sind nur einige der Disziplinen, die Migration, ihre Folgen und Bedingungsfaktoren aus unterschiedlichen Blickwinkeln und unter Anwendung diverser Methoden in den Blick nehmen und bespielen (vgl. u. a. Reuter und Mecheril 2015, S. 1 f.; Bommes 2011, S. 11). In Deutschland ist die Herausbildung der Migrationsforschung zeitlich an die Anwerbung von Arbeitskräften in den 1950er und 1960er Jahren gekoppelt. Durch den Anwerbestopp 1973, der zum Familiennachzug der in Deutschland arbeitenden Ausländer*innen führte, wurde für Deutschland als Einwanderungsland nicht nur eine politische, sondern ebenso eine wissenschaftliche Auseinandersetzung mit Migration und Integration essentiell (vgl. Hess 2013, S. 198).

Unter dem Einfluss postkolonialer und gendersensibler Ansätze hat sich in der sozialwissenschaftlichen Migrationsforschung jüngst ein Perspektivwandel ausgebildet, der die klassischen Migrationsbegriffe, darunter „Kultur“, „Gesellschaft“ und „Identität“ sowie auf Assimilation ausgelegte Integrationsmodelle (u. a. Esser 2001) kritisch hinterfragt und reflektiert (hierzu u. a. Nieswand und Drotbohm 2014a; Mecheril 2013) sowie die feststehende Analyseeinheiten wie „Nation“, „Staat“ oder „Grenzen“ zu dekonstruieren versucht. Als die drei intellektuellen Krisen der Migrations- und Integrationsforschung formulieren Nieswand und Drotbohm 1) die Krise der Differenzkategorien zwischen „Einheimischen“ und „Ausländern“, 2) die Krise des Gesellschaftsbegriffs sowie 3) die Krise des Kulturbegriffs, der unter dem Begriff des methodologischen Kulturalismus desavouiert wird (vgl. ebd. 2014b, S. 7 ff.). Diese forschungsprogrammatische Entwicklung in der Migrationsforschung rekurriert auf die in Studien rekonstruierten Binnenperspektiven, die mit jenen Referenzrahmen in Verbindung gebracht werden, „*in denen* und *durch die* Migration als Phänomen in Erscheinung tritt“ (Nieswand und Drotbohm 2014b, S. 2 f., Hervorhebung im Original). Dazu gehört weiterhin die Perspektive des methodologischen Kulturalismus, durch die kulturelle Selbstverständlichkeiten eruiert werden, „die das

Denken und Handeln *von* Migrantinnen und in Beziehung *zu* Migrantinnen bestimmen" (ebd., S. 2 f., Hervorhebung im Original). Unter dem Titel *Wider den methodologischen Kulturalismus in der Migrationsforschung: für eine Perspektive der Migration* (2013) desavouiert Sabine Hess einen dominierenden Kulturdiskurs und plädiert für eine post-kulturalistische und post-ethnisierende Forschungsperspektive:

> Dies bedeutet, konsequent die bisherige Blickrichtung vom Kopf auf die Füße zu stellen und Migration, Integration oder Migrationspolitik aus der Perspektive der Migration selbst zu beforschen. Migration wird somit zu einem Kaleidoskop bzw. zu einer Methode, um die gesellschaftlichen Rekonfigurationen und Konstitutionen zu befragen und zu analysieren. Aus der ‚Perspektive der Migration' lassen sich dann auch andere Forschungsfelder, wie die der Stadt-, Arbeits-, und Grenzforschung oder die neuen *area studies*, einer Relektüre unterziehen (Hess 2013, S. 201, Hervorhebung im Original).

Auch der Politologe Kien Nghi Ha formuliert pointiert, dass eine ausschließliche Analyse von Migrationsprozessen durch die „Kulturbrille" (Ha 2009, S. 56), die Prozesse gesellschaftlicher und sozioökonomischer Ausgrenzung übergeht oder lediglich aus einer kulturalistischen Perspektive betrachte (vgl. ebd., S. 56 f.).

Vor diesem Hintergrund führt die sich in der Kritik befindende Migrationsforschung zu einer kritischen Migrationsforschung, die sich einem diversitätsbewussten und differenzrespektablen Blick verschreibt. Aus diesem Blickwinkel wird Migration nicht länger als Problem, sondern als Chance wahrgenommen: Neben Studien über „Bildungs- und Integrationsverweiger*innen" geraten neuerdings Biographien derjenigen Mitbürger*innen aus Einwanderungsfamilien in den Blick, die eine hohe Bildungsaspiration aufzeigen, die das „Gastarbeiter*innen"-Milieu ihrer (Groß-)Eltern überwunden haben und anhand ihrer individualisierten Entscheidungen und Handlungen klischeebehafteten Lebensverläufen widersprechen. Als eine Veränderung in der Migrations- und Integrationsforschung hält auch der Bericht der Beauftragten der Bundesregierung für Migration, Flüchtlinge und Integration fest, „dass die Analyse von Potenzialen im Vergleich zu der von Defiziten an Bedeutung gewinnt" (Özoğuz 2016, S. 650). Im Besonderen wird ein Diskurs mit Frauen im Migrationsgeschehen eröffnet, in dem ihre divergierenden Erfahrungen fokussiert werden. Auf Basis empirischer Untersuchungen, bspw. Biographieforschung, können zudem ihre Lebenswege rekonstruiert werden. Neben Beweggründen für die Migration werden somit auch die Erfahrungen aus den Herkunftskontexten eruiert (hierzu u. a. Lutz 2004; Dausien 2000).

Eine als klassisch einzuordnende Migrationsforschung konzentrierte sich bisher darauf, warum viele (oder wenige) Menschen in welcher Form migrieren und welche Folgen daraus für die Herkunfts- und Einwanderungsgesellschaften resultieren (vgl. Pries 2010b, S. 32). Die klassischen Forschungsfragen aus dieser Perspektive lauteten demnach: Wer wandert aus welchen Gründen von einem Land in ein anderes und welche Folgen bringt das für die Migrierenden selbst sowie für die betroffenen Gesellschaften mit sich (vgl. Pries 2010b, S. 53). In einer kritischen Migrationsforschung[9] wird die Perspektive von den Wirkungsmechanismen zwischen Herkunfts- und Einwanderungsgesellschaften auf jene Sozialräume erweitert, die *„zwischen* bzw. *oberhalb"* (ebd., S. 32, Hervorhebung im Original) beider Gesellschaftskontexte entstehen. Dabei wird Migration nicht mehr als einmalige uni- oder bidirektionale Mobilität, sondern als dauerhafte Bewegung begriffen, die sich weltweit für eine Vielzahl von Menschen als „neue soziale Lebenswirklichkeit" (ebd.) herausgebildet hat. Der kritische Forschungszweig stellt sich somit eher folgenden Fragen: „In welchen sich wie verändernden und perpetuierenden Formen wandern unterschiedliche Typen von Migranten? Welche neuen, transnationalen sozialen Wirklichkeiten werden dadurch konstruiert?" (Pries 2010b, S. 53 f.).

In dieser neuen Herausbildung der Migrationsforschung werden die klassischen Grundannahmen, darunter die tradierten Push- und Pullfaktoren, kritisch hinterfragt: Als klassisch etablierte Push-Faktoren, die dazu führen, dass Menschen ihr Herkunftsland verlassen, gelten den Herkunftskontext entsprechend negativ behaftete Ursachen wie Armut, Krieg oder Umweltkatastrophen. Zu Pull-Faktoren, also Aspekte von Einwanderungsgesellschaften, die anziehend auf Migrant*innen wirken und die Einwanderungsgesellschaft somit positiv ausstatten, zählen entgegen der Pull-Faktoren Merkmale wie Wohlstand, Frieden oder Sicherheit. Durch diese jahrzehntelang verankerte Annahme hat sich eine dichotome Sichtweise etabliert, die Migrant*innen im Gegensatz zur als sesshaft charakterisierten Einwanderungsgesellschaft nahezu automatisch eine Herkunft aus ärmlichen Verhältnissen, einen Hang zu Kriminalität, eine unmoderne Lebensführung zuschreibt – ein „Bild der Schmuddeligkeit des Migrantischen"

[9]María do Mar Castro Varela zieht in ihren *Überlegungen zur Kritik in der Kritischen Migrationsforschung* zur Beleuchtung der Frage „Was ist Kritik?" u. a. Butler, Spivak und Foucault heran. „Verstehen wir Kritik als *die* Operation, die das ‚Normale', das ‚Selbstverständliche' zu hinterfragen wagt, so ist die Transformation von Gesellschaft geradezu abhängig von der strategischen und persistenten Kritik" (ebd. 2013, S. 66, Hervorhebung im Original).

(Mecheril 2014, S. 111) zeichnet. Unverkennbar ist somit auch: Migration wird aus einer klassischen Perspektive vornehmlich als Einwanderung verstanden, beleuchtet werden prototypisch Immigrant*innen, die ein einmaliger bzw. unidirektionaler Wanderungscharakter auszeichnet (vgl. ebd., S. 109). Ursachen für Migration mit einem ökonomisch basierten Push-Pull-Ansatz zu begründen, wird nicht nur der Komplexität von Migrationsprozessen und -phänomenen nicht gerecht, sondern verkennt zudem, Migrant*innen als handlungsaktive Akteur*innen zu beleuchten – sie werden vorwiegend als *homo oeconomicus* betrachtet. Die problematisierte Perspektive klassischer Ansätze vernachlässigt somit die individuelle Handlungsmacht von Migrant*innen, die als „Opfer" von Krisen in ihren Herkunftskontexten gewertet werden. Zwar lässt sich auch in einer kritischen Haltung im Feld der Migrationsforschung nicht negieren, dass Armut oder Arbeitslosigkeit Ursachen für bestimmte Migrationsformen und -typen sein können (und es de facto sind), die Migrant*innen in sichere und wirtschaftsstarke Länder führen. Gleichwohl ist es für (sozial-)wissenschaftliche und kritisch orientierte Untersuchungen ratsam, Migrant*innen in ihrer oft multilateralen, prozesshaften und kollektiven Entscheidung für eine Verlagerung ihres Lebensmittelpunktes sowie die individuellen Folgen und Auswirkungen ihrer Migration in den Fokus zu rücken.

Eine kritische Migrationsforschung nimmt es auch zum Anlass, zu hinterfragen, *wer* eigentlich in der Einwanderungsgesellschaft als Migrant*in bezeichnet wird. In der Bundesrepublik, die erst Ende der 1990er Jahre zögerlich ihren Status als Einwanderungsland anerkannt hat, werden bis in die *dritte* und *vierte Generation* hinein – also jahrzehntelang nach der Einwanderung der ersten Generation – die Migrationshistorie der entsprechenden Personen mit dem Zusatz „mit Migrationshintergrund"[10] in den biographischen Vordergrund gestellt: „‚Menschen mit Migrationshintergrund' stellen eine Konzept-Metapher dar, die die Reinheit der Nation, des eigentlichen Volkes sichert und eine Exklusion im Namen der Nation immer möglich macht – immer androht" (Castro Varela 2013, S. 73). Probleme, die zu Beginn der Herausbildung einer pluralistischen und heterogenen Bevölkerung bestanden, werden somit partiell und nahezu ungebrochen auf die Nachkommen projiziert. Gleichzeitig wird der „ursprünglichen" Gesellschaft eine auf der Nation basierende Gemeinsamkeit

[10] „Die" Migrant*innen werden nach Kriterien wie rechtlichem Status, nationalkultureller Orientierung oder Generationenfolge konstruiert und generalisiert, sodass gewisse Problematiken als „rein türkisch", „rein polnisch", „rein albanisch" etc. proklamiert werden (vgl. Hummrich 2009, S. 17).

zugeschrieben, die derart mächtig ist, selbst im Land geborene Nachkommen von Nachkommen von Eingewanderten zu exkludieren. Dies gilt es zu unterbrechen, aufzuheben und zu differenzieren. In einer kritischen Migrationsforschung wird daher der Versuch unternommen, konsequent tradierte Terminologien theoretisch zu überprüfen, empirisch zu evaluieren und durch normabweichende Denkanstöße neu zu entschlüsseln – die Perspektive gewissermaßen zu *„ver-rücken"*. Im wissenschaftlichen, politischen und somit auch zivilgesellschaftlichen Diskurs werden „Migration" und „Migrant*in" synonym zu bestimmten Einwanderungsformen und -gruppen verwendet, gleichwohl ebenso Top-Manager*innen, die mal in London, dann in Frankfurt am Main und schließlich in Oslo leben und arbeiten, Tourist*innen, die ihre Reise durch einen Monate andauernden Zwischenstopp auf Bali unterbrechen, bevor sie weiter nach Kapstadt fliegen und Erasmus-Studierende, die ihr Studium in Heidelberg oder Göttingen befristet nach Madrid oder Warschau verlegen, ebenso unter den Begriff der Migrant*innen fallen würden – abgesehen von den zahlreichen weltweiten Binnenmigrant*innen. Stattdessen wird der Terminus in klassischen Ansätzen mehrheitlich komprimiert auf „Ausländer*innen" angewandt, die aus problembehafteten und krisengeschüttelten Kontexten migrieren und im Ankunftskontext Assimilationsforderungen zu erfüllen haben. Eine kritische Migrationsforschung macht es sich somit auch zur Aufgabe, die bestehenden Macht- und Hierarchieverhältnisse aufzudecken und sichtbar zu machen. So sind zahlreiche „Legitimation(en) des Ausschlusses" (Castro Varela 2013, S. 75) zu Alltagspraktiken geworden, die die Privilegierten einer „ursprünglichen" Gesellschaft selbstverständlich gegenüber Nicht-Zugehörigen anwenden. Castro Varela warnt, einer Migrationsforschung zu vertrauen, „die über ‚Parallelgesellschaften' spricht und ‚Migration' und ‚Integration' in eins setzt" (ebd., S. 76).

In einer kritischen Migrationsforschung gibt es eine Strömung, die von einer postmigrantischen[11] Gesellschaft ausgeht. Gemeint ist jene durch Einwanderung gekennzeichnete Gesellschaft, die sich im Prozess befindet, feststehende und starre Kategorien und Eigenschaften aufzubrechen und diese neu zu justieren: Die Singularität von Zugehörigkeit und Identität wird erweitert, der Begriff von „Heimat" gedehnt und das öffentliche Bild einer „Wir"-Gesellschaft diversifiziert und pluralisiert. „Post" rekurriert dabei auf die „gesellschaftliche(n)

[11]Şermin Langhoff eröffnete als Intendantin das Theater Ballhaus Naunynstraße (2008–2013) in Berlin Kreuzberg mit *Dogland – junges postmigrantisches Theaterfestival* und prägte somit den Begriff der „postmigrantischen Gesellschaft" für den deutschsprachigen Raum, der bald von der Migrationsforschung adaptiert wurde.

Aushandlungsprozesse, die in der Phase nach der Migration erfolgen" (Foroutan 2015) und markiert nicht etwa ein Ende von Migration. Gleichwohl klingt ein Migrationsende im Ausdruck des *Post*migrantischen an. Migration endet jedoch nicht, vielmehr werden „immer mehr Menschen in den Sog großer Wanderungsprozesse gezogen" (Pries 2010a, S. 69). Mecheril vertritt den Standpunkt, den Ausdruck „postmigrantisch" zu vermeiden: Das Präfix „post" deute auf ein empirisches Ende von Migration hin, rekurriere auf eine Überwindung bzw. Transformation des Migrantischen und distanziere sich „vom falschen Objekt" (ebd. 2014, S. 108). Zwar überschneiden sich die kritischen Argumente von Wissenschaftler*innen, die sich mit dem Phänomen des Postmigrantischen befassen mit wesentlichen Aspekten einer kritischen Migrationsforschung: Die Kritik, dass Migration und Integration als verschränktes Begriffspaar behandelt und Migration vornehmlich aus einer defizitären Perspektive beleuchtet wird sind dabei ebenso grundlegend bedeutsame kritische Aspekte, wie der einseitige Blick auf Migration als Einwanderung und ein ungleich geführter Machtdiskurs (vgl. ebd., S. 108 ff.). Der Kritik Mecherils am Ausdruck des Postmigrantischen, stimme ich hingegen zu. Die Inhalte des Postmigrantischen, die sich der Kritik an einer klassischen Migrationsforschung anschließen bzw. sich aus einer kritischen Migrationsforschung speisen, erfasse ich durch eine transnationale Perspektive. Für die transnationale Perspektive dient vielmehr der Begriff der Vergesellschaftung als Referenzrahmen bzw. Analyseeinheit. Migrant*innen (egal welchen Typus) werden, und auch das ist deutlich geworden, in ihren Ankunftskontexten als von der Norm abweichende Subjekte erfasst und somit als Fremde konstruiert und konstituiert. Eine Definition des Fremden als sozialer Typus geht auf die vor gut 110 Jahre verfasste Typisierung Georg Simmels zurück, dessen Fremdenfigur seitdem wiederholend in der Migrationsforschung zur Erläuterung von Identitätsprozessen (die sich durch das Fremde formen), Zugehörigkeitskontexten (die durch das Fremde in Frage gestellt werden) oder auch Beheimatungspraktiken (die durch das Fremde erweitert werden) herangezogen wird. Das folgende Kapitel soll nun aus der in diesem Kapitel herausgearbeiteten transnationalen Perspektive den Fremden in Vergesellschaftungskontexten beleuchten. Kann letztlich auch der Typus des Transmigranten als Sozialtypus des Fremden gelten? Oder verkehrt sich in durch Migration gekennzeichneten Gesellschaften die Fremdenfiguration, die Elias und Scotson als Etablierten-Außenseiter-Figuration (1993) herausgearbeitet haben, um? Und wie verhält es sich letztlich in den konkreten Lebensrealitäten und sozialen Alltagswirklichkeiten hochqualifizierter Transmigrantinnen mit der Konstruktion von Fremdheit und dem *Dazwischen* von Selbst- und Fremdwahrnehmung? Schließlich erleben gerade Frauen mit Migrationsgeschichte oder Migrationserfahrung, wie in Abschn. 3.4 konkretisiert wird, Zuschreibungen als Fremde und als unemanzipierte sowie unterdrückte „Anhängsel" des Mannes. Ihnen werden klischeebehaftete Biographien jenseits tatsächlicher Lebensrealitäten zugeschrieben. Dass sich (gerade) bei Frauen im Migrationsgeschehen bzw. in Einwanderungsgesellschaften Bildungsaufstieg, ein Streben nach Selbstverwirklichung und Emanzipationsprozesse aufzeigen lassen und sie aktiv an der Gestaltung transnationaler sozialer Räume partizipieren, werde ich im zweiten Teil der vorliegenden Forschungsarbeit empirisch rekonstruieren.

Der Fremde im Spiegel transnationalisierter Vergesellschaftung

3

> Unter ‚Vergesellschaftung' versteht man den Prozess, der aus Individuen Gesellschaftsmitglieder macht. Der Begriff zielt darauf ab, wie sich die Einbürgerung von Menschen in einen sozialen Zusammenhang vollzieht, welcher über die individuelle Existenz hinausweist. Als Gesellschaftsmitglieder werden die Einzelnen in Verhältnisse wechselseitiger Abhängigkeit eingebunden. Vergesellschaftung ist somit immer als ein Vorgang verstanden worden, der Relationalität im Sinne reziproker Bezogenheit stiftet (Becker-Schmidt 2003, S. 2).

Unter der Voraussetzung, dass aus Fremden in Zeiten transnationalisierter Vergesellschaftungsprozesse[1] Gesellschaftsmitglieder werden – und das im Sinne von Transmigrant*innen in *mehreren* Gesellschaftskontexten – stellt sich auch die Frage, *wer* in einer transnationalisierten Vergesellschaftung überhaupt der Fremde ist. Der Kohärenz der transnationalen Perspektive folgend, betrachte ich die Konstruktion von Fremdheit und die Sozialtypen des Fremden somit im Spiegel transnationaler Vergesellschaftung statt im Rahmen einer postmigrantischen Gesellschaft (Kritik hierzu siehe Abschn. 2.4). In wie weit gelten in einer transnationalisierten Vergesellschaftung Eingewanderte noch als Fremde? Oder werden vielmehr die „Bodenbesitzer" (Simmel 1908) in einer Gesellschaft

[1] Die Definition der Kategorien „Gemeinschaft" und „Gesellschaft" ist auf Ferdinand Tönnies (1887) zurückzuführen. Hierauf aufbauend spricht Max Weber (1972) später von „Vergemeinschaftung" und „Vergesellschaftung" als sich flexibel gestaltende Formen menschlichen Zusammenlebens. Bei beiden Kategorien handelt es sich um soziale Beziehungen, jedoch mit entscheidendem Unterschied: Die soziale Beziehung der Vergemeinschaftung basiert auf Affekten, Emotionen oder Traditionen, während Vergesellschaftung wert- oder zweckrational orientiert ist (vgl. Merz-Benz und Wagner 2002, S. 28 f.). Simmel (1908) wiederum untersucht die Formen der Vergesellschaftung als Wechselwirkungen, also soziale Interaktionen zwischen Menschen.

N. Warrach, *Hochqualifizierte Transmigrantinnen,* Interkulturelle Studien,
https://doi.org/10.1007/978-3-658-27705-5_3

zu Fremden, in der zunehmend mehr Menschen Migrationserfahrungen und Migrationsgeschichten als Teil ihrer Biographien auszeichnen? Zunächst sollen die klassischen Sozialtypen des Fremden (Simmel, Park, Schütz und auch der Gastarbeiter nach Siu) erörtert werden, bevor Anschlüsse an die klassischen Figurationen erfolgen (Hüttermann, Pries, Bhabha und Mecheril). Anschließend an die Gegenüberstellungen von Idealtypen und Sozialtypen internationaler Migration, wird die Konstruktion von Fremdheit anhand ihrer Dimensionen und Ordnungsmuster dargestellt. Es folgt ein gesonderter Blick auf die Konstruktion „der fremden Frau“, denn vor allem an der Migrantin (bestenfalls als Kopftuchträgerin) lassen sich Befremdungsprozesse aufzeigen.[2] Abschließend werden die zentralen Erkenntnisse der theoretischen Rahmung resümiert, um den anschließenden Fokus auf die türkeistämmigen Mitbürger*innen in Deutschland einzuleiten, der als Hinführung zum empirischen Teil dient.

3.1 Klassische Sozialtypen des Fremden

> Der Fremde besitzt keine einmalige Wesenheit, sondern ändert chamäleonartig in jeder neuen Begegnung seine Gestalt. Je zahlreicher die Berührungspunkte, je unterschiedlicher die Menschen, die seinen Weg kreuzen, je abwechslungsreicher die Orte seiner Begegnung, desto vielseitiger ist auch sein Repertoire an Daseinsformen. Es gibt keine objektiven Kriterien für das Fremdsein (Reuter 2002, S. 77).

Eine pluralistische Gesellschaft schafft alltägliche Begegnungen mit Fremden: In Form von Tourist*innen, die kurzweilig bleiben, als Geschäftsleute, die sich partiell bewegen, als Besuchende von Freund*innen und Verwandten, die unter nicht-Fremden leben, als neu angekommene Geflüchtete, als Rückkehrer*innen, als Ausländer*innen, als Inländer*innen – und gar unabhängig ihrer formellen nationalen Zugehörigkeiten oder ihrer Mobilitätsbeweggründe begegnen sich nicht-Fremde und Fremde allein durch die Tatsache, dass Fremde von den nicht-Fremden abweichen, unvertraut sind, anders sind, ob aufgrund ihres Alters, Geschlechts, Musikgeschmacks, Kleidungsstils, ihrer Hautfarbe, ihrer politischen Einstellung oder Religion, ihrer ethnischen Herkunft, ihres Berufs, ihrer

[2] Vor allem die türkeistämmige (kopftuchtragende) Frau erfährt extreme Zuschreibungen als „gefährliche Fremde“ und rückt somit ins „Angstzentrum“ des gesellschaftlichen Interesses (vgl. Reuter und Warrach 2015, S. 180 f.).

Interessen, ihrer Sexualität etc. Gleichwohl ist der Fremde[3] als sozialer Typus zur Schablone für Erklärungsansätze und Konzepte von Migrant*innen geworden. Münkler und Ladwig beschreiben die alltäglichen Begegnungen von Fremden und stellen heraus, dass der Umgang in der Regel durch Indifferenz gekennzeichnet ist:

> Moderne, urbane Gesellschaften sind in gewissem Sinne Gesellschaften von Fremden. Wir begegnen täglich unzähligen Menschen, die wir nicht kennen, ohne daß uns diese Tatsache besonders beunruhigen würde. Der typische Modus des Umgangs mit dieser Erfahrung ist *Indifferenz.* Ein Verhältnis der sozialen Indifferenz läßt sich definieren als Anwesenheit anderer Menschen bei Abwesenheit von Interaktion mit diesen Menschen. Um ein Verhältnis handelt es sich insofern, als ich in Abwesenheit dieser Anderen anders handeln würde als in ihrem Beisein. Die indifferenten Anderen sind Mitbenutzer der U-Bahn und namenlose Passanten; sie bilden Schlangen vor der Kasse und Verkehrshindernisse am Ort eines außergewöhnlichen Geschehens (Münkler und Ladwig 1997, S. 28 f.).

Neben diesen alltäglichen Begegnungen, die keine prägende Erfahrung von Unvertrautheit oder Nichtzugehörigkeit bedeuten, gibt es jedoch auch jene Begegnungen mit Fremden, die problematisiert werden und das Eigene in Frage stellen oder den eigenen Identifizierungsprozess *bedrohen.* Festhalten lässt sich also, dass der Fremde als „‚Gegenbild' kultureller und sozialer Selbstbilder, durch dessen Ausgrenzung der Zusammenschluss als exklusive Gruppe möglich wird" (Reuter 2002, S. 48), in Erscheinung tritt. Die Abhandlung über Fremdheit und die Konturierung von Ansätzen über den Fremden verlangt nach einer Darstellung der Sozialtypen des Fremden, deren Entwicklung allen voran durch Georg Simmels *Exkurs über den Fremden* (1908) geprägt ist, der den Fremden als jüdischen Händler veranschaulicht. Weitere Typisierungen des Fremden kommen nicht aus, ohne auf Simmels Fremden Bezug zu nehmen. Robert Ezra Park[4], selbst

---

[3]Im Fall von dem Fremden als sozialer Typus und als Konstruktion des Fremden setzt eine gendergerechte Schreibweise aus, gleichwohl der Fremde sämtliche Geschlechter umfasst. Der speziellen Konstruktion „der fremden Frau" widme ich ein gesondertes Kapitel (siehe hierzu Abschn. 3.4).

[4]Park gilt als Begründer der Chicagoer School, eine soziologische Forschungseinrichtung in Chicago (USA), die sich im frühen 20. Jahrhundert etablierte und sich an Vorarbeiten von Max Weber und Georg Simmel orientierte (vgl. Treibel 2003, S. 84 ff.). Die Forschungsarbeiten der Chicagoer School zeichnen v. a. ethnographische Studien aus, die das Zusammenwirken von sozial Marginalisierten (*The Hobo* von Anderson 1923, oder *Outsiders* von Becker, 1963 sind hier nur beispielhaft zu nennen) und ihrem Umfeld, der Stadt, fokussieren (darunter *The City* von Park, 1915 oder *The Ghetto* von Wirth 1928).

eifriger Rezipient und einstiger Schüler Simmels, typisiert 1928 den Fremden in der Figur des Randseiters *(marginal man)*. Auch Park rekurriert bei der Typisierung des Randseiters auf den Juden, der sich auf der Grenze zwischen zwei Gesellschaften bewegt, was ihn zur (aus rassismuskritischer Perspektive zu verwerfenden) Bezeichnung als „Mischling" verleitet. Alfred Schütz (1945) konturiert in seinem 1972 ins Deutsche übersetzten Text den Fremden als Immigranten, den eine „Krisis" des Verstehens und Verstandenwerdens kennzeichnet. Der Versuch, sich das Rezeptwissen der neuen Gesellschaft anzueignen und sich zu assimilieren führt für den Fremden nach Schütz jedoch zu einer doppelten Krise. Diesen drei klassischen und konstant rezitierten Fremdentypen soll Paul C. P. Sius Figuration des Gastarbeiters hinzugefügt werden. Schließlich ist der Gastarbeiter im untersuchten Gesellschaftskontext Deutschland-Türkei der Fremde, der bleibt. Siu befasst sich 1952 mit dem Fremden als Gastarbeiter, den er basierend auf Beobachtungen chinesischer Wäschereiarbeiter*innen in den USA typisiert. Zur Einleitung der Auseinandersetzung mit dem Fremden in der transnationalisierten Gesellschaft sollen diese vier Sozialtypen des Fremden als klassische Konzepte veranschaulicht und erläutert werden.

3.1.1 Der Fremde nach Simmel

In der Soziologie wurde der Fremde erstmals von Georg Simmel in seinem *Exkurs über den Fremden* (1908) definiert und seitdem in soziologischen Abhandlungen über Fremdheit vielfach zitiert, was die Typisierung anhaltend bedeutsam macht. Dabei ist Simmels Exkurs ein verhältnismäßig kurzer Essay, in dem er bereits zu Beginn die Essenz des Fremden hervorhebt: Seine räumliche und soziale[5] Mobilität als potentiell Wandernder.

> Es ist hier also der Fremde nicht in dem bisher vielfach berührten Sinn gemeint, als der Wandernde, der heute kommt und morgen geht, sondern als der, der heute kommt und morgen bleibt – sozusagen der lpotentiell Wandernde, der, obgleich er nicht weitergezogen ist, die Gelöstheit des Kommens und Gehens nicht ganz überwunden hat (Simmel [1908] 2002, S. 47).

Aufgrund dieser Ausrichtung, brachte die Chicagoer School besonders für die Stadtsoziologie und Minderheitenforschung Klassiker hervor (vgl. ebd.).

[5]Es ist also zu unterscheiden zwischen der flächenräumlichen und der sozialräumlichen Beweglichkeit (siehe Pries 2010a).

Der Fremde nach Simmel zeichnet sich durch sein Bleiben an einem Ort außerhalb seiner Herkunftslokalität aus, sodass sich der Fremde und die neue soziale Umwelt miteinander auseinandersetzen müssen. Dabei haftet ihm seine Außenseiterposition in dem Sinne an, als dass er sich einer homogen erscheinenden Gruppe (Simmel geht von einer territorial fixierten Gruppe als *Normalfall* aus) nähert und mit Ein- und Ausgrenzungsmechanismen in Berührung kommt (vgl. Reuter und Warrach 2015, S. 171). Trotz seiner Interaktionen, die aufgrund seiner Funktion als Händler entstehen, bleibt er fremd – es besteht sogar die Gefahr, dass aus dem Fremden als Händler ein Konkurrent für die Einheimischen wird (vgl. Reuter 2002, S. 85). Denn Simmels Fremder reist eben nicht weiter und erfüllt damit den Charakter des Gastes oder Wanderers, sondern seinem Kommen folgt ein Bleiben, er ist also „der potentiell Wandernde" (Simmel [1908] 2002, S. 47), der durch seine Mobilität die als sicher geglaubten Grenzen der Einheimischen ins Wanken bringt (vgl. Reuter 2002, S. 85). Bestimmt ist die Fremdheits-Beziehung bei Simmel durch die „Einheit von Nähe und Entferntheit" (Simmel [1908] 2002, S. 47). Damit bezieht er sich auf ein Nähe-Distanz-Verhältnis, in dem der Nahe fern und der Ferne nah ist: Simmel exemplifiziert dieses Verhältnis am Armen, der als Teil der Gruppe exkludiert ist, also der Nahe wird fern, während sich der Ferne der Gruppe zumindest partiell Zugang verschaffen kann und somit nah wird. Der Zugang, den sich der Fremde in seiner Funktion als Händler verschafft, rekurriert auf seinen „spezifischen Charakter der *Beweglichkeit*" (ebd., S. 49, Hervorhebung im Original). Zwar kommt der Fremde durch seine Beweglichkeit mit den einzelnen Elementen der Gruppe, sprich den Mitgliedern, in Berührung. Gleichwohl steht er in keinem organisch-relationalen Verhältnis zu ihnen. Gekennzeichnet ist Simmels Fremder zudem durch seine Objektivität:

> Weil er nicht von der Wurzel her für die singulären Bestandteile oder die einseitigen Tendenzen der Gruppe festgelegt ist, steht er allen diesen mit der besonderen Attitüde des ‚Objektiven' gegenüber, die nicht etwa einen bloßen Abstand und Unbeteiligtheit bedeutet, sondern ein besonderes Gebilde aus Ferne und Nähe, Gleichgültigkeit und Engagiertheit ist (Simmel [1908] 2002, S. 49).

Dabei rekurriert die Objektivität des Fremden nicht auf fehlende Partizipation. Vielmehr bescheinigt die Objektivität dem Fremden eine „positiv-besondre Art der Teilnahme" (ebd.), die mit Freiheiten für den Fremden verbunden ist; Simmel schreibt ihm also nahezu einen gewissen Vorteil aufgrund der Objektivität zu. Dank seiner Vogelperspektive behält der Fremde einen kritischen Blick auf die Alltagspraktiken der Gruppe, gleichzeitig gewinnt er selbst jedoch keine vollständige Zugehörigkeit. Somit lebt er auf Distanz innerhalb einer Gesellschaft (vgl. Reuter 2002, S. 87).

> Der Fremde ist uns nah, insofern wir Gleichheiten nationaler oder sozialer, berufsmäßiger oder allgemein menschlicher Art zwischen ihm und uns fühlen; er ist uns fern, insofern diese Gleichheiten über ihn und uns hinausreichen und uns beide nur verbinden, weil sie überhaupt sehr Viele verbinden (Simmel [1908] 2002, S. 51).

Simmel zeichnet seinen Fremden vor allem durch seine räumliche wie soziale Beweglichkeit aus, die eine Synthesis von Nähe und Ferne bewirkt. Damit verweist er auch auf die Reziprozität und Wechselwirkung der Beziehung zwischen dem Fremden und den „Bodenbesitzern". Er stellt somit eine Dichotomie von beweglichen Individuen und sesshaften Gesellschaften auf bzw. er macht den Unterscheidungsmechanismus reflexiv.

3.1.2 Der Randseiter nach Park

Als Schüler Simmels greift Robert Ezra Park in seinem Text *Human migration and the marginal man* („Migration und der Randseiter") von 1928 nicht nur auf den Sozialtypus des Fremden von Simmel zurück. Nach einer Abhandlung über Migration, deren Formen und Wirkungsweisen, präsentiert er den Randseiter ebenfalls anhand des Juden:

> Als die Mauern der mittelalterlichen Ghettos niedergerissen wurden und den Juden erlaubt wurde, am kulturellen Leben der sie umgebenden Gesellschaft teilzunehmen, entstand ein neuer Persönlichkeitstypus: ein kultureller Hybride, ein Mensch, der intensiv am kulturellen Leben und an den Traditionen der zwei unterschiedlichen Völker teilhat; er war niemals wirklich willens, mit seiner Vergangenheit und seinen Traditionen zu brechen, auch wenn es ihm erlaubt war, und er wurde aufgrund rassischer Vorurteile nicht wirklich akzeptiert von der neuen Gesellschaft, in der er einen Platz zu finden hoffte. Er war der Mensch auf der Grenze zweier Kulturen und zweier Gesellschaften, die sich niemals vollständig gegenseitig durchdrungen haben und verschmolzen sind. Historisch und typologisch ist der emanzipierte Jude dieser Randseiter (*marginal man*), der erste Kosmopolit und Weltbürger (Park [1928] 2002, S. 68 f., Hervorhebung im Original).

Parks Randseiter strebt nach einem Platz in einem „freieren, komplexeren und kosmopolitischeren Leben" (ebd., S. 69). Dabei kann eine Assimilierung schwerwiegende Folgen für den Randseiter bedeuten: Er erleidet einen „Kulturkonflikt" (ebd.) zwischen seinem alten und seinem neuen Selbst. Park verweist auf die Biographie Heinrich Heines, der als Deutscher und als Jude „zwischen diesen gegensätzlichen Loyalitäten hin und her gerissen" (ebd., S. 70) war. Daraus lässt sich für den Randseiter als sozialer Typus des Fremden folgern, dass er zu keinem Gesellschaftssystem gänzlich Zugehörigkeit erfährt. Die Phase des Assimilierungsprozesses, in dem Gewohntes, Selbstverständliches, Vertrautes, Tradiertes etc. abgelegt wird, ohne dass für diese Wesenheiten bereits ein jeweils adäquater neuer und passender Ersatz gefunden wäre, beschreibt Park als eine „Periode des inneren Aufgewühltseins und tiefer Selbsterkenntnis" (ebd., S. 70). Die Krise, die ebenso später auch Schütz seiner Fremdenfigur, bereits Park seinem Randseiter diagnostiziert, ist eine permanente, die offenbar nur zeitweise aber nie endgültig überwunden werden kann. Aufgrund des Merkmals, in zwei Welten zu leben, trifft nach Park der Typus des Randseiters auf den „Mischling, wie der Mulatte in den USA oder der Eurasier in Asien" (Park [1928] 2002, S. 70) zu. Im Gegensatz zum Fremden nach Simmel ist der Randseiter Parks nicht in räumlicher, sondern in kultureller Hinsicht beweglich, da er sich auf einer kulturellen Grenze befindet. Als „kultureller Hybride" (ebd., S. 68) trägt er zwar seine herkömmliche Kultur in sich und hofft zudem, sich einer neuen Gesellschaft durch Assimilierung Zugang zu verschaffen. Doch der Randseiter erhält keine Zugehörigkeit: Er verbleibt auf der Grenze zwischen beiden kulturellen Kontexten und kann sich somit nicht aus seiner Position zwischen Assimilation und Festhalten am Eigenen lösen. Für den Randseiter als Fremden können.

> Konkurrenz und Differenzierung, Mobilität und ‚Gespaltenheit' zukünftig zu einem neuen Kulturideal beitragen, das die Kluft des ungeplanten und konkurrenzbehafteten durch ein emanzipiertes, weil demokratisch-selbstbestimmtes Vergesellschaftungsprinzip ablöst und sich so einem Ideal des Weltbürgertums annähert (Reuter 2002, S. 103).

Nimmt man die Situation des Randseiters also langfristig in den Blick, verkehrt sich die bestehende Ordnung und er wird zum *Normalfall* (vgl. ebd.). Park rekurriert damit auf sich prozesshaft herausbildende Neustrukturierungen in bestehenden Gesellschaftsordnungen. In wie weit verändern also „die kulturellen Mischprozesse und Verschränkungen, Migration und Rassenkonflikte" (Reuter 2002, S. 103) künftig die Gesellschaften, wirken sich auf ihre Elemente aus und strukturieren sie neu? Der Randseiter wird hierbei eine bedeutende Funktion einnehmen: Er ist eine zentrale Figur „des Wandels und der Innovation im Prozeß gesellschaftlicher Modernisierung" (ebd., S. 104).

3.1.3 Der Fremde nach Schütz

Gleich zu Beginn des sozialpsychologischen Versuchs von Alfred Schütz konstatiert sich ein entscheidender Unterschied zum Fremden nach Simmel: Schütz' Fremder wertet seine Situation aus einer Perspektive von Innen heraus und verfügt somit nicht über die dem Fremden nach Simmel bescheinigte Objektivität aus der Vogelperspektive. Die Objektivität des Fremden bei Schütz dient zur Aneignung von Wissen. Schütz behandelt den Fremden, „der versucht, sein Verhältnis zur Zivilisation und Kultur einer sozialen Gruppe zu bestimmen und sich in ihr neu zurechtzufinden" (Schütz [1944] 2002, S. 73). Geleitet wird der Fremde bei Schütz von dem Wunsch, „von der Gruppe, welcher er sich nähert, dauerhaft akzeptiert oder zumindest geduldet" (ebd.) zu werden. Typisierte Simmel den Fremden als Händler, so ist es bei Schütz der Fremde als Immigrant.

> Jedes Mitglied, das in der Gruppe geboren oder erzogen wurde, akzeptiert dieses fixfertige standardisierte Schema kultureller und zivilisatorischer Muster, das ihm seine Vorfahren, Lehrer und Autoritäten als eine unbefragte und unbefragtbare Anleitung für alle Situationen übermittelt haben, die normalerweise in der sozialen Welt vorkommen. Das Wissen, das diesen kulturellen und zivilisatorischen Mustern entspricht, hat seine Evidenz in sich selbst – oder es wird aus Mangel an gegenteiliger Evidenz fraglos hingenommen (Schütz [1944] 2002, S. 78).

Dieses Wissen der Gruppe, der sich der Fremde zu nähern und anzuschließen versucht, übersetzt Schütz als „Rezeptwissen". Das Rezeptwissen gilt sowohl als Anweisungs- wie als Auslegungsschema: Wer etwas erreichen will, handelt nach den Rezepten (Anweisung), wer nach den Rezepten handelt, erreicht seine Ziele (Auslegung). Diese Lebensweise rekurriert auf ein „Denken-wie-üblich" (ebd., S. 79), das die Gemeinschaft stillschweigend zu teilen scheint. Während gewisse Grundannahmen unverändert bleiben und eingehalten werden, bleibt das „Denken-wie-üblich" stabil. Diese Grundannahmen sind zum einen, dass das soziale Leben, so wie es die Gemeinschaft kennt, unverändert bleiben wird. Somit können wiederkehrende Probleme mit bekannten und bewährten Lösungen bewerkstelligt werden, was eine Sicherheit hervorruft, auch künftige Situationen meistern zu können (vgl. ebd.). Zum anderen besteht ein Grundvertrauen in das Wissen und die tradierten Rezepte, die generationenübergreifend weitergegeben werden. Als weitere Grundannahme genügt es den Mitgliedern einer Gemeinschaft, „etwas *über* den allgemeinen Typus oder Stil der Ereignisse zu wissen, die uns in unserer Lebenswelt begegnen" (ebd.). Und zuletzt herrscht allgemeiner Konsens darüber, dass die erwähnten Grundannahmen keine privaten Angelegenheiten, sondern kollektive Akzeptanz und Anwendung finden (vgl. ebd.). Schütz prognostiziert, dass das „Denken-wie-üblich" unwirksam wird, sobald eine der Grundannahmen nicht mehr angenommen wird oder sich als unzuverlässig erweist. Dadurch kommt es zu einer „Krisis":

> Die Zivilisationsmuster fungieren nicht mehr als ein System erprobter und vorhandener Rezepte; es zeigt sich, dass ihre Anwendbarkeit auf eine spezifische historische Situation beschränkt ist. Und gerade der Fremde, aufgrund seiner persönlichen Krisis, teilt die oben erwähnten Grundannahmen nicht. Er ist wesentlich der Mensch, der fast alles, was den Mitgliedern der Gruppe, der er sich nähert, unfraglich erscheint, in Frage stellt (Schütz [1944] 2002, S. 80).

Das Rezeptwissen der sozialen Gruppe, der sich Schütz' Fremder nähert, wird niemals derart Teil seiner Biographie werden, wie es das Wissen seiner eigenen Herkunftsgruppe ganz selbstverständlich für ihn geworden ist (vgl. ebd.). Da er keine gelebte Vergangenheit mit der Gruppe teilt, bleiben ihm gemeinsame Erfahrungen der Gegenwart und Zukunft, die er mit der *in-goup* erleben und teilen kann. Das durch seinen Herkunftskontext gefärbte „Denken-wie-üblich" versucht der Fremde als Folie des Verstehens auf die Gruppe anzuwenden. Dabei scheitert der Fremde: Er ist bestrebt, seine unbeteiligte Beobachterposition zu verlassen und ein „Möchtegernmitglied der Gruppe" (ebd., S. 81) zu werden: „Der frühere Zuschauer springt sozusagen vom Parkett auf die Bühne, er wird ein Mitglied des Ensembles, tritt als Partner in die sozialen Beziehungen seiner Mit-Spieler und nimmt von nun an am Spielgeschehen teil" (ebd.). Doch erfährt der Fremde, dass das Bild, welches er sich in seinem Herkunftskontext von der *in-group* gemacht hat, der Realität nicht standhält (vgl. ebd., S. 83). So wird erstmalig sein „Denken-wie-üblich" in zweifacher Hinsicht erschüttert: „Nicht nur das Bild, das der Fremde von den Kultur- und Zivilisationsmustern der Gruppe, welcher er sich nähert, mitbrachte, sondern auch das ganze bisher unbefragte Auslegungsschema, das ihm in seiner Heimatgruppe geläufig war, wird durchgestrichen" (ebd., S. 83). Für den Fremden handelt es sich um einen Prozess der Annäherung an die *in-group* und es gilt für ihn, die Gruppe, ihr Verhalten und ihre Zivilisationsmuster sukzessive zu untersuchen, „ob auch die vom neuen Schema vorgeschlagenen Lösungen die gewünschte Wirkung für und seine spezielle Position als Außenseiter und Neuankömmling bewirken werden" (Schütz [1944] 2002, S. 88). Denn in seiner Krisis wurde der Fremde von der Inkonsistenz, Inkohärenz und mangelnden Klarheit des Systems der Zivilisationsmuster verwirrt (vgl. ebd.). Somit stellen die Kultur- und Zivilisationsmuster der sozialen Gruppe für den Fremden bei Schütz weder Schutz noch

Selbstverständlichkeit dar und seine Situation wird zur Bewährungsprobe des Bestehens, „die hart zu meistern ist" (ebd., S. 89). Zwei Merkmale kennzeichnen die Einstellungen des Fremden gegenüber der sozialen Gruppe: Objektivität und zweifelhafte Loyalität (vgl. ebd.). Seine Objektivität rekurriert insbesondere auf sein Bedürfnis, „ein volles Wissen *von* den Elementen der Zivilisationsmuster" (ebd., S. 90, Hervorhebung im Original) zu gewinnen, in dem er aufmerksam die Selbstverständlichkeiten der *in-group* in Augenschein nimmt. Seine Loyalität kann dem Fremden zum Verhängnis werden: Im Bedürfnis, Teil der *in-group* zu werden, was er nicht ganzheitlich bewerkstelligen kann und in dem Versuch, sein Herkunftswissen durch die neuen Rezepte zu ersetzen, bleibt er „ein kultureller Bastard an der Grenze von zwei verschiedenen Mustern des Gruppenlebens, der nicht weiß, wohin er gehört" (ebd., S. 90). Die soziale Anpassung des Fremden an die *in-group* bezeichnet Schütz als einen Prozess, „dem sich der Neuankömmling unterwerfen muss" (Schütz [1944] 2002, S. 91). Wenn ihm die fremde *in-group* vertraut geworden ist, indem er ihre Kultur- und Zivilisationsmuster untersucht hat und diese für ihn selbst zur alltäglichen Selbstverständlichkeit werden, „dann ist der Fremde kein Fremder mehr, und seine besonderen Probleme wurden gelöst" (ebd., S. 92).

Schütz stellt also zwei Sozialsysteme einander gegenüber: Die Einwander*innen und die als homogene Gruppe präsentierte Einwanderungsgesellschaft. Daher geht es bei dem Schütz'schen Fremden um „einen ganz speziellen Modus interkultureller Beziehung" (Reuter 2002, S. 104). Die Nichtzugehörigkeit des Fremden, die auch auf den Fremden nach Simmel zutrifft, wird bei Schütz durch das Merkmal der Unvertrautheit ergänzt (vgl. ebd.) und so gerät Schütz' Fremder in eine Verstehens- und Vertrauenskrise. Er sucht Anschluss und sehnt sich nach Zugehörigkeit:

> Aus der vertrauten Umgebung herausgerissen, wird der Fremde mit einer für ihn neuartigen sozialen und kulturellen Wirklichkeit konfrontiert, die er nicht mit seinem Wissen über die Welt vereinbaren kann. Sein Wissen ist das der eigenen Heimat, der dort relevanten Wirklichkeit, das in der neuen Umgebung mitsamt ihren Menschen, die in seine Relevanzbereich [sic, NW] eingedrungen sind, unbrauchbar wird (Reuter 2002, S. 106).

Münkler und Ladwig verweisen hinsichtlich der Dimensionen von Fremdheit auf einen „Kategorienfehler" (1997, S. 37): Wissen zum Verständnis über die andere Gruppe zu erlangen, ist nicht mit Aneignung der Eigenheiten der anderen Gruppe gleichzusetzen. Ein Rezeptwissen, welches Schütz dem Immigranten bescheinigt, führt nicht zur ersehnten gesellschaftlichen Partizipation und verfestigt somit vielmehr seine Krise. Gleichzeitig löst er bei den Mitgliedern der anderen Gruppe, derer er sich zugehörig zu machen wünscht, eine Krise dadurch aus, dass er ihr Selbstverständnis infrage stellt, sodass ihr „Weltauslegungsschema nicht mehr fraglos, sondern *fragwürdig* geworden ist" (Reuter 2002, S. 109, Hervorhebung im Original). Reuter akzentuiert die Perspektive Schütz' hinsichtlich der gegenseitigen Fremdheit: So ist nicht nur der sich annähernde Fremde fremd, gleichwohl ist auch die Gruppe, derer er sich zugehörig machen möchte, fremd für den Fremden (vgl. ebd., S. 110). Zwar kann sich der Fremde die Relevanzsysteme der anderen Gruppe aneignen, sich der Gruppe assimilieren, doch das könnte letztlich nur dazu führen, dass dem Fremden selbst die Gruppe nicht mehr fremd ist (vgl. Reuter 2002, S. 111) – dass seine Fremdheit vonseiten der Gruppe aufgelöst wird, ist jedoch nicht garantiert.

Typisiert als jüdischer Händler, besteht für den Simmelschen Fremden Notwendigkeit zur Interaktion mit der Gesellschaft, in der er sich aufhält und entwickelt daher eine systemische Integration. Im Gegensatz dazu scheitert die Integration für den Fremden nach Schütz an „Übersetzungsproblem(en)" (ebd., S. 173): Das fehlende Vorwissen über die ethnische Gemeinschaft, der sich der Schütz'sche Fremde anzuschließen versucht, führt zur Kollision. Unterschiedliche Wissensordnungen erscheinen beidseitig als unvereinbar und Integration wird als „Einbahnstraßenmodell" vonseiten der Einwanderungsgesellschaft begriffen. Der Fremden-Typus nach Schütz gerät durch seinen Mangel an kulturellem Wissen in eine Verstehens- und Vertrauenskrise, die ihn im Kontakt mit der Gemeinschaft, der er sich anzuschließen sucht, als Fremden markiert (vgl. ebd., S. 173 f.). Als Gemeinsamkeit des Fremden nach Simmel und nach Schütz, hebt Stichweh das den Fremden konstruierende Sozialsystem hervor, welches bei beiden besteht (vgl. Stichweh 1997, S. 47) und als Bild einer homogenen Einheit produziert wird. Dabei unterscheidet sich hierbei jedoch die Perspektive: Simmel wirft aus einer Vogelperspektive einen Blick auf das Nähe-Distanz-Verhältnis des Fremden und problematisiert ihn nicht hinsichtlich mangelnder sozialer Kontakte (vgl. Reuter und Warrach 2015, S. 173). Dem entgegen nimmt Schütz gerade die soziale Ebene in den Blick, er wagt einen sozialpsychologischen Versuch, und so leidet der Fremde bei Schütz unter seiner Nichtzugehörigkeit (vgl. ebd.).

3.1.4 Der Gastarbeiter nach Siu

Die Bezeichnung „Gastarbeiter*in" ist zu einem konstanten Schlagwort der Migrationsforschung avanciert, wie Merz-Benz treffend formuliert (vgl. ebd. 2015, S. 105) und so soll an dieser Stelle auch der Gastarbeiter[6] nach Siu portraitiert werden, der sich auf die (türkeistämmigen) „Gastarbeiter*innen" übertragen lässt bzw. an ihre Situation angeknüpft werden kann. Im Zusammenhang mit seiner Untersuchung chinesischer Wäschereiarbeiter*innen in den USA arbeitete der Soziologe Paul C. P. Siu den Gastarbeiter als sozialen Typus des Fremden bereits 1952 unter dem Titel *The Sojourner* heraus:

> Der ‚Gastarbeiter' ist ein besonderer Typus der soziologischen Form des ‚Fremden'; er bleibt dem kulturellen Hintergrund seiner eigenen ethnischen Gruppe verhaftet und neigt dazu, in seinem Gastland isoliert zu leben, was seine Assimilation in die Gesellschaft, in der er sich aufhält, oft für mehrere Jahre behindert. Der Gastarbeiter betrachtet seinen Aufenthalt als ‚Job', den er in möglichst kurzer Zeit erledigen muss. Statt sich zu integrieren, fährt er in regelmäßigen Abständen in sein Heimatland zurück (Siu [1952] 2002, S. 111).

Im Fall von Sius Gastarbeiter liegt die Motivation des Auslandsaufenthalts darin, seinen „Job" zu erledigen, „Erfolg zu haben, sich einen sozialen Status für zu Hause zu erkämpfen" (Merz-Benz 2015, S. 102). Siu spricht von der Erledigung eines „Jobs" im Ausland im Gegensatz zu einer „Karriere", die als endliches Projekt gesehen werden könne: Er bezieht sich also auf eine zeitlich begrenzte Tätigkeit, die nicht als lebenslange Aufgabe begriffen wird und nach deren Erledigung die Rückkehr in den Herkunftskontext folgen soll – demnach muss es sich bei dem Job auch nicht um eine Tätigkeit handeln, an der der Gastarbeiter Gefallen findet, vielmehr versteht er sich als „Mittel zum Zweck" (Siu [1952] 2002, S. 114).

Letztlich entwickelt sich der anfänglich als kurzfristige Tätigkeit im Ausland angesehene Job dann doch zu einem mehrere Jahre andauernden, teils gar lebenslangen Projekt. Trotz des Bestrebens, seinen Job zügig auszuführen, sieht sich der Gastarbeiter nach Siu bald vor der Entscheidung, im Ausland zu bleiben oder in seinen Herkunftskontext zurückzukehren (vgl. ebd.). Siu erklärt das Aufschieben der Rückkehr unter anderem damit, dass der Gastarbeiter als erfolgreiche Person in seine Herkunftsgesellschaft und zu seiner Familie zurückkehren möchte – ein Zustand, den er jedoch nie gänzlich erreichen könne (vgl. Siu [1952] 2002, S. 115). Gleichwohl bleibt der Gastarbeiter stets mit seiner Herkunftsgesellschaft verbunden und hält über die ihm zur Verfügung stehenden Mittel seine sozia-

[6]Wird der Begriff „Gastarbeiter" als Typus verwendet, folge ich nicht der gendergerechten Schreibweise.

len Kontakte aufrecht (vgl. ebd., S. 123 f.). Denn Siu betont, dass der Typus des Gastarbeiters nur dann zutreffe, „wenn man die Verbindung zu seinem Heimatland aufrecht erhält" (ebd., S. 123). Zugleich versucht sich der Gastarbeiter „eine Heimat fern der Heimat zu schaffen" (ebd., S. 118). Dies geschieht durch die Bildung ethnischer Kolonien, in die er sich zurückzieht, mit seinen Landsleuten kulturelle Praktiken aufrechterhält sowie Ansichten über das Aufenthaltsland teilt (vgl. ebd.). Durch diese „neue Heimat" innerhalb der Ankunftsgesellschaft ist die teils befremdende und als vorübergehend geplante Situation auszuhalten, was zugleich den Aufschub einer Rückkehr bedingt. Je länger der Gastarbeiter im Ankunftskontext verweilt und sukzessive anpasst, desto ungewisser wird seine Rückkehr – gleichwohl er seinem Herkunftskontext immer verbunden bleibt:

> Fest steht einzig, dass der Gastarbeiter, was die Entscheidung über die Beendigung seines Aufenthalts betrifft, im Laufe der Zeit immer unsicherer wird und sich gleichzeitig an seine neue Umgebung mehr und mehr anpasst und schließlich die Einstellung eines lang Eingesessenen übernimmt – und aus drei Jahren Aufenthalt werden dreißig Jahre (Merz-Benz 2015, S. 102 unter Verweis auf Siu 1952/1953, 2002)

Der von Siu typisierte Gastarbeiter wird vor allem durch seine Arbeit begriffen und gilt somit als „Funktionsträger" (Merz-Benz 2015, S. 106). Im Laufe seines Verweilens in der Ankunftsgesellschaft entwickelt er „eine Lebensweise, die weder für sein Heimatland noch für die dominante Gruppe ganz charakteristisch ist" (Siu [1952] 2002, S. 131). Zwar geht Siu auf seinen Typus des Gastarbeiters vor allem als einzelnes Individuum ein, doch nimmt er auch auf eine Familiensituation Bezug: Werden Gastarbeiter zu Eltern, bemühen sie sich, den Kindern ihre Herkunftskultur zu vermitteln, was zu kulturellen Konflikten führen könne (vgl. ebd., S. 123).

3.2 Anschlüsse an die klassischen Sozialtypen des Fremden

Die bereits von Simmel, Park und Schütz typisierten Sozialtypen des Fremden, aber auch Sius Gastarbeiter, unterscheiden sich durch ihre Beweglichkeit, Objektivität und Freiheit von den ihnen gegenübergestellten Sozialsystemen, die als homogene und „unbewegliche" Einheiten präsentiert werden:

Ist Simmels Fremder im sozialen und räumlichen Sinne mobil, die sich in ähnlicher Art bei Sius Gastarbeiter wiederholt, so zeichnet Park seinen Grenzgänger durch kulturelle Beweglichkeit aus, während Schütz die Bedeutungsebene des kulturellen Wissens in den Blick nimmt. Die Dimensionen von Fremdheit (hierzu siehe Abschn. 3.3) finden sich bei Simmel und Park durch Nichtzugehörigkeit (Dimension sozialer Fremdheit) wieder, während Schütz seinem Fremden und Siu seinem Gastarbeiter zudem Unvertrautheit (Dimension lebensweltliche Fremdheit) attribuieren. Objektivität wird zwar bei allen vier vorgestellten Sozialtypen unterschiedlich ausgehandelt, sei es durch Aneignung von Wissen (Schütz) oder die Wahrung eines kritischen Blicks (Simmel). Gleichwohl ist es eine Eigenschaft, aus der in unterschiedlichem Maße Positives für die Idealtypen entspringt – insbesondere sei hierbei auf eine gewisse Freiheit verwiesen, die gerade Simmel explizit benennt. Bei den als klassische Sozialtypen herausgegriffenen Figurationen zeigen sich bedeutende Gemeinsamkeiten. Zwar werden die Fremden als Individuen und nicht als Kollektive vorgestellt. Doch handelt es sich um Typisierungen, sei es als Händler (Simmel), Immigrant (Schütz), Mischling (Park) oder Gastarbeiter (Siu). Somit ist auch deutlich, „dass Fremdheit als ein typisches gesellschaftliches Phänomen und nicht als singuläres Einzelschicksal zu begreifen ist“ (Reuter und Warrach 2015, S. 171 f.). Die Bildung von Idealtypen, wie es Pries hinsichtlich internationaler Migrationsströme unternommen hat, soll letztlich dazu dienen, „die Komplexität der realen Welt zu sortieren und zu gliedern“ (Pries 2010a, S. 68). Das bedeutet nicht, dass sich Menschen passgenau in derartige Schemata einfügen lassen; vielmehr weisen sie unterschiedlich starke Merkmale auf, die sie mal stärker dem einen oder mal stärker dem anderen Idealtyp zuordnen lassen (vgl. ebd.). Da Menschen selbst nicht derart starr leben wie es Idealtypen vorgeben und sich Lebensrealitäten dynamisch wandeln, ändern sich auch ihre Migrationsprojekte, sodass sie sich „aus der Nähe eines Idealtypus in die eines anderen bewegen“ (Pries 2010a, S. 68).

Als Anschlüsse an die klassischen Sozialtypen sollen folgend der avancierende Fremde nach Hüttermann und der Transmigrant nach Pries herausgearbeitet werden. Das Konzept der Transmigration und Verwendungen des Begriffs Transmigrant*in wurden bereits erörtert (siehe Abschn. 2.1, siehe auch Abschn. 4.6), an dieser Stelle soll der Transmigrant als neuer Sozialtypus des Fremden in Augenschein genommen werden, eine Frage, die Pries 2010 aufgeworfen hat. Hinsichtlich der Vergesellschaftungsprozesse von Fremden stellen sich zudem stets Fragen nach ihren subjektiven und zugeschriebenen Zugehörigkeiten, die selten miteinander übereinstimmen. Somit soll das Phänomen von Hybridität und dem „dritten Raum“ des postkolonialen Theoretikers Homi K. Bhabha erläutert werden, welches er 1994 in seinem Buch *The Location of Culture* präsentiert. Anschließend arbeite ich ergänzend zum Zugehörigkeitskontext das Phänomen prekärer Zugehörigkeit *Anderer Deutscher* nach Mecheril heraus.

3.2.1 Der avancierende Fremde nach Hüttermann

Hüttermann typisiert den avancierenden Fremden auf Basis seiner Studie (2000) in Duisburg-Marxloh. In seiner Untersuchung legt er die Gesellschaftsordnungen in besagtem Stadtteil der Etablierten-Außenseiter-Figuration nach Elias und Scotson (1993) zugrunde und belegt, dass durch die Verkehrung der bestehenden Gesellschaftsordnung Unsicherheitserfahrungen (u. a. Kriminalitätsfurcht) und (Rangordnungs–)Konflikte entstehen. Den avancierenden Fremden stellt Hüttermann zunächst wie folgt vor:

> *Avancierende Fremde* werden für Autochthone zum Problem und aus soziologischer Perspektive zu einem sozialen Tatbestand, weil sie die im alltäglichen Handlungserleben selbstverständlich vorausgesetzten Statusgrenzen überwinden und somit identitätsaffirmative Rangordnungen in Frage stellen (Hüttermann 2000, S. 275, Hervorhebung im Original).

Im von Hüttermann untersuchten Stadtteil kehrt sich die tradierte Etablierten-Außenseiter-Konstellation, in dem die Fremden tradierte räumliche Statusgrenzen überschreiten, um (vgl. ebd., S. 276). Daraus folgt, dass die einstigen ehemaligen Außenseiter zu Etablierten werden und gleichermaßen die Etablierten zu Außenseitern (vgl. ebd.). „Der avancierende Fremde verkörpert hier gewissermaßen die Umkehrung der Machtbalance im Mikrokosmos eines Stadtteils" (Hüttermann 2000, S. 276). Der avancierende Fremde ist in einen bestehenden Stadtteil mit alteingesessener Bewohnerschaft gezogen, er ist also wie Schütz' Fremder ein „Neuankömmling". Doch nimmt der avancierende Fremde die ihm zugeschriebene Außenseiterrolle nicht an und weist das an ihn „adressierte Stigma" (ebd.) zurück. Die Zurückweisung der Außenseiterrolle zeigt sich durch die Inbesitznahme öffentlichen Raums durch den avancierenden Fremden (vgl. ebd.). Dies hat Verunsicherung bei den Etablierten zur Folge, sodass einige den Stadtteil verlassen, was letztlich die Umkehrung der Machtbalance beschleunigt (vgl. ebd.).

Für die vor allem älteren etablierten Bewohner*innen des Stadtteils ist der avancierende Fremde nicht mit der „Attraktivität des *exotischen Fremden*" (Hüttermann 2000, S. 282, Hervorhebung im Original) behaftet, vielmehr tritt er ihnen als bedrohliche Gestalt entgegen (vgl. ebd.). Ihn zeichnet nicht im Simmel'schen Sinn aus, der zu sein, „der heute kommt und morgen bleibt" (Simmel [1908] 2002, S. 47). Eher ist der avancierende Fremde Hüttermanns „derjenige, der gestern kam und sich zunächst in die ihm selbstverständlich zugedachten Außenseiterrollen fügt, diese dann aber zumindest partiell überwindet" (Hüttermann 2000, S. 282 f.). Er überschreitet „hierarchiestabilisierende Grenzen im Raum" (ebd., S. 283) und positioniert sich somit im Zentrum der Aufmerksamkeit der Etablierten (vgl. ebd.). Durch seine Vereinnahmung des öffentlichen Raums „wird das eingelebt identitätsverbürgende Statusgefüge der Alteingesessenen einmal mehr in Frage gestellt“ (ebd., S. 285). Das relationale Nähe-Distanz-Verhältnis bei der Fremdentypisierung Simmels zeigt sich auch hier: Der avancierende Fremde ist der Ferne, der durch die Raumaneignung an Nähe gewinnt, aber dem das Fremde weiterhin anhaftet. Zudem ist der avancierende Fremde beweglich: Zunächst bewegt er sich vor allem auf räumlicher Ebene. Aber er avanciert auch sozial und kulturell, schließlich scheint er zu verstehen, wie die Hierarchisierungsordnungen durchbrochen, wie die Räume vereinnahmt und wie die Machtbalance gekippt werden kann – als Voraussetzung dient ein „Rezeptwissen“ (Schütz 1944) und Verständnis der bestehenden alltäglichen Ordnungen der Etablierten.

3.2.2 Der Transmigrant nach Pries

Pries entfaltet den Transmigranten als sozialen Typus des Fremden vor dem Hintergrund transnationaler Vergesellschaftungsprozesse und globaler Entwicklungen (Urbanisierung, Modernisierung, Kommunikationstechniken etc.), die weltweit immer mehr Menschen zu Migration bewegen (vgl. Pries 2010a, S. 69). Im Anschluss an die Beweglichkeit des Fremden bei Simmel zeichnet sich der Fremde in der transnationalisierten Welt hinsichtlich der Beweglichkeit allerdings nicht alleinig durch seine räumliche Mobilität, sondern zunehmend durch seine sozialen Bewegungen aus. Der Fremde hat aufgrund von Beweglichkeit, Objektivität und Freiheit eine nahezu privilegierte Situation in der Gesellschaft: Er kann sowohl die Vogelperspektive einnehmen, als auch „fast wie jemand Ihresgleichen“ (ebd., S. 69) die Gruppe aus der Nähe in Augenschein nehmen. Ein Perspektivwechsel ist für ihn dadurch möglich, dass er über Wissen aus anderen Gesellschaften verfügt, die er durch seine Beweglichkeit kennenlernen konnte und sich Wissen über die Gesellschaft aneignet, in der er sich entschlossen hat (länger) zu bleiben. Diese räumliche und soziale Beweglichkeit des Fremden ergänzt Pries durch den Verweis auf die zunehmende Bedeutung der sozialen Konstruktion (vgl. ebd., S. 70). Die Differenzierung zwischen Eigenem und Fremdem entspringt nicht einer gesetzmäßigen Natürlichkeit, Selbstverständlichkeit oder Ursprünglichkeit, sondern ist eine sozial konstruierte (vgl. ebd.). Die Einteilung in Eigenes und Fremdes unterliegt also Konstruktionsprozessen, die auf Macht- und Hierarchisierungsstrukturen verweisen. Nimmt man diese Ebenen mit in den Blick, lässt sich auch die Krise des Fremden bei Schütz besser verstehen: Im Versuch, sich anzupassen, wird er *ohn*-mächtig, trotz seines Rezeptwissens, bleibt er durch die Konstruktion als Fremder nichtzugehörig und unvertraut.

Die Überlegung, den Transmigranten als neuen Sozialtyp des Fremden einzuführen, liegt vor dem Hintergrund des Wissens über klassische Sozialtypen des Fremden nahe. Pries definiert wie folgt:

> Für den Transmigranten findet eine Selbstfindung und Bestimmung des ‚Eigenen' gerade dadurch statt, dass ihm andere Identitätsentwürfe, speziell die der Auswanderer, der Rückkehr-Migranten und der Diaspora-Migranten für die eigene Lebensorientierung nicht angemessen oder überzeugend erscheinen. [...] Für den Transmigranten ist gerade der ‚Ritt auf der Mauer', die das Eigene und das Fremde trennt bzw. trennen soll, typisch. Er grenzt sich von den anderen Migrantentypen dadurch ab, dass diese aus seiner Sicht in ihren Wirklichkeitskonstruktionen nur einmal (Immigrant) oder mehrmals (Rückkehr-Migrant, Diaspora-Migrant) ‚über die Mauer gesprungen' sind. Insofern ist der Transmigrant überall da zu Hause, wo seine Balancierung des Verhältnisses von Eigenem und Fremdem verstanden und geteilt wird, und er ist überall da fremd, wo eindeutige Zuordnungen verlangt werden (Pries 2010a, S. 70 f.).

Die Metaphorik des „Ritts auf der Mauer" erinnert an Parks Grenzgänger mit dem bedeutenden Unterschied, dass Parks Randseiter sich „auf der Grenze" bewegt, er bewegt sich als „kultureller Hybride" also zwischen den kulturellen Gesellschaften. Beim „Ritt auf der Mauer" überwiegt die Vorstellung, dass ein Bein auf jeder Seite der Mauer in einen Gesellschaftskontext hineinragt und sich der Transmigrant somit in beiden Kontexten sowohl räumlich, als auch sozial und kulturell bewegen kann. Der Transmigrant kann sich also in beide Kontexte hineinbegeben. Er verfügt zudem über das notwendige Wissen über beide kulturellen Kontexte. Dennoch kann seine Anerkennung an seiner multiplen Zugehörigkeit scheitern. Unter Heranziehung der von Reuter herausgearbeiteten Ordnungsmuster von Fremdheit (siehe hierzu Abschn. 3.3), greift Pries für den Transmigranten vor allem die Aspekte von Fremdheit als „Komplement zur eigenen Selbstvergewisserung und Identitätsausbildung" (Pries 2010a, S. 70) sowie Fremdheit als „ständige Irritation und Herausforderung für das Eigene" (ebd.) heraus. Fremdheit als Komplement und als Irritation wird am Typus des Transmigranten insbesondere durch dessen Verortungs- und Zugehörigkeitspraktiken ersichtlich: Durch die Offenhaltung einer sozialräumlichen Zuordnung konstruieren Transmigranten neue Sozialräume[7] (ebd., S. 71). Auf die Frage nach ihrer *tatsächlichen* Herkunft antworten Transmigranten nicht eindimensional mit einem

[7]Pries unterscheidet drei Idealtypen von Sozialräumen: Alltagswelten, Organisationen und Institutionen (siehe hierzu Pries 2010a). Durch die Offenhaltung sozialräumlicher Zuordnung konstruieren Transmigranten neue Sozialräume (vgl. ebd., S. 71).

„Entweder-oder", sondern mit einem „Sowohl-als-auch" (vgl. ebd., S. 67). Daher zeichnen sich Transmigranten nicht durch Zerrissenheit aus, wie bspw. Schütz' Fremder, die sich durch ihre Entscheidung für eine Lokalität belastet sehen (vgl. ebd.). Vielmehr erkennen Transmigranten, ob bewusst oder unbewusst, Vorteile in der von ihnen präferierten Lebensweise:

> die kulturellen Möglichkeiten, die Erwerbschancen, die Verdopplung der sozialen Beziehungsnetzwerke, das Wissen um und Ausschöpfen von doppelten Gelegenheitsstrukturen in den verschiedensten Lebensbereichen (Wohnen, Gesundheit-Krankheit, Lernen-Wissen, Sprache-Kultur, Klima-Landschaft etc.) (Pries 2010a, S. 67).

Diese Dopplung kann dennoch zur Herausforderung für Transmigranten werden und Spannungen erzeugen. Ihre räumliche Unfixiertheit und ihre mehrfache Zugehörigkeit machen sie trotz einer in gewisser Betrachtungsweise vorteilhaften Lebenssituation nicht zu „vollständig souveränen und vollkommen erfüllten pluri-lokalen ‚Surfern des Lebens'" (ebd.). Ein transnationales Leben erfordert eben auch, mit der Kritik ihrer „Unsicherheiten" und „Nichtzugehörigkeit" zu leben, es erfordert ein hohes Maß an Aktivität und Kommunikation, um eventuelle „Reibungsverluste" zu vermeiden oder zu kompensieren.

Die bereits vorgestellten klassischen Sozialtypen, aber auch die neueren Anschlüsse nach Hüttermann und Pries zeigen, dass Zugehörigkeit ein zentrales Phänomen in der Begegnung von Individuen unterschiedlicher kultureller Kontexte ist. Wie sich Zugehörigkeit zu und in unterschiedlichen Kontexten auswirkt – Mecheril spricht hier von „natio-ethno-kulturell" – und welche Theorien sich aus der Begegnung von Fremdem und Eigenem ergeben, sollen die folgenden Anschlüsse zeigen: Hybridität und der „dritte Raum" nach Bhabha und anschließend prekäre Zugehörigkeit nach Mecheril, sollen die Zugänge zum Verständnis von Fremden im Spiegel transnationaler Vergesellschaftung vervollständigen.

3.2.3 Das Phänomen der Hybridität und des „dritten Raums" nach Bhabha

Homi K. Bhabha entwickelt seine Theorien vor einem postkolonialen und dekonstruktivistischen Hintergrund. Er bezieht sich dabei auf unterschiedliche Theoretiker, darunter vor allem auf Derrida, Foucault, Said, Fanon und Lacan. In seiner Arbeit fokussiert Bhabha Identitätsformationen und –konstruktionen, die er in einem postkolonialen Diskurs verortet und entlang seines Hybriditätsbegriffs konzipiert (vgl. Babka und Posselt 2012, S. 8). Da Identifizierungsprozesse eine zentrale Rolle in seinen Arbeiten einnehmen, wird Hybridität teilweise als multiple Identität missverstanden; dabei ist Hybridisierung eher als Interaktionsprozess zu verstehen:

> Wenn man mir nun zum Beispiel die Frage stellt: ‚Ist eine Migrantin ein hybrides Subjekt?', so sage ich: Ja, die Migrantin ist ein hybrides Subjekt, jedoch ist es für den Nachweis der Hybridität nicht hinreichend zu sagen, dass die Person teils Hindu, teils Christin, teils Parsin, teils Österreicherin, teils Slowenin usw. ist – das ist für mich nicht Hybridisierung. Mir geht es vielmehr darum, wie die Teile miteinander und mit äußeren Kräften der Gemeinschaftsbildung in Verhandlung treten, wie diese Interaktionen stattfinden. Hybridisierung ist folglich für mich ein Prozess, eine Bewegung und dreht sich nicht um multiple Identitäten – ein Begriff übrigens, für den ich nicht viel übrig habe (Bhabha 2012, S. 65 f.)

Ein in enger Relation zur Hybridität stehender Schlüsselbegriff ist der „dritte Raum" *(third space),* „der nicht als konkrete ‚Örtlichkeit' zu verstehen ist, sondern als Raum oder Zone der Kritik und potentiellen Subversion rigider, hierarchischer Identitätskonstruktionen und einseitiger Machverhältnisse [sic, NW]" (Babka und Posselt 2012, S. 9). Anhand der Phänomene von Hybridität und dem „dritten Raum" desavouiert Bhabha[8] vor allem die binäre Logik, die vornehmlich im „westliche(n) Denken der Moderne" (Sieber 2012, S. 98) zum Ausdruck kommt. Ergänzt wird die binäre Logik durch Antagonismen, die einer „Auffassung von menschlicher Entwicklung als einem unidirektionalen, auf Perfektionierung und Vervollkommnung angelegten Prozess" (ebd.) entspringen: Somit stehen bspw. Modernität, Zivilisierung, Kultivierung und Fortschritt, Rückständigkeit, Unzivilisierung, Unkultivierung und Traditionalität gegenüber. Anknüpfend an den Postmodernismus werden feststehende, starre Grundannahmen und Begrifflichkeiten überwunden und neu ausgehandelt, sodass ebendiese dichotome Denkweise aufgelöst werden kann. Kritisch verweist Bhabha auf die tradierten Perspektiven, in denen nicht nur auf ein Täter–Opfer–Schema rekurriert wird, sondern durch etablierte Machtmuster (z. B. Kolonialherren gegenüber Kolonisierten) mächtige und *ohn*–mächtige Gruppen stetig reproduziert werden, was folglich zur Produktion von Stereotypen beitrage. Bhabha geht es mit seinem Hybriditätskonzept um die Aufhebung und Überwindung dieser binären Logik. Missverstanden wird Hybridität häufig als „Vermischung" unterschiedlicher Kulturen,

[8]Homi K. Bhabha ist ein Theoretiker, sodass eine Kritik an seinen Konzepten häufig darin begründet liegt, dass er seinen Theorien keine Handlungsanweisungen oder empirischen Untersuchungen anschließt.

dabei beinhaltet das Konzept für Bhabha vielmehr einen von Hierarchie befreiten Interaktionsprozess im *Dazwischen:*

> The migrant culture of the 'in-between', the minority position, dramatizes the activity of culture's untranslatability; and in so doing, it moves the question of culture's appropriation beyond the assimilationist's dream, or the racist's nightmare, of a 'full transmissal of subject-matter'; and towards an encounter with the ambivalent process of splitting and hybridity that marks the identification with culture's difference (Bhabha 1994, S. 321).

Erkennbar wird hier Bhabhas anti–essentialistischer Kulturbegriff[9], der als Grundlage für seine Kritik am Konzept der kulturellen Diversität verstanden werden kann. Das zunächst positiv erscheinende Konzept der kulturellen Diversität konstruiere und konstituiere ethnische Gruppen als homogene Entitäten und unterfüttert somit die „Dominanzverhältnisse" im Sinne von *Mehrheits-* und *Minderheits*gesellschaften. Da es Bhabha um hierarchiebefreite Interaktion und die Anerkennung von Differenzen geht, zieht er das Konzept kultureller Differenz dem der kulturellen Diversität vor:

> Cultural diversity is an epistemological object – culture as an object of empirical knowledge – whereas cultural difference is the process of the enunciation of culture as 'knowledgeable', authoritative, adequate to the construction of systems of cultural identification (Bhabha 1994, S. 49 f.).

Hierarchisierung und Machtstellungen werden in der Perspektive auf kulturelle Diversitäten also nicht aufgehoben, sondern reproduziert, gar verfestigt. Zur Überwindung dieser kulturellen Dominanzverhältnisse plädiert Bhabha für das Konzept der kulturellen Differenz, welches die Anerkennung von Differenzen zentriert:

> We must rehistoricize the moment of 'the emergence of the sign', or 'the question of the subject', or the 'discursive construction of social reality' to quote a few popular topics of contemporary theory. This can only happen if we relocate the referential and institutional demands of such theoretical work in the field of cultural difference – *not cultural diversity* (Bhabha 1994, S. 47, Hervorhebung im Original).

Ethnische Gruppen interagieren „auf Augenhöhe" und befinden sich in einer dynamischen und prozesshaften Annäherung, die zu Überschneidungen füh-

---

[9]Demnach werden „Kulturen" bei Bhabha nicht als feststehende Einheiten aufgefasst, sondern als „Kampfplätze" von Macht und Bedeutung in den Blick genommen (vgl. hierzu Struve 2013, S. 41).

ren kann. Diese Überschneidungen durch dynamische Interaktionsprozesse bezeichnet Bhabha als Hybridisierung. Durch diese hierarchiebefreiten Interaktionsräume entsteht ein „dritter Raum“, „the third space“ oder „in-between“, also *Dazwischen:* „a difference ‘within’, a subject that inhabits the rim of an ‘in-between’ reality“ (ebd., S. 19). Der „dritte Raum“ kann auch als „Erfahrungsbereich im Spannungsfeld zwischen Identität und Differenz“ (Babka und Posselt 2012, S. 12) verstanden werden, in dem Differenzen ausgehandelt und eine Überwindung von Hierarchisierung angestrebt wird. Bisher feststehende kulturelle Praktiken, Bräuche, Ansichten etc. können in diesem „dritten Raum“, im *Dazwischen,* neu ausgehandelt, gedehnt und definiert werden:

> But for me the importance of hybridity is not to be able to trace two original moments from which the third emerges, rather hybridity to me is the ‘third space’ which enables other positions to emerge. This third space displaces the histories that constitute it, and sets up new structures of authority, new political initiatives, which are inadequately understood through received wisdom (Bhabha 1990, S. 211).

Bhabha versteht den „dritten Raum“ somit nicht als Identität, sondern vielmehr als Identifikation im psychoanalytischen Sinn (vgl. Bhabha 1990, S. 211). Identifikation ist dabei als Prozess zu verstehen, sich mit und durch andere Objekte („an object of otherness“, Bhabha 1990, S. 211) zu identifizieren. Aufgrund der intervenierenden „otherness“ ist das Subjekt immer ambivalent (vgl. ebd.). Gleichsam lässt sich also festhalten, dass zwischen Identitätsprozessen und kultureller Differenzen, frei von Hierarchisierung, Hybridität entsteht.

Bhabhas Theorien zeichnet aus, dass er die Ordnung der Welt aus einer Minderheitenperspektive (Kolonisierte, Verfolgte, Unterdrückte, Außenseiter etc.) in den Blick nimmt und sie infrage stellt. Ein in dieser Weltordnung bestehendes Machtgefälle wird somit aufgehoben.

3.2.4 Das Phänomen der prekären (Mehrfach-) Zugehörigkeit *Anderer Deutscher* nach Mecheril

> Andere Deutsche sind nicht allein mit einem natio-ethno-kulturellen Kontext signifikant assoziiert; ihre Position kennzeichnet die Gleichzeitigkeit des Bezugs auf (mindestens) zwei Kontexte. Allein durch diesen Mehrfachbezug ist ihr Zugehörigkeitsstatus […] ein prekärer. Sowohl der Mehrfachbezug als auch sein prekärer Status müssen als Phänomene verstanden werden, die durch die nicht absehbar nachlassende Intensität weltweiter Migrationsbewegungen und globaler Kommunikation zunehmen werden (Mecheril 2003, S. 26).

Den programmatischen Begriff *Andere Deutsche* haben Paul Mecheril und Thomas Teo in ihrem gleichnamigen Buch (1994) herausgearbeitet; später greift ihn Mecheril in seiner Habilitationsschrift *Prekäre Verhältnisse. Über natio-ethno-kulturelle (Mehrfach–)Zugehörigkeit* (2003) zur Konzeptualisierung prekärer Zugehörigkeit erneut auf. Als *Andere Deutsche* bezeichnen sie jene Personen multi-ethnischer Herkunft, die ihren Lebensmittelpunkt in Deutschland haben (vgl. Mecheril und Teo 1994, S. 10). Mecheril und Teo nehmen insbesondere die Auswirkungen, die ihr doppeltes *Anders–Sein* hervorrufen, in den Blick: Die Dopplung basiert einerseits auf der fehlenden Akzeptanz als Deutsche und gleichzeitig auf der Zuschreibung, anders als „Ausländerinnen", „Nicht–Deutsche" oder „Fremde" zu sein (vgl. ebd.). Verschärft sprechen die Autoren von einem doppelten „Nicht-Sein" und meinen damit „kein Copyright an den Beständen ethnischer bzw. kultureller Identität" (Mecheril und Teo 1994, S. 10) zu haben. In diesem doppelten Anderssein verortet Mecheril sein Konzept prekärer Zugehörigkeit: „Der *unhintergehbare und unverhüllbare (Zuschreibungs-)Status,* ein ‚Migrant', eine ‚Ausländerin', eine ‚Fremde' zu sein, wird in der Bezeichnung *Andere Deutsche* zur Kenntnis gebracht" (Mecheril 2003, S. 11, Hervorhebung im Original). Dabei versteht Mecheril *Andere Deutsche* als Überzeichnung einer Typisierung, die in der Perspektive natio–ethno-kultureller Zugehörigkeit konstruiert werden (vgl. ebd., S. 12). Die semantische Zusammensetzung „natio-ethno-kulturell" exkludiert bewusst andere Dimensionen wie soziales Geschlecht, soziales Milieu oder Generationenfolge (vgl. ebd., S. 23). Mecheril attribuiert Zugehörigkeit mit der Verknüpfung von natio–ethno–kulturell[10], um auf die für Migration bedeutsamen Kontexte – Nation, Ethnizität[11], Kultur – zu verweisen. Denn die Benennung unterstreiche die „Diffusität, Komplexität und Polyvalenz" (ebd., S. 23), die gerade für einen sozialräumlichen Kontext relevant erscheint (vgl. ebd.). Konstituiert wird natio–ethno-kulturelle Zugehörigkeit von Mitgliedschaft, Wirksamkeit und Verbundenheit:

---

[10]Mecheril bezeichnet das Attribut „natio-ethno-kulturell" auch als „Kunstwort" (siehe Mecheril 2003, S. 24).

[11]Die klassische Definition von „Ethnizität" lässt sich auf den Soziologen Max Weber (1922) zurückführen: „Wir wollen solche Menschengruppen, welche auf Grund von Aehnlichkeiten des äußeren Habitus oder der Sitten oder beider oder von Erinnerungen an Kolonisation und Wanderung einen subjektiven Glauben an eine Abstammungsgemeinschaft hegen, derart, daß dieser für die Propagierung von Vergemeinschaftungen wichtig wird, dann, wenn sie nicht ‚Sippen' darstellen, ‚ethnische' Gruppen nennen, ganz einerlei, ob eine Blutsgemeinschaft objektiv vorliegt oder nicht" (Weber 1972, S. 237, zitiert nach Treibel 2003, S. 186).

> Zugehörigkeitskontexte sind empirische Annäherungen an idealtypische Zusammenhänge, in denen sich Individuen als Gleiche unter Gleichen erfahren, in denen sie Handlungsmächtigkeit entwickeln und einbringen und denen sie schließlich verbunden sein können. Natio-ethno-kulturelle Zugehörigkeit, so wie der Begriff hier verwendet und expliziert wird, ver-weist auf Strukturen, in denen symbolische Distinktions- und Klassifikationserfahrungen, Erfahrungen der Handlungsmächtigkeit und Wirksamkeit, als auch biographische Erfahrungen der kontextuellen Verortung nahegelegt sind (Mecheril 2003, S. 25 f.).

Die Besonderheit natio-ethno-kultureller (Mehrfach-)Zugehörigkeit besteht darin, dass mindestens zwei natio-ethno-kulturelle Räume für *Andere Deutsche* bedeutungsvoll sind (vgl. ebd., S. 26 f.). Deutschland gilt als Alltagszusammenhang und Lebensmittelpunkt *Anderer Deutscher.* Daher setzt Mecheril den Begriff „(Mehrfach)" in Klammern, da seine Untersuchungsgruppe *Anderer Deutscher* sich nicht in unterschiedlichen natio–ethno–kulturellen Kontexten aufhält, sondern es um ihre „Zugehörigkeitswirklichkeiten *in einem Handlungs- und Aufenthaltsraum*" (ebd., S. 27, Hervorhebung im Original) geht.

Die Identitäts- und Zugehörigkeitsfrage ist besonders für sich transnational verortende und beheimatende Migrationsakteur*innen präsent – bzw. wird für ebenjene Personen in einem ungleichen Machtdiskurs durch Fragen nach der „eigentlichen Herkunft" präsent gemacht: Die Frage nach Zugehörigkeit wird vornehmlich unidirektional gestellt und Zugehörigkeitsfragen werden als Problem der alltäglichen Lebenswelten von Migrant*innen hervorgehoben. In der Einwanderungsgesellschaft scheitern Personen mit Migrationsgeschichte oder Migrationserfahrung häufig an „unüberwindlichen Grenzen des Physiognomischen" (Mecheril 2003, S. 311), die von der Einwanderungsgesellschaft bedient und reguliert werden – es handelt sich hierbei um Migrationsregime. Mecheril versteht Zugehörigkeit zunächst als Ordnungsbegriff, in dem eine bestimmte Handlungsfähigkeit sichtbar wird, „nämlich das Vermögen derjenigen, die sortieren, zuordnen und Plätze zuweisen" (ebd., S. 119) – ein prägnanter Verweis auf Macht- und Hierarchisierungsprozesse im Kontext von Zugehörigkeit. Natio-ethno-kulturelle (Mehrfach–)Zugehörigkeit gestaltet sich nach Mecheril als ein prekäres Phänomen im Referenzrahmen moderner, sich national unterscheidender Gesellschaften (vgl. ebd., S. 388).

Aufgrund ihrer pluri-lokalen Verortung, ihrer (Mehrfach-)Zugehörigkeit und ihres teils ambivalenten Verhältnisses zu Herkunfts- und Ankunftsgesellschaft, wird transnational lebenden Personen ein „Kulturkonflikt", eine „Zerrissenheit" zwischen der mit der deutschen als unvereinbar eingeordneten Herkunftskultur ihrer Eltern diagnostiziert, die an Parks Randseiter auf der Grenze zweier Gesellschaften erinnert. Diesen „Kulturkonflikt" definiert Mecheril aus der

Perspektive der interkulturellen Pädagogik als „Sozialisierung unter Bedingungen divergierender kultureller Erwartungs- und Handlungssysteme [,die] zu Identitätsproblemen und Persönlichkeitsstörungen führe“ (ebd.: 2001, S. 42). Die These des „Kulturkonflikts“ verweist auf eine unilaterale Zugehörigkeit, die Eindeutigkeit verlangt und kennzeichnet zugleich (Mehrfach–)Zugehörigkeit als spannungsgeladenes, konfliktträchtiges Konstrukt (vgl. ebd., S. 43). Die „Kulturkonfliktthese“ und die Vorstellung eines „Lebens im Spannungsfeld zweier Kulturen“ zeichnet klassische Migrationsmodelle[12] aus: Ein Identitätsprozess gilt dann als „gelungen“, wenn er zu einem eindeutigen Resultat geführt hat (vgl. ebd., S. 45). Dieser klassisch orientierten Annahme steht aus der Perspektive einer kritischen Migrationsforschung das pluralistische Phänomen der Hybridität entgegen: „Hybridität beschreibt einen Mischzustand, eine Art Zusammensetzung aus Unvereinbarem, eine Zusammenfügung aus als unvereinbar Angesehenem“ (Mecheril 2001, S. 45). Dieses Konglomerat von vermeintlich Unvereinbarem verweist dabei auf die Antagonismen, die binäre Logik und Dichotomie, die eine transnational lebende *zweite Generation* in sich zu vereinen versucht bzw. in sich zu vereinen *weiß:* Je nach Kontext changieren sie, sind *eher Deutsch* oder *eher Türkisch* und verkehren das ihnen diagnostizierte „kulturelle Spannungsfeld“, den „Kulturkonflikt“ in eine hybride Version ihres Zugehörigkeits- und Identitätsgebildes. Das Konstrukt von Zugehörigkeit wird durch die Anerkennung von Mehrfachzugehörigkeit zerlegt, da es nicht nach „Zugehörigkeit der Unzugehörigen, den Inländerstatus der Ausländer(innen)“ (ebd., S. 45) verlangt. Der Fokus richtet sich vielmehr auf das „Deplatzierte, den Ort der Ortlosigkeit“ (ebd.).

> Die Gegenwart hybrider anderer stellt den Schematismus natio–kultureller Zugehörigkeit in Frage. Ein Zur-Geltung-Bringen dieser anderen Gegenwart ist bereits ein dekonstruierender Akt, der überall auf dieser Welt im Zeitalter der Migration, der Versetzungen, des Pendelns, der Ausreise und Wiederkehr stattfindet (Mecheril 2001, S. 46).

Die Prozesse um Identität und Zugehörigkeit oder auch identitätsstiftende Zugehörigkeiten sind komplex und umfassen sowohl „gesellschaftspolitische als auch psychosoziale Dimensionen von Migration und Einwanderung“ (Gümen und Herwartz–Emden 1996, S. 181). Nicht negieren lässt sich, dass die *zweite*

[12]Als klassisches Modell gilt auch Essers Integrationsmodell, das in Abschn. 4.3 kritisch aufgezeigt wird.

Generation mit einer divergierenden Selbst- und Fremdwahrnehmung konfrontiert wurde und ihr „Fremdheit" zugeschrieben wurde. Im Folgenden sollen daher Konzepte, Dimensionen und Ordnungsmuster von Fremdheit und den Fremden ausgearbeitet werden, um ein Verständnis der sozial–gesellschaftlichen Situation und Position der *zweiten Generation* zu generieren, zu der die in dieser Arbeit fokussierte Untersuchungsgruppe zählt. Dabei sei darauf verwiesen, dass die *zweite Generation* stellvertretend für jene in den Blick genommen wird, die die entsprechenden Erfahrungen geteilt haben. Gleichwohl die Erziehung, Erfahrungskontexte und Emotionen aufgrund individueller Biographien und Lebenswege divergieren, konnten sozialwissenschaftliche Untersuchungen gewisse Gemeinsamkeiten festhalten (siehe Kap. 4). Eine Kopplung an den Fremdheitsdiskurs erscheint somit plausibel. Eine Reproduktion von Stigmatisierungen, Ressentiments und starren Klischeebildern folge ich damit nicht, vielmehr soll es zum einen Aufschluss über die Ursachen, Gründe und Auswirkungen der Verankerung von Fremdheitsbildern bieten, denn Fremdheit ist nicht per se als negatives Konstrukt zu verstehen: Fremdheit ist als eine Praktik alltäglicher Ordnung zu begreifen, die erst durch Grenzziehungen, Ausschlussmechanismen und Etikettierungen eine desolate Wirkung entfalten kann, sodass Chancenungleichheit und eine nicht gleichberechtigte Teilhabe an der Gesellschaft resultieren. Genau diesen Kern der Problematik möchte ich im Folgenden kritisch herausarbeiten, ohne dabei ein klassisches Täter–Opfer–Schema zu reproduzieren.

3.3 Zur Konstruktion von Fremdheit: Dimensionen und Ordnungsmuster

Migration führt dazu, dass Menschen aus unterschiedlichen Lebenswelten, mit unterschiedlichen Religionen und unterschiedlichen kulturellen Praktiken zusammenkommen – durch Pluralismus und Heterogenität gekennzeichnete Gesellschaften bedeuten jedoch auch eine Aushandlung von Eigenem und Fremdem, von Macht und Machtlosigkeit, von Mehrheit und Minderheit und von „Wir" und „den Anderen".

> Die alltäglichen Ordnungen des Fremden, die die gesellschaftlichen Konstitutionsprozesse zwischen ‚dem Wir' und ‚den Anderen' in den Blick rücken, sind in vielfältige Prozesse der Selbst- und Fremdauslegung, der Inklusion und Exklusion, der Zuschreibung und Identifizierung, der Annäherung und Abspaltung verwickelt (Reuter 2002, S. 69).

Personen mit Migrationsbiographien erfahren Fremdzuschreibung und Exklusion in ihrem Prozess, sich synchron in einer bi-kulturellen, hybriden Lebenswelt Zugehörigkeit zu verschaffen und die eigene Identität zu festigen. Zu Fremden in der Einwanderungsgesellschaft werden jene, die ihre Heimat und damit ihre gesellschaftlich, sozial sowie institutionell vertrauten Strukturen und Lebensgewohnheiten verlassen, was eine von der Einwanderungsgesellschaft ausgehende automatische Abgrenzung zur als befremdlich erscheinenden Personengruppe zur Folge haben kann (vgl. Stagl 1997, S. 89). Die automatische Abgrenzung kann durch strukturelle Richtlinien wahrnehmbar werden, die für Einwander*innen gelten und somit eine handfeste und sichtbare Grenzziehung zur Einwanderungsgesellschaft untermauern. Diese konkrete Form der Grenzziehung verweist auf die Differenzierung von Eigenem und Fremdem. Dabei ist diese Differenzierung grundsätzlich als bedeutende, gar notwendige Erfahrung des Menschen zu begreifen, um das Eigene erfahrbar zu machen: Die Fremden leben mit der Einwanderungsgesellschaft zusammen, prägen die Nachbarschaften und (Wohn–)Umfelde und machen damit einen Teil der Gesellschaft aus, selbst wenn keine ganzheitliche Akzeptanz ihrer Zugehörigkeit besteht und ihnen ihre ferne Herkunft anhaftet (vgl. von Bebenburg und Thieme 2012, S. 7). Aus der Perspektive der Einwanderungsgesellschaft, wirken die Fremden „nicht vertraut, andersartig und fern" (ebd.) und gehören daher nicht (richtig) dazu. Die Fremden bleiben, vielleicht durch für die Einwanderungsgesellschaft befremdlich erscheinende kulturelle Werte und Normen, trotz der geographischen Nähe, fern (vgl. ebd.). Damit einher geht weiterhin, so die Kulturwissenschaftlerin Corinna Albrecht, dass die Bezeichnung von Eingewanderten als Fremde ein Verhältnis konstruiert und konstituiert, wodurch das Eigene dem als fremd Postulierten gegenübergestellt wird: „Die Bezeichnung *fremd* oder *Fremde* stellt eine Beziehung her zwischen dem, was als jeweils *Eigenes* betrachtet wird, und dem, was als diesem nicht zugehörig bewertet wird" (Albrecht 1997, S. 85 f., Hervorhebung im Original). Die Fremden gelten als Abweichung von den Normativitäten und Regulativen der Einwanderungsgesellschaft[13]. Dabei kann es sich, wie Jörg Hüttermann betont, bei diesen Normen sowohl um durch Gesetze festgelegte

[13]Weder gibt es „die" Einwanderungsgesellschaft noch „die" Einwander*innen, es soll im Sinne der Kritik am methodologischen Nationalismus nicht der Eindruck von in sich geschlossenen Einheiten entstehen, doch kann auf eine weitere Differenzierung zur Veranschaulichung des komplexen Kontextes nicht näher eingegangen werden. Hiermit sei dennoch darauf verwiesen, dass die Autorin von den aufgeführten Gruppen nicht als homogene Gemeinschaften ausgeht.

Regeln handeln, als auch um „informelle, lebensweltlich sedimentierte Selbstverständlichkeiten des Alltags“ (Hüttermann 2011, S. 40). Diese befolgten die Arbeitsmigrant*innen zunächst, bis die *zweite Generation* die festgesetzten Grenzen nicht nur in Frage stellte, sondern ihre „Randseiter“-Position überwand (vgl. ebd., S. 42 ff.). Die Festsetzung von Grenzen verweist auf ein unausgeglichenes Machtgefüge, was anhand der Fremdenfiguration von Elias und Scotson ersichtlich wird: Die Prozesse von Fremdmarkierungen entstehen mittels Macht, die eine Gruppe gegenüber einer anderen Gruppe ausübt. Elias und Scotson sprechen bezüglich dieser Gruppen von „Etablierten und Außenseitern“ (ebd. 1993) und stellen in ihrer Studie[14] fest, dass sich die Etablierten „überlegene menschliche Eigenschaften“ (ebd. 1993, S. 9) zuschreiben, sich als die „mächtigere Gruppe“ (ebd., S. 8) und die „‚besseren‘ Menschen“ (ebd.) wahrnehmen. Aus dieser machtvollen Position können die Etablierten die machtschwächeren Außenseiter davon überzeugen, „daß ihnen die Begnadung fehle – daß sie schimpfliche, minderwertige Menschen seien“ (ebd.). Elias und Scotson fertigen eine Etablierten-Außenseiter-Figuration an, deren Kern darin besteht, dass die Etablierten gewisse soziale und machtgewichtige Positionen für ihre Gruppe reservieren und dadurch die Außenseiter ausgrenzen und von entsprechenden Positionen fernzuhalten versuchen (vgl. Elias und Scotson 1993, S. 12).

Die unterschiedlichen Ausführungen, die den vielschichtigen Komplex von Fremdheit einleitend fassbar machen sollten, zeigen bereits, dass Fremdheit ein interdisziplinär untersuchtes Phänomen ist und eine der zentralen Fragestellungen in der ebenfalls interdisziplinären Migrationsforschung darstellt. Verschiedene Konzepte nähern sich dem vielschichtigen Konstrukt der Fremdheit in dem Versuch an, die Zuschreibungspraktiken, „wer ist fremd und wer definiert wen als fremd“, begreifbar zu machen. Die Konzepte verweisen dabei auf zwei Dimensionen von Fremdheit, die in ihrer Aushandlung jedoch auch partiell verwischen. Dennoch soll die komprimierte Darstellung von Fremdheitskonzepten und besonders die Konturierung des Fremden sowie der Beziehung

---

[14] In ihrem Werk *Etablierte und Außenseiter* (1993) stellen Elias und Scotson die Beziehung der Etablierten und Außenseiter dar, die sie in einer englischen Arbeitersiedlung (genannt: „Winston Parva“), eruieren. Sie beobachteten die Stigmatisierung der Etablierten gegenüber den Außenseitern. „Der Kern dieser Figuration ist eine ungleiche Machtbalance mit den Spannungen, die daraus erwachsen“ (1993, S. 14). In dieser Figuration kommt der Aspekt der Aufwertung der eigenen Gruppe durch die Abwertung der anderen Gruppe hinzu, sodass den Etablierten per se in ihrer mächtig postulierten Position sowohl die Rechte als auch das Prestige und sämtliche Vorteile vorbehalten bleiben und die Außenseiter fremdstigmatisiert werden (vgl. ebd., S. 12 f.).

zwischen Eigenem und Fremden auf die Grundlage des Verständnisses der beiden Dimensionen, also der Nichtzugehörigkeit erzeugenden sozialen Fremdheit und der durch Unvertrautheit gekennzeichneten lebensweltlichen Fremdheit, zurückgeführt werden. Beide Dimensionen werden folgend aus einer politikwissenschaftlichen Sichtweise von Herfried Münkler und Bernd Ladwig herausgearbeitet. Anschließend folgt die Ausführung alltäglicher Ordnungsmuster, die zum einen um die zuvor ausgearbeiteten Dimensionen von Fremdheit kreisen, zum anderen Fremdheit und die Zuschreibung von Personen(gruppen) als „Fremde" nachvollziehbarer werden lassen sollen. An dieser Stelle sei darauf verwiesen, dass im Folgenden zur Abstraktion der Konzepte und Konstruktionen von Fremdheit sowie der Sozialtypen die Begriffe der Einwanderungsgesellschaft und der Eingewanderten gegenübergestellt werden. Damit folge ich hingegen nicht der Annahme, entgegen des methodologischen Nationalismus, dass es sich dabei um in sich geschlossene Einheiten handelt. Eine Differenzierung kann zur Veranschaulichung der Konzepte jedoch nicht eingehalten werden, gleichwohl ich die aufgeführten Gruppen nicht als homogene Gemeinschaften begreife.

Münkler und Ladwig unterscheiden aus politikwissenschaftlicher Perspektive zwei Dimensionen von Fremdheit: Die soziale Fremdheit und die lebensweltliche Fremdheit, die ich beide erläutern möchte, um die Facetten von Fremdheit einzuleiten.

Die soziale Fremdheit deutet auf die Nichtzugehörigkeit anderer hin und akzentuiert somit die Distanz zwischen sozialen Gruppen (vgl. Münkler und Ladwig 1997, S. 15). Es werden zwei soziale Gruppen unterschieden: Diejenigen, die andere als Fremde bezeichnen und diejenigen, die als Fremde bezeichnet werden. Im Zusammenhang mit dieser Arbeit ließen sich diese Gruppen auf das Gebilde der Einwanderungsgesellschaft (als „Einheimische", die andere als Fremde markieren) und die Eingewanderten (die als Fremde wahrgenommen werden) übertragen. Das Wirken der sozialen Fremdheit aus Perspektive der Einwanderungsgesellschaft veranschaulichen Münkler und Ladwig an einem im Zusammenhang mit wissenschaftlichen Fremdheitsdiskursen gern zitierten Beispiel aus dem gallischen Dorf von Asterix und Obelix, in dem sich der Greis Methusalix über Fremde wie folgt äußert:

> Ich habe nichts gegen Fremde. Einige meiner besten Freunde sind Fremde. Aber diese Fremden da sind nicht von hier. […] Mich stören Fremde nicht, solange sie bleiben, wo sie hingehören. Wenn sie aber zu uns kommen, habe ich keine Lust, zu ihnen zu gehen (in Münkler und Ladwig 1997, S. 16).

Deutlich wird, dass sich die Einwanderungsgesellschaft als wenig entgegenkommend den Eingewanderten gegenüber verhält (vgl. ebd.). Unverkennbar ist darüber hinaus, dass es offenbar zwei Gruppen von Fremden gibt: Jene, mit denen man trotz ihrer Fremdheit eine Freundschaft pflegt. Und jene, die besser in ihren Herkunftskontexten bleiben sollten und an denen kein Interesse der Interaktion besteht. Fremde werden also von *weniger* fremd bis *mehr* fremd skaliert, wirken mal eher vertraut oder eher unvertraut oder sind mal mehr, mal weniger zugehörig. Akzentuiert wird anhand dieses Beispiels die Konstruktion von Zugehörigkeit und Nichtzugehörigkeit (vgl. ebd., S. 16). Dabei kann sich die Dimension der sozialen Fremdheit auf unterschiedliche Bereiche auswirken: Man kann sich selbst einer gewissen Subkultur (z. B. Onlinegamer oder Karnevalsverein) nicht zugehörig fühlen oder mit gewissen existierenden Bereichen keine Berührungspunkte haben (z. B. sich in einem Physikvortrag fremdfühlen oder bei einem Kegel-Stammtisch). „*Fremder schlechthin* bin ich nur dort, wo andere schlechthin Zugehörige sind" (ebd., S. 22, Hervorhebung im Original), fassen Münkler und Ladwig zusammen und verweisen damit auf die unterschiedlich bestehenden Bereiche, zu denen man sich zugehörig oder in denen man sich fremd fühlen kann. Die Dimension sozialer Fremdheit kann jedoch auch mit einer „inneren Grenzziehung" einhergehen: Schreibt eine soziale Gruppe einer Einzelperson Fremdheit zu, entsteht eine Distanz und die Einzelperson wird von ebenjener Gruppe ausgegrenzt (vgl. ebd., S. 23). Die Exklusion dieser Einzelperson ist durch andere initiiert worden, was Münkler und Ladwig als „Fremdexklusion", also durch andere verursachte Ausgrenzung, bezeichnen: „Ein solcher Akt dürfte für den Ausgeschlossenen um so schmerzhafter sein, je tiefer sich dieser mit der ausgrenzenden Gruppe verbunden glaubte" (ebd.). Transferiert man die Wirkung der Fremdexklusion auf die *zweite Generation* wird deutlich, dass diese in ihrem Glauben an Zugehörigkeit zur deutschen Gesellschaft in dem Moment erschüttert wurde, in dem ihr die individuellen Zugehörigkeitsgefühle abgesprochen wurden.

Die produzierte Distanzierung ist eine affektive: Durch die Ausgrenzungshandlung anderen gegenüber, wird nicht nur Nichtzugehörigkeit sichtbar, sondern die exkludierte und als nichtzugehörig markierte Person wird zudem negativ bewertet (vgl. Münkler und Ladwig 1997, S. 25). Hier schließt kulturelle Fremdheit an, die Münkler und Ladwig als „Sonderfall" der zweiten Dimension von Fremdheit, der lebensweltlichen Fremdheit, zuordnen. Die kulturelle Fremdheit erfolgt, indem das Verhalten anderer Personen als „fremdartig" bezeichnet wird (vgl. ebd., S. 25). Somit wird angenommen, dass Missverständnisse eine mögliche Interaktion kennzeichnen und es nur wenig bis keine Berührungspunkte hinsichtlich der als divergierend angenommenen Lebenswelten geben könne (vgl. ebd.). Während die soziale Fremdheit also als eine emotionale Distanz eingeführt wurde, handelt es sich bei der Dimension der kulturellen Fremdheit um eine kognitive Distanz zwischen Eigenem und Fremdem (vgl. ebd.). Das Wissen über den Fremden ist begrenzt und fußt auf einer stereotypisierten – in der Regel negativ konnotierten – Vorstellung über ihn und so erscheint es einfacher, den Fremden auszuschließen, als sich ihm in dem Versuch zu nähern, ihn zu verstehen (vgl. ebd.).

Fremdheit wurde in der ersten Dimension im Zusammenhang von Nichtzugehörigkeit herausgearbeitet, die Dimension der lebensweltlichen Fremdheit stellen Münkler und Ladwig im Verhältnis von Unvertrautheit dar (vgl. ebd., S. 26). Sie verweisen darauf, dass die vorgestellten Dimensionen unabhängig voneinander wirken können: „Das Nichtzugehörige kann vertraut, das Unvertraute kann zugehörig sein" (Münkler und Ladwig 1997, S. 26). In gewissem Maße wird also versucht, mit dem Fremden als Unvertrauten in einem ausgeloteten Verhältnis von Nähe und Distanz umzugehen (vgl. ebd., S. 27). Gleichzeitig ist der Grad der Vertrautheit an den Grad der Fremdheit gekoppelt, „je tiefer ich etwas durchdrungen habe, um so weniger fremd ist es mir" (ebd., S. 31). Exemplarisch beziehen sich Münkler und Ladwig auf den „Gast" zur näheren Erläuterung:

> Das Verhältnis zwischen Gastgeber und Gast ist asymmetrisch: Der Gastgeber, nicht der Gast bestimmt Geschwindigkeit und Schrittfolge der Annäherung und der Einführung des anderen in die verschiedenen Bezirke der Intimität und Vertrautheit. Konstitutiv für ein gelingendes Gastverhältnis ist dessen zeitliche Befristung. Drängt sich der Gast auf oder weigert er sich zu gehen, so wird er schnell ungemütlich (Münkler und Ladwig 1997, S. 27).

Das Gastgeber-Gast-Verhältnis zeigt in der Art eine ungleiche Verteilung von Macht auf: Der Gastgeber verfügt in der Darstellung Münklers und Ladwigs über die Macht, eine Interaktion mit dem Gast aufzubauen, diese zu verweigern oder auch deren Intensität zu bestimmen. Übertragen auf das Verhältnis der „Gastarbeiter*innen" in der Einwanderungsgesellschaft zeigt sich auch: Die „Gastarbeiter*innen" wurden in ihrer Freizeit sich selbst überlassen, eine Interaktion mit der Einwanderungsgesellschaft erfolgte in der Regel vor allem hinsichtlich der Arbeitskontexte. Durch fehlende Sprachkurse war ein sich verstehen auf sozialer Ebene nahezu unmöglich (hierzu Kap. 4).

Grundsätzlich bescheinigen Münkler und Ladwig, dass sich die lebensweltliche Fremdheit durch Lernprozesse und das Durchbrechen von Gewohnheiten auflösen lasse – dieser Logik folgt hingegen nicht die Dimension der sozialen Fremdheit (ebd., S. 36 f.). Die Autoren verweisen daher auf den „Fehler" zwischen den Kategorien „verstehen" und „aneignen", was folgendes Beispiel veranschaulichen soll: Versucht die deutsche Einwanderungsgesellschaft den

Islam[15] als Religion der Einwander*innen aus der Türkei zu verstehen, so geschieht dies über die Aneignung von Wissen, das sie mit den religiösen Praktiken und Inhalten vertraut macht – gleichwohl eignet sich die Einwanderungsgesellschaft aber nicht den Islam in dem Sinne an, als dass sie konvertieren würde (vgl. ebd., S. 37). Wissen kann also die lebensweltliche Fremdheit und damit die Unvertrautheit schmälern, nicht aber die soziale Fremdheit und Andersartigkeit oder Nichtzugehörigkeit eliminieren (vgl. ebd.).

Die zwei Bedeutungsdimensionen von Fremdheit bilden auch das Zentrum, um das die Soziologin Julia Reuter ihre sozialkonstruktivistische Auseinandersetzung mit Fremdheit als „Resultat einer Ordnung der Alltagswelt" (Reuter 2002, S. 23) rotieren lässt. Dabei setzt die Auseinandersetzung mit dem Fremden eine Interaktion mit dem Eigenen voraus: Das Fremde ist ohne das Eigene nicht existent und das Eigene nicht ohne das Fremde, es findet also eine alltägliche Integration und Konstruktion des Fremden zur Konstruktion des Eigenen statt. „Lässt man sich zu sehr auf das Fremde ein, werden Fragen nach der eigenen Identität und den eigenen Werthaltungen zwingend, die Irritationen auslösen und nicht selten als bedrohlich empfunden werden" (ebd., S. 24). Das Wechselspiel zwischen Eigenem und Fremden und der alltäglichen Integration und Konstruktion demonstriert Reuter anhand von sechs Modi: Interaktion, Konstruktion, Unterscheidung, Etikettierung, Identifikation und Irritation. Im Kontext von Fremdheit als Beziehung verweist Reuter auf die Gegebenheit, dass Fremdheit nur durch das in–Beziehung-setzen zum Eigenen existent wird (vgl. ebd., S. 26). Das Entstehen einer Beziehung zum Fremden setzt eine räumliche und eine soziale Nähe voraus, die als fremd konstruierten und markierten Personen sind also im eigenen gesellschaftlichen Umfeld „*vertraute,* d. h. *präsente* und *sichtbare* Fremde" (ebd., S. 31, Hervorhebung im Original). In der Beziehung zum Fremden geht es um die Akzentuierung von Nichtzugehörigkeit, wodurch die Beziehung als Exklusionsbeziehung charakterisiert ist (vgl. ebd.).

> Die unterschiedlichen Konstruktionen des Fremden verweisen auf die unterschiedlichen Deutungsebenen und der in ihnen relevanten Unterscheidungen; so wird einmal die räumliche, kognitive oder auch kulturelle Nähe und Ferne, ein andermal die psychische und emotional besetzte Erfahrung des Heimisch-heimlichen und Unheimlichen als Berührungsfläche, Grenz- und Kontaktlinie für die Interpretation des Fremden herangezogen (Reuter 2002, S. 33).

---

[15]Gleichwohl es nicht *den* Islam, sondern unterschiedliche Ausprägungen gibt, soll an dieser Stelle das aufgeführte Beispiel das Konzept anhand unterschiedlicher Religionen (hier *das* Christentum und *der* Islam) veranschaulichen.

Nicht nur die Formen von Fremdheit als Beziehung*en,* sei es eine bewusste Nicht–Beziehung oder Exklusionsbeziehung, auch die Konstruktion*en* des Fremden sind facettenreich. Daher ist Fremdheit durch eine gewisse Ambivalenz gekennzeichnet: Fremdheit kann als Interaktionsmodus zur Stabilisierung der Identität des Eigenen führen, das eigene Selbstverständnis unterfüttern und Faszination hervorrufen (vgl. ebd., S. 34). Gleichzeitig kann das Fremde aber auch auf Verunsicherung und Irritation zusteuern und zur Bedrohung des Eigenen werden (vgl. ebd.). In Bezug auf die alltägliche Konstruktion des Fremden nimmt Reuter Fremdheit als Zuschreibung in den Blick. Fremde entstehen erst aufgrund von Zuschreibungspraktiken „im Brennpunkt von Konstruktionsprozessen" (ebd., S. 35). Diese Konstruktionsprozesse unterliegen dabei gesellschaftlichen Regulativen (vgl. ebd., S. 36). Reuter verweist darauf, dass die Zuschreibungspraktik nicht als einseitiges, vom „Täter" ausgehendes Handeln gewertet werden kann, welches das „Opfer" produziert, sondern Zuschreibungen vielmehr im gegenseitigen Austausch verfestigt werden (vgl. ebd., S. 36). Es gibt also gewissermaßen eine „*gemeinsame* Verständigung" (ebd., Hervorhebung im Original) über das Verhältnis von Zugehörigkeit–Nichtzugehörigkeit und die Einordnung in die Kategorie „fremd".

> Fremdheit als Zuschreibungsleistung eines Individuums oder einer Gruppe veranschaulicht aber auch die Konstruktionsgrenzen unseres Bewußtseins. Zuschreibungen reduzieren den Grad der Heterogenität der Umgebung, indem sie sie in Zonen der Relevanz und Irrelevanz, der Nähe und Ferne einteilen. Würden wir diese Einteilungen im Sinne von Pauschalisierungen nicht vornehmen, wären wahrscheinlich Chaos und Orientierungslosigkeit die Konsequenz, da die Komplexität der Wirklichkeit undifferenziert auf uns einfiele (Reuter 2002, S. 39).

Die von Reuter thematisierte Pauschalisierung zur Erhaltung der sozialen Wirklichkeit führt letztlich zur Ausdifferenzierung gewisser Stereotype, in dem Differenzen als fremd wahrgenommen werden. Stereotype sind daher bei Reuter zunächst Orientierungshilfen, die auf ein begrenztes Wissen verweisen (ebd., S. 40). Es ist dabei der angenehmere Weg, gar die leichtere Lösung, Personen oder Personengruppen Fremdheit zuzuschreiben, als sich um ein (kulturelles) Verständnis zu bemühen. Somit gilt Fremdheit auch als Regulativ[16], was durch

[16] Fremdheit entsteht durch die Abgrenzung zum Vertrauten; hierzu geläufige und nachvollziehbare Grenzziehungen sind die antagonistischen Gegenüberstellungen von Männern und Frauen, von Tag und Nacht, von Innen und Außen und so fort. Gegensätze bedingen einander, Unbekanntes kann nicht ohne Vertrautes bestehen und umgekehrt.

die Konstruktion zweier sich gegenüberstehender sozialer Gruppen, die nur durch die Existenz der jeweils anderen Gruppen funktionieren, akzentuiert wird: Die *in-group,* deren Mitglieder sich einzig „durch ein *imaginäres Gemeinschaftsbild*" (Reuter 2002, S. 43, Hervorhebung im Original) zusammenfinden, handeln die Konstruktion der Fremden, der *out-group,* aus (vgl. ebd., S. 42 f.). Durch die Konstruktion der *out-group* wird die Wirklichkeitsordnung der *in-group* bestätigt: Fremdheit als Regulativ „*schafft* Eigenes, *produziert* Vertrautheiten, *erweckt* Heimatgefühle, *unterstützt* Gewohnheiten und *legitimiert* die Vorherrschaft einer Gruppe" (Reuter 2002, S. 47, Hervorhebung im Original). Den Fremden wird also zugeschrieben, vom Regulativ abzuweichen, demnach *Normabweichler* zu sein, wobei es an Verständnis und an einer auf sich-verstehen-wollen ausgerichteten Interaktion mangelt, um die bestehenden und sich prozesshaft entwickelnden Normen und Regulative der *in-group* überhaupt (jemals) begreifen und die gezogenen (unsichtbaren) Grenzen überwinden – also Mitglied der *in-group* werden – zu können. Erkennbar in den bisher dargestellten Modi ist die Funktion von Macht, der eine bedeutende Rolle in der Auseinandersetzung von Fremdheit zuteil wird, was Reuter unter Fremdheit als Chiffre der Macht analysiert. Bei der Konstruktion von Personen als Fremde geht es nicht um die Validität der häufig negativen Zuschreibung (z. B. Kriminalität oder Faulheit), vielmehr ist das Gelingen, „sie als Ursache dessen *zu etikettieren*[17]" (Reuter 2002, S. 50, Hervorhebung im Original) ausschlaggebend. Ein unausgeglichenes Machtgefüge lässt die Etikettierung anderer Gruppen leichter geschehen (vgl. ebd.). Die *in-group,* die sich als etablierte Gruppe begreift, verfügt über die nötigen Machtressourcen, um die Außenseitergruppe zu marginalisieren, in dem sie auf Stigmatisierung zurückgreift (vgl. ebd., S. 52). Dabei wird das „Machtmonopol" (Reuter 2002, S. 57) in einem unaufhörlichen wechselseitigen Interaktionsprozess stets neu ausgehandelt und ist somit kein starres, sondern ein durchaus dynamisches, flexibles Konstrukt. Im Rahmen der alltäglichen Identifikation handelt Reuter Fremdheit als Komplement aus, in dem bereits veranschaulichten Wechselspiel von Fremdem und Eigenem sind beide Kategorien nicht widersprüchlich zu begreifen, sondern als Verhältnis von Reziprozität (vgl. ebd., S. 57). Daher ist der Fremde mehr als ein negatives Abbild des Selbst: Er stabilisiert und sichert die eigene Identität (vgl. ebd., S. 61).

[17]Unter „Etikettierung" versteht Reuter Stigmatisierung (vgl. ebd. 2002, S. 51). Den Etikettierungs-Ansatz *(labeling-approach)* haben zuvor bereits Bukow und Llaryora auf die Beziehungen zwischen „Einheimischen" und Eingewanderten übertragen (vgl. ebd. 1998, S. 107 ff.). Dieser Ansatz unterstreicht die These, dass gesellschaftliche Zuschreibungsprozesse für die *Befremdung* ausschlaggebend sind.

> Jede Facette unserer Identität – sei es die religiöse, kulturelle, familiäre usw. – bleibt an die soziale Konstruktion und die damit untrennbar verbundenen Grenzziehungsprozesse des Fremden rückgekoppelt. Diese Rückkopplung läßt Fremdheit gerade nicht als atomisiertes und isoliertes Element denken, abseits des Vertrauten und Identischen, sondern führt es als sein Komplement in die unmittelbare Nähe des Eigenen. So läßt sich strenggenommen nicht zwischen dem Eigenen und dem Fremden trennen, weil das eine immer schon Produkt des Anderen ist (Reuter 2002, S. 62).

Zuletzt kennzeichnet Reuter Fremdheit als Ambivalenz. So bewegt sich Fremdheit in der Gemengelage von „Furcht und Faszination" (Münkler und Ladwig 1997). Positiv besetzt sein kann das Reisen ins Unbekannte, wo man mit fremden Riten und unbekannten Speisen in Kontakt kommt. Reisen als Reiz, um durch das Fremde die eigenen Gewohnheiten aufzubrechen, ist attraktiv. Doch ist das Fremde in der Fremde eben zunächst einmal weniger bedrohlich als das Fremde im eigenen Umfeld. Reist man also nicht selbst zu den Fremden und lässt sich somit bewusst auf das Fremde ein, sondern der Fremde dringt in das eigene soziale Umfeld ein und lässt sich „bei räumlicher Nähe nicht mehr auf sozialer Distanz" (Reuter 2002, S. 63) halten, kann die Faszination in Furcht umschlagen. „Die Angst vor dem Fremden ist dann vor allem eine *Angst vor Selbstentfremdung*" (ebd., S. 65, Hervorhebung im Original). Löst sich diese Angst vor der Selbstentfremdung nicht und wird derart zur Bedrohung, dass sie zu einer greifbaren Verlustangst führt, kann der Fremde als Feind instrumentalisiert werden[18] (vgl. ebd., S. 65).

Reuter konkludiert, dass die Fremdzuschreibung von Personen aus der Wahrnehmung resultiert, dass sich die soziale Wirklichkeit in die Bereiche „vertraut" und „unvertraut" respektive „fremd" einteilen lässt (vgl. ebd., S. 69).

Die vorgestellten Konzepte zur Fremdheit nähern sich dem Verständnis, „wer ist fremd und wer bezeichnet wen als fremd", meist aus Perspektive der machtvollen Gruppe, die die Schranken der Exklusion bedient. Dieser Kontext ist natürlich wandelbar – es können innerhalb eines Gesellschaftskontextes schließlich auch mehrere Gruppen derart miteinander interagieren, dass eine machtlose Gruppe wiederum Ausgrenzung einer anderen Gruppe gegenüber

[18]Wie aktuelle politische Entwicklungen hin zu neuen populistischen Strömungen in Europa (z. B. die Wahl der AfD in den deutschen Bundestag 2017, die Geflüchtete als „kriminelle Gewalttäter" instrumentalisieren) und in den USA (Präsident Trump, der gegen Minderheiten hetzt, im Amt seit 2016) auf erschreckende Weise exemplifizieren. Auch Präsident Erdoğan setzt in der Türkei auf die Instrumentalisierung von Minderheiten, hier vor allem gegen Kurden, und stilisiert sie zu Feindbildern.

vollzieht.[19] Die Zuschreibung von Fremdheit ist unter anderem dann problematisch, wenn die Fremdheit derart auf Gegenseitigkeit beruht, dass eine Annäherung und somit auf Integration ausgerichtete Interaktion erschwert wird und ein interkulturell sensibilisierter Dialog scheitert. Werden Eingewanderte etikettiert, homogenisiert und mit negativen Ressentiments belegt, sind diverse Probleme für das gesamtgesellschaftliche Zusammenleben prognostiziert. Im Kontext der türkeistämmigen Einwander*innen in Deutschland gibt der Professor für Moderne Türkeistudien und Integrationsforschung Haci Halil Uslucan zu bedenken, dass die Fremdstigmatisierung und ein klischeebehaftetes Bild nicht nur von der Einwanderungsgesellschaft gegenüber der türkeistämmigen Einwanderungsgruppe produziert, sondern auch andersherum von den türkeistämmigen auf die deutschen Mitmenschen übertragen wird (vgl. 2011, S. 8) – was auf die Reziprozität von Fremdheit verweist. Somit handelt es sich um ein gegenseitiges Fremdempfinden: Schwierigkeiten im Zusammenleben deutscher und türkeistämmiger Bürger*innen – verschlagwortet durch Begriffe wie „Parallelgesellschaften" (hierzu Abschn. 2.4) – werden häufig auf die Annahme unüberwindbarer kultureller Divergenzen zwischen beiden Personengruppen (vgl. Uslucan 2011, S. 3) zurückgeführt und in diesem Fall nicht selten mit religiösen Antagonismen begründet (vgl. Bielefeldt 2008, S. 6 f.).

3.4 Zur Konstruktion der Migrantin als „fremde Frau"

> Im Mainstream der Migrationsforschung gelten Männer als prototypische Migranten, und weibliche Migration wird als Ausnahme oder vom Mann abgeleitete ‚abhängige' Migration charakterisiert: gleichzeitig war und ist das Geschlechterverhältnis implizit unverzichtbar für die Beschreibung des Verhältnisses zwischen Mehrheitsgesellschaft und MigrantInnengemeinschaften, indem bei letzteren vom deutschen ‚Standard' abweichende Besonderheiten vermerkt und skandalisiert werden. Vergleichbar spielen Migrantinnen in der feministischen und Frauenforschung eine untergeordnete Rolle; sie werden entweder ausgeschlossen oder im Duktus der

[19]Eine Gruppe von Etablierten exkludiert eine Gruppe als Außenseiter. Kommt nun eine „neue", unvertraute Personengruppe in diesen Kontext, gewinnen die Außenseiter an Macht gegenüber den Neuzugezogenen. Dabei können die Grenzen zwischen Etablierten und Außenseitern entweder verwischen oder sich gar derart verschieben, dass sie im Kontext der „neuen Fremden" *gemeinsam* agieren. Gleichwohl können die Grenzen auch bestehen bleiben und die Außenseiter grenzen sich ebenfalls von den „neuen Fremden" ab. Je komplexer diese Perspektive auf eine pluralistische Gesellschaft wird, desto erkennbarer wird die Flexibilität und Dynamik von Fremdzuschreibung und Grenzziehung.

> ‚Besonderlichung' der Betrachtung autochthoner Frauen [...] hinzugefügt. In beiden Fällen wird also mit einem bipolaren differenztheoretischen Paradigma gearbeitet, das die Migrantin als die jeweils ‚Andere', Abweichende, in der Hierarchie Untergeordnete betrachtet (Lutz 2004, S. 480).

Die Migrations- und Geschlechterforscherin Helma Lutz stellt heraus, dass die Migrantin in der klassischen Migrationsforschung, wenn, dann als Ausnahmeerscheinung wahrgenommen wurde. Dadurch konnte sich, so Lutz, die Perspektive der Migrantin als „die Andere" verfestigen. Die Migrationsforschung ist im Allgemeinen noch vergleichsweise jung, obwohl die Geschichte der Migration von der Geschichte der Menschheit als untrennbar gilt (vgl. Han 2018, S. 1) und auch Frauen schon immer Teil von Migrationsbewegungen waren. Dass Frauen in der Migrationsforschung Berücksichtigung finden, ist dennoch ein Novum. Die Erweiterung der Migrationsforschung um die individuellen Biographien und Lebensumstände von Einwanderinnen, geschieht erst seit wenigen Jahren. Dabei fungieren Frauen nicht nur häufig als Initiatorinnen für Migration; die eigenständige Migration von Frauen[20] nimmt weltweit stetig zu, sodass seit den 1980er Jahren eine Entwicklung zu beobachten ist, die als „Feminisierung der Migration" (vgl. Lutz 2007; Oswald 2007, S. 39; Han 2018, S. 106) bezeichnet wird. Die Feminisierung der Migration[21] bezieht sich auf die Mobilitäts- und Integrationsprozesse von Frauen (vgl. Granato 2004, S. 2). Dabei handelt es sich um ein Phänomen, das mit den „weltweiten Wanderungen von Frauen mindestens seit den 60er Jahren verknüpft ist" (ebd.). Granato spricht vom „doppelten Gesicht" (ebd.) der Feminisierung der Migration, welches sich zum einen hinsichtlich der bereits jahrzehntelangen Wanderungs- und Eingliederungsprozesse

[20]Eine auffallend hohe Wanderung von Frauen fand in der zweiten Hälfte des 19. Jahrhunderts, nach der Hungerkatastrophe Irlands statt, als zahlreiche junge, arbeitssuchende Frauen in die USA auswanderten (vgl. Han 2018, S. 106). „Die wirtschaftliche Krise, bedrückende Armut und generelle Perspektivlosigkeit der jungen Frauen in der irischen Gesellschaft und die große Nachfrage nach billigen Frauenarbeitskräften der privaten Haushalte in den USA haben diese Massenmigration ausgelöst" (ebd.).

[21]Die Gender- und Migrationsforscherin Mirjana Morokvasic merkt kritisch an, dass die transnationale Migration etablierten Rollenbildern im Arbeitskontext folge, denn Frauen werden weltweit für stereotype Dienstleistungstätigkeiten als „Hilfstätige" eingesetzt, v. a. als Haushaltshilfen, Kinderbetreuerinnen und Altenpflegerinnen (vgl. ebd. 2009, S. 46). „Diese Tätigkeiten basieren auf gesellschaftlich konstruierten Vorstellungen einer angeborenen Affinität von Frauen zur Arbeit in der reproduktiven Sphäre; daher tragen sie nicht zur Destabilisierung der Geschlechternormen über die Arbeitsteilung im Haushalt bei, vielmehr stärken sie die Geschlechterhierarchien" (ebd., S. 46).

von Frauen zeige. Zum anderen beziehe es sich auf die nach wie vor dürftige Einbindung in Forschung sowie Politik (vgl. ebd.). Die Feminisierung der Migration beinhaltet sowohl die abhängige als auch die unabhängige Migration von Frauen sowie die Mobilität, die aufgrund von Flucht, organisiertem Menschenhandel und weiteren Zwangsverhältnissen zu (erzwungener) Mobilität führt (vgl. Oswald 2007, S. 39). Es ist demnach ein Begriff, der sich auf die Quantität der Migration von Frauen[22] bezieht (vgl. ebd.). Mittels qualitativer Forschung lassen sich die Ursachen und Motive, die meist in gesellschaftlichen und familiären Veränderungen zu finden sind, ergründen. Trotz der Erkenntnis, dass Frauen durchaus vom Mann unabhängig und eigenmotiviert migrieren, muss(te) der Migrantin in der gendersensiblen Migrationsforschung erst noch ihr Platz als aktives Subjekt zugesprochen werden, um sie vom passiven Objekt, als das sie jahrzehntelang in der Forschung nahezu unbeachtet blieb, zu lösen. Kritisch merkt Dausien an, dass die Gender-Perspektive in der Wissenschaft zu einer „andozentrischen Theoriebildung" (Dausien 2000, S. 17) geführt habe und eine geschlechtsspezifische Forschung nach wie vor mit der Eruierung weiblicher Migrationsbiographien gleichgesetzt werde (vgl. ebd.). Dies wiederum begründe sich in einer „dualistischen und hierarchischen Geschlechterkonstruktion" (Dausien 2000, S. 16). Dabei sollten Geschlechterverhältnisse als Forschungsperspektive eben zumindest weibliche *und* männliche Verhältnisse umfassen[23]. Dausien führt weiter kritisch aus, dass sonst eine „allgemeine" Forschung (ausschließlich) eine männliche sei, was schließlich auch jahrzehntelang Fakt war (vgl. ebd.).

Die Auseinandersetzung mit Migration und Gender hat zudem eine sogenannte Feministische Migrationsforschung hervorgebracht, die sich mit der Frage nach der sozialen, ethnischen und vergeschlechtlichten Konstruktion der Migrantin auseinandersetzt. Die Feministische Migrationsforschung vereint dabei Ansätze aus der kritischen Orientalismusforschung, dem Postkolonialismus sowie der sozial– und kulturwissenschaftlichen Geschlechter- und Islamforschung (vgl. Reuter und Warrach 2015, S. 180). Als markantes Werk, das der Feministischen

[22]Die Soziologinnen Elisabeth Tuider und Miriam Trzeciak (2015) merken hierzu an, dass die Frage offen bleibt, ob Frauen nicht seit jeher unabhängig migriert sind, dies hingegen in der Forschung unerfasst blieb (vgl. ebd. 2015, S. 363).

[23]Auch Ansätze von Queerforschung werden mittlerweile berücksichtigt und rücken somit eine ausgeweitete Betrachtung von Geschlechtern in den Blick, z. B. die Publikation von Jutta Hartmann et al. (2007) *Heteronormativität. Empirische Studien zu Geschlecht, Sexualität und Macht,* oder auch der Band: *Gendering Disability. Intersektionale Aspekte von Behinderung und Geschlecht,* herausgegeben von Jutta Jacob et al., (2010).

Migrationsforschung zugeordnet werden kann, sei auf Markus Gampers Publikation *Islamischer Feminismus in Deutschland? Religiosität, Identität und Gender in muslimischen Frauenvereinen* (2011) verwiesen, in der Praktiken eines emanzipierten und zugleich muslimischen Lebens in Deutschland aufgezeigt werden. Die Prozesse von Vergeschlechtlichung und Ethnisierung „intellektueller Migrantinnen" (Gutiérrez Rodríguez 1999) führen dabei zur Konstruktion „der anderen Frau" oder auch „der fremden Frau", die durch diese Markierung Fremdwahrnehmungen erlebt:

> Eine Frau ist daher nicht gleich Frau und eine Migrantin ist auch nicht gleich Migrantin. Ihre Subjektivität bildet sich in der Konstellation heterogener Macht- und Herrschaftsverhältnisse aus, die in einem konkreten verzeitlichten und verräumlichten Kontext stattfinden (Gutiérrez Rodríguez 1999, S. 252 f.).

Die „Konstellation heterogener Macht- und Herrschaftsverhältnisse" (ebd.) verweist neben dem Machtaspekt[24] auf relationale Fremdheit. Die Relationalität von Fremdheit wird durch die Konstruktion der fremden Frau sichtbar, die auf Ausgrenzungsprozessen beruht und von „einheimischen" Frauen gestaltet wird. „Daß Fremdheit relational ist, bedeutet, daß wir etwas nur dann als fremd bezeichnen, wenn wir in irgendeiner Beziehung zu ihm stehen, es damit aber immer nur in der Relation zum eigenen Bewußtsein und/oder Handeln erfahren" (Reuter 2002, S. 27). Diese Relation zeigt sich auch daran, dass, wie Castro Varela provokant herausstellt, das Idealbild des *freiheitlich* lebenden, deutschen Mädchens, das *ihre Träume erfüllt,* zwar bizarr sei, aber dennoch vehement verteidigt werde (vgl. Castro Varela 2007, S. 64 f.). Das Festhalten an diesem absonderlichen Idealbild gelingt gerade dadurch, dass „die Situation migrantischer Frauen als Schreckensbild herhält" (ebd., S. 65).

Erst in der Interaktion der Eigengruppe mit der Fremdgruppe verfestigen sich gewichtige Etikettierungen wie *Unemanzipiertheit, Unmündigkeit* oder *Unfreiwilligkeit,* die auf die Frauen in der Praxis von Ethnisierung und Vergeschlechtlichung zugleich projiziert werden. Dabei versteht Gutiérrez Rodríguez Ethnisierung als „Vergesellschaftungs- und Vergemeinschaftsprozeß" (ebd. 1999, S. 205), der alle

[24]Die Suche nach der Antwort auf die Frage, wer eigentlich wen als fremd wahrnimmt, führt zum Machtdiskurs: Nach Foucault sind Diskurse als Machtphänomene zu verstehen, die subjektkonstituierend wirken (vgl. Mecheril 2010, S. 36). Mecheril verdeutlicht, dass diejenigen, die bestimmen, wer fremd ist, die also den Diskurs produzieren, in dem Beziehungsgefüge die Macht innehaben: „Diskurse über Andere machen die Anderen zu dem, was sie sind, und produzieren zugleich Nicht-Andere" (ebd.).

Mitglieder einer Gesellschaft betrifft und vor allem dann Wirksamkeit entfaltet, wenn Individuen als „die Anderen der Gesellschaft“ (ebd.) unter Heranziehung, Markierung und Sichtbarmachung ihrer „Ethnizität“ konstruiert werden:

> Der Vorgang der Ethnisierung konstituiert die Geschlechtsidentität von Frauen je nach geographischem und zeitlichem Kontext unterschiedlich. [...] Das Spannungsverhältnis von Ethnisierung und Vergeschlechtlichung verweist so auf ein komplexes Macht- und Herrschaftsfeld, auf dem soziale Verhältnisse als miteinander verzahnt und durchdringend gedacht werden (Gutiérrez Rodríguez 1999, S. 205).

Unverkennbar ist die Austragung der sozialen Verhältnisse auf dem komplexen Machtfeld im Diskurs über kopftuchtragende Frauen in Deutschland, der regelmäßig neu entflammt: Die eingewanderten Frauen rückten erst dann ins Interesse der Aufmerksamkeit, „als sie in gesellschaftlich anerkannte Berufe strebten. Die türkische Putzfrau mit Kopftuch wurde viele Jahre allenfalls mitleidig belächelt“ (Königseder 2009, S. 24). Im Gefüge von Macht und der Markierung von Migrantinnen als „Fremde“, verweist auch Popal auf die Kopftuch-Debatte, da insbesondere die kopftuchtragende Frau zum Inbegriff von Fremdheit avancierte. Der Machtdiskurs wecke „Überlegenheitsgefühle eines Weißen Feminismus“ (Popal 2007, S. 87). Popal stellt zwei Aspekte in Bezug auf das Kopftuch heraus: Zum einen wird *über* das Kopftuch gesprochen, wodurch ohne diskursive Teilhabe muslimischer Frauen ihr Leben und ihr Körper thematisiert werden (vgl. ebd.). Zum anderen werden sämtliche Kopftuchträgerinnen ungeachtet ihres Glaubens, ihrer Ethnie, ihrer Erfahrungen und ihrer individuellen Entscheidungen für das Kopftuch homogenisiert und dem einen Islam zugeordnet, der sich durch „Unterdrückung“ und „Rückschrittlichkeit“ auszeichnen soll (vgl. ebd., S. 88). Durch das Andere und die Sichtbarmachung „des Anderen“ entsteht und stabilisiert sich eine Selbstdefinition und die eigene Identität. „Gleichzeitig erschaffen sie immer wieder aufs Neue durch den Diskurs die verschleierte muslimische Frau, welche es nicht mehr geben soll“ (ebd., S. 95). Auch lässt sich an dem Beispiel des Kopftuch-Diskurses ein Emanzipationsdiskurs aufrollen: Castro Varela stellt heraus, dass der Emanzipationsdiskurs normativ und konstruiert sei (vgl. ebd. 2007, S. 65). Denn *emanzipierte* Subjekte und *nicht-emanzipierte* Subjekte, werden durch den Emanzipationsdiskurs erst erzeugt (vgl. ebd., S. 66). „Sprich, diejenigen, die über ihre eigene Emanzipation sprechen, werden so zu Emanzipierten, während sie dabei die *Anderen* evozieren, deren Emanzipation nicht gelingen kann“ (ebd., Hervorhebung im Original). Das westliche Emanzipationskonzept basiert, wie Rommelspacher festhält, auf Ressourcen wie Bildung und Einkommen und knüpft somit an Individualisierungsprozesse an (vgl. ebd. 2007, S. 54). Rommelspacher spricht sich für eine Dekonstruktion des

Emanzipationsbegriffes aus, was durch eine Hinterfragung seiner Entstehungsbedingungen und seiner Funktion im ökonomischen und kulturellen Kontext geschehen soll:

> Weil Frauen eben nicht nur Frauen sind, sondern immer auch einer sozialen Klasse, ethnischen Kollektiven und anderen sozialen Konstellationen angehören, deshalb macht der Emanzipationsdiskurs eben nie nur Aussagen zum Geschlechterverhältnis, sondern immer auch zu den anderen Machtverhältnissen. Das Geschlechterverhältnis kann also nicht jenseits der Kategorien von Klasse und Ethnie gesehen werden (Rommelspacher 2007, S. 59 f.).

Exemplarisch steht der Diskurs über das Kopftuch jedoch auch dafür, Frauen mit ihren individuellen Biographien und Beweggründen für ihre Migration, für ihre Religion, für ihre Wahrung kultureller Traditionen in den Blick zu rücken, statt sie zu Schauplätzen überholter Vorurteile zurückzuführen. Der Perspektivwechsel in der Migrationsforschung, der klassische Ansätze und Modelle kritisch in Augenschein nimmt, zeichnet sich durch einen stärkeren Fokus auf gendersensible Forschung aus. Die individuellen Biographien von Frauen, in dieser Arbeit mit besonderem Augenmerk auf ihre Bildungs- und Migrationsbiographien, sind mehr denn je von wissenschaftlichem Interesse. Lange wurden Frauen als „Begleiterscheinungen" von Wanderungsbewegungen in der bundesdeutschen Migrations- und Frauenforschung behandelt. Die Einwanderung nach Deutschland wurde als männliches oder gar geschlechtsneutrales Phänomen betrachtet (vgl. Gutiérrez Rodríguez 1999, S. 23; Westphal 2004; Cöster 2016, S. 411). Frauen tauchten lediglich im Zusammenhang mit Familienzusammenführung und Heiratsmigration auf; die eigenständige Migration von Frauen wurde dagegen ausgeblendet (vgl. Gutiérrez Rodríguez 1999, S. 23). Faktisch waren jedoch Mitte der 1970er Jahre 44 % türkeistämmige Frauen ohne Ehemänner nach Deutschland immigriert (vgl. Oswald 2007, S. 39). Nahezu ein Drittel der als „Gastarbeiter*innen" in die Bundesrepublik eingewanderten Personen war weiblich und berufstätig, wurde in der Wissenschaft allerdings kaum beachtet und marginalisiert (vgl. Cöster 2016, S. 411). Die ersten Forschungen, die Migrantinnen in ihren Studien zentrierten, betrachteten diese mitleidsvoll als Opfer[25] (vgl. ebd.). Manuela Westphal spricht von der „Dreifachunterdrückung

[25]Im Ergebnis ihrer Studie stellt Gölböl fest, dass „Migrantinnen türkischer Herkunft im bundesdeutschen Diskurs [...] meist im Lichte eines multiplen Konflikts wahrgenommen werden: Generationenkonflikte werden generell zu kulturellen Konflikten konstruiert, aus denen scheinbar unauflösbare Identitätsstörungen resultieren und die psychosoziale Situ-

der Migrantin als Frau, Arbeiterin und Ausländerin" (Westphal 2004), welche die öffentliche Wahrnehmung und das Zentrum der wissenschaftlichen Auseinandersetzung speise (vgl. ebd.). Aus dieser Perspektive etabliere sich vor allem „die Türkin" als „fremde Frau", „Opfer" oder „Exotin": „Folglich wird die Migrantin primär als eine Art Sondertypus gegenüber der ‚normalen' weiblichen Identität in Deutschland empfunden" (Westphal 2004, S. 2). Die von Elias und Scotson bereits erläuterte Etablierten-Außenseiter-Figuration, deren Kern darin besteht, dass die Etablierten gewisse soziale und machtgewichtige Positionen für ihre Gruppe reservieren und dadurch die Außenseiter ausgrenzen und von entsprechenden Positionen fernhalten (vgl. Elias und Scotson 1993, S. 12), lässt sich auch auf die gesellschaftliche Position von Migrantinnen übertragen. Im Diskurs über Frauen und Migration lassen sich theoretische Bezüge zu Fremdheit und der Markierung von weiblichen Migrationssubjekten als Fremde finden. Waren es lange Zeit die als unqualifiziert markierten eingewanderten Frauen, die als Fremde marginalisiert wurden, sind es gegenwärtig, so die Hypothese, diejenigen Frauen, die als „erfolgreich integriert" wahrgenommen und eingeordnet werden.

Der Paradigmenwechsel in der wissenschaftlichen Auseinandersetzung zu Migrant*innen in der Bundesrepublik zeigt: Der Wandel vom defizitorientierten zum diversitäts- und differenzbewussten Blick, das Sprechen *mit* statt *über* Migrant*innen führen zur Anerkennung von Migration als Chance denn als Problem und befördern eine differenzierte Sichtweise auf die pluralistische und heterogene Einwanderungsgesellschaft. Hinzu kommt eine intensive Auseinandersetzung der Migration von Frauen, sowie ihrer Selbst- und Fremdwahrnehmungen in Ankunftskontexten unter Berücksichtigung ihrer Qualifikationen und Erfahrungen aus den Herkunftsländern. Trotz des „geschlechtsneutralen" zum genderbewussten Wandels in der Migrationsforschung (vgl. Oswald 2007, S. 38 f.), findet auf gesellschaftlicher Ebene nach wie vor eine Stereotypisierung von Migrantinnen statt, die diese zu neuen Fremden stigmatisiert. Insbesondere türkeistämmige Frauen werden als „Opfer" einer „patriarchalen" Herkunftskultur wahrgenommen, die aus „konfliktreichen Familienbanden" stammen (vgl. Gölböl 2007: 11).

ation maßgebend bestimmen" (ebd. 2007, S. 169). Dadurch erscheinen türkeistämmige Einwander*innen als „Belastungsfaktor", was als Argumentationsgrundlage für ihre Ausgrenzung dient (vgl. ebd., S. 172).

> In dieser generalisierenden und undifferenzierten Sicht- und Denkweise nehmen Kulturkonflikte und Identitätskrisen demnach großen Raum ein, deren Bewältigung und Verarbeitung den Frauen nicht zugetraut wird. Zudem ist das Bild von Migrantinnen durch die Fixierung auf Modernisierungsdifferenzen und Bildungsdefizite verzerrt (ebd.)

Diese soziale Konstruktion der Migrantin als die Fremde basiert nicht länger auf der Vorstellung der *Exotin,* sondern begründet sich durch ihre emanzipierten und selbstbestimmten Bildungsbiographien. Anknüpfend an Simmels Fremdenfiguration sind Migrantinnen systemisch integriert und verkörpern die Ambivalenz zwischen Nähe und Ferne. Ihre Bildungsbiographien und ihre individuellen Lebensziele lassen sich von denen einheimischer Frauen kaum unterscheiden, sodass sie den Frauen der Eigengruppe nah sind. Sie sind ihnen jedoch zugleich fern, betrachtet man *wie* sie ihre Lebensziele erreichen wollen (vgl. Reuter und Warrach 2015). Diese ausgeprägte Fremdheitswahrnehmung, die insbesondere die türkische Frau betrifft, wird häufig auf religiöse und kulturelle Unterschiede zurückgeführt: „deutsche Christinnen" gegenüber „türkeistämmigen Musliminnen", Freiheit gegenüber Unterdrückung bis hin zu Moderne gegenüber Tradition sind nur einige der Antagonismen, die auf eine undifferenzierte Vorstellung von Fremden verweisen. In diesem Zusammenhang spricht Gutiérrez Rodríguez von einem sogenannten „Modernitäts-Differenz-Paradigma"[26]: Dieses unterliegt der Hypothese einer antagonistischen Gesellschaft, die davon ausgeht, dass die migrierenden Frauen erst im Einwanderungsland Modernität und Industrie begegnen, ungeachtet ihrer Erfahrungen mit ähnlichen Prozessen aus ihren Herkunftskontexten (vgl. Gutiérrez Rodríguez 1999, S. 26). Das Paradigma spiegelt somit eine ethnozentrische Perspektive wider, die auf unüberwindbare kulturelle Differenzen zwischen Herkunfts- und Einwanderungsgesellschaft rekurriert. Die Individualisierungsprozesse und die Möglichkeit von Modernisierung aus ihren Herkunftskontexten werden dabei ausgeblendet und ignoriert.

Gerade Frauen aus islamisch geprägten Herkunftsländern erfahren in Deutschland, konstruiert als Fremde, eine doppelte Degradierung: Als Frau und als Muslimin, was anhand der Ausführungen zu Vergeschlechtlichung und Ethnisierung verdeutlich wurde. Angelehnt an Simmels Fremdenfigur sind die Fremden in ihrer Position als Außenseiter dennoch Element einer Gruppe, gerade, wenn man die häufig im Einwanderungsland geborene *zweite Generation* in den Blick nimmt – somit demonstriert besonders die avancierende *zweite Generation* das ambivalente

[26]Gümen und Herwartz-Emden sprechen auch vom Traditions- und Modernitätsparadigma (siehe hierzu ebd. 1996).

Nähe-Distanz-Verhältnis. Es zeigt sich, „dass die Muslimin längst keine Immigrantin ohne gelebtes In-Group-Wissen ist, sondern dass sie genau dieses Wissen gezielt nutzt, um sich von der In-Group zu unterscheiden und mit den Zuschreibungen der In-Group eigensinnig umzugehen" (Reuter und Warrach 2015, S. 182).

3.5 Resümee: Zur Fremdheitskonstruktion im Kontext einer kritischen Migrationsforschung und transnationalen Perspektive

Zunächst habe ich im vorangestellten Kapitel die transnationale Perspektive dargelegt, die als Ausgangspunkt für eine Abhandlung von Fremdheit und Sozialtypen des Fremden dienen sollte. Vor diesem Hintergrund wurden zunächst ausgewählte klassische Sozialtypen des Fremden rekonstruiert. Auch wenn Simmel seinen Fremden vor nunmehr 110 Jahren typisierte, ist gerade dadurch, dass sein Fremdentypus als potentiell Wandernder bis heute Aufmerksamkeit generiert, wissenschaftlich rezipiert und auf aktuelle Vergesellschaftungsprozesse übertragen wird (hierzu Reuter und Warrach 2015; Hüttermann 2000), erkennbar, wie sich Gesellschaften in ihrem Miteinander sukzessive und iterativ neu aushandeln, weiterentwickeln und kollektiv arrangieren. Die Betrachtung von Fremden zeigt gerade in der Verschränkung klassischer Aushandlungen und neuerer Anschlüsse, dass sich der Referenzrahmen von Vergesellschaftungsprozessen bewährt: Zum einen ist Vergesellschaftung, die insbesondere in einer transnationalen Perspektive wieder in den Blick gerät, bereits in den klassischen Sozialtypen von Anfang und Mitte des 20. Jahrhunderts präsent. Hieran anzuschließen, erscheint plausibel: Vergesellschaftung als Prozess, aus Individuen Gesellschaftsmitglieder zu machen, wie es Becker-Schmidt formuliert (vgl. ebd. 2003, S. 2), rekurriert auf das grundlegende Zugehörigkeitsphänomen der unterschiedlichen klassischen aber auch neueren Sozial- oder auch Idealtypen. Die sozialen Interaktionen, die auch bei Simmels Vergesellschaftungsbegriff zentriert werden, bilden die Konstante in den klassischen wie neueren Figurationen, Phänomenen und Konzepten: Die soziale Interaktion innerhalb des sozialen Kollektivs, dem sich Fremde annähern, führen zur sozialen Konstruktion des Fremden. Zudem findet soziale Interaktion zwischen Eigenem und Fremdem statt, die bspw. bei Simmels Fremdem zu systemischer Integration führen kann. Interaktion setzt aber auch ein Verstehen und Verstandenwerden voraus. So fühlt sich der Transmigrant nur da wirklich wohl, wo seine ungenaue Verortung und mehrfachen Zugehörigkeitsgefühle anerkannt werden. Und auch Hybridität entsteht durch den Interaktionsprozess, der auf Anerkennung kultureller Differenz zielt, wie bei Bhabha deutlich geworden ist. Die Abhandlung hat durch ihren historischen Verlauf und die unterschiedlichen Kontexte auch unterstrichen, dass Migration keine Gesellschaftsform unberührt lässt. Park hat vor bereits 90 Jahren darauf hingewiesen, dass bei genauerer Untersuchung „jede Nation ein mehr oder weniger erfolgreicher Schmelztiegel war“ (Park [1928] 2002, S. 56). Selbst auf die Individualisierung, die in den Sozialwissenschaften mehrheitlich auf Beck (1986) rekurrieren, hat Park bereits in seiner Abhandlung über Migration und den Randseiter hingedeutet: „aus der Migration von Völkern ist die Mobilität von Individuen geworden“ (Park [1928] 2002, S. 61). So liegt es auch nahe, dass Park die Notwendigkeit indiziert, Migrant*innen selbst als zentrale Bezugseinheiten für Migrationsstudien zu fokussieren:

> Migration als soziales Phänomen darf nicht nur hinsichtlich der allgemeinen Auswirkungen untersucht werden, die sich in den Veränderungen der Sitten und Bräuche niederschlagen, sondern muss auch die subjektiven Aspekte ins Auge fassen, die den Persönlichkeitstypus charakterisieren, der im Zuge der Migration entsteht. Wenn die bestehende Ordnung der Gesellschaft durch den Kontakt und die Kollision mit einer eindringenden Kultur zusammenbricht, dann hat diese die Emanzipation des Individuums zur folge. Energien werden freigesetzt, die ehemals durch Bräuche und Tradition kontrolliert wurden. Das Individuum ist frei für neue Abenteuer, aber es ist mehr oder weniger ohne Richtung und Kontrolle (Park [1928] 2002, S. 62).

Migrant*innen als individuelle und handlungsmächtige Akteur*innen ins Zentrum von Migrationsstudien zu rücken – wofür Park bereits 1928 plädiert – ist erst jüngst in einer kritischen Migrationsforschung wieder en vogue; was sicherlich mit dem späten Eingeständnis Deutschlands als Einwanderungsland verbunden ist. Wie sich in der Erörterung von Fremden in der transnationalisierten Vergesellschaftung gezeigt hat, lassen sich neuere wissenschaftliche Erkenntnisse, Ansätze und Konzepte nicht ohne die Vergleichsfolie klassischer Konzepte betrachten, vielmehr handelt es sich, wie an Hüttermanns avancierendem Fremden und dem Transmigranten nach Pries erkennbar wurde, um Anschlüsse an die bereits vorhandenen Typisierungen, Phänomene und Konzepte. Die alltägliche Fremden-Beziehung verweist ebenso wie der Fakt, dass in Deutschland im Jahr 2015 mehr als jede fünfte Person eine Migrationsgeschichte oder eigene Migrationserfahrung mitbringt (vgl. Özoğuz 2016, S. 18) darauf, dass Pluralität als Kennzeichen von Gesellschaften der „Normalfall“ geworden zu sein scheint.

Deutsch-türkische Migrationsgeschichte seit der Anwerbung von Arbeitskräften und Forschungsbefunde

4

Einführend soll die Entwicklung Deutschlands als Einwanderungsland ab den 1950er Jahren durch die Anwerbeverträge skizziert und hierbei insbesondere die Situation türkeistämmiger sogenannter „Gastarbeiter*innen“[1] herausgearbeitet werden. Daran anschließend folgen die Bedingungen und Voraussetzungen, unter denen eine Vielzahl der Kinder der „Gastarbeiter*innen“ als *zweite Generation* in Deutschland aufgewachsen ist. Ihre Lebenswelten und Alltagswirklichkeiten wurden wiederholend als „*zwischen* zwei Welten“ problematisiert denn als Potenziale „*mit* zwei Welten“ erkannt. Daher kann auch ein Einblick in die Integrationsdebatte nicht fehlen, vor allem hinsichtlich des polarisierenden Begriffs der sogenannten „Parallelgesellschaften“, der lange Zeit die dominanten Sichtweisen der Einwanderungsgesellschaft veranschaulicht hat. Anknüpfend an den Kontext der deutsch-türkischen Migrationshistorie und die Herausforderungen im Zusammenleben der Eingewanderten sowie der *zweiten Generation* mit der Einwanderungsgesellschaft, folgt ein Überblick über die Datenlage der heterogenen, mit Blick auf die Untersuchungsgruppe vor allem auf die türkeistämmige, Bevölkerung der Bundesrepublik sowie der Teilhabe am Bildungs-, Ausbildungs- und Arbeitsmarkt. Eine erhöhte Mobilität und ein gesondertes Interesse an den Lebenswelten zwischen Deutschland und der Türkei lässt sich basierend auf

[1]Die folgenden Ausführungen beziehen sich vor allem auf die aus der Türkei angeworbenen Arbeitskräfte. Gleichwohl weder *alle* „Gastarbeiter*innen“ noch alle türkeistämmigen „Gastarbeiter*innen“ kollektiv unter diesen Begriff gefasst werden können, kann an dieser Stelle nicht auf individuelle Lebenswelten und Erfahrungswerte eingegangen werden. Eine Pauschalisierung, dass die ausgeführten Bedingungen derart für *alle* (türkeistämmigen) „Gastarbeiter*innen“ zutrafen, soll daher mit dieser Anmerkung ausgeschlossen werden.

N. Warrach, *Hochqualifizierte Transmigrantinnen,* Interkulturelle Studien,
https://doi.org/10.1007/978-3-658-27705-5_4

dieser Einordnung und der Arbeitsmigration der Eltern der abwandernden türkeistämmigen Hochqualifizierten nachvollziehen; so soll dieses Einordnungskapitel als Basis für ein Verständnis der Bedingungen und Voraussetzungen dienen, die sich im zweiten Teil der vorliegenden Forschungsarbeit in den empirisch untersuchten Bildungs- und Migrationsbiographien der Interviewpartnerinnen zeigen werden.

4.1 Die türkeistämmigen „Gastarbeiter*innen"

Die Anwerbepolitik ab den 1950er Jahren ist die Ursache dafür, dass die Gruppe der türkeistämmigen Personen in Deutschland seit den 1960er Jahren konstant die größte Einwanderungsgruppe bildet: Ende 2016 leben knapp 1,5 Mio. Menschen mit türkischer Staatsbürgerschaft in der Bundesrepublik[2] (vgl. Statista 2017). „Gastarbeiter*innen", die aus der Türkei angeworben wurden, fanden in Deutschland vorwiegend in der Metallindustrie, im Bergbau und im Baugewerbe ihren Einsatz (vgl. Hunn 2004, S. 77). Im Zuge des Wirtschaftswunders der 1950er Jahre wurden zur Deckung des Arbeitskräftebedarfs Arbeiter*innen aus dem Ausland angeworben (vgl. Ceylan 2006, S. 28). Entsprechende Anwerbeverträge schloss die Bundesrepublik 1955 mit Italien, 1960 mit Spanien und Griechenland, 1961 mit der Türkei, 1963 mit Marokko, 1964 mit Portugal, 1965 mit Tunesien und zuletzt 1968 mit Jugoslawien (vgl. Han 2010, S. 75; Hunn 2004, S. 76). Die offizielle Anwerbung türkeistämmiger Arbeitskräfte wurde durch das Abkommen vom 30. Oktober 1961 als „Vereinbarung zwischen der Regierung der Bundesrepublik Deutschland und der Republik Türkei zur Regelung der Vermittlung türkischer Arbeitnehmer nach der Bundesrepublik Deutschland" (Zentrum für Türkeistudien 1995, S. 13) beschlossen.

Im Fall der Anwerbung von Arbeitskräften aus der Türkei wurden zwar zunächst vorrangig männliche Arbeiter ins Land geholt, ab Ende der 1960er Jahre kamen jedoch auch zahlreiche Frauen, die zunächst für Tätigkeiten in der Elektro- und Textilbranche eingesetzt wurden (vgl. Hunn 2004, S. 77 f.). Schiffauer verweist auf die Skepsis von im Herkunftsland zurückgebliebenen Verwandten gegenüber den Auswandernden nach Deutschland: „Man wusste nicht was das fremde, nicht-islamische Land aus ihnen machen würde" (ebd. 2004, S. 90).

[2] Genau sind es 1.492.580 Menschen mit türkischer (oder doppelter) Staatsangehörigkeit (vgl. Statista 2017).

Der Traum, in Deutschland viel Geld zu verdienen, um anschließend in der Türkei in Wohlstand zu leben, blieb für viele türkeistämmige Arbeitsmigrant*innen jedoch eine Illusion, da sich ihre Arbeit profitabler auf die Wirtschaft Deutschlands und den Wohlstand der deutschen Gesellschaft als auf sie selbst auswirkte (vgl. Hunn 2004, S. 77 f.; Ha 1999, S. 28). Nicht wenige der aus der Türkei angeworbenen Arbeitskräfte kamen als gut ausgebildete Männer und Frauen, häufig mit akademischen Titeln, denen eine Beschäftigung in höher qualifizierten Bereichen in Deutschland jedoch verwehrt blieb (vgl. ebd.). Als sichtbaren und spürbaren Ausgrenzungsmechanismus nennt Ceylan die unzureichende Verteilung von Rechten, die er u. a. mit dem *ius sanguinis*[3] begründet (vgl. ebd. 2006, S. 28). Aufgrund des Fehlens eines allgemeinen Staatsangehörigkeitsrechtes – welches erst Jahrzehnte später reformiert werden sollte – konnte dieser Generation ausländischer Arbeiter*innen lediglich eine partielle Inklusion zuteil werden (vgl. ebd., S. 28 ff.). Diese „Teilinklusion" wirkte sich weder positiv noch integrierend auf den negativ konnotierten Status als „Ausländer*in" aus, der ihnen politisch und gesellschaftlich zugeschrieben wurde (vgl. Hunn 2004, S. 73). Gerade im öffentlichen Diskurs wurden die türkeistämmigen Personen als homogene Fremdgruppe konstruiert, deren Fremdheit vor allem auf eine vermeintlich „andere Ethnizität", „andere kulturelle Traditionen und Bräuche" oder „andere religiöse Werte und Einstellungen" zurückgeführt wurde (vgl. Warrach und Reuter 2016, S. 108). Dass die Anerkennung Deutschlands als Einwanderungsland erst Jahrzehnte später erfolgen sollte, ist in den politischen Bestrebungen, die in Deutschland arbeitenden Ausländer*innen (vorläufig) *nicht* in Gänze zu integrieren, verankert. Die politische Haltung verhärtete sich, als der Anwerbestopp von 1973 zunächst zu einer restriktiv orientierten Ausländerpolitik führte (vgl. Han 2010, S. 76).

Dem Typus der Arbeitsmigration, dem die „Gastarbeit" zuzuordnen ist, liegen vorrangig ökonomische Faktoren zugrunde. Dabei weisen Arbeitsmigrant*innen meist eine ländliche Herkunft auf und werden im Einwanderungsland als

[3]Nach einem Gesetz von 1913 ist die deutsche Staatsbürgerschaft eng an die „Volkszugehörigkeit" gekoppelt, die auf dem „Recht des Blutes" *(ius sanguinis)*, auch als „Abstammungsprinzip" bezeichnet, beruht (vgl. Bartels 1996, S. 24 f.). Dieses Staatsbürgerschaftskonzept des 19. Jahrhunderts erscheint mit den mobilen Lebenswelten im Zuge der Globalisierung kaum mehr vereinbar, denn Geburts- und Wohnorte stimmen im Verlauf des Lebens selten noch überein. Das „Optionsmodell" (Ergänzung des *ius sanguinis* durch *ius soli*) lässt sich als einen ersten wichtigen Schritt in Richtung Reformierung des Staatsbürgerschaftskonzepts werten.

Unterschicht bspw. im industriellen Sektor beschäftigt (vgl. Heckmann 1992, S. 17; 68). Nicht selten werden einzelne Familienmitglieder im Ausland tätig, um von dort ihren erwirtschafteten Lohn an ihre im Herkunftsland verbliebenen Familien zu senden (sogenannte *remittances*) und im Anschluss an ihre eigene Rückkehr mit dem im Ausland verdienten Geld ein finanziell gesicherteres Leben führen zu können. Selbst wenn Arbeitsmigration auch als Resultat individueller Entscheidungsprozesse gewertet werden kann, so ist sie doch als „Phase des Einbruchs sozialer Unordnung und als mehr oder weniger extremer Erleidensprozeß" (Apitzsch 2000, S. 62) gekennzeichnet. Da zunächst sowohl von den Entsendeländern und den entsandten Arbeitskräften als auch von der Bundesrepublik sowie vonseiten der deutschen Arbeitgeber*innen die Annahme eines lediglich vorübergehenden Aufenthalts der angeworbenen Arbeitskräfte bestand, entwickelte sich die Zuschreibung als „Gastarbeiter*innen" (vgl. Heckmann 1992, S. 67; Ceylan 2006, S. 29): Als „Gast" gesehen wird, wer vorübergehend kommt, aber nach Ablauf des „Besuchs" in seinen Herkunftskontext zurückkehrt. Besonders deutlich lässt sich die von Apitzsch als „Phase des Einbruchs sozialer Unordnung" (ebd. 2000, S. 62) bezeichnete Situation von Arbeitsmigrant*innen anhand der türkeistämmigen „Gastarbeiter*innen" darstellen: Sie schienen sich nicht nur am deutlichsten hinsichtlich ihrer Religion[4] von der Aufnahmegesellschaft zu unterscheiden. Die türkeistämmigen „Gastarbeiter*innen" fanden selbst ihre Erwartungen an das als vorübergehend geplante Leben in Deutschland in diversen Kontexten nicht bestätigt: Zu den Herausforderungen und Schwierigkeiten hinsichtlich der Ernährungsgewohnheiten und geringen Sprachkenntnisse, addierte sich ein Mangel an sozial-gesellschaftlichen Interaktionen, da die Arbeitskräfte als „Gastarbeiter*innen" marginalisiert wurden (vgl. Hunn 2004, S. 81). Die Situation aus Sicht der türkeistämmigen „Gastarbeiter*innen" fasst Hunn treffend wie folgt zusammen:

> Fern von ihren Familien und ihrem gewohnten sozialen Umfeld, meist in Wohnheimen mit Mehrbettzimmern und strengen Verhaltensrichtlinien untergebracht, darauf ausgerichtet, möglichst viel zu arbeiten, viel Geld zu sparen, wenig zu konsumieren und bald wieder zurückzukehren, befanden sich viele in einer sehr schwierigen existentiellen Situation. Diese wurde dadurch verschärft, dass sie in Deutschland an den Rand der Gesellschaft gestellt wurden, worauf sie angesichts ihrer übertriebenen Erwartungen an ein Leben in Deutschland überhaupt

[4]Unter dem singulären Terminus der Religion, der an dieser Stelle auf den Islam verweist, werden die unterschiedlichen Ausprägungen des Islams gefasst.

nicht vorbereitet gewesen waren. Gerade weil die Deutschen in der Türkei ein sehr hohes Ansehen genossen, fühlten sich die Türken in Deutschland häufig umso mehr zurückgewiesen (ebd.).

Verschiedene Entwicklungen führten schließlich dazu, dass zahlreiche „Gastarbeiter*innen“ und ihre Familien nicht nur längerfristig, sondern dauerhaft in Deutschland blieben[5]: Als Ursache wird hierbei häufig der Anwerbestopp von 1973 genannt, auf den der Familiennachzug der nicht in ihre Herkunftsregionen zurückgekehrten Arbeitsmigrant*innen folgte (vgl. Ceylan 2006, S. 29 f.). Die Familienzusammenführung kennzeichnet einen weiteren Typus von Migration, die eng an die Arbeitsmigration gekoppelt ist: Um einem sukzessiven Entfremdungsprozess von der eigenen Familie und von der Herkunftsgesellschaft vorzubeugen sowie Empfindungen eines isolierten und vereinsamten Lebens entgegenzuwirken, holen Arbeitsmigrant*innen ihre engsten Familienangehörigen nach (vgl. Han 2010, S. 85). Grundsätzlich sei an dieser Stelle nur darauf verwiesen, dass Migration in Folge von Familienzusammenführung global gesehen eine der größten Migrationsbewegungen darstellt (vgl. ebd.). Im Fall der in Deutschland lebenden „Gastarbeiter*innen“, die im Zuge des erwähnten Anwerbestopps ihre Familien nachholten, entwickelte sich etappenweise eine Sesshaftigkeit. Mit dem Nachzug minderjähriger Kinder bzw. in Deutschland geborener Kinder (die als *zweite Generation* bezeichnet werden), erfolgte die Integration in die Bildungsinstitutionen, wodurch die „Gastarbeiter*innen“ mit gesellschaftlichen Bereichen außerhalb ihrer Arbeitskontexte in Berührung kamen. Dabei war es häufig eine bewusste Entscheidung, in Deutschland zu bleiben, die auf wirtschaftlichen, politischen oder familiären Gründen, meist gar auf einer Verschränkung mehrerer Gründe, fußte – u. a. dadurch herbeigeführt, dass in die Türkei zurückgekehrte „Gastarbeiter*innen“ von finanziellen Schwierigkeiten, von Arbeitslosigkeit und von Anpassungsherausforderungen ihrer in Deutschland geborenen und/oder aufgewachsenen Kinder an das Leben in der Türkei berichteten (vgl. Hunn 2004, S. 88). Die bewusste – sicherlich eher kollektive als individuelle – Entscheidung türkeistämmiger Einzelpersonen, Eheleute

[5]1973 waren rund 650.000 Arbeitskräfte aus der Türkei nach Deutschland gekommen, was einen Höchststand markierte – unter Berücksichtigung nachgezogener Familienmitglieder verzeichnete Deutschland Ende 1973 rund eine Million türkeistämmige Personen (vgl. Hunn 2004, S. 78). Insgesamt waren bis Herbst 1967 rund 500.000 der 1,3 Mio „Gastarbeiter*innen“ in ihre Herkunftsländer zurückgekehrt, wodurch die Anwerbung vor allem türkeistämmiger Arbeitskräfte verstärkt wurde (vgl. ebd., S. 79).

und Familien, in Deutschland zu bleiben und somit die Ablehnung der Rückkehrförderung der Bundesregierung, wertet Hunn als den Beginn ihrer Selbstwahrnehmung als Eingewanderte (vgl. ebd.). Fehlende politische Bemühungen, Deutschland als Einwanderungsland anzuerkennen und der ersten Generation formal Zugehörigkeit zu ermöglichen, können als eine Ursache für die bis heute andauernden wechselseitigen Anpassungsschwierigkeiten gewertet werden. Die Reform des Staatsangehörigkeitsrechts 1998, welches das *ius sanguinis* durch das *ius soli* ergänzt, erwies sich somit erst für die *zweite Generation* als förderlich (vgl. ebd.).

Schiffauer akzentuiert aus anthropologischer Sicht die Situation der türkeistämmigen „Gastarbeiter*innen“ wie folgt:

> Die erste Generation sah sich als Türken in Deutschland – sie wurden Einwanderer wider Willen und begannen zu ihrem eigenen Erstaunen, die wachsenden Bindungen an das Land hier zu entdecken. Sie hatten das Bedürfnis, dass die Widersprüchlichkeit, ja sogar Zerrissenheit ihrer Lebenssituation gesehen und wahrgenommen wird. Ihre Wut und ihre Opposition wandte sich gegen die Integrations- und Anpassungsforderungen, die den schwierigen Balanceakt erschwerten oder gar unmöglich machten, den sie zu vollbringen hatten (ebd. 2004, S. 98).

Der *zweiten Generation* haftet nicht nur die individuellen Erfahrungen und Erlebnisse der Migrationsbiographie der Eltern an, sondern auch die von der Gesellschaft auf sie projizierten negativen Zuschreibungen als Kinder von „Gastarbeiter*innen“. Auch wenn entsprechende Erfahrungen der *zweiten Generation,* denen ein „zwischen zwei Kulturen“ diagnostiziert wurde, nicht gänzlich negiert werden können, soll aus einer transnationalen Perspektive (siehe hierzu Abschn. 2.2) Abstand genommen werden von ebenjener Vorstellung eines „Kulturkonflikts“. Die durch ein Bewusstsein für Diversität bzw. Anerkennung kultureller Differenz (hierzu Bhabha 1994, siehe auch Abschn. 3.2.3) gekennzeichnete Perspektive wertet das Aufwachsen in bzw. mit pluri-kulturellen Wertegemeinschaften vielmehr als Gewinn und Vorteil.

> Bereits der Ausdruck ‚zweite und dritte Generation‘ zeugt von der Erwartung der deutschen Politik, Öffentlichkeit und Wissenschaft, daß die Kinder und Enkel der Zugewanderten an das Migrationsziel der Eltern oder Großeltern, nämlich die Rückkehr, gebunden bleiben (Kontos 2000, S. 169).

Die Bezeichnung „zweite und dritte Generation“ mag eine unausgesprochene Rückkehr-Forderung enthalten: Die Rückkehr ins Herkunftsland ist von vielen „Gastarbeiter*innen“ nicht realisiert worden, was nun von den Folgegenerationen erwartet werde. Ist es vor diesem Hintergrund womöglich eine logische Konsequenz, dass sich die türkeistämmigen (Kindes-)Kinder dem Herkunftsland der (Groß–)Eltern zuwenden? Eine „Rückkehr" werde, Kontos folgend, nicht allein von der bundesdeutschen Gesellschaft als „Normalität des Migrationslebens" erwartet, sondern liege auch im Interesse der Herkunftsgesellschaft und des im Herkunftsland zurückgebliebenen sozialen Umfelds sowie der Politik (vgl. ebd.). Wer also sein Herkunftsland verlasse, müsse auch zu einem unbestimmten Zeitpunkt zurückkehren – wenn auch ausgeführt von den im Ankunftskontext geborenen und sozialisierten Kindern der einstigen Ausgewanderten.

4.2 Die Generation der Kinder der „Gastarbeiter*innen"

Die Generation der „Gastarbeiter*innen" ging davon aus, vorübergehend in Deutschland zu leben. Die Einstellung, sich auf ihr Leben in Deutschland nicht gänzlich einzulassen, sondern es fortwährend als Ort der Arbeit für ein Leben in der Türkei wahrzunehmen, zeigte sich auch in ihrer Rolle als Eltern. Schiffauer bezeichnet diese Haltung provokant als „Lebenslüge" (2004, S. 90). Die Einschulung der Kinder der „Gastarbeiter*innen" führte schließlich zu einem (Werte-)Konflikt für die Eltern: Zwar wurde die Schule als Vorbereitungsort für einen gesellschaftlichen Aufstieg der Kinder gewertet (vgl. ebd., S. 91). Gleichzeitig sahen sie dort jedoch die Gefahr einer „Entfremdung" ihrer Kinder, die mit abweichenden und unvertrauten Werten, Bräuchen und Praktiken in Berührung kamen (ebd.). Schiffauer betont die Problematik der „Gastarbeiter*innen" als Eltern anhand einer Wertung des gelebten Familienmodells: Das Leben der türkeistämmigen Familien in Deutschland wurde am Regulativ des deutschen Familienmodells gemessen und folglich als traditionsverhaftet und rückständig verurteilt (vgl. ebd., S. 92).

Die *zweite Generation* wuchs mit den sich wiederholenden Äußerungen über Rückkehrgedanken und -pläne ihrer Eltern und ihren vom Elternhaus unabhängig entwickelten Zugehörigkeitsgefühlen zur deutschen Gesellschaft auf, was Schiffauer als ein „doppeltes Anerkennungsproblem"[6] (ebd., S. 93) einordnet: Zu Hause galten sie als „verdeutscht", in der Schule als „zu türkisch" (vgl. ebd.).

[6]„Anerkennung zielt auf soziale, rechtliche kulturelle und politische Strukturen, in denen einzelne ihren Handlungsmöglichkeiten entsprechende Bedingungen zum Handeln vorfinden" (Mecheril 2001, S. 45).

Das verursachte eine konstante Rechtfertigungsposition, die je nach Kontext in der Verteidigung des türkischen Elternhauses oder der deutschen Gesellschaft bestand (vgl. ebd., S. 93). Gekennzeichnet ist die Generation der Kinder der „Gastarbeiter*innen“ zudem durch ein gleichzeitiges Zuschreiben und Absprechen nationaler Zugehörigkeiten (vgl. ebd., S. 94), ohne ihre individuelle(n) Zugehörigkeit(en) zu respektieren, oder aber Zugehörigkeit als gedehnten Begriff zu verstehen, der eben nicht an das Modell von Nationalstaaten[7] als *Container* gekoppelt sein muss. Die Option synchroner (Mehrfach-)Zugehörigkeiten (hierzu Mecheril 2003) wurde auf gesellschaftlicher Ebene während des Aufwachsens der *zweiten Generation* verkannt. Die fehlende Akzeptanz ihrer Zugehörigkeitsgefühle seitens der deutschen Gesellschaft kann, Schiffauer folgend, zum Konflikt im Identitätsprozess – vor allem während der Pubertät – führen:

> Sie waren in einer Gesellschaft heimisch geworden, die ihnen die Zugehörigkeit verweigerte und sie weiterhin als Fremde behandelte. Es war vor allem diese Erfahrung, die eine Rebellion gegen die erste Generation oft unmöglich gemacht hat, denn sie hätte eine Identifikation mit der als aggressiv erlebten deutschen Kultur bedeutet (Schiffauer 2004, S. 94).

Im Gegensatz zu ihren Eltern, kämpfte die *zweite Generation* besonders um eine neu ausgehandelte Position, losgelöst vom negativ konnotierten „Gastarbeiter*innen“-Image ihrer Eltern, in der Einwanderungsgesellschaft (vgl. ebd., S. 95) – in die sie selbst gar nicht eingewandert ist. Vielmehr haftet ihr die Migrationsbiographie der Eltern derart an, dass ihr selbst Migrationserfahrungen zugeschrieben werden und sie mit dem Status als „Gastarbeiterkind“ versehen wird. Ihr Streben nach Anerkennung führte nicht selten zu der Einstellung, besser als die Deutschen sein zu wollen (vgl. ebd.). Als eine mögliche Vision verweist Schiffauer darauf, dass sich die „Opposition Deutschland-Ausländer“ (ebd., S. 98) verhärten könnte: Die Folgegenerationen der „Gastarbeiter*innen“ könnten sich an ihren „Wurzeln“[8] orientieren, die wiederum als Konstrukt durch den

[7]In der Migrationsforschung wird unter dem Terminus des methodologischen Nationalismus kritisch auf das „Container-Denken“ von Gesellschaften verwiesen: Nationalstaaten werden als abgegrenzte Territorien und als nahezu homogene Einheit begriffen (vgl. Canan 2015, S. 39). Die Transnationalismusforschung reflektiert diese Sichtweise und versucht sich vom methodologischen Nationalismus zu lösen (vgl. ebd.). Näheres hierzu siehe auch Abschn. 2.2.

[8]Schiffauer spricht hier von „roots“ und meint damit ethnisch-kulturelle oder religiöse Ursprünge (vgl. 2004, S. 98).

Prozess des Suchens und Findens entstehen würden; oder es könnte sich eine aggressive Gegenkultur herausbilden (vgl. ebd., S. 98). Beide Tendenzen deuten auf ein Ausloten und eine dynamische Aushandlung von „Deutsch-Sein" hin (vgl. ebd., S. 98). Schiffauer fasst den andauernden Prozess des Ankommens der *zweiten Generation* wie folgt zusammen:

> Die zweite Generation lebte in dem Gefühl, sich gegen die Zuschreibungen und Festlegungen der türkischen Gemeinden und der deutschen Gesellschaft wehren zu müssen. Gleichzeitig litt sie unter der faktischen Ausgrenzung. Und ihre Wut richtete sich gegen die Zuschreibungen, die sie festlegten. Wenn es eine politische Forderung gab, die dieses Gefühl der zweiten Generation zum Ausdruck bringen konnte, dann war es die doppelte Staatsangehörigkeit (Schiffauer 2004, S. 98).

Aufgewachsen mit dem problematisierten Status des „Gastarbeiterkindes", strebte die *zweite Generation* nach Bildung und Arbeit und nach einer Position in der Mitte der Gesellschaft (vgl. Hüttermann 2011, S. 41), mit der sie sich zu identifizieren versuchte, gleichwohl sie alltägliche Erfahrungen mit Diskriminierung und Ausgrenzung erleb(t)en (vgl. hierzu Bozay 2005). Diese tägliche Ausgrenzungserfahrung schlägt sich zudem in Chancenungleichheit nieder, die sich durch höhere Barrieren bei Zugängen zum Wohnungs-, Ausbildungs- und Arbeitsmarkt äußert (vgl. 2005, S. 12). Ha verweist in diesem Kontext auf die Ansprüche, die die *zweite Generation* als de facto Mitglieder der Gesellschaft an ebendiese stellte:

> Im Gegensatz zu ihren Eltern besteht diese Generation jedoch auf sozialer Gerechtigkeit, politischer Gleichberechtigung und Chancengleichheit im Bildungssystem als unabdingbare Mindeststandards ihrer gesellschaftlichen Existenz, weil sie sich als *Gesellschaftsmitglieder* definieren, denen diese Rechte legitimierweise nicht vorenthalten werden können (Ha 1999, S. 49, Hervorhebung im Original).

Somit verließen sie, wie Hüttermann aus soziologischer Perspektive festhält, die Randpositionen und niederen Berufsetablissements, die ihnen durch ihre familiäre Herkunft aus dem „Gastarbeiter*innen"-Milieu sozial-gesellschaftlich zugedacht waren (vgl. Hüttermann 2011, S. 44). Sie wurden, wie es Hüttermann nennt, zu „Anspruchsbürgern, die auf gleicher Augenhöhe in einer durch Einwanderung geprägten Gesellschaft agieren wollten" (ebd.). Durch ihren Anspruch auf Partizipation an der Gesellschaft, versuchte sich die *zweite Generation* vom „Dauergastphänomen" zu lösen und erlangte öffentliche Sichtbarkeit (vgl. ebd.). Den ihr zugeschriebenen „Gastarbeiter*innen"-Status zu überwinden, war jedoch mit erheblichem Aufwand verbunden: So bewegte sich die *zweite Generation* nahezu als „Pioniergruppe“ zwischen ihrem türkisch geprägten Elternhaus und der deutschen Gesellschaft, mit der sie außerhalb ihrer Familien in Berührung kam (vgl. Schiffauer 2004, S. 94 f.). Während die türkeistämmigen Elternhäuser den Deutschen Familienprobleme oder sexuelle Freizügigkeit unterstellten, wurde den Familien der *zweiten Generation* seitens der deutschen Gesellschaft häusliche Gewalt oder Rückständigkeit zugeschrieben (vgl. ebd., S. 94). Keskin benennt einige der Klischees, gegen die sich die *zweite Generation* zu behaupten hat(te): Sie sei eine Belastung für Deutschland, nehme den Alteingesessenen die Arbeitsplätze weg, lebe auf Kosten des Staates, habe einen Hang zu Kriminalität, senke das Bildungsniveau und verfüge selten über ausreichende Sprachkenntnisse, sondern spreche ein „als ‚Kanak-Sprach‘ verunstaltetes Minimaldeutsch“ (2009, S. 70). Diese negativen Zuschreibungen seien, Keskin folgend, tief im deutschen Bewusstsein verankert – das negative Bild über die türkeistämmigen Eingewanderten sei Teil der Sozialisierung in der Einwanderungsgesellschaft (vgl. ebd., S. 71). Die Chancenungleichheit und strukturellen, institutionellen sowie gesellschaftlichen Ausgrenzungsmechanismen bekam die *zweite Generation* mitunter aufgrund ihres neuen Rollenverständnisses innerhalb der Gesellschaft zu spüren: Durch das Überschreiten der ihr zugedachten Außenseiterposition wurde deutlich, dass sich die „Gastarbeiter*innen“ und ihre Kinder zu einem dauerhaften Leben in Deutschland entschlossen hatten (vgl. Hüttermann 2011, S. 45). Die *zweite Generation* versuchte, sich in der Mitte der Gesellschaft sichtbar zu machen und trat ihr somit in „neuer, irritierender, beängstigender und befremdender Unmittelbarkeit“ (ebd.) entgegen. Dadurch entstanden alternierende Rangordnungskonflikte zwischen der aufstrebenden sichtbar gewordenen *zweiten Generation* und der etablierten Einwanderungsgesellschaft (vgl. ebd.). Schließlich musste die Einwanderungsgesellschaft in dem Maße von ihrer Rolle als Gastgebende Abstand nehmen, wie die türkeistämmigen Eingewanderten und ihre Folgegenerationen sich vom Gast zum aktiven und partizipierenden Gesellschaftsmitglied entwickelten (vgl. ebd., S. 57). An dieser Stelle sei darauf verwiesen, dass das Gelingen von Partizipation nicht allein an Anpassungsleistungen von Eingewanderten festzumachen ist, sondern auch von gewissen Exklusionsmechanismen der Zivilgesellschaft und Grenzregimen der Politik abhängt.

Die aufgeführten Differenzmerkmale, die auf dem Fundament kultureller Unterschiede basieren und den Zugang zu gesamtgesellschaftlichen Ressourcen blockieren, werden in der Migrationsforschung unter dem Stichwort der „Ethnisierung“ diskutiert. Im Kontext der Identifizierungsprozesse und gesellschaftlichen Positionierung der *zweiten Generation* spielt „Ethnisierung“ eine zentrale Rolle, die in der deutschsprachigen Migrationsforschung erstmals von den Soziologen Wolf-Dietrich Bukow und Roberto Llaryora konzipiert wurde. Bukow und Llaryora folgend, sind kulturell begründete Unterschiede konstruiert und daher nichtexistent, um die Machtstellung der „einheimischen“ Gruppe zu sichern und die Ausgrenzung der – in diesem Fall – türkeistämmigen Mitbürger*innen zu begründen (vgl. ebd. 1998, S. 95 ff.). Der Sozialwissenschaftler Samuel Salzborn verweist auf die Dichotomie der theoretischen Grundannahmen in der Ethnizitätsforschung: Es stehen sich eine essentialistische und eine konstruktivistische Position gegenüber (ebd. 2006, S. 99). Die essentialistische Position geht davon aus, dass „Ethnizität als natürliche Kategorie auf der Basis von objektiven und ursprünglichen Dispositionen erfasst und beschrieben werden kann“ (ebd.). Dem gegenüber steht die konstruktivistische Position, die Ethnizität als Ergebnis sozialer Konstruktionen begreift (vgl. ebd.), was dem Ansatz Bukows und Llaryoras entspricht. Konflikte zwischen „Einheimischen“ und türkeistämmigen Mitbürger*innen bestehen daher also nicht aufgrund unvereinbarer Unterschiede zwischen „der deutschen Kultur“ und „der türkischen Kultur“ (vgl. Treibel 2003, S. 217). Der Bedeutungsgrad der ethnischen Herkunft korreliert eher mit der Sichtbarkeit der türkeistämmigen *zweiten Generation* und den relativen Machtunterschieden zwischen der Gruppe der „Einheimischen“ und der Gruppe mit Einwanderungsgeschichte oder -erfahrung (vgl. ebd.).

Anknüpfend an die Einordnung zur deutsch-türkischen Migrationsgeschichte anhand der „Gastarbeiter*innen“-Generation und ihrer Kinder, soll ein Einblick in die Debatte um soziale Integration und Parallelgesellschaften folgen, bevor die Heterogenität der deutschen Bevölkerung und die Teilhabe der Mitbürger*innen aus Einwanderungsfamilien sowie des ausländischen Bevölkerungsanteils am (Aus-)Bildungssektor und Arbeitsmarkt dargestellt wird.

4.3 Die soziale Integration und die Debatte um „Parallelgesellschaften“

Ein Festhalten an unüberwindbaren Divergenzen, die meist am Islam festgemacht werden, hält eine konstante Integrationsfrage aufrecht.[9] Die (politisierte) Debatte um Integration[10] wird oftmals als an die Einwanderungsgesellschaft gestellte

[9] Jüngst erklärte der neue Bundesinnenminister, Horst Seehofer (CSU), der Islam gehöre nicht zu Deutschland und befeuerte damit abermals die Integrationsdebatte, die besonders die Vielzahl türkeistämmiger Mitbürger*innen betrifft (vgl. ZEIT Online 2018).

[10] Mark Terkessidis verweist als zentraler Protagonist der Kritik an der Integrationsdebatte (v. a. in seiner Publikation *Interkultur* 2010) darauf, dass sich Diskurse über „gescheiterte“ Integration primär um klischeebeladene Themen wie Zwangsehen oder Ehrenmorde drehen und somit das Scheitern von „Multikulti“ belegen sollen (vgl. ebd. 2010, S. 39).

Anforderung kommuniziert und dadurch als einseitige Bringschuld missverstanden. Als Ursache für Eingliederungsprobleme wird nahezu symptomatisch der Islam herangezogen und so kursiert der bundesdeutsche Integrationsdiskurs insgesamt kontinuierlich um die Frage der Zugehörigkeit des Islams zu Deutschland. Auf Ebene der sozialen Integration wird Integration vielfach „als eine Angleichung, als Eingliederung, als Aufnahme neuer Elemente in ein bestehendes System verstanden, wobei die Vorstellung eines Fixums und beweglicher Einheiten, die sich in und um das Fixe herum gruppieren, dominant ist" (Uslucan 2013, S. 35). Der Soziologe Hartmut Esser unterscheidet zwischen System- und Sozialintegration, wobei an dieser Stelle ausschließlich auf die Formen der Sozialintegration Bezug genommen werden soll, da es hierbei um die Einbindung von Eingewanderten in das gesellschaftliche Leben geht: Esser setzt dabei die vier Dimensionen der Sozialintegration (Kulturation, Platzierung, Interaktion und Identifikation) derart in Bezug, dass sie einer realen sozialen Wirklichkeit widersprechen. Die Platzierung (v. a. Teilhabe am Wohnungs- und Arbeitsmarkt) setzt die Kulturation (Kernelement sind sprachliche Fertigkeiten als Schlüssel zur Integration) voraus, wobei eine Platzierung erst durch eine gewisse Kulturation erfolgen kann (vgl. Esser 2001, S. 73). Anschließend sind nach Esser die Dimensionen Interaktion (in Form von interethnischen Beziehungen zwischen Einwander*innen und Einwanderungsgesellschaft) und Identifikation (emotionale Zuwendung zur Einwanderungsgesellschaft) realisierbar (vgl. ebd.). Diese schematische Abfolge von zweifellos wichtigen Aspekten des Integrationsprozesses, wie Spracherwerb oder soziale Beziehungen zur Einwanderungsgesellschaft sind selbstverständlich grundlegende Faktoren. Kritisch zu betrachten ist jedoch die stufenförmige Anordnung. Zudem unterstreicht das Modell a) die Forderung von Anpassungsleistung ausschließlich an Einwander*innen, b) verkennt es die Individualität von Lebensverläufen zumal Esser c) eine gelungene Sozialintegration als Assimilation[11] einordnet. Integration sollte vielmehr auf die „gleichberechtigte Teilhabe aller Menschen an gesellschaftlichen Ressourcen" (Uslucan 2013, S. 35) zielen. Die gesellschaftlichen Ressourcen rekurrieren dabei auf die gleichberechtigte Teilhabe am Wohnungs- und Arbeitsmarkt, am Bildungs- und Gesundheitswesen etc.

---

[11]Kritisch zu bewerten an Essers Modell ist ein essentialistischer Ansatz von Nationen und Kulturen als in sich geschlossene Systeme und homogene Einheiten. Zwar merkt Esser an, dass er unter Assimilation nicht auf die „spurenlose Auflösung aller Unterschiede zwischen den Menschen" (Esser 2001, S. 74) ziele, sieht die Sozialintegration hingegen dennoch „eigentlich *nur* in Form der *Assimilation*" (ebd., S. 26, Hervorhebung im Original) als erfolgreich.

Eingebettet ist die Integrationsdebatte in den „Gastarbeiter*innen“-Diskurs, auf den die Integrationsfrage in einer in dieser Form bis dahin unbeanspruchten Notwendigkeit zurückgeführt werden kann. Dabei kann, dem Migrationsforscher Jochen Oltmer zufolge, Integration im Grundsatz zunächst als „normale“ Entwicklung gesehen werden, als Effekt, der nahezu „natürlich“ durch Migrationsprozesse entsteht: Der eher unauffällige und beinah alltägliche Anpassungsprozess kann sich sukzessive und generationenübergreifend auf wirtschaftlicher, gesellschaftlicher, kultureller und mentaler Ebene entfalten (vgl. Oltmer 2012, S. 29). Durch diese prozesshafte gesellschaftliche Entwicklung führt Integration gleichermaßen zu Veränderungen für die Einwanderungsgruppe und die Einwanderungsgesellschaft, wobei die Einwander*innen in der Regel deutlich größere Anstrengungen hinsichtlich der Anpassungsleistungen zu erbringen haben (vgl. ebd.). Die Soziologin Ursula Apitzsch merkt kritisch an, dass sich im bundesdeutschen Diskurs das Phänomen von Inklusion und Exklusion eng an der Vorstellung nationaler Integration und Assimilation orientiert (vgl. Apitzsch 2009, S. 123). Besonders die *zweite Generation* wurde unter Verwendung dieser Begriffe als defizitär problematisiert: „‚Integration‘ gilt als individuell zu erbringende Leistung und Ausgrenzung als Folge mangelhafter ‚Assimilation‘“ (ebd.). Die politischen Maßnahmen zur Integration der türkeistämmigen Bevölkerung in Deutschland sind vielfach als restriktives und verzögertes Agieren kritisiert worden, insbesondere hinsichtlich der Assimilierungsforderungen, die ohne Berücksichtigung der Vorstellungen und Hintergründe aus den Herkunftskontexten der türkeistämmigen Einwander*innen erfolgt sind (vgl. Ceylan 2006, S. 30). Auf Basis dieser Betrachtungsweisen und Kritikpunkte lässt sich festhalten, dass Integration als ein „Einbahnstraßenmodell“ figuriert wurde. Hierin ist auch eine unausgeglichene Machtbalance erkennbar: Diejenigen, die Anpassungsleistungen für eine „erfolgreiche“ Integration zu erbringen haben, werden als Fremdgruppe markiert. Dadurch entstehen gesellschaftlich konstruierte Differenzkategorien „Wir“ („die Deutschen“) und „die Anderen“ („die Türk*innen“). Im Diskurs um die Integration der türkeistämmigen Einwander*innen, um das (Miss-)Verständnis Deutschlands als Einwanderungsland und um sogenannte „Integrationsverweiger*innen“, entwickelte sich zu Beginn der 2000er Jahre die Frage nach der Existenz sogenannter „Parallelgesellschaften“[12], die bis heute immer wieder aufkeimt. Werner Schiffauer entknotet aus anthropologischer Sicht unter der Frage *Wie viel*

[12]Der Begriff der „Parallelgesellschaften“ wurde Mitte der 1990er Jahre von dem Bielefelder Soziologen, Wilhelm Heitmeyer, eingeführt.

Wertekonsens braucht unsere Gesellschaft? drei sich gegenüberstehende Positionen über Parallelgesellschaften (vgl. 2008, S. 7): 1) Integration ist zum Scheitern verurteilt, lautet die erste Position, die die Ressentiments von patriarchalen gewaltbereiten Lebenswelten, die sich im Islam begründen und *westliche* Werte und Normen ablehnen, reproduziert. Somit würden in Parallelgesellschaften, die uninteressiert an den Lebenswelten der Einwanderungsgesellschaft und somit am Rande ebenjener existieren, „die Ehefrauen weggesperrt, die Mädchen zwangsverheiratet, die Jungen zu Machos erzogen" (Schiffauer 2008, S. 7). In diesem Lager überwiegt eine Ablehnung der türkeistämmigen Mitbürger*innen. Es herrscht ein eurozentrischer, klischeeverhangener Blick, der zudem die Einwander*innen homogenisiert. 2) Mit der Sichtweise, dass Integration den Einstieg in die Einwanderungsgesellschaft ermögliche und Parallelgesellschaften als Chance begriffen werden sollten, bezieht das zweite Lager Stellung. Einwander*innen werden hier als leistungswillige Gruppe konstruiert, die die Wirtschaft fördern. Auch den Begriff der „Parallelgesellschaften" bemängeln die Vertreter*innen dieser Position, da er die soziale Stärke dieser Orte verkenne (vgl. Schiffauer 2008, S. 8). Diese Position ist optimistischer als die erste und nimmt Vorteile durch Einwanderung wahr, statt sie zu problematisieren. 3) Die Ursache für Parallelgesellschaften führt ein drittes Lager auf Diskriminierung zurück. Die Grenzziehungen und Ausschlussmechanismen der Einwanderungsgesellschaft werden als Verursacher von Parallelgesellschaften herangezogen: Wohnräumliche Segregation entstehe durch strukturelle Zuordnungen sowie durch den Wegzug der Mitglieder der Einwanderungsgesellschaft (vgl. Schiffauer 2008, S. 9). Dieses Lager wiederum verantwortet die Einwanderungsgesellschaft für die Entstehung von Parallelgesellschaften.

Der größte Unterschied der drei Lager liegt in der Frage nach dem Wertekonsens: Während der Blickwinkel aus der ersten Position Kultur als gemeinsame Basis betrachtet, die eine Gesellschaft zusammenhält und damit „Kultur zur Schlüsselfrage" (Schiffauer 2008, S. 14) stilisiert, spielen geteilte kulturelle Praktiken für die Vertreter*innen der zweiten Position eine eher untergeordnete Rolle für Integration (vgl. ebd., S. 9 ff.). Im dritten Fall wird Kultur mit Macht zusammengesetzt, denn das Scheitern von Integration hinge mit Ausschlussmechanismen auf zivilgesellschaftlicher, institutioneller, individueller und struktureller Ebene zusammen (vgl. ebd., S. 12 f.). Eine Untersuchung des ZfTI belegt, dass ein verschwindend geringer Anteil (zwei Prozent) der in Deutschland lebenden Türk*innen das Leben in Parallelgesellschaften einer gleichberechtigten Teilhabe an der Gesellschaft vorziehe, was auf eine gewöhnliche gesellschaftliche Normalverteilung hindeute (vgl. Uslucan 2013, S. 36). In einer empirischen Untersuchung zur Existenz (türkischer) Parallelgesellschaften und der Bedeutung dieser für die gesamtgesellschaftliche Integration, kommen Halm und Sauer zu dem Schluss, dass lediglich der Aspekt zunehmender Religiosität als Merkmal für eine Entwicklung parallelgesellschaftlicher Strukturen gewertet werden könne (vgl. Halm und Sauer 2006, S. 24).[13] Die weiteren überprüften Indikatoren, darunter die lebensweltliche und zivilgesellschaftliche Segregation, der Grad der Freiwilligkeit segregierten Lebens und die siedlungsräumliche Segregation lassen nicht auf eine Zunahme parallelgesellschaftlicher Entwicklungen schließen (vgl. ebd.).

> Zugleich zeigt die von uns untersuchte Gruppe aber auch, dass mit Blick auf die Türkinnen und Türken nicht davon auszugehen ist, dass die Segregation bzw. das Leben in Parallelgesellschaften – verstanden als auf bewussten Entscheidungen beruhender Rückzug aus der Aufnahmegesellschaft – nur sehr bedingt mit mangelhafter Teilhabe im Zusammenhang steht (Halm und Sauer 2006, S. 24).

Halm und Sauer folgend, identifizieren sich die in Deutschland lebenden türkeistämmigen Personen zwar mit der Einwanderungsgesellschaft und treten mit ihr in Interaktion, adäquate gesellschaftliche Platzierungen bleiben ihnen allerdings verwehrt (vgl. ebd.).

Eine eindeutige Antwort – sowohl auf die Fragen nach der Existenz von Parallelgesellschaften, nach den Wirkungen für Integrationsprozesse allgemein sowie nach einem gemeinsamen Wertekonsens – lässt sich in der Debatte um Parallelgesellschaften nicht finden. Doch geben die unterschiedlichen Untersuchungen und Auseinandersetzungen Möglichkeiten, einen Perspektivwechsel einzunehmen und ein breiteres Verständnis dieses im öffentlichen Diskurs durchaus negativ konnotierten Begriffs zu generieren. Die drei Lager, die Schiffauer aufführt, machen deutlich, dass die Frage nach einem gemeinsamen Wertekonsens zur Vermeidung ebenjener eventueller Parallelgesellschaften, die auf der einen Seite zu Assimilierungsforderungen führt (Lager 1) und auf der anderen Seite einem gemeinsamen Wertekonsens keine Bedeutung beimisst (Lager 2), in Uneinigkeit mündet. Grundsätzlich fußt die Frage nach einem gemeinsamen Wertekonsens auf der Problematik einer Wertedifferenzierung, die als unüberwindbar erscheinen kann. Problematisch bei dieser Form der Kategorisierung ist, dass Wertungen über die Gegengruppe existieren, durch die „die Anderen"

---

[13]Die Stiftung Zentrum für Türkeistudien hat von 1999 bis 2004 jährlich per telefonischem Zufallsgenerator 1000 in NRW lebende erwachsene türkeistämmige Personen zu ihren Lebenslagen befragt (vgl. Halm und Sauer 2006, S. 18).

nicht einfach anders sind, sondern in ihrem Anders-Sein negativ beurteilt und kritisiert werden. Nach den Sozialwissenschaftlern Steffen Kühnel und Jürgen Leibold ist die Ablehnung „der Anderen“ umso stärker, „je verschiedener deren Aussehen, Sprache und Kultur ist, je größer deren Anteil ist und je eher damit gerechnet wird, daß sie auf Dauer in der Bundesrepublik leben wollen“ (2000, S. 114). Diese Wertungspraxis lässt sich mit dem postkolonialen Konzept des „Othering“ nach Edward Said erläutern: Said geht davon aus, dass „der Westen“ „den Orient“ als „das Andere“ geschaffen habe, dem negative Konnotationen wie *unzivilisiert, irrational, primitiv* und *minderwertig* zugeordnet würden (vgl. Attia 2009, S. 11). Die Festschreibung des Anderen auf seine Andersartigkeit ist als Kontinuität des Kolonialismus einzuordnen (vgl. ebd.), wie sich auch an der *Veränderung* der türkeistämmigen Bevölkerung in Deutschland zeigt, die weiterhin die Spielart des antimuslimischen Rassismus hervorgebracht hat. Diesen Aspekten folgend, erscheint die Gruppe der türkeistämmigen Personen in der Bundesrepublik als „normabweichend“ und höchst divergent zur Einwanderungsgesellschaft (vgl. ebd., S. 114 f.). Dabei rotieren die Debatten um Eingliederung der türkeistämmigen Bevölkerung in Deutschland kontinuierlich um *den Islam,* der als unvereinbar mit einem christlichen Werteverständnis der Bundesrepublik betrachtet wird. Der Islam wird hingegen nicht nur politisch und medial sondern auch wissenschaftlich regelmäßig zum Schauplatz für Integrationsprobleme: In der Wochenzeitung DIE ZEIT erschien 2006 eine Petition von 60 Migrationswissenschaftler*innen, die für eine faktenbasierte Integrationsdebatte plädierten (vgl. Karakaşoğlu und Terkessidis 2006). Die Unterzeichnenden hielten u. a. der Sozialwissenschaftlerin Necla Kelek vor, sich mit ihrem 2006 erschienenen Buch *Die fremde Braut* als „wissenschaftlich legitimierten Ansprechpartner für alles, was mit ‚den Türken‘ oder ‚dem Islam‘ zu tun hat, in Szene zu setzen“ (vgl. ebd.). Kritisiert wird die einseitige Interpretation des Islams als *rückschrittliche, patriarchale* gar *gefährliche* Religion, die besonders Mädchen und junge Frauen unterdrücke oder zwangsverheirate und als Lösung die Assimilation in die *westliche, moderne, emanzipierte* und *freiheitliche* Wertegemeinschaft der Bundesrepublik anpreist; eine radikale Gegenüberstellung, die Diskriminierung und Rassismus befeuert.

Die Integrationsdebatte deutet vor allem auf die Ebene der sozialen Integration der Einwander*innen hin – wobei ein Großteil derjenigen Personen, um deren Integration debattiert wird, meist keine eigene Migrationserfahrung aufweisen: Die als *zweite Generation* bezeichneten Personen wurden häufig in Deutschland geboren und bringen daher zwar eine familiäre, aber keine individuelle Einwanderungsgeschichte mit. Deutlich geworden ist auch, dass eine „gelungene“

Integration nicht alleinig von der „Integrationsfähigkeit und –willigkeit der Menschen mit Zuwanderungsgeschichte abhängt, sondern auch und erheblich von den Exklusions- und Inklusionsmechanismen der Mehrheitsgesellschaft und ihrer Strukturen" (Uslucan 2013, S. 36). Forschungsergebnisse halten der aufgeregten öffentlichen und medial geprägten Debatte um Parallelgesellschaften, die als Schauplatz „misslungener" und „verweigerter" Integration dienen, die mehrheitlichen Stimmen derjenigen Einwander*innen entgegen, die sich interessiert an gesellschaftlicher Teilhabe zeigen (vgl. ebd.).

4.4 Die heterogene Bevölkerung Deutschlands und ihre gesamtgesellschaftliche Teilhabe

Die Pluralität der Bevölkerung Deutschlands hat eine Palette von Termini hervorgebracht, von denen sich seit 2005 der *Suffix* „mit Migrationshintergrund" im öffentlichen und wissenschaftlichen Diskurs konstant hält: Als Personen „mit Migrationshintergrund" werden angelehnt an das „Abstammungsprinzip" *(ius sanguinis)* seit dem Mikrozensus 2005 jene Mitbürger*innen definiert, die selbst qua Geburt nicht über die deutsche Staatsangehörigkeit verfügen oder die mindestens ein nicht in Deutschland geborenes Elternteil haben (vgl. Statistisches Bundesamt 2007, S. 4). Somit trifft diese Definition auf die Gruppe der Folgegenerationen der sogenannten „Gastarbeiter*innen" zu, auch wenn sie in Deutschland geboren wurden.

Dem Mikrozensus 2015 zufolge haben von allen türkeistämmigen Personen in Deutschland (2,86 Mio.) gut die Hälfte den türkischen Pass (51,1 %), 20,8 % haben sich einbürgern lassen, 28,1 % besitzen qua Geburt die deutsche Staatsbürgerschaft und 7,5 % haben die doppelte Staatsangehörigkeit (vgl. ZfTI 2016, S. 6). Der 11. Bericht der Beauftragen der Bundesregierung für Migration, Flüchtlinge und Integration[14] belegt, dass 2015 mehr als jede fünfte Person (gut 21 % der Gesamtbevölkerung) zu der Gruppe mit sogenanntem Migrationshintergrund zählt (vgl. Özoğuz 2016, S. 18). Die bundesdeutsche Gesamtbevölkerung setzt sich somit wie folgt zusammen: 79 % zählen zu der Gruppe Deutsche*r ohne Migrationshintergrund, gegenüber 11,5 % Deutsche*r mit

[14]Der Bericht wird von der Staatsministerin Aydan Özoğuz als Beauftrage der Bundesregierung für Migration, Flüchtlinge und Integration vorgelegt.

Migrationshintergrund und 9,5 % ausländischer Personengruppen (vgl. ebd., S. 19). Der Anteil von Personen türkeistämmiger Herkunft bildet mit 17 % die größte Gruppe der Bevölkerung mit Migrationshintergrund in Deutschland (vgl. ebd., S. 20). Nach dem Mikrozensus 2016 machen Personen aus den einstigen Anwerbeländern der 1950er und 1960er Jahre rund 34,6 % der in Deutschland lebenden Personen mit Migrationshintergrund aus (vgl. Statistisches Bundesamt 2017, S. 8).

Hinsichtlich der Bildungsbeteiligung gibt es fortwährend signifikante Unterschiede zwischen Mitbürger*innen mit und ohne Migrationshintergrund: 2015 sind zwar 11,9 % ausländische Studierende in Deutschland immatrikuliert, davon sind jedoch seit Jahren nahezu unverändert nur 3,2 % Bildungsinländer*innen (vgl. Özoğuz 2016, S. 154). Unter den Bildungsinländer*innen bilden Mitbürger*innen türkischer Staatsangehörigkeit mit 32 % die mit Abstand größte Gruppe der Studierenden (vgl. ebd., S. 155 f.)[15]. In der Übergangsphase von der Schule in die Arbeitswelt versenden Jugendliche türkischer und arabischer Herkunft die meisten Bewerbungen auf einen Ausbildungs- oder Arbeitsplatz und werden dennoch auffallend seltener zu Vorstellungsgesprächen eingeladen als Jugendliche ohne Migrationshintergrund (vgl. Özoğuz 2016, S. 134). Jugendliche mit türkischer oder arabischer Herkunft, die über eine (Fach–)Hochschulreife verfügen, haben dennoch keine besseren Chancen auf eine betriebliche Berufsausbildung als mit einem mittleren Schulabschluss und im Vergleich zu Jugendlichen anderer Herkunftsgruppen (vgl. ebd., S. 137). Eine Studie des Forschungsbereichs beim Sachverständigenrat deutscher Stiftungen für Integration und Migration (SVR) zeigt auf, dass bereits der Zugang zum Ausbildungssektor mit Diskriminierung und Chancenungleichheit verbunden ist: Jugendliche mit türkischen Namen werden bei ansonsten deckungsgleichen Voraussetzungen deutlich seltener zu Vorstellungsgesprächen eingeladen als Jugendliche mit deutschen Namen (vgl. Schneider et al. 2014, S. 4). Als Gründe für die Benachteiligung Jugendlicher mit türkischen Namen zeigt eine Analyse betrieblicher Auswahlprozesse, dass unbewusste Assoziationen, stereotype

[15]Die Studierenden mit türkischer Staatsbürgerschaft bilden mit deutlichem Abstand die größte Gruppe unter den studierenden Bildungsinländer*innen: Ihnen folgen mit 5,9 % italienische und mit je 4,6 % griechische und kroatische Staatsbürger*innen (vgl. Özoğuz 2016, S. 155 f.). Nicht erkennbar in der Statistik sind die Personen mit deutscher Staatsangehörigkeit und mit Migrationshintergrund, da bei der Immatrikulation an deutschen Hochschulen aufgrund des Datenschutzes der Migrationshintergrund nicht erfasst wird (vgl. ebd., S. 156).

Zuschreibungen oder die Bevorzugung der eigenen Bezugsgruppe eine Rolle spielen (vgl. ebd.).

Bei Betrachtung eines fehlenden berufsqualifizierenden Abschlusses ist der Unterschied zwischen Personen mit Migrationshintergrund (38,8 %) und Personen ohne Migrationshintergrund (14 %) eklatant (vgl. Özoğuz 2016, S. 155 f.).[16] Die Benachteiligung am Bildungs- und Ausbildungssektor schlägt sich somit auch hinsichtlich der Erwerbslosenquote nieder: Mit 6,6 % sind mehr als doppelt so viele Mitbürger*innen mit Migrationshintergrund zwischen 25 und 65 Jahren ohne Arbeit als Personen ohne Migrationshintergrund (3,2 %) und 9,7 % gehen lediglich einer geringfügen Beschäftigung (bspw. Minijob) nach (vgl. ebd.). Fast doppelt so viele Personen mit Migrationshintergrund sind als Arbeiter*innen beschäftigt (30,1 %) im Vergleich zu Personen ohne Migrationshintergrund (15,7 %) (vgl. ebd.). Unter Angestellten und Beamten finden sich auffallend wenige Beschäftige mit Migrationshintergrund, während im industriellen Sektor, im Handel und im Gastgewerbe zusammengefasst 62,4 % Erwerbstätige mit Migrationshintergrund gegenüber 50,8 % Personen ohne Migrationshintergrund arbeiten (vgl. ebd.).

Die Zahlen verweisen auf eine bestehende Chancenungleichheit zwischen Personen mit und ohne Migrationshintergrund: Die ungleiche Beteiligung zeigt sich v. a. hinsichtlich eines fehlenden allgemeinen Schulabschlusses (13,5 % gegenüber 1,8 %), eines fehlenden berufsqualifizierenden Abschlusses (38,8 % gegenüber 14 %) und der Teilhabe von Bildungsinländer*innen an Universitäten und Hochschulen (3,2 %) (vgl. Özoğuz 2016, S. 154 f.). Dennoch lässt sich festhalten, dass die Bildungsbeteiligung bei Personen mit Migrationshintergrund (und davon bei den Bildungsinländer*innen) insgesamt gestiegen ist. So lassen sich innerhalb dieser fortwährend strukturell und institutionell benachteiligten Personengruppe zwar Hochqualifizierte ausmachen, jedoch ist der Karriereweg für viele von ihnen nach wie vor steinig. Ungeachtet des Bildungsaufstiegs, scheint die soziale Herkunft weiterhin als Seismograph zu gelten (vgl. hierzu El-Mafaalani 2012, S. 35). Im Folgenden sollen nun zunächst Forschungsbefunde zum Bildungsaufstieg türkeistämmiger Mitbürgerinnen erfolgen, da meine Untersuchungsgruppe aus hochqualifizierten türkeistämmigen Frauen besteht. Daran anschließend folgt die Ausarbeitung des Forschungsstands zur Abwanderung türkeistämmiger Hochqualifizierter.

[16]Diejenigen, die sich noch in schulischer oder beruflicher Ausbildung befinden, sind bei den angegebenen Zahlen nicht berücksichtigt (vgl. Özoğuz 2016, S. 8).

4.5 Forschungsbefunde zum Bildungsaufstieg türkeistämmiger Frauen in Deutschland

Die Migrationsforschung hat sich von einer „geschlechtsneutralen" zu einer genderbewussten gewandelt (vgl. Oswald 2007, S. 38 f.; siehe hierzu Abschn. 3.4). Im Migrationsgeschehen zwischen Deutschland und der Türkei fanden Frauen zwar erst spät Beachtung, rücken neuerdings allerdings gerade in Bildungsstudien in den Fokus. Im Folgenden stelle ich drei Studien und ihre Ergebnisse vor, die von Mitte der 1990er Jahre bis 2016 durchgeführt wurden und die die Lebensumstände von Migrantinnen in Deutschland in den Blick nehmen. Die Auswahl der Studien ist danach entstanden, dass sie ein qualitatives Forschungsdesign verwenden und eine diversitäts- und differenzbewusste Perspektive auf die Lebensumstände der eingewanderten Frauen werfen. Zudem sind alle drei Studien in Gesprächen *mit* Migrantinnen entstanden und zentrieren in der Analyse ihre subjektiven Selbstdarstellungen. Die Verbindung besteht zudem darin, dass die Migration zusammen mit Emanzipationsprozessen gedacht und vor diesem Hintergrund von „intellektuellen Migrantinnen" und „Bildungsaufsteigerinnen" gesprochen wird, die teils als „Pionierinnen" für ihre Lebensentwürfe beschrieben werden.

> Seit einigen Jahren ist ein Anwachsen der intellektuellen türkischen Mittelschicht in Deutschland zu beobachten. Zu ihr gehört eine wachsende Gruppe von Frauen, heute im Alter von 35–45, die ursprünglich im Rahmen des Familiennachzugs nach 1974 als Ehefrauen der ersten Gastarbeitergeneration in die Bundesrepublik gekommen waren. Ihre Zahl ist derzeit nicht zu nennen, da sie noch in keiner Statistik erfaßt sind. Als Hausfrau oder nach einer Berufstätigkeit als Arbeiterinnen haben sie sich im Verlauf der 80'er Jahre durch Deutschkurse, betriebliche Fortbildungsmaßnahmen, Abendkurse etc. weitergebildet und sind dann in Lehr- und Beratungsberufe eingetreten (Lehrerin, Sozialarbeiterin, Erzieherin, Beauftragte im kulturellen Bereich). Die integrative Rolle von türkischen Sozialarbeiterinnen, Lehrerinnen, Erzieherinnen und Kulturschaffenden mit dem zuvor schon beschriebenen sozialen Hintergrund in Deutschland ist nicht zu unterschätzen. [...] Ihr biographischer und sozialer Hintergrund macht sie zu engagierten, qualifizierten Kräften im kulturellen, politischen und sozialen Bereich (Zentrum für Türkeistudien 1995, S. 11 f.).

Mit dieser Situationsbeschreibung fasst das Zentrum für Türkeistudien 1995 ein großes Desiderat der bundesdeutschen Forschungslandschaft treffend zusammen: Fehlende Statistiken zu Einwanderinnen und ihren Lebensumständen in Deutschland sowie die Verkennung ihrer im Herkunftsland errungenen Qualifikationen und Bildungsbiographien. Studien, die sich mit türkeistämmigen Frauen in der Bundesrepublik befassten, waren Mitte der 1990er Jahre noch in der Unterzahl.

Erkenntnisse aus der Zeit zeigen auf, dass die türkeistämmigen Frauen, die 1990 in der Bundesrepublik sozialversicherungspflichtig angestellt waren, überwiegend in Kreditinstituten und dem Versicherungsgewerbe (67 %), in Dienstleistungen[17] (62 %) sowie in Organisationen ohne Erwerbscharakter und in privaten Haushalten (52 %) Beschäftigung fanden (vgl. ebd., S. 19).

Zur Vervollständigung der Forschungslandschaft um Erkenntnisse zur Erwerbstätigkeit und den Errungenschaften am Arbeitsmarkt von türkeistämmigen Frauen in Deutschland sowie unter Berücksichtigung ihrer individuellen Perspektive, befragte das Zentrum für Türkeistudien 30 Frauen in Nordrhein-Westfalen (vgl. ebd., S. 30). Die Frauen wurden anhand leitfadenorientierter biographischer Interviews zu ihren beruflichen Erfolgen befragt und in welchem Maße ihre familiäre und finanzielle Situation sowie ihre persönlichen Lebensumstände diese beeinflussen (vgl. ebd.). Ziel der Studie ist es somit, die Lebens- und Arbeitswelten türkeistämmiger Frauen in Deutschland differenziert zu analysieren und eine positive Veränderung der Situation besagter Untersuchungsgruppe zu implizieren (vgl. ebd., S. 12). Dabei soll „ein neuer Diskurs, der die Betroffenen selbst zu Worte kommen läßt" (ebd.) geschaffen werden und dadurch die Heterogenität des türkeistämmigen Bevölkerungsanteils in Deutschland aufgezeigt werden.

Im Ergebnis der Untersuchung zeigt sich, dass die befragten Frauen eine „starke Bildungsmotivation und das Bedürfnis selbständig zu sein" (Zentrum für Türkeistudien 1995, S. 113) aufweisen. Zudem sei die Migration der Frauen nach Deutschland aus der Motivation entstanden, ihren Lebensstandard zu verbessern (vgl. ebd.). Auch wenn ihre in der Türkei erworbenen Qualifikationen in Deutschland selten akzeptiert wurden, gelang es den befragten Frauen trotz sprachlicher und kultureller Barrieren, in Berufen mit „hohe(r) sprachliche(r) Kompetenz und selbständige(r) Handlungsfähigkeit" (ebd., S. 114) Fuß zu fassen.

Als problematisch nennt das Zentrum für Türkeistudien, dass die Frauen in Deutschland als „homogene Gruppe" (ebd., S. 25) wahrgenommen werden, „die unverändert überlieferten Bräuchen folgt" (ebd.). Dabei werden zwei wesentliche Aspekte verkannt: Zum einen die aktive gesellschaftliche Beteiligung der Frauen, zum anderen einen nicht zu unterschätzenden Emanzipationsprozess, den sie bereits im Herkunftsland durchlaufen haben (vgl. ebd.). Dieser begründet

[17]Unter dem Oberbegriff „Dienstleistungen" sind hier vor allem Hilfs- und Reinigungsarbeiten zu verstehen (vgl. Zentrum für Türkeistudien 1995, S. 19).

sich in der Notwendigkeit eines zweiten Gehalts, welches die Frauen erarbeiten[18] müssten, um die höheren Lebenshaltungskosten in den türkischen Städten zu bewältigen, was zur Aufweichung der traditionellen Hausfrauen-Rolle führt (vgl. ebd.). Dass die Arbeitsbeteiligung von türkeistämmigen Frauen in Deutschland für ihre Familien daher umso notwendiger ist, liegt auf der Hand (vgl. ebd., S. 25). Die Autor*innen der Studie zitieren eine Sozialarbeiterin der AWO-Düsseldorf, die treffend resümiert: „Wenn eine Frau fähig ist, sich innerhalb der häuslichen Welt immer wieder zu erneuern, dann ist diese Frau auch erfolgreich, wenn sie ihren Mann an einen den deutschen Verhältnissen angepaßten Haushalt gewöhnt" (Zitat aus dem Expertinnengespräch mit einer Sozialarbeiterin der AWO–Düsseldorf, Zentrum für Türkeistudien 1995, S. 112)[19].

In den 1990er Jahren liefert die Soziologin Encarnación Gutiérrez Rodríguez zentrale und bedeutende Erkenntnisse über das Leben türkeistämmiger Frauen in Deutschland, auf die bis heute gerade in der Migrations- und Genderforschung vielfach Bezug genommen wird. In ihrer postkolonialen dekonstruktivistischen Studie *Intellektuelle Migrantinnen – Subjektivitäten im Zeitalter von Globalisierung* zeigt Gutiérrez Rodríguez den Zusammenhang von Geschlecht im Kontext der Arbeitsmigration auf (vgl. ebd. 1999, S. 12). Zwischen 1994 und 1996 interviewte Gutiérrez Rodríguez insgesamt 15 in die Bundesrepublik eingewanderte Frauen, die sich aktiv in der antirassistischen Frauenpolitik engagieren (vgl. ebd., S. 88). Ihre Untersuchungsgruppe besteht zwar aus Bildungsaufsteigerinnen, die allerdings degradiert als Frau (Vergeschlechtlichung) und „Ausländerin" (Ethnisierung) in für sie unterqualifizierten Beschäftigungsverhältnissen tätig sind (vgl. ebd., S. 13 f.). Anhand der Aspekte Geschlecht sowie Spannungsverhältnis von Ethnisierung und Vergeschlechtlichung[20] eruiert Gutiérrez Rodríguez „die Konstitution und

[18]Unabhängig davon, ob die Arbeit der Frauen regulär, illegal, in Haushalten oder außerhalb von Haushalten verrichtet wurde (vgl. Zentrum für Türkeistudien 1995, S. 25).

[19]In Bezug auf die erste Generation führt die berufliche Verwirklichung nicht selten zur partnerschaftlichen Trennung, was als „eine Form der Emanzipations- und Integrationsbestrebung betrachtet" werden könne, so eine Hypothese des Zentrums für Türkeistudien (vgl. 1995, S. 114). Im Ergebnis zeigt sich jedoch, dass bei den befragten Frauen die Berufstätigkeit zwar einen hohen Stellenwert einnehme, die Familien aber nach wie vor „ihren festen Platz im Wertegefüge der Gesprächsteilnehmerinnen" (ebd.) innehaben. Daher bilden eheliche Trennungen eher die Ausnahme, auch, da die Beziehung zum Ehemann die Bindung zur türkischen Community bedeutet und sie durch ihren Partner in der Regel Unterstützung bezüglich ihrer beruflichen Erfolge erfahren (vgl. ebd.).

[20]Der Ausdruck „Vergeschlechtlichung" lässt sich vom Englischen „gendering" ableiten.

Konstruktion von vergeschlechtlichten Subjektivitäten in der Migration" (ebd., S. 15). Ihre Interviewpartnerinnen lassen sich als „Pionierinnen neuer Verortungsperspektiven" (ebd., S. 16) sowie als „Akteurinnen, die sich in ihrer Hoffnung auf Veränderungen nicht erschüttern lassen" (ebd.), beschreiben.

Die „Normierungspraktiken" der Frauen bilden sich auf einer reproduzierenden, einer produzierenden sowie einer nationalstaatlichen Ebene, die interdependent zueinander stehen und miteinander verbunden sind (vgl. ebd., S. 36). Diese Ebenen bilden das Fundament, auf dem die Frauen als Subjekte konstruiert und konstituiert werden (vgl. Gutiérrez Rodríguez 1999, S. 36). Selbst wenn die Frauen mit unterschiedlichen Selbstverständnissen ihren Bildungsaufstieg im Arbeitskontext betrachten, so eint sie ihr Status als „Ausländerin" in Bezug auf Ausgrenzungsmechanismen (vgl. ebd., S. 156). Auch schaffen sie eine „innovative Umsetzung neuer Identifikationsbezüge" (ebd., S. 206). Gutiérrez Rodríguez analysiert intensiv die Biographien von sechs Frauen in Bezug auf drei Themenkomplexe: Zwei als Erwachsene immigrierte Frauen werden unter dem Gesichtspunkt der Geschlechtskonfiguration zwischen Professionalisierung und Dequalifizierung analysiert. Eine im Erwachsenenalter immigrierte und eine in Deutschland aufgewachsene Frau werden in Bezug auf Ethnisierung und Vergeschlechtlichung und schließlich zwei weitere in Deutschland aufgewachsene Frauen im Zusammenhang mit Politik der Örtlichkeit als Verortungsperspektive betrachtet. Die „Töchter von ArbeitsimmigrantInnen" (ebd., S. 249) bzw. die als Erwachsene eingewanderten Frauen verfügen aufgrund ihrer Bildung und sozialen Mobilität zwar über kulturelles Kapital (hierzu Bourdieu 1983), können daraus jedoch keine Vorteile für ihre soziale, politische oder wirtschaftliche Situation ableiten (vgl. Gutiérrez Rodríguez 1999, S. 249). Ihre Schul- und Berufsabschlüsse verhelfen nicht zu Anstellungsverhältnissen, die ihrer Qualifikation gerecht wären (vgl. ebd.). Der Bildungsanspruch der Frauen und die Stellenwirklichkeit überschneiden sich daher kaum, was auf ihren „Stauts als ‚Ausländerin'" zurückzuführen ist (vgl. ebd.). Diese deutliche soziale Ungleichheit führt zur Konstruktion als „andere ethnisierte Frau" (ebd.). Der Differenzierungsprozess als die „differente, andere Frau" (ebd., S. 250) bedingt institutionelle Ein- und Ausschließungsmechanismen, sei es von Seiten des Sozialamtes, der Universität oder des Ausländeramtes (vgl. ebd.).

Gutiérrez Rodríguez deckt zwei wesentliche Unterschiede in Bezug auf die im Erwachsenenalter eingewanderten Frauen und die in der Bundesrepublik aufgewachsenen Frauen auf: Die Frauen, die als Erwachsene nach Deutschland gekommen sind, haben im Herkunftsland keine Erfahrung als „ethnisierte Minderheitengruppe", mit Ausgrenzung oder rassistisch motivierter Unterdrückung gemacht (vgl. ebd., S. 251). Ihre Ethnisierung im Ankunftskontext führt für die interviewten Frauen erstmals zu Ausgrenzungserfahrungen und Erlebnissen mit rassistisch motivierter Gewalt (vgl. ebd.). Aufgrund ihrer Migrationserfahrungen werden sie ethnisiert und erfahren dadurch eine zweite Vergeschlechtlichung: Sie werden als „italienische", „griechische" oder „türkische Frau" konstruiert (vgl. ebd.). „Waren sie vorher nur Frauen, sind sie nun ‚ethnisierte Frauen'" (ebd.). Den anderen Unterschied knüpft Gutiérrez Rodríguez an das Spannungsverhältnis von Ethnisierung und Vergeschlechtlichung: Während die als Erwachsene migrierten Frauen im Ankunftskontext eine *„chronologische Simultaneität"* (ebd., S. 251, Hervorhebung im Original) erleben, bildet sich diese bei den in Deutschland aufgewachsenen Frauen eher als *„synchrone Simultaneität"* (ebd., Hervorhebung im Original) heraus. Die in Deutschland aufgewachsenen Frauen erfahren die Konstruktion und Konstitution als „ethnisierte andere Mädchen" von Anbeginn ihrer Wahrnehmung an (vgl. ebd.). Die „chronologische Simultaneität" beschreibt, dass sie erst als Mädchen oder Frauen und dann als „Ausländerinnen" konstruiert werden, während die „synchrone Simultaneität" die Frauen schon immer als „türkisches, spanisches oder marokkanisches Mädchen" markiert (vgl. Gutiérrez Rodríguez 1999, S. 251).

Gutiérrez Rodríguez fasst das Zusammenwirken, die *„synchrone Simultaneität"* (ebd. 252, Hervorhebung im Original) unter dem Begriff der *„Geschlechtsethnisierung"* (ebd., Hervorhebung im Original) zusammen. Die Analyse der Biographien der interviewten Frauen verstärkt die These, dass es nicht ausreicht, das Leben eingewanderter Frauen im Rahmen eines Modernitäts-Differenz-Paradigmas oder anhand dichotomer Identitäten zu eruieren (vgl. ebd., S. 253). Die Biographien der interviewten Frauen decken vielmehr neue Formen von Selbstverständnissen auf und verweisen auf vom Nationalstaat unabhängige Verortungspraktiken:

> Der Alltag der Frauen ist von einer ‚transkulturellen' Praxis markiert, die nicht mehr von homogenen nationalen Kultureinheiten ausgeht, die jedoch die ‚interkulturellen' Begegnungen von Menschen mit unterschiedlichem geographisch-politischen Hintergrund benennt (Gutiérrez Rodríguez 1999, S. 253).

Zwanzig Jahre nach Gutiérrez Rodríguez bestimmt auch die Kulturwissenschaftlerin Anna Caroline Cöster einen bestimmten Typus Frau als „Bildungsaufsteigerinnen": In ihrer Studie *Frauen in Dusiburg-Marxloh. Eine ethnographische Studie über die Bewohnerinnen eines deutschen ‚Problemviertels'* (2016) arbeitet sie acht Typen der den Stadtteil bewohnenden Frauen heraus: die „Aktiven", die

„Gastarbeiterinnen", die „Bildungsaufsteigerinnen", die „Heiratsmigrantinnen", die „Alteingesessenen", die „Zurückgezogenen", Romafrauen aus Rumänien und Frauen aus Bulgarien. Interessant für die vorliegende Forschungsarbeit sind Cösters Erkenntnisse zu denjenigen Frauen, die sie als „Bildungsaufsteigerinnen"[21] typisiert: „Als ‚Frau' und als ‚Türkeistämmige' tun sich die ‚Bildungsaufsteigerinnen' schwer, sich beruflich einen Platz zu verschaffen, aber letztendlich haben sie es alle geschafft" (Cöster 2016, S. 129). Die Eltern der „Bildungsaufsteigerinnen" legen viel Wert auf die Bildung und berufliche Unabhängigkeit ihrer Töchter (vgl. ebd., S. 133). Die teils kopftuchtragenden Frauen betonen ihr Interesse an einer „gleichberechtigten, freien und individuellen Lebensweise" (ebd., S. 140). Aufgrund des Kopftuchs werden sie in ihrem problematisierten Stadtteil jedoch als Beispiele *missglückter* Integration angesehen. Ihre „Bildungserfolge" bleiben dabei unsichtbar und ihre Lebenswege werden nicht hinterfragt. Wie Cöster treffend formuliert, müsste genau diese Frauengruppe eigentlich „besonders positiv auffallen" (ebd., S. 141): „Denn diese Gruppe zeichnet sich durch einen relativ hohen Bildungsgrad aus, den sie auch deswegen erlangt hat, weil ihre Familien fest an ihren Erfolg geglaubt und so gut es geht mit ihren persönlichen und materiellen Ressourcen in sie investiert haben" (ebd.).

Die „Bildungsaufsteigerinnen" in Cösters Studie sehen sich zwar selbst nicht als „Ausländerinnen", fühlen sich jedoch als solche behandelt und somit ausgegrenzt (vgl. ebd., S. 145). Ihr Kopftuch oder ihre fehlende deutsche Staatsbürgerschaft sehen sie als Ursache ihrer Diskriminierungserfahrungen im Arbeitsleben. Eine Verheimlichung der türkeistämmigen Herkunft, sofern möglich, bietet sich für die „Bildungsaufsteigerinnen" daher an (vgl. ebd., S. 147). Ihre Empfindung, diskriminiert zu werden, bezieht sich dabei auf ihr Frau-Sein im Allgemeinen, auf ihr Frau-Sein mit türkischem Migrationshintergrund, auf ihr Kopftuch und auf ihre Herkunft aus dem problematisierten Stadtteil Duisburgs (vgl. ebd.). „Dabei beherrschen alle Frauen die deutsche Sprache fließend, verfügen über einen relativ hohen Ausbildungsgrad und haben ein ausgesprochen aktives Freizeitleben" (ebd.). Als wichtigste Ressource sehen sie aufgrund dieser

[21]Die Frauen aus der Gruppe der „Bildungsaufsteigerinnen" sind zwar bis auf eine Person alle in Deutschland geboren worden, jedoch hat keine der Frauen die deutsche Staatsangehörigkeit, da sie an der Bürokratie scheitern und sie die Kosten für die Einbürgerung (255,00 EUR) abschrecken (vgl. Cöster 2016, S. 148).

negativen Fremdwahrnehmung daher ihre Familien, die ihnen auch hinsichtlich ihrer Bildungs- und Berufswege Rückhalt bieten (vgl. Cöster 2016, S. 147).

Resümierend lässt sich für ein Erkenntnisinteresse aus den drei portraitierten Studien und eine Übertragung auf den transnationalen Kontext der vorliegenden Forschungsarbeit folgendes festhalten: Die Untersuchungen des Zentrums für Türkeistudien sowie die Studie von Gutiérrez Rodríguez zählen zu „Pionierarbeiten", die nicht nur Frauen in den Blick nehmen, sondern die Blickrichtung *auf* sie verändern. Die Lebenswege und Biographien von Einwander*innen werden ebenso wie ihre Erfahrungen aus den Herkunftskontexten berücksichtigt und sie kommen „selbst zu Worte" (Zentrum für Türkeistudien 1995, S. 12). Gutiérrez Rodríguez spricht von „intellektuellen Migrantinnen", das Zentrum für Türkeistudien von „Migration und Emanzipation" und Cöster typisiert „Bildungsaufsteigerinnen". Trotz eines positivistischen Blicks auf die Biographien und Lebensumstände eingewanderter Frauen bzw. in Deutschland aufgewachsener Frauen mit Migrationsgeschichte wird deutlich, dass unabhängig von der beruflichen Qualifikation und des Bildungsgrades, Fremdheitserfahrungen nicht ausbleiben und Diskriminierung nicht negiert werden kann. Offenbar greifen auch bei dieser Personengruppe gewisse Ausgrenzungsmechanismen, die zu Fremdheitswahrnehmung und Degradierungserfahrungen führen. Hierbei nehmen Hierarchisierungsprozesse und Macht eine zentrale Rolle ein.

Es scheint jedoch jene Gruppe von Frauen (und sicherlich auch von Männern) zu geben, die die aufgezeigten negativen Voraussetzungen und blockierenden Bedingungen als Herausforderung, gar als Chance, wahrnehmen und sich in ihrem Streben nach einem selbstdefiniert „besseren" Leben[22], nach Selbstverwirklichung und Teilhabe nicht abbringen lassen. Vielmehr noch scheinen sie Hindernisse und Hürden als eine „jetzt erst recht"-Aufforderung zu begreifen. Die Türkei, die für die *zweite Generation* einen „Sehnsuchtsraum" (Schiffauer 2004, S. 98) darstellt, kann für einige als Ziel ihres selbstbestimmten Lebens, gar als Konsequenz, gewertet werden – jedoch nicht in dem Sinne, als dass sie aufgrund gesellschaftlicher Grenzziehungen und struktureller wie institutioneller Ausgrenzungsmechanismen Deutschland als „Integrationsverweiger*innen" oder „gescheiterte" Individuen verlassen würden. Sie sind „transnational statt nicht integriert" (Aydın 2013), indem sie bestehende Grenzregime aushebeln und

[22]Es ist ein Streben nach einem „besseren" Leben gemeint, dass aus der individuellen Perspektive „besser" ist und nicht „besser" aus einer vorgegebenen Außenperspektive.

ihre transnationalen Räume als Orte eines selbstbestimmten Lebens gestalten, in dem sie sowohl Deutsch als auch Türkisch als auch *dazwischen* sein können und grenzunabhängig mit ihren privaten und beruflichen Netzwerken kommunizieren können. In wie weit Fremdheit als tonangebend und richtungsweisend für die Realisierung eines transnationalen Lebens gewertet wird und sich auf ein Streben nach Selbstverwirklichung auswirken kann, soll im empirischen Teil (Kap. 6) analytisch herausgearbeitet werden.

4.6 Forschungsbefunde zu Abwanderungsmotiven türkeistämmiger Hochqualifizierter

Die *zweite Generation,* die keineswegs als homogene Gruppe mit gleichen Zielen und Visionen gewertet werden kann, hat partiell ein von Arbeit im Niedriglohnsektor gekennzeichnetes „Gastarbeiter*innen"-Milieu durch Bildung und sozialen Aufstieg überwunden. Diese Personen der *zweiten Generation* werden mitunter als Hochqualifizierte bezeichnet. Unter Hochqualifizierten versteht das Statistische Bundesamt Personen mit einem (Promotions-)Abschluss an einer (Fach-)Hochschule (vgl. Krenner und Horneffer 2013, S. 6). Die Soziologin Annette Treibel weist darauf hin, dass die Gruppe der sogenannten Bildungsinländer*innen, also die Folgegeneration von Einwander*innen, die ihre Hochschulzugangsberechtigung in der Bundesrepublik erhalten haben, als „Hochqualifizierte" bezeichnet werden (vgl. ebd. 2015, S. 124 f.). Das Aufenthaltsgesetz definiert unter Paragraph 19 (2) Wissenschaftler*innen oder Lehrpersonen in gehobener Position als Hochqualifizierte (vgl. Aufenthaltsgesetz 2008, S. 21). Vor diesem Hintergrund sind Personen mit einem Hochschulabschluss Hochqualifizierte, auch wenn sich ihre Qualifikation nicht in einer entsprechenden Erwerbstätigkeit, gar ihrer Qualifikation gerecht werdenden Karriere, widerspiegelt: Diesem Ansatz folgend werden entsprechende Personen in der vorliegenden Forschungsarbeit als Hochqualifizierte bezeichnet. Im Folgenden zeige ich zentrale Erkenntnisse aus sozialwissenschaftlichen Untersuchungen zu Abwanderungsinteressen und -motiven türkeistämmiger Hochqualifizierter auf.

Die Abb. 4.1 zeigt den Verlauf der Zuzüge aus der Türkei nach Deutschland (helle Linie) und die Fortzüge von Deutschland in die Türkei (dunkle Linie).[23]

[23]Die Zahlen für 2016 werden erst Ende 2018 gemeinsam mit den Zahlen 2017 veröffentlicht.

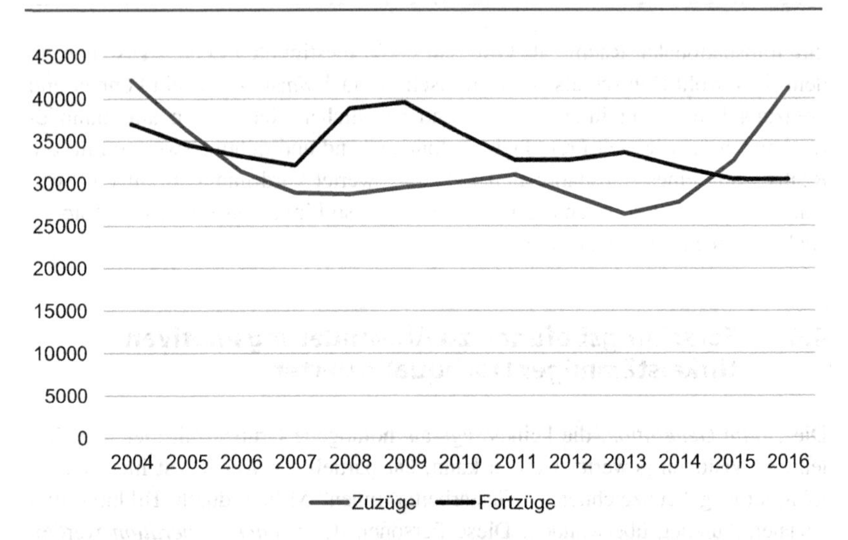

Abb. 4.1 Wanderungsgeschehen zwischen Deutschland und der Türkei zwischen 2004 und 2016 (eigene Darstellung). (Quelle: vgl. Alscher, Kreienbrink 2014, S. 110; BAMF 2016, S. 34; BAMF 2015, S. 20; BAMF 2014a, S. 19; Statistisches Bundesamt 2018)

Besonders zwischen 2007 und 2011 zeigt sich eine deutliche Differenz und erreicht 2009 mit 39.615 Fortzügen einen Höhepunkt. Ab 2015 übersteigt die Zahl der Einwandernden aus der Türkei wieder die Zahl der Auswandernden in die Türkei. Dies könnte mit der Wahl Erdoğans zusammenhängen.

Vor dem Hintergrund dieser Wanderungsentwicklungen, die seit den Migrationsbewegungen aufgrund der Anwerbeabkommen erstmals mehr Auswanderung in die Türkei als Zuwanderung aus der Türkei verzeichnen, sind eine Reihe von sozialwissenschaftlichen Forschungsarbeiten zu den Abwanderungsinteressen, –motiven und –ursachen der türkeistämmigen Mitbürger*innen entstanden. Zudem hat sich herauskristallisiert, dass sich unter den Auswandernden auffällig viele Hochqualifizierte befinden (vgl. Aydın 2011, S. 63; Kaya und Adaman 2011, S. 51). Die türkeistämmigen Hochqualifizierten, die Deutschland Richtung Türkei verlassen, fühlen sich besonders zur Westtürkei hingezogen: Izmir und Istanbul gelten als „moderne" und kosmopolitische Orte, die für Fortschritt und einen „westlichen" Lebensstandard stehen (vgl. Hanewinkel 2012a, S. 3). Entgegen einer besonderen medialen Aufmerksamkeit, die die Mobilität türkeistämmiger Hochqualifizierter gar als „Abwanderungswelle" (Jacobsen 2009, Spiegel Online) stilisieren, verweist Aydın darauf, dass es sich vielmehr um

„einen nachhaltigen Trend" (ebd. 2013, S. 67) handeln könnte.[24] Wie viele der Abwandernden tatsächlich zur Gruppe der Hochqualifizierten zählen, kann nicht eindeutig beziffert werden: Die Abmeldung beim Einwohnermeldeamt geht nicht mit der Erfassung des Qualifikationsgrades einher (vgl. ebd.). Es kann dennoch davon ausgegangen werden, dass sich unter den türkeistämmigen Abwandernden viele Hochqualifizierte befinden: Der Migrationssaldo, der im angegebenen Zeitfenster eine erhöhte Mobilität von Deutschland in die Türkei aufzeigt, kann ebenso als Indiz gewertet werden, wie die Erweiterung von Standorten deutscher Firmen in der Türkei (vgl. ebd., S. 67 f.). Diese sind besonders an gut ausgebildeten Mitarbeitenden interessiert, die sich durch Zweisprachigkeit auszeichnen und Kenntnisse der jeweiligen kulturellen Praktiken mitbringen (vgl. ebd.).

Eine empirische Untersuchung des Bundesamts für Migration und Flüchtlinge (BAMF 2014) zeigt hinsichtlich der tatsächlichen Abwanderung folgende Erkenntnisse auf: In den Jahren 2007 bis 2012 lassen sich zwar Auswanderungsbewegungen von 14.000 bis 17.000 türkischer Staatsbürger*innen und 4000 bis 5500 deutscher Staatsbürger*innen von Deutschland in die Türkei verzeichnen (vgl. Alscher und Kreienbrink 2014, S. 7). Stellt man diese Zahlen jedoch in den Zusammenhang der rund drei Millionen Personen umfassenden türkeistämmigen Bevölkerung in Deutschland, sind diese Abwanderungszahlen eher niedrig einzuordnen und machen in Bezug auf die auswandernden türkischen Staatsbürger*innen rund 0,5 % aus (vgl. ebd.). Von den türkeistämmigen Ausgewanderten sind ca. 20 % in Deutschland geboren bzw. aufgewachsen[25] und zählen somit zur sogenannten *zweiten* oder *dritten Generation* (vgl. ebd.). Hinsichtlich der Abwanderung von Frauen und Männern stellen Alscher und Kreienbrink fest, dass türkeistämmige Frauen der *zweiten* oder *dritten Generation*

---

[24]An dieser Stelle sei darauf verwiesen, dass während der Arbeit an dieser Studie Erdoğan im Jahr 2014 zum zwölften Präsident der Türkei gewählt wurde. Seine restriktive Politik hat die Abwanderung türkeistämmiger Hochqualifizierter, die von 2006 bis 2014 einen womöglich „nachhaltigen Trend" markierte, zu einem in dieser Form einmaligen Phänomen werden lassen. Interviewmaterial aus dieser Zeit ist daher rar und bedeutsam. Nach aktuellen Prognosen verlassen eher viele Intellektuelle die Türkei, als dass sie dorthin auswandern. Fälle, wie die Inhaftierung der deutsch-türkischen Journalist*innen Deniz Yücel oder Meşale Tolu, wirken abschreckend und sorgen für eine angespannte Atmosphäre zwischen Deutschland und der Türkei.

[25]In Deutschland „aufgewachsen" verweist darauf, dass einige, insbesondere der *zweiten Generation,* in der Türkei geboren wurden und als (Klein–)Kinder nach Deutschland gekommen sind.

im Alter bis zu 24 Jahren migrieren und dass Frauen und Männer aus unterschiedlichen Beweggründen auswandern (vgl. ebd., S. 8).

Das Krefelder Futureorg-Institut veröffentlichte 2008–2009 die Ergebnisse einer quantitativen Studie, geleitet von dem Sozialwissenschaftler Kamuran Sezer und der Soziologin Nilgün Dağlar, über türkeistämmige Akademiker*innen und Studierende in Deutschland (TASD), die aufzeigte, dass bei 36 % der rund 250 befragten türkeistämmigen Akademiker*innen das Interesse einer Migration in die Türkei bestehe (vgl. Hanewinkel 2012a; Sievers und Griese 2010).[26] Im Vergleich dazu waren es Mitte der 1990er Jahre 21 % der *zweiten Generation,* für die eine „Rückkehr" in die Türkei vorstellbar gewesen wäre (vgl. Zentrum für Türkeistudien 1995, S. 13). Von den befragten Personen, die Abwanderungsabsichten angeben, realisieren letztlich jedoch nur wenige den Schritt der Migration, resümieren Alscher und Kreienbrink, die in diesem Zusammenhang zu folgendem Schluss kommen: „Häufig geäußerte Abwanderungsabsichten sind somit kein Indikator für tatsächlich höhere Abwanderung. Vielmehr sind sie als ein (Un–)Zufriedenheitsindikator für die persönliche Lebenssituation in Deutschland zu interpretieren" (ebd. 2014, S. 9). Dabei schlussfolgern die Autoren auch, dass die Abwanderung als Kausalkette gewertet werden kann, wobei Diskriminierungserfahrungen keine ausschlaggebende Rolle zuteil wird (vgl. ebd., S. 9). Auch sei die Abwanderung nicht als „endgültige Abkehr von Deutschland" (ebd.) zu werten, sondern die sozialen Netzwerke werden aufrechterhalten (vgl. ebd.), was auf den Typus des Transmigranten verweist.

Weitere Hintergründe liefert die vorläufige Auswertung einer Untersuchung des Zentrums für Türkeistudien und Integrationsforschung (ZfTI 2016)[27]:

[26]Die Ergebnisse der TASD-Studie wurden vielfach zitiert und in den Medien reproduziert, sodass eine vermeintliche „Massenauswanderung" von gut ausgebildeten türkeistämmigen Mitbürger*innen zeitweise eine enorme öffentliche Aufmerksamkeit erfahren hat. Unter Titeln wie „Nie mehr braver Türke" (Karasu 2010, Spiegel Online), „Viele Deutschtürken planen Rückkehr in Türkei" (ZEIT Online 2012) oder „Servus Münih!" (Wetzel 2013, Süddeutsche Zeitung) wurden die Erkenntnisse aus der Studie mit Interviews ausgewanderter Personen präsentiert.

[27]Zwischen November 2015 und April 2016 wurden deutschlandweit 450 türkeistämmige Studierende und 676 türkeistämmige Hochschulabsolvent*innen zu ihrem Arbeitsmarktzugang und ihren Migrationsabsichten befragt, von denen 51 % weiblich und 49 % männlich waren (vgl. ZfTI 2016 S. 2).

Hinsichtlich einer steigenden Beteiligung am Bildungssektor und in akademischen Berufsfeldern verweisen die Autor*innen auf eine gut ausgebildete Gruppe türkeistämmiger Personen in Deutschland, die sich durch eine „Scharnierfunktion" (ebd., S. 1) in der Integrationsdebatte auszeichne und zugleich sensibel auf Benachteiligung reagiere (vgl. ebd.). Der Hypothese folgend, dass Hochqualifizierte im Gegensatz zu Niedrigqualifizierten generell eine höhere Mobilität aufweisen, schätzt das ZfTI, dass dem Migrationssaldo folgend zwischen 2005 und 2014 rund 35.000 türkeistämmige Hochqualifizierte Deutschland Richtung Türkei verlassen haben (vgl. ebd., S. 4). Die Untersuchungsgruppe nennt hinsichtlich ihrer Abwanderungsinteressen in die Türkei bei Möglichkeit von Mehrfachangaben folgende Gründe: Die Erwartung besserer Arbeits- und Lebensverhältnisse sowie ein höheres Einkommen, aber auch familiäre Gründe wirken anziehend auf die befragten Personen (vgl. ebd.). 44 % nennen zudem die als unzureichend eingestufte Integrations- und Migrationspolitik in Deutschland als Reiz für ihre Auswanderungsinteressen (vgl. ebd.). In ihrer vorläufigen Auswertung plädieren die Autor*innen dafür, die Potenziale transnationaler Bewegungen zwischen Deutschland und der Türkei in politischer wie wirtschaftlicher Hinsicht nutzbar zu machen (vgl. ZfTI 2016, S. 6).

Sozialwissenschaftliche Studien aus dem deutschsprachigen Raum fokussieren als Untersuchungsgruppen „bildungserfolgreiche" türkeistämmige Männer und Frauen der *zweiten Generation* aus sogenannten „Gastarbeiter*innen"-Familien (vgl. Sievers et al. 2010; Alkan 2011; Aydın 2011, 2013). Es werden also jene in den Blick genommen, „die es ‚geschafft' haben" (Sievers et al. 2010, S. 12) und die ihre edukative Sozialisierung inklusive Abiturs und Studium in Deutschland absolviert haben. Unterschiede zwischen den Befragten bestehen hinsichtlich ihres Alters, der Staatsangehörigkeit(en) (türkische, deutsche oder doppelte), des Anteils von interviewten Männern und Frauen, des Geburtslands (Deutschland oder Türkei) und des Wohnorts zum Interviewzeitpunkt (noch Deutschland oder schon Türkei). Häufig sind die interviewten Personen die ersten Familienmitglieder, die einen hohen Bildungsabschluss (mindestens Abitur, häufig auch Hochschulabschlüsse, teilweise Promotion) erreicht haben. Die Datengrundlage besteht entweder aus leitfadengestützten problemzentrierten Interviews in Kombination mit Onlinefragebögen (Sievers et al. 2010; Alkan 2011) oder ausschließlich aus qualitativen leitfadengestützten oder problemzentrierten Interviews (Aydın 2011, 2013). Die Studien zielen darauf ab, die Abwanderungsmotive zu analysieren (Sievers et al. 2010; Alkan 2011; Aydın 2013), finden sich zusätzlich jedoch auch mit der Frage nach einer begrifflichen Definition für die „neue“[28] Wanderungsbewegung konfrontiert (v. a. Aydın 2011).

Die Studien rekurrieren auf übereinstimmende Motive für die Auswanderung türkeistämmiger Hochqualifizierter von Deutschland in die Türkei: Aufgeführt werden der wirtschaftliche Boom der Türkei, Heirat oder Familiennähe, zugleich nennt die Untersuchungsgruppe die Ausweitung von Islamophobie, Xenophobie und Rassismus in Deutschland, ein fehlendes Heimatgefühl, mangelnde Identifikation mit der Einwanderungsgesellschaft sowie strukturelle und institutionelle Diskriminierung als Ursachen für ihre Auswanderungsinteressen (vgl. Aydın 2010, S. 11 ff.; Kaya und Adaman 2011, S. 39; Heinrich-Böll-Stiftung 2011, S. 16). Aydın stellt im Ergebnis seiner Untersuchung (2013) fünf Kategorien für die Abwanderungsmotivation türkeistämmiger Hochqualifizierter heraus: Die Auswanderung liegt für viele in der 1) beruflichen Entwicklung und Interessen am türkischen Arbeitsmarkt begründet, aber auch 2) kulturelle Gründe, die mit der Frage nach Zugehörigkeit(en) und Identität(en) einhergehen, spielen eine Rolle (vgl. Aydın 2013, S. 68). Als weitere Kategorien filtert er 3) emotionale Gründe heraus, die sich u. a. auf Diskriminierungserfahrungen und Benachteiligung beziehen (vgl. ebd.). Auch 4) familiäre Gründe oder sonstige private Beziehungen in der Türkei sind zentral, ebenso wie 5) Zusammenhänge mit wissenschaftlicher Forschung oder dem Studium (vgl. ebd.). In ihren Ergebnissen stellen Sievers et al. (2010), Alkan (2011) und Aydın (2011, 2013) heraus, dass die Migrations- und Bildungsbiographien selten linear verlaufen, sich aber dennoch Gemeinsamkeiten hinsichtlich politischer Ansichten, sozialer Kompetenzen und kultureller Wertschätzung aufzeigen lassen. Die Befragten sehen ihre transkulturellen Kenntnisse als Chance und wissen ihre „deutschen Tugenden“ gewinnbringend am türkischen Arbeitsmarkt einzusetzen. Am deutschen Arbeitsmarkt hingegen sehen sie sich ungeachtet ihrer subjektiven Zugehörigkeitsgefühle, gar ihrer formellen Zugehörigkeit, aufgrund ihrer Staatsbürgerschaft(en) als „Ausländer*innen“ benachteiligt (vgl. Sievers et al. 2010, S. 20). Es existiert offenbar eine Divergenz zwischen ihrer Selbst- und Fremdwahrnehmung. Diese

[28]Die Tatsache, dass die in den Studien fokussierte Untersuchungsgruppe in das Heimatland der (Groß-)Eltern auswandert, ist ein besonderer Aspekt, der bpsw. von Wessendorf als „root migration“ (Wurzelmigration) bezeichnet wird: „Most studies on second-generation migration to the country of origin describe this relocation as a ‘return’. [...] They emphasize that they cannot 'go back' to a place where they had never lived” (Wessendorf 2013, S. 111).

Wahrnehmungsverschiebung zeigt sich auch in den konvergierenden Ergebnissen hinsichtlich der ihre Auswanderung begünstigenden Faktoren: Es wird von Diskriminierungserfahrungen, Ausgrenzungsmechanismen und dem Gefühl, „Staatsbürger zweiter Klasse" (Sievers et al. 2010, S. 120) zu sein, berichtet. In der Türkei erhofft sich die Untersuchungsgruppe u. a. bessere Chancen am Arbeitsmarkt, was die Forschenden mit einem Brain-Drain der Türkei zu begründen versuchen. Sievers et al. stellen in ihrer Studie zudem heraus, dass trotz der Hochqualifizierung die Abwanderung in privater und beruflicher Hinsicht nicht unbedingt konfliktfrei verläuft, sogar unerwartete Herausforderungen und Schwierigkeiten für die gut ausgebildeten bi-kulturellen Migrant*innen entstehen können (vgl. Sievers et al. 2010, S. 12). In Bezug auf die Integration in der Türkei hält Alkan anhand seiner Ergebnisse fest, dass die Auswandernden mit der Zuschreibung als „Almancı" umzugehen lernen müssen – was erneut auf eine nicht deckungsgleiche Selbst- und Fremdwahrnehmung verweist –, da der Begriff sie als „anders als die normalen Türken in der Türkei" (Alkan 2011, S. 23) etikettiert. Alkans Interviewpartner*innen können sich vorstellen, nach einer gewissen Zeit nach Deutschland zurückzukehren (vgl. ebd., S. 24). Ausschlaggebend hierfür seien jedoch entsprechend verbesserte Chancen auf dem Arbeitsmarkt (vgl. ebd.).

Unter dem Titel *Routes to roots: Second-Generation Turks from Germany ‚Return' to Turkey* veröffentlichen King und Kılınc die Ergebnisse ihrer Studie (2014), in der sie 26 Interviewpartner*innen nach ihren Erinnerungen zum Aufwachsen in Deutschland, nach den Umständen und Motiven für ihre Auswanderung und nach ihren Erfahrungen zum Leben in der Türkei befragen. Aus den Interviews leiten King und Kılınc fünf „routes to return" (ebd. 2014, S. 128) ab: 1) Die „family return route" zeichnet sich in der Studie als häufigster Wanderungsgrund aus. Hierunter fällt die gemeinsame Auswanderung der gesamten Familie in die Türkei, wodurch die *zweite Generation* als Jugendliche, möglicherweise entgegen ihrer eigenen Wünsche und Vorstellungen, Deutschland verlassen musste (vgl. ebd.). 2) Die „marriage route" wird vor allem anhand einer arrangierten Ehe exemplifiziert, die für die verheiratete Frau zur Migration von Deutschland in die Türkei führt (vgl. ebd., S. 129). 3) Die „educational route" in die Türkei bezieht sich auf die akademische und persönliche Selbstverwirklichung, die die Migrant*innen entweder via Erasmus oder der direkten Immatrikulation an einer türkischen Universität im Anschluss an ihr Abitur realisieren (vgl. ebd.). 4) Mit der „lifestyle route" rekurrieren sie auf den häufig geäußerten sozial-gesellschaftlichen Mehrwert, den die Migrant*innen in einem sozialeren und wärmeren Miteinander in der Türkei bestätigt finden (vgl. ebd., S. 130). 5) Aufgrund persönlicher Umbrüche lassen sich einige Interviewpartner*innen der „escape route“[29] zuordnen, wie die Autor*innen am Beispiel der Scheidungssituation einer Interviewpartnerin präsentieren (vgl. ebd.). King und Kılınc resümieren, dass ihre Interviewpartner*innen sich von „traditionsorientierten“ türkeistämmigen Einwanderungscommunities in deutschen Städten („inward-looking ‘traditional’ Turkish immigrant communities in German cities“) aufgrund zweier Faktoren distanzieren: Zum einen präsentieren sie sich als Kinder von aus Städten wie Istanbul stammenden Familien im Gegensatz zu türkeistämmigen Einwanderungsfamilien aus ländlichen Gegenden und verweisen damit auf einen gewissen sozialen und kulturellen Habitus (vgl. ebd., S. 132). Zum anderen seien sie in deutsch geprägten Nachbarschaften aufgewachsen und auf mehrheitlich von Deutschen besuchte Schulen gegangen (vgl. ebd.). Die Hypothese „that returnees to Turkey were the ‘most’ Turkish and the ‘least integrated’ into German society“ wird, zumindest hinsichtlich der nach Istanbul ausgewanderten Personen, nicht bestätigt (vgl. ebd.). Aus der „post-return“-Perspektive kritisieren die Interviewpartner*innen u. a. das türkische Bildungssystem und eine geringere Professionalisierung in Arbeitskontexten. Neben den drei sozialen Kontexten, in denen sie sich vor ihrer Ausreise bewegt haben – die deutsche Gesellschaft, die türkische Gesellschaft und die türkeistämmigen Einwander*innen in Deutschland, ergänzen King und Kılınc eine vierte Gesellschaftsform, „a fourth socio–cultural space that only themselves, and others like them, feel fully comfortable within“ (ebd.).

Ein gesonderter Blick auf transnationale Wanderungsbewegungen von Frauen zwischen Deutschland und der Türkei lässt sich bei Hanewinkel finden: Die Migrationsforscherin bezieht sich in ihrem Artikel *Aus der Heimat in die Heimat?* (2012a) stellenweise auf eine von ihr unveröffentlichte Studie zur Abwanderung hochqualifizierter Frauen in die Türkei. Hanewinkel formuliert die Hypothese, dass türkeistämmige Frauen am deutschen Arbeitsmarkt aufgrund einer doppelten Diskriminierung, als Frau und als Migrantin, besonders hohe Hürden zu meistern haben (vgl. ebd. 2012a, S. 2). Diese Hypothese werde, so Hanewinkel, von den Ergebnissen der TASD-Studie unterfüttert, da die weiblichen Studienteilnehmerinnen im Gegensatz zu den männlichen Teilnehmenden ein größeres

[29]Die Annahme der „escape route“ basierte zuvor auf Narrativen der *zweiten Generation* deutsch-griechischer Frauen, die sich durch die Auswanderung gegen patriarchale Familienverhältnisse und traditionsorientierte griechische Communities auflehnten (vgl. ebd.). Das hat sich so bei den türkeistämmigen Interviewpartner*innen in der Studie von King und Kılınc nicht gezeigt, da die Elternhäuser eher als „open-minded“ (ebd.) präsentiert worden seien (vgl. ebd.).

Abwanderungsinteresse bekundeten (vgl. ebd.). Als Ergebnis ihrer unveröffentlichten Studie verweist Hanewinkel auf die Erwartungshaltung vieler Frauen, in der Türkei bessere Karrierechancen als in Deutschland zu haben, da es dort mehr weibliches Führungspersonal gebe (vgl. ebd., S. 3).[30] Die Ergebnisse einer Untersuchung von einer Unternehmensberatung (2010) würden dies belegen: Der Frauenanteil in oberen Führungspositionen liegt in Deutschland bei ca. 7 % im Gegensatz zu ca. 12 % in der Türkei (vgl. ebd.).

Den Diskurs über die Abwanderung türkeistämmiger Hochqualifizierter kritisiert Aydın dahingehend, dass die Motivation für die Migration alleinig mit einem Brain Drain argumentiert werde, die zudem auf eine misslungene Integration hindeute (vgl. Aydın 2013, S. 113). Diese einseitige Perspektive blende aus, dass Abwanderung und Integration durchaus in einer reziproken Beziehung zueinander stehen können, was sich insbesondere am Beispiel der türkeistämmigen Hochqualifizierten zeigen sollte: Ihre Bildungsqualifikation kann als Zeugnis von Integration gewertet werden, sie „zeichnen sich gerade durch einen hohen Grad an wirtschaftlicher und sozialkultureller Integration aus“ (ebd.). Zudem verdeutlicht die Mobilität der türkeistämmigen Hochqualifizierten einen zirkulären Charakter (vgl. ebd.), wie er für Migrationsphänomene der globalisierten Welt – im Gegensetz zur unilateralen Migration – kennzeichnend geworden ist. Vorteilhaft sollte auch gewertet werden, dass die erhöhte Mobilität zwischen Deutschland und der Türkei nicht nur die Beziehung zwischen beiden Ländern aufrechterhalte, sondern aufgrund der hochqualifizierten Migrant*innen eine neue Intensität erfahre (vgl. ebd.). Vor dem Hintergrund dieser Aspekte sei eine neue Perspektive auf die langjährige Migration zwischen Deutschland und der Türkei zu richten, die aufgrund des entstehenden transnationalen Charakters Vorteile verspricht (vgl. ebd.).

Transnationaler deutsch-türkischer Raum

Transnationale soziale Räume, wie in Abschn. 2.3 erläutert, spannen sich u. a. aufgrund der erhöhten transnationalen Mobilität Hochqualifizierter zwischen Deutschland und der Türkei auf: „Zu diesen transnationalen Räumen gehören sozialkulturelle Infrastrukturen (Musik, Essen, kulturelle Veranstaltungen und Freizeitaktivitäten) die keineswegs nur die kulturelle Präsenz der Herkunftsregion

[30]Am Beispiel der Vergabe von Lehrstühlen zeigt sich im Vergleich beider Länder: In Deutschland sind ca. 10 % der Lehrstühle von Professorinnen besetzt sind, in der Türkei sind es rund 40 % (vgl. Castro Varela 2007, S. 64).

in der Ankunftsgesellschaft sicherstellen" (Aydın 2013, S. 109). Neben dem kulturellen Aspekt, den Aydın herausgreift, weisen weitere Faktoren auf einen ausgeprägten transnationalen deutsch-türkischen Raum hin, wie der Politikwissenschaftler Dirk Halm und der Migrationsforscher Dietrich Thränhardt (2009) herausarbeiten: Jenseits eines politischen Handlungsrahmens hat sich seit der Anwerbephase in den 1960er Jahren Deutschland als wichtiger Handelspartner für die Türkei und die Türkei als populäre Destination für deutsche Urlauber*innen entwickelt (vgl. Halm und Thränhardt 2009). In Deutschland haben sich in den vergangenen Jahrzehnten türkische Unternehmen niedergelassen, türkeistämmige Fußballer*innen spielen in der deutschen Nationalmannschaft, türkische Gastronomie ist in fast jeder kleineren, mit Sicherheit jedoch in mittelgroßen Städten und den Großstädten der Bundesrepublik auffindbar (vgl. ebd.). Türkeistämmige Unternehmer*innen in Deutschland haben sich in drei Interessensverbänden (ATIAD, MÜSIAD und TIDAF) zusammengeschlossen (vgl. ebd.). Etwa 70.000 türkeistämmige Unternehmen befinden sich in Deutschland, die rund 330.000 Arbeitnehmer*innen beschäftigen und einen jährlichen Umsatz von 32,7 Mrd. EUR erzielen (vgl. Aydın 2014, S. 15). Selbstorganisierte Sportvereine sind die wohl größte Gruppe: Etwa 300 türkische Sportvereine mit geschätzt fünfstelliger Mitgliederzahl haben zumeist Fußball als Bezugspunkt (vgl. Stahl 2013, S. 215). Eine der wohl bekanntesten staatlichen transnationalen Organisationen ist der in Deutschland vertretene Moscheeverband DITIB (vgl. Halm und Thränhardt 2009). Hinsichtlich der Medienlandschaft sind türkische Zeitungen bereits seit Ende der 1960er Jahre in Deutschland erhältlich und produzieren seit Anfang der 1970er Inhalte, die sich besonders an im europäischen Ausland lebende türkeistämmige Personen richten (vgl. ebd.). Selbst die öffentlich-rechtlichen Rundfunkanstalten haben z. T. Formate mit Integrationszielen entwickelt (vgl. ebd.). Die wohl größte Bedeutung kommt jedoch dem Internet zu, das dem grenzfreien transnationalen Raum Rechnung trägt (vgl. ebd.). Während türkeistämmige Personen als größte Einwanderungsgruppe Deutschland im öffentlichen Bild Sichtbarkeit erlangen, bilden Deutsche in der Türkei die größte Gruppe unter den Urlaubsgästen (vgl. Halm und Thränhardt 2009). Es haben sich zudem zwischen 44.000 und 52.000 Deutsche dauerhaft in der Türkei niedergelassen, darunter viele Senior*innen, Geschäftsleute und deutsche Partner*innen bi-nationaler Ehen und Partnerschaften (vgl. ebd.). Schätzungsweise 150.000 deutsche Rentner*innen „überwintern" zudem jährlich in der Türkei (vgl. ebd.). Im Zuge dieser Entwicklungen haben sich in der Türkei zögerlich christliche Kirchengemeinden gründen können (vgl. ebd.). Anhand dieser Auflistung bestehender Infrastrukturen des alltäglichen Lebens, die für beide Personengruppen in beiden Ländern existieren und teils bereits vor mehreren Jahrzehnten gegründet wurden, zeigt sich: Der transnationale deutsch-türkische Raum deutet auf etablierte Netzwerke, Infrastrukturen und multiple Verbindungen auf ökonomischer und politischer, sozialer und kultureller Ebene hin.

Differenzierung: Transmigration und Remigration

Die Untersuchungsgruppe türkeistämmiger Hochqualifizierter wird in entsprechenden Studien zwar weitestgehend als Transmigrant*innen bezeichnet, parallel wird jedoch auch von einer „Rückkehr" gesprochen. Zur begrifflichen Differenzierung und somit als Ergänzung zur Ausarbeitung des Typus des Transmigranten in Abschn. 2.1, zeige ich kurz die Ungenauigkeiten auf und erläutere den Migrationstypus des Remigranten.

Sievers, Griese und Schulte zeichnen die Interviewpartner*innen in ihrer Studie (2010) als Transmigrant*innen aus, da es sich um „doppelte (mehrfache) Migrationsprozesse handelt und die Personen nach wie vor sehr enge Bindungen und Kontakte nach Deutschland haben und wünschen" (Sievers und Griese 2010). Sie rekurrieren also auf die pluri-lokale Verortung und grenzübergreifenden Netzwerke. Aufgrund der Geburt ihrer Interviewpartner*innen in Deutschland verweisen Sievers et al. zwar darauf, dass in diesem Fall nicht von einer Rückkehr der Personen gesprochen werden könne, zutreffender wäre die Bezeichnung, dass sie auswandern (vgl. ebd.). Dennoch verwenden die Autor*innen den Ausdruck „Rückkehr", gleichwohl sie die Zuschreibung durch Anführungszeichen hervorheben: „Die Probanden sind ohne die Familie in die Türkei ‚zurück' gegangen" (ebd.) oder: „Die Beispiele zeigen, wie wichtig es den Befragten ist, dass ihre ‚Rückkehr' nicht als Versagen ihres Migrationsprojektes gedeutet wird" (ebd.).

Auch der Politikwissenschaftler Mustafa Nail Alkan oszilliert mit der Begrifflichkeit: Alkan verbindet in seiner Untersuchung (2011) zur Abwanderung von Deutsch-Türk*innen die Theorien der Remigration und Transmigration, was bereits in dem Titel *Transmigranten auf dem Weg in die Heimat?* ersichtlich wird. Er spricht an mehreren Stellen von der „Rückkehr aus Deutschland" (2011, S. 7) und nimmt diesen Begriff auch in den Fragebogen auf, den er in seiner Studie verwendet: Es wird nach den Gründen und Empfindungen in Bezug auf die „Rückkehr" gefragt (vgl. ebd., S. 8). Gleichzeitig betitelt er die Befragten jedoch als Transmigrant*innen.

Eine Erkenntnis Aydıns im Kontext der Terminologie ist, dass die Mehrheit der Befragten sich nicht mit dem Begriff des „Rückkehrers" identifiziert und gleichzeitig die Typisierung als „transnationale Migrant*innen" nicht gänzlich passend erscheint (vgl. Aydın 2013, S. 94 f.). Aydın versucht, den Begriff zu fassen, der das neue Phänomen Abwanderung Hochqualifizierter in die Türkei beschreibt. Dazu nennt er sechs Indikatoren, die sich für Transmigrant*innen benennen lassen: Neben einem 1) häufigen Wechseln zwischen mehreren Orten seien 2) Mehrsprachigkeit (mindestens Bilingualität) sowie 3) eine über mehrere Lokalitäten aufgespannte Großfamilienstruktur, die 4) grenzübergreifend miteinander interagiert (Telefonate, E-Mails, soziale Netzwerke), kennzeichnend. Zudem bewegen sich Transmigrant*innen in 5) Migrationsnetzwerken und 6) tätigen regelmäßige Transaktionen bspw. in Herkunftsländer (vgl. 2011, S. 68). Resultierend stellt Aydın fest, dass die Interviewten viele Merkmale aufweisen, die charakteristisch für Transmigrant*innen seien (vgl. ebd. 2011, S. 68). Als „Transmigrant*in" bezeichnet Aydın daher Personen, die sich von Geburt an „in mindestens zwei sprachlich, kulturell und national verschiedenen Kontexten" (2011, S. 68) bewegen, die Lebenserfahrungen aus unterschiedlichen nationalen Kontexten aufweisen und die sich bezüglich „‚Heimat', ‚Identität', ‚Lebensmittelpunkt', ‚Integration' oder ‚Zukunft' nicht eindimensional verorten" (ebd.). Zudem können sie keinen eindeutigen Blick in ihre Zukunft hinsichtlich Wohnort werfen (vgl. ebd.).

Während Transmigrant*innen mit ihren sozialen Netzwerken im Herkunftsland sowie in Drittstaaten interagieren, gleichwohl sie sich an einer anderen Lokalität aufhalten, sind Remigrant*innen prinzipiell Personen, die nach einer gewissen Zeit in einem anderen Land in ihr Herkunftsland zurückkehren (vgl. Currle 2006, S. 7; Schönhuth 2008a, S. 6), was den uni- bzw. bi-lateralen Charakter dieses Wanderungstypus unterstreicht. Die Remigration, gelegentlich auch als Rückkehrmigration betitelt, ist nach Pries mit der Idee eines „Gastaufenthaltes" zu vergleichen (vgl. 2004, S. 8). Dieses Konzept würde demnach auf die Generation der „Gastarbeiter*innen" zutreffen, wenn diese nach einer bestimmten Zeit des „Gastaufenthaltes" in ihr Herkunftsland zurückkehrten. Remigration ist somit auch eng an die politisch implementierten Rückkehrprogramme gekoppelt, die seitens der Politik auch in Deutschland angeboten wurden, um „Gastarbeiter*innen" die Rückwanderung in ihr Herkunftsland zu ermöglichen (vgl. Laaser 2008, S. 3 f.). Auch Remigrant*innen pflegen grenzübergreifende Beziehungen (vgl. ebd., S. 25) und können einen zirkulären Migrationscharakter annehmen (vgl. Cassarino 2014, S. 7; Schönhuth 2008b, S. 68), was auf eine Verknüpfung mit den Thesen der Transmigration hindeutet. Dabei können verschiedene Faktoren für die Remigration ausschlaggebend sein, darunter benennt Schönhuth im Hinblick auf die Remigration von Aussiedler*innen, dass Erfahrungen mit Be– und Entfremdung in Deutschland den Wunsch verstärken können, den Lebensabend in ihrem Herkunftsland zu verbringen (vgl. 2008a, S. 4). Paraschou verweist auf die Wechselwirkung von Migration und Remigration: Beide Bewegungen beeinflussen das Herkunfts- und das Aufnahmeland und erfordern eine beidseitige Kooperation (vgl. ebd. 2001, S. 23).

Die Wandernden machen in beide Richtungen die Erfahrung, „weder ‚hier noch dort‘ ernst genommen“ (ebd.) zu werden.

Resümee und abschließende Bewertung der Forschungsbefunde

Die zusammengefassten Auszüge zum Gegenstand der Remigration verdeutlichen, dass sich Remigration auf die Rückwanderung ins Herkunftsland bezieht, auch wenn der Begriff in der aktuellen Debatte eine Erweiterung um transnationalistische Aspekte erfährt. Umso erstaunlicher ist es, dass der Terminus auch auf die zuvor vorgestellte Untersuchungsgruppe angewendet wird. Zusammenhänge sind zwar zu selbsternannten „Rückkehrer-Stammtischen“ zu ziehen, allerdings bleibt die Frage offen, ob sich die „Rückkehrer*innen“ zuerst selbst so bezeichnet haben, oder die entsprechende Gruppe diese Zuschreibung aus der öffentlichen Debatte übernommen hat; denkbar wäre auch, dass die Bezeichnung von der Gruppe geprägt wurde, die in der Türkei geboren wurde und im Kindesalter nach Deutschland gekommen ist, bevor sie als Erwachsene in ihr Geburtsland zurückgekehrt ist.

Die Darstellung der Substanz von Transmigration zeigt, auch vor dem Hintergrund der Ausführungen in Kap. 2, dass die Bezeichnung als Transmigrant*innen auf die vorgestellte Untersuchungsgruppe zutreffen kann: Sie bewegen sich, teils begünstigt durch doppelte Staatsangehörigkeiten, problemlos zwischen mindestens zwei Ländern und halten unabhängig von ihrem tatsächlichen (teils vorübergehenden) Wohnort ihre multiplen Netzwerke aufrecht. Sie partizipieren grenzübergreifend an mehreren Gesellschaftskontexten und lassen hinsichtlich ihrer Beheimatungspraktiken und Identitätsentwürfe ein ambivalentes Verhältnis zur Herkunfts- und Einwanderungsgesellschaft erkennen. In der wissenschaftlichen Auseinandersetzung fallen die Absichten, Ursachen, Folgen und der individuelle Entscheidungsrahmen für ein transnationales Leben jedoch häufig heraus und die Autor*innen folgen nicht immer einer einheitlichen Terminologie. Dadurch verliert der Begriff an Präzision und wird nahezu universell für internationale Migrationsströme in der globalen Welt eingesetzt. Im Gegensatz zur Transmigration ist der Terminus der Remigration insbesondere transparent und lässt sich ausschließlich auf einen bestimmten Typus anwenden: Diejenigen, die nach einem befristeten Aufenthalt in einem anderen Land in ihr Herkunftsland zurückkehren. Dennoch werden die Bezeichnungen nicht nur in diversen medialen Berichterstattungen über die Auswanderung türkeistämmiger Personen von Deutschland in die Türkei, sondern ebenso in wissenschaftlichen Texten, nahezu synonym verwendet – gleichwohl die Befragten häufig in Deutschland geboren wurden und somit als (Trans–)Migrant*innen in die Türkei auswandern und eben nicht in die Türkei „zurückkehren“. Der Terminus der Remigration ließe sich zwar in einer transnationalen Perspektive beleuchten und durch Praktiken eines transnationalen Lebens ergänzen, im Sinne einer „transnational return" (Olivier-Mensah und Scholl-Schneider 2016)[31]. Der Typus der Transmigrant*innen, gerade hinsichtlich der häufigen Mobilität zwischen Deutschland und der Türkei, lässt sich hingegen nicht durch Remigration ersetzen oder erweitern. Die wissenschaftliche Lektüre mit konkretem Bezug zur Abwanderung türkeistämmiger Hochqualifizierter weist keine einheitliche, sondern eine partiell ungenaue Nutzung beider Begriffe auf, auch wenn ansatzweise die Frage nach einer korrekten Bezeichnung anklingt. In Hinblick auf die Begrifflichkeiten wurden die Ungenauigkeiten hinsichtlich der Terminologie konstatiert. Trotz der Erkenntnis der Autor*innen, dass Remigration und Transmigration auf zwei unterschiedliche Konzepte rekurrieren, wird aufgrund der Migration in das Herkunftsland der Eltern von „Rückkehr" gesprochen – als würde die *zweite Generation* die „verpasste" Rückkehr ihrer Eltern ausführen. Die Beispiele aus wissenschaftlichen Studien zur Abwanderung hochqualifizierter Transmigrant*innen belegen eine Unsicherheit in der Bezeichnung der Untersuchungsgruppe als Transmigrant*innen.

Die Bilanz der Forschungslandschaft zur Abwanderung türkeistämmiger Hochqualifizierter[32] sieht wie folgt aus: Die sogenannten Transmigrant*innen organisieren sich in Städten wie Istanbul und Izmir in sogenannten „Rückkehrer-Stammtischen" und schaffen somit deutsch-türkische Communities in der Türkei. Beheimatungspraktiken und Identitätsfragen werden von dieser Gruppe neu ausgehandelt. Ihre Erwartungen hinsichtlich besserer Karrieremöglichkeiten am türkischen Arbeitsmarkt finden sich nicht durchweg bestätigt, dennoch scheint diese Erwartungshaltung anzuhalten. Selbst unter der Gruppe der sogenannten

[31]Olivier-Mensah und Scholl-Schneider sehen keine Trennung zwischen den Konzepten bzw. Migrationstypen von Transmigration und Remigration und konzeptualisieren daher den „transnational return" (2016): „Return" bedeutet für die Autorinnen nicht der Ort im Sinne von „Herkunft" *(„origin")*, sondern vielmehr „re-emigratin to a former country of immigration" (ebd., S. 2).

[32]Eine Prognose während der Zeit der erhöhten Abwanderung türkeistämmiger Hochqualifizierter von Deutschland in die Türkei, war, dass dieses neue Migrationsphänomen wohl künftig die deutsch-türkische Migrationsbeziehung prägen würde (vgl. Alkan 2011, S. 5). Die Frage, ob sich Deutschland zum Auswanderungsland und die Türkei zum Einwanderungsland entwickeln würde, rückte allmählich ins Bild. Allerdings ist aufgrund der harschen politischen Wende unter Präsident Erdoğan diese Wanderung zum Erliegen gekommen.

„Hochqualifizierten", also Personen, die zu Bildungsinländer*innen zählen, werden institutionelle und strukturelle Diskriminierungserfahrungen angeführt, um die Auswanderung in die Türkei zu argumentieren. Für eine transnationale Perspektive in der Migrationsforschung gilt es daher, das Interesse darauf zu lenken, *wie* sich Migrant*innen in transnationalisierten gesellschaftlichen Lebensumständen beheimaten und dabei flexibel ihren eigenen Umgang mit und individuelle Definitionen für Kategorien wie „Heimat", „Identität", „Ethnizität" oder „Tradition" finden; denn dabei muss es sich nicht um qua Geburt, Vorfahren oder Herkunftskontext vorgegebene, starre Konstrukte handeln.

In den aufgeführten Studien wird zwar auf die multilateralen Ursachen und Motive, die für die Auswanderung ausschlaggebend sein sollen, eingegangen – ein Gesamtbild der transnationalen Lebensweise und des Entscheidungsprozesses, der sich durch narrative Interviews nachvollziehen lässt, bleibt dabei hingegen unklar. Auch eine explizite Fokussierung auf die Voraussetzungen und Bedingungen von Frauen in diesem Migrationsgeschehen, ist bisher ungeachtet geblieben, wobei sich aus einer gendersensiblen Perspektive die genannten Faktoren und Bedingungen der Auswanderung zwischen Männern und Frauen unterscheiden könnten. Anknüpfend an die Ergebnisse der vorgestellten Studien, schließe ich das Desiderat, indem ich die Bildungswege von Frauen in den Mittelpunkt stelle, um die Migrationsmotive und transnationalen Selbstpositionierungen anhand ihrer biographischen Erzählungen zu eruieren.

5 Methodische Zugänge

Die vorliegende empirische Untersuchung ist eine qualitative Studie, die das aus der Biographieforschung entstammende narrative Interview nach Fritz Schütze (1983) als Instrument zur Datengenerierung mit der Grounded Theory nach Anselm L. Strauss und Barney Glaser (1967) als Auswertungsmethode kombiniert. Diese Arbeit folgt dabei dem Anspruch qualitativer Forschung, „Lebenswelten ‚von innen heraus' aus der Sicht der handelnden Menschen zu beschreiben" (Flick et al. 2012, S. 14): Aus dieser Perspektive rekonstruiere ich die transnationalen Lebensgeschichten meiner Interviewpartnerinnen unter Berücksichtigung ihrer Selbstpositionierungen.

Folgend zeige ich das Forschungsdesign der vorliegenden Arbeit im Spiegel der Migrationsforschung auf, skizziere mein Forschungsinteresse und führe die Forschungsfragen aus. Vor diesem Hintergrund werden die charakteristischen Merkmale und kennzeichnenden Vorgehensweisen des narrativen Interviews als Erhebungsmethode und der Grounded Theory als Instrument zur Analyse und Theoriegenerierung herausgearbeitet. Meine Vorgehensweise im Feld (z. B. Erzählstimulus) schließe ich hierbei direkt an die theoretischen methodischen Zugänge an. Anschließend rekonstruiere ich den Feldzugang, stelle die insgesamt acht interviewten Frauen vor und präsentiere das theoretische Sampling. Zudem stelle ich methodische Ergänzungen heraus, um ein transparentes und offenes Forschungsvorgehen zu garantieren. Zuletzt schließe ich eine Reflexion meiner Rolle als Forscherin im Feld an, da eine Identifizierung mit meinen Gesprächspartnerinnen auf verschiedenen Ebenen stattgefunden hat: Denn als Forscherin werfe ich nicht nur den Blick auf die Beforschten, sondern bin selbst Teil des Forschungsgeschehens.

N. Warrach, *Hochqualifizierte Transmigrantinnen*, Interkulturelle Studien,
https://doi.org/10.1007/978-3-658-27705-5_5

5.1 Forschungsdesign im Spiegel der Migrationsforschung

Vor allem zwei Aspekte weckten mein Forschungsinteresse an der Abwanderung hochqualifizierter türkeistämmiger Personen von Deutschland in die Türkei, die ab 2006 vermehrt mediale Aufmerksamkeit und wissenschaftliches Interesse (siehe hierzu Kap. 4) generierten: Auf Abwanderungsinteressen türkeistämmiger Personen, die als „gut integriert" bezeichnet wurden, stieß ich zuvor im Zusammenhang mit meiner Masterarbeit (Warrach 2013, unveröffentlichte Arbeit), in der ich die doppelte Stigmatisierung türkeistämmiger Männer in dem als „Brennpunkt" verrufenen Stadtteil Duisburg-Marxloh analysierte. Einer meiner Interviewpartner plante zum Interviewzeitpunkt die Auswanderung in die Türkei mit seiner Frau und seinen Kindern, mit dem Ziel, Fremdheitszuschreibungen zu entfliehen. Er hatte dabei die Erwartung, gar Hoffnung, in seiner „anderen Heimat" Akzeptanz sowie Zugehörigkeit zu finden.

Im Zuge der ab 2006 vermehrt publizierten Abwanderungsstudien Hochqualifizierter in die Türkei – besonders die als repräsentativ einzuordnenden Ergebnisse der TASD-Studie 2008–2009 (siehe Abschn. 4.6) – stellte ich mir zunächst die Frage, ob die Entscheidungsprozesse und Bedingungen im Ankunftskontext für Frauen womöglich andere Aspekte als die Erfahrungen männlicher Auswanderer hervorbringen würden. Die Untersuchungsgruppe in entsprechenden Studien umfasste sowohl männliche als auch weibliche Personen. Eine Fokussierung auf eine ausschließlich weibliche Untersuchungsgruppe war für mich vor dem Hintergrund fremdheitssoziologischer Konzepte interessant: Gerade Frauen mit Einwanderungsgeschichte aus muslimischen Kontexten sind in der Konstruktion und Konstituierung von Fremdheit zu Fremden avanciert und verkörpern eine Ambivalenz von Nähe und Distanz (vgl. hierzu Reuter und Warrach 2015, S. 181). Das Forschungsinteresse bestand also zum einen am Wanderungsphänomen der Abwanderung ins Herkunftsland der Eltern und zum anderen an den Lebensgeschichten und Entscheidungsprozessen sowie Wanderungserfahrungen von Frauen, die lange Zeit in der Migrationsforschung vernachlässigt wurden (siehe hierzu Abschn. 3.4 und 4.5). Die Forschungsfragen zielen somit auf ein Verständnis transnationaler Lebensweisen: Wie wirken sich Fremdheitserfahrungen auf hochqualifizierte Transmigrantinnen aus, wie erleben sie Fremdheitskonstruktionen und wie beheimaten sie sich innerhalb unterschiedlicher Gesellschaftskontexte? Somit soll ein empirisch abgeleitetes Verständnis für die Konstruktion und Bedeutung eigener „Wir"-Gruppen innerhalb transnationaler sozialer Räume ermöglicht werden. Zudem soll die Analyse dazu dienen, anhand der empirischen Selbstpositionierungen eine Verortung zwischen Befremdungs- und Beheimatungsprozessen zu generieren.

Nach einer ersten Auseinandersetzung mit Forschungsbefunden und Theorien wurde es notwendig, ein für das eigene Forschungsinteresse passendes Forschungsdesign zusammenzustellen. Dies geschah unter Berücksichtigung einer möglichst plausiblen Methodenwahl vor dem Hintergrund der kritischen Migrationsforschung und der in dieser Arbeit eingenommenen transnationalen Perspektive.

Wissenschaftler*innen sehen sich bei der Realisierung empirischer Studien grundsätzlich einer Vielzahl qualitativer und quantitativer Methoden zur Datengewinnung und deren Auswertung gegenüber, aus denen die optimale Kombination von Erhebungs- und Auswertungsmethodik gewählt sein will, um a) die Forschungsfrage(n) beantworten und b) das Datenmaterial plausibel und valide erheben sowie analysieren zu können. Als Vorteile und Stärken qualitativer Forschungsdesigns fassen El-Mafaalani et al. folgende Aspekte zusammen: „Zum einen werden die erhobenen und zu analysierenden Daten vergleichsweise wenig durch den Forscher selbst eingegrenzt; zum anderen ermöglichen qualitative ‚Daten' die Welt aus der Perspektive der Untersuchten zu begreifen" (El-Mafaalani et al. 2016, S. 62). Aus dem „Pool" sozialwissenschaftlicher qualitativer Erhebungs- und Auswertungsmethoden die geeignetste und plausibelste Zusammensetzung für den Forschungsgegenstand und das Forschungsinteresse zu wählen, scheint gerade in der (kritischen) Migrationsforschung ein besonderes Austarieren und gegeneinander Abwägen verschiedener Optionen zu erfordern. Als erstes Kompendium einer Zusammenstellung von für die interdisziplinäre Migrationsforschung passender Methoden haben die Migrationsforscherin Débora B. Maehler und der Soziologe Heinz Ulrich Brinkmann jüngst ein Methodenbuch für die Migrationsforschung herausgegeben, das als methodischer Leitfaden für die interdisziplinären Lehr- und Forschungsbereiche Migration und Integration dienen soll (vgl. ebd. 2016, S. 2).

Das methodische Forschungsdesign dieser Arbeit verknüpft das narrative Interview mit der Grounded Theory. Diese Kombination qualitativer Forschungsmethoden der Sozialwissenschaften scheint in der Migrationsforschung gegenwärtig populärer zu werden, vor allem, da sich die Methoden durch Offenheit und Subjektzentrierung auszeichnen. Forschungsarbeiten wie *Transnationale Biographien. Eine biographieanalytische Studie über Transmigrationsprozesse bei der Nachfolgegeneration griechischer Arbeitsmigranten* von Irini Siouti (2013), oder *„Ich versuche immer, das Beste daraus zu machen." – Akademikerinnen mit Migrationshintergrund: Gesellschaftliche Rahmenbedingungen* *und biographische Erfahrungen* von Schahrzad Farrokhzad (2007) haben diesen Methodenweg gewählt. Gleichwohl soll darauf hingedeutet werden, dass es sich um biographieanalytische Untersuchungen handelt, das heißt: Die Grounded Theory spielt in derartigen Arbeiten vor allem als „Rahmen zur Forschungsorganisation“ (Müller und Skeide 2018, S. 55) eine Rolle und weniger als Auswertungsinstrument. Beide Arbeiten sind der kritischen Perspektive der Migrationsforschung zuzuordnen, da sie nicht einem defizitären, sondern einem diversitätsbewussten Ansatz unterliegen und kritisch mit den gesetzt erscheinenden Termini einer als klassisch einzuordnenden Migrationsforschung umgehen. Einen plausiblen Erklärungsansatz für die Popularität dieser Methodenkombination sehe ich darin, dass die Migrationsforschung[1] nicht nur als interdisziplinäres, sondern auch als noch recht junges Forschungsfeld auf Theoriegenerierung angewiesen ist, was mithilfe der Grounded Theory-Methode erreicht werden soll. El-Mafaalani et al. verweisen zudem auf ein zunehmendes Erkenntnisinteresse an der Rekonstruktion sozialer Phänomene (vgl. ebd. 2016, S. 61), was sich gerade unter Verwendung der Grounded Theory realisieren lässt. Das narrative Interview als etabliertes Erhebungsverfahren der Biographieforschung ist zudem ein bewiesenermaßen sinnvolles und überzeugendes Untersuchungsinstrument im kritischen Zweig der Migrationsforschung, um nicht in der Tradition klassischer Untersuchungsperspektiven *über* eine beforschte Personengruppe zu sprechen, sondern *mit* ihr. Somit werden Interviewpartner*innen in ihrer Selbstdarstellung respektiert und akzeptiert sowie die Thematik aus ihrer Perspektive heraus offengelegt. Dieser Prämisse bin ich in der vorliegenden Forschungsarbeit gefolgt. Qualitative Forschungsarbeiten vor dem Hintergrund der Migrationsforschung mit weitestgehend offenen Erhebungsmethoden anzulegen, wird dem Gegenstand Migration gerecht und ermöglicht die Zentrierung der befragten Personen als handlungsaktive Subjekte. Bettina Dausien, Pädagogin mit Schwerpunkt Geschlechter- und Biographieforschung, verweist hierzu auf die Logik der Erforschung von Migration im Zusammenhang von Biographien:

[1]Zwar fußt die qualitative Migrationsforschung auf der Chicagoer School der 1920er Jahre, in dessen Forschungsrichtung Migrationsstudien mit qualitativem Forschungsdesign durchgeführt wurden (vgl. Dausien und Kelle 2009, S. 189). Jedoch hielt sich dieser Ansatz nicht lange und die Forschenden griffen auf quantitative Untersuchungsmethoden zurück (vgl. ebd.).

> Migrationsprozesse, seien sie selbstgewählt oder aufgezwungen oder beides, haben einen biographischen Hintergrund, eine Vorgeschichte, die nicht nur die unmittelbare Migrationsentscheidung, sondern auch die Realisierung und Bearbeitung eines Lebens in und nach der Migration beeinflußt. [...] Der Weg in einen anderen sozialen Kontext, im Rahmen transnationaler Migration: in ein anderes Land, in eine andere Kultur und Gesellschaft ist immer auch ein Stück des Lebenswegs konkreter Menschen, ein Stück ihrer Biographie (Dausien 2000, S. 9).

Migration lässt sich, Dausien folgend, somit eben nicht auf einen Entscheidungsmoment reduzieren oder als einen (überschaubaren) Prozess von Aus- und Einwanderung mit einem konkreten Start- und einem konkreten Endpunkt begreifen. Migration ist Teil einer Biographie, die sich lange vor der eigentlichen Wanderung ankündigen kann und lange nach der Wanderung Resonanzen und Reaktionen auf die Individuen (und das gesamte soziale Umfeld wie Familien, Gesellschaften etc.) mit sich bringen kann. Migration wirkt sich auch auf jene aus, die selbst keine eigene Wanderungserfahrung haben, wie bspw. auf Folgegenerationen oder im Herkunftskontext Zurückgebliebene (hierzu u. a. Apitzsch 2000, S. 62). So nimmt Migration auf die Biographien mehrerer Individuen in unterschiedlichem Maße Einfluss und bedarf einer tiefenanalytischen Betrachtung. Ebenso wie Dausien versteht auch Jochen Oltmer, Professor für Historische Migrationsforschung, Migration als „Element der Lebensplanung" (2012, S. 19), welches an biographische Entscheidungsmomente gekoppelt ist, die bspw. Heirat oder Arbeitsplatz betreffen (vgl. ebd.). Die individuelle Selbstverortung in transnationalen Räumen lässt sich vor allem mit einer biographisch angelegten Forschung erfassen, da sie, so Tuider, von allen qualitativen Forschungsmethoden als das offenste Vorgehen gilt (vgl. 2007, S. 174). Biographien sind komplex und höchst individuell und werden sowohl durch das Geschlechterverhältnis geprägt als auch durch „Generation, soziale Schicht, regionale Bezüge oder kulturelle Milieus" (Dausien 1996, S. 565). Die Eruierung von Zusammenhängen zu Migration und Geschlecht bietet sich daher über das biographische Erzählen und die Analyse der erzählten Biographien an; es wird ein Zugang zur Lebenswirklichkeit von Migrant*innen ermöglicht, der ihre Lebensnarrative offenlegt. Die sukzessiven Prozesse, die Migrationsentscheidungen bedingen, können durch narrative Interviews individuell erfasst werden. Denn die Entscheidungen für und Folgen von Migration sind in der Gesamtheit von Lebensgeschichten eingebettet.

Das gemeinsame Interesse der Biographieforschung als auch der Grounded Theory lässt sich zwar am „Prozesshaften des menschlichen Seins" (Müller und Skeide 2018, S. 57) festmachen, gleichwohl sich die Untersuchungseinheiten in der traditionellen Betrachtungsweise beider Methoden unterscheiden:

Im Gegensatz zur Grounded Theory, die situative soziale Interaktionen und Handlungsweisen zwischen Individuen oder Kollektiven in den Blick nimmt, fokussiert die Biographieforschung die Verortung individueller Biographien im gesellschaftlichen Kontext (vgl. ebd.). Die Grounded Theory und die Biographieforschung sind jedoch miteinander verknüpft, haben sich gar beeinflusst, wie Müller und Skeide herausstellen: „Biographie ihrerseits ist dann Thema von *Grounded Theory*-Arbeiten, wenn es um Identitätsarbeit als Facette biographischer Arbeit geht" (ebd., S. 57, Hervorhebung im Original). Auch Lutz et al. rekurrieren auf die Grounded Theory als Einflussfaktor auf das rekonstruktive Vorgehen der Biographieforschung (vgl. ebd. 2018, S. 2). Die Grounded Theory setzt sich mit der „Sinn- bzw. Bedeutungsebene von Handeln und Erleben in sozialen Lebenswelten" (Breuer et al. 2018, S. 38) auseinander. Hierfür ist für die Rolle der Forschenden eine reflexive Vorgehensweise ratsam. Aufgrund ihrer Transparenz und Nachvollziehbarkeit, der Methodenindikation sowie Kohärenz als Gütekriterien qualitativer Forschung, die sich mit der Grounded Theory realisieren lassen, eignet sich die Methode gerade für eine Forschungsarbeit, die gesetzte Terminologien und tradierte Perspektiven unter Heranziehung empirischer Ergebnisse kritisch diskutieren möchte.

Im sozialwissenschaftlichen Verständnis bezieht sich der Biographiebegriff nicht auf „die Beschreibung eines individuellen Lebens" (Dausien 2018, S. 199). Zum Gegenstand wissenschaftlicher Untersuchungen wird Biographie vielmehr als soziales Konstrukt in den Blick genommen, welches in der Analyse rekonstruiert wird (vgl. ebd.).

> ‚Biographie' thematisiert das Zusammenspiel von Individuellem und Gesellschaftlichem, von Konstruktionsprozessen aufseiten der Subjekte, z. B. in der Form autobiographischer Erzählungen, sowie sozialen Strukturen und kulturellen Mustern aufseiten der Gesellschaft (Dausien 2018, S. 199 f.).

Dem Verständnis dieses Biographiebegriffs folge ich in dieser Arbeit und nehme ihn als *„Muster der Identitätsdarstellung und Selbstreflexion"* (ebd., Hervorhebung im Original) auf. Für meine Untersuchung gilt es demnach hinzuzufügen, dass meine Auseinandersetzung mit der Biographieforschung Einfluss auf meine Auswertung mit der Grounded Theory nimmt. Dennoch verwende ich die Grounded Theory nicht allein als Organisationsverfahren, sondern als Auswertungsmethode: Die Einzelfallanalysen (Kap. 6) entsprechen somit einer Darstellungsform des axialen Kodierverfahrens, in denen anhand entsprechender Kernkategorien die jeweilige Biographie als Untersuchungsgegenstand rekonstruiert und analysiert wird.

5.2 Datenerhebung mit dem narrativen Interview

> Das autobiographische narrative Interview erzeugt Datentexte, welche die Ereignisverstrickungen und die lebensgeschichtliche Erfahrungsaufschichtung des Biographieträgers so lückenlos reproduzieren, wie das im Rahmen systematischer sozialwissenschaftlicher Forschung überhaupt nur möglich ist. Nicht nur der ‚äußerliche' Ereignisablauf, sondern auch die ‚inneren Reaktionen', die Erfahrungen des Biographieträgers mit den Ereignissen und ihre interpretative Verarbeitung in Deutungsmustern, gelangen zur eingehenden Darstellung (Schütze 1983, S. 285 f.).

Das narrative Interview geht zurück auf den Soziologen Fritz Schütze[2] (1983), das er im Anschluss an die Chicagoer School des frühen 20. Jahrhunderts kreierte, und basiert auf der Theorie des Erzählens. Erzähltes wird dabei als jene Textform begriffen, die besonders plausibel individuelle und biographische Ereignisse sowie Selbstpräsentationen vermittelt (vgl. Fischer-Rosenthal und Rosenthal 1997, S. 136). Dabei interessiert sich Schütze für „die biographischen Deutungsmuster und Interpretationen des Biographieträgers nur im Zusammenhang seiner rekonstruierten Lebensgeschichte" (Schütze 1983, S. 284). Das narrative Interview hat sich zu einer populären Methode entwickelt, sofern die Forschenden die „subjektiven Erfahrungswelten" (Lucius-Hoene und Deppermann 2002, S. 9) der Untersuchungsgruppe fokussieren, was in einer kritischen Migrationsforschung, in der Migrant*innen als aktive Subjekte ihrer Alltagswirklichkeiten in den Fokus gerückt werden, bedeutungsvoll erscheint. Denn gerade das narrative Interview ermöglicht es, „die theoretisch-argumentativen Sichtweisen der Subjekte nach den eigenen Gestaltungsregeln des Erinnerns und Erzählens ablaufen" (Dausien 1996, S. 123) zu lassen. So entsteht ein „Zugang zur sozialen Wirklichkeit, wie sie von Individuen selbst wahrgenommen wird" (Kleemann et al. 2013, S. 64). Durch die Wahl des narrativen Interviews lassen sich „Deutungsmuster, Lebens- und Identitätsvorstellungen der Individuen" (Brüsemeister 2008, S. 99 f.) erfahren. Die Erzählung erhält durch die spontane Narration einen einmaligen Charakter, die sich nicht in dergleichen Weise

[2]Als Literaturhinweis dient an dieser Stelle in der Regel Schützes Aufsatz *Biographieforschung und narratives Interview* (1983). In die Soziologie wurde die Biographieforschung allerdings bereits in den 1920er Jahren von William Isaac Thomas und Florian Znaniecki durch ihre Studie *The Polish Peasant in Europe and America* (1918–1920) eingeführt; hierzu empfiehlt sich auch Ludger Pries' Aufsatz *Florian W. Znaniecki und William I. Thomas „The Polish Peasent in Europe and America". Eine Grundlegung der Soziologie und der Migrationsforschung* (2015).

wiederholen lässt. Nicht selten sind am Ende die Interviewten selbst über ihre langen Erzählstränge und weit zurückreichenden Erinnerungen an Erlebtes überrascht. Für die Migrationsforschung sind Narrationen „als Ausdruck erlebter Erfahrungen“ (El–Mafaalani et al. 2016, S. 69) besonders wertvoll.

Das wesentliche Merkmal ist die sogenannte „Stegreiferzählung“, also die Einstiegserzählung der interviewten Person. Diese wird durch den einleitenden Erzählstimulus hervorgerufen, der als „Monologaufforderung“ (El-Mafaalani et al. 2016, S. 70) begriffen werden kann. Bei der Stegreiferzählung, der spontanen Lebenserzählung, unterliegt die interviewte Person drei Zugzwängen des Erzählens: dem Gestaltschließungszwang, dem Kondensierungszwang und dem Detaillierungszwang (vgl. Schütze 1976, S. 224 f.). Um die eigene Erzählung nachvollziehbar werden zu lassen, ist eine gewisse Ausführlichkeit der Erzählung notwendig, die Schilderung von Erlebnissen in der tatsächlichen Reihenfolge wiederzugeben, was als Detaillierungszwang bezeichnet wird (vgl. ebd., S. 225). Begonnene Erzählungen abzuschließen, beschreibt der Gestaltschließungszwang (vgl. ebd., S. 224). Schließlich fühlt sich die erzählende Person *getrieben,* relevante Ereignisse herauszugreifen und die Erzählung zu verdichten, dabei handelt es sich um den Relevanzfestlegungs- oder Kondensierungszwang (vgl. ebd.; Nohl 2009, S. 29). Jegliche Erzählungen unterliegen diesen Zugzwängen, wobei diese bei längeren Erzählsträngen umso stärker greifen (vgl. Nohl 2009, S. 29). Auch Bourdieu verweist darauf, dass die an einem Interview beteiligten Subjekte und Objekte auf die Sinnhaftigkeit der Erzählungen zielen (vgl. Bourdieu 2000, S. 52). Die Interviewten unterliegen also gewissen, nahezu natürlichen Zwängen, ihre Geschichte glaubhaft, detailliert und plausibel wiederzugeben und ihr einen roten Faden zu verleihen. Daher ist es notwendig, dass der Erzählstimulus derart formuliert ist, dass vorrangig eine Erzählung statt eines Berichts oder einer Argumentation produziert wird.[3] Der Erzählstimulus, der von der interviewten

[3]Seitdem sich die deutschsprachige Biographieforschung etablierte, kreiste besonders um die unterstellte Homologie von Erzähltem und Erlebtem eine kritische Auseinandersetzung (vgl. Lutz et al. 2018, S. 4 f.). Fritz Schütze auf der einen Seite nimmt eine strikte theoretische und methodische Trennung der produzierten Erzählungen von Berichten und Argumentationen vor (vgl. Tuider 2007, S. 5). Gabriele Rosenthal auf der anderen Seite zentriert in der Fallrekonstruktion gerade die erzählte und erlebte Lebensgeschichte (vgl. ebd.). Zwar zielt die Biographieforschung unter Verwendung des narrativen Interviews besonders auf Erzählungen – nicht negieren lässt sich allerdings, dass auch die enthaltenen Berichte und Argumentationen etwas aussagen und somit je nach Forschungskontext Berücksichtigung finden könnten.

Person als Erzählaufforderung verstanden werden sollte, kann sich entweder auf die gesamte Lebensgeschichte beziehen (daher wird in der Literatur auch vom narrativ-biographischen oder autobiographisch-narrativen Interview gesprochen), oder aber auf für die Forschungsfrage besonders interessante Lebensphasen (vgl. Schütze 1983, S. 285). Endet die Stegreiferzählung mit einer eindeutigen Erzählkoda (bspw. „So, das war es jetzt erst mal"), folgt der sogenannte „immanente" Nachfrageteil, bei dem aufgrund von Verständnis oder Plausibilität offen formulierte Rückfragen zu konkreten Erzählungen und Passagen gestellt werden (vgl. Schütze 1983, S. 285; Nohl 2009, S. 19; El-Mafaalani et al. 2016, S. 70). Zuletzt erlaubt es der exmanente Frageteil weitere Fragen zu anderen, nicht erwähnten Themenbereichen oder Bewertungen bestimmter geschilderter Situationen und Erlebnisse zu stellen (vgl. Schütze 1983, S. 285; Nohl 2009, S. 19; El-Mafaalani et al. 2016, S. 70).

Für die vorliegende Forschungsarbeit entwickelte ich einen Erzählstimulus und war auf den Ablauf des narrativen Interviews nach den oben erläuterten drei Phasen vorbereitet. Zu Beginn des narrativen Interviews mit Einschalten des Diktiergerätes bedankte ich mich zunächst für die Zeit der Gesprächspartnerin und fasste den Inhalt meiner Forschungsarbeit zusammen. Es folgten der Erzählstimulus und ein paar Informationen zum Interviewablauf. In der Regel lautete die Eröffnung des Interviews mit integriertem Erzählstimulus somit wie folgt:

> Vielen Dank, dass du dir die Zeit für dieses Interview nimmst. Wie du bereits weißt, geht es in meiner Forschungsarbeit um Frauen aus türkeistämmigen Familien, die in Deutschland geboren und aufgewachsen sind und derzeit in der Türkei leben. Mit dir möchte ich sprechen, da du diesen Schritt, von Deutschland in die Türkei zu gehen, bereits vollzogen hast. Ich fände es schön, wenn du mir davon erzählen würdest, gerne auch ausführlich, denn mich interessieren auch die Bedingungen und Voraussetzungen, die deiner Ansicht für deinen persönlichen Lebens- und Bildungsweg eine Rolle gespielt haben. Du kannst dir so viel Zeit nehmen, wie du möchtest, es gibt kein richtig und kein falsch. Ich werde dich nicht unterbrechen, mir ggf. ein paar Notizen machen und später noch auf ein paar Aspekte zurückkommen. Du bist jetzt in der Türkei, was hat dich hierher geführt? Bitte erzähl mir deinen persönlichen Lebens- und Bildungsweg bis zum heutigen Tag.

Für den exmanenten Frageteil hatte ich keine ausformulierten Fragen vorbereitet, sondern entwickelte im Prozess der Datengenerierung Hypothesen und Kategorien, die falls nicht selbst von den folgenden Gesprächspartnerinnen angesprochen, von mir nachgefragt wurden. Hierbei handelte es sich u. a. um folgende thematischen Bereiche: Aufwachsen (nachbarschaftliches Umfeld, türkische Community[4], Erziehung, Elternhaus, Freundschaften etc.), Erfahrungen im Kindergarten, in der Schulzeit, an der Universität sowie die Türkei als (familiärer) Bezugsort. Im exmanenten Frageteil stellte ich somit bspw. Fragen zur Staatsbürgerschaft und zur persönlichen Bedeutung des Passes, zur Migrationsgeschichte der Eltern und zu Reaktionen aus dem sozialen Umfeld der Frauen auf ihre Auswanderungspläne. Der Logik der Grounded Theory folgend handelte es sich somit um einen flexiblen Umgang mit Hypothesen und Kategorien, da jedes Interview neue Facetten offenbarte.

Als besondere Stärke des narrativen Interviews heben El-Mafaalani et al. den „niedrige(n) Grad der Vorstrukturierung durch die Forschenden" (ebd. 2016, S. 71) hervor. Aufgrund der Offenheit des Interviewstils kann der „Zugang in die alltagspraktischen Denk- und Handlungsmuster der Erzählenden" (ebd.) besonders ertragreiche Erkenntnisse generieren. Begreift man die Geschichte, die das narrative Interview hervorruft, als „Ensemble von Erfahrungen und Erinnerungen" (Gutiérrez Rodríguez 1999, S. 62), so lässt die individuelle Erzählweise eine Verdichtung gesellschaftlicher Prozesse im Individuum erkennen (vgl. ebd.). Dieses Wechselspiel zwischen Subjekt und Gesellschaft zu verstehen, gar zu abstrahieren, kann unter Anwendung der Grounded Theory gelingen (vgl. ebd.).

5.3 Datenauswertung mit der Grounded Theory

Die Auswertung meiner Interviewdaten erfolgt mit der Grounded Theory nach Anselm L. Strauss und Barney Glaser (1967), später von Strauss und Juliet Corbin weiterentwickelt (1990). Ziel dieser Methode ist, wie der Name bereits andeutet, die gegenstandsverankerte Theoriebildung. Das geschieht durch die Herausarbeitung eines sozialen Phänomens zur Theoriegenerierung, das aus der Analyse des Datenmaterials hervorgeht. Dabei rotiert die Vorgehensweise der Grounded Theory um den Vorgang des dreistufigen, zugleich zirkulären, komparativen, theoretischen Kodierens: das offene, das axiale und das selektive Kodieren (vgl. Corbin und Strauss 1990, S. 12). Diese drei Schritte ermöglichen eine allmählich zunehmend intensive Auseinandersetzung und Eindringung in das

[4]Community bezeichnet die Gesellschaftsform, die innerhalb der Einwanderungsgesellschaft als Bezugsgruppe für Einwander*innen verstanden wird. Dabei bilden Communities „Brücken" ins Herkunftsland und stellen ebenso Verbindungen zur Ankunftsgesellschaft her (vgl. Beck-Gernsheim 2004, S. 96 ff.).

Datenmaterial und führen somit sukzessive zur Konzeptualisierung. „Es ist diese Interaktion, die Lektüre und Arbeit am Datenmaterial, die allmählich eine theoretische Sensibilität für die Daten bzw. eine Kenntnis dessen mit sich bringt, was signifikant ist" (Bohnsack et al. 2003, S. 71).

Der Interpretiervorgang beginnt mit dem offenen Kodieren: „Open coding is the interpretative process by which data are broken down analytically" (Corbin und Strauss 1990, S. 12). Hierbei wird das Datenmaterial, bei meiner Untersuchung handelt es sich um die Transkripte der narrativen Interviews, zur Feinanalyse zunächst sukzessive in einzelne Segmente unterteilt. Diese werden schließlich mit Anmerkungen (Kodes), Kommentaren und Memos, die auf Verbindungen zwischen mehreren Kodes verweisen können, versehen (vgl. Flick 2012, S. 388). Das Material wird also „auseinandergebrochen" (Boehm 1994, S. 127), um sukzessive Konzepte entwickeln zu können: „Das Ziel ist es, die gewohnten Denkweisen beim Verstehen zu überschreiten, um neue Einsichten über das interessierende Phänomen zu gewinnen" (ebd.). Die entstandenen Kodes werden im nächsten Schritt kategorisiert und mit abstrakteren Kodes versehen (vgl. Flick 2012, S. 391), wobei sie stetig einem Prozess des Vergleichens innerhalb des Samples unterliegen: „In open coding, events/actions/interactions are compared with others for similarities and differences" (Corbin und Strauss 1990, S. 12). Die Kodes können konstruiert sein, bspw. der bestehenden Fachliteratur entlehnte Begriffe oder sogenannte *invivo-Kodes* sein, die Aussagen der Interviewpartner*innen wiedergeben und somit näher am Material bleiben (vgl. Boehm 1994, S. 127). Ziel des offenen Kodiervorgangs ist es, „einen Text aufzubrechen und zu verstehen und dabei Kategorien zu vergeben, zu entwickeln und im Lauf der Zeit in eine Ordnung zu bringen" (Flick 2012, S. 392). Grundsätzlich gilt es als förderlich, sich dem Datenmaterial mit den sogenannten „W-Fragen" zu nähern, siehe Tab. 5.1.

Als nächstes geht es um die Differenzierung und Verfeinerung der im offenen Kodieren entstandenen Kategorien – dieser Schritt nennt sich axiales Kodieren (vgl. Corbin und Strauss 1990, S. 13; Flick 2012, S. 393; Boehm 1994, S. 130). Es werden jene Kategorien ausgewählt, die am aussichtsreichsten erscheinen, sogenannte „Achsenkategorien", die mit weiteren Textpassagen angereichert werden (vgl. ebd.). Ziel ist es, „die Kategorien in ihrem theoretischen Beziehungsnetz" (Boehm 1994, S. 130) zu differenzieren. Einzelne Passagen können axial interpretiert oder mit anderen Textstellen verglichen werden, wobei ebenfalls zur Orientierung an den W-Fragen geraten wird (vgl. ebd.). Die Beziehungen, die anschließend zwischen den Kategorien herausgearbeitet werden, lassen sich in einem von Strauss und Corbin entwickelten Kodierparadigma veranschaulichen, siehe Abb. 5.1.

Tab. 5.1 Fragen beim offenen Kodiervorgang (vgl. Boehm 1994, S. 127; Flick 2012, S. 393)

Was?	Kontext, Thema, Inhalt
Wer?	Personen, Akteure, Rollen, Interaktionen
Wie?	Aspekte des Phänomens, die (nicht) thematisiert werden
Wann? Wie lange? Wo?	Zeit, Verlauf und Ort
Wie viel? Wie stark?	Intensitätsaspekte
Warum?	Begründungen und Argumentationen
Wozu?	Absicht und Zweck
Womit?	Mittel, Taktiken und Strategien zum Erreichen des Ziels
(vgl. Boehm 1994, S. 127; Flick 2012, S. 393)	

Abb. 5.1 Kodierparadigma (Flick 2012, S. 394)

Dieses Paradigma unterstützt die Herausbildung von Beziehungen zwischen den Kategorien und dient der Herausarbeitung von in den Kategorien enthaltenen Konzepten, die ursächlichen Bedingungen oder Konsequenzen zugeordnet oder als Phänomen eingeordnet werden können (vgl. Flick 2012, S. 394). So wird eine Ordnung zwischen Kategorien, Konzepten und Phänomenen generiert (vgl. ebd.).

Liegt also ein Phänomen X vor, so wird das Datenmaterial nach *ursächlichen Bedingungen* für das Auftreten von X und nach *Konsequenzen* von X, nach *Handlungen* (bspw. in Form von Strategien) zum Umgang mit X und den dabei *bestehenden Kontextbedingungen* durchsucht (vgl. Corbin und Strauss 1990, S. 13 f.; Boehm 1994, S. 131). Um das Phänomen herauszukristallisieren, können Fragen wie „Worauf beziehen sich meine Daten (Texte) letztlich? Um was drehen sich die Handlungen und Interaktionen eigentlich?" (Boehm 1994, S. 132) nützlich sein.

Das selektive Kodieren beschreibt den letzten Kodierschritt mit dem Ziel, Kernkategorien für ein höheres Abstraktionsniveau herauszuarbeiten (vgl. Corbin und Strauss 1990, S. 14; Flick 2012, S. 396) und schließlich die Theorie des eruierten Phänomens zu formulieren (vgl. Boehm 1994, S. 134). An dieser Stelle geht es somit um die prägnante, nur wenige Sätze umfassende Formulierung der „Geschichte" und der Fokussierung des Phänomens; die Erzählperson tritt hierbei in den Hintergrund (vgl. Flick 2012, S. 397). Aus der Distanz zum Interview und zur interviewten Person kann das Abstraktionsniveau gesteigert werden, die Kernkategorie wird in ein relationales Verhältnis zu anderen Kategorien im Rahmen des Kodierparadigmas gesetzt und ermöglicht schließlich die Theorieformulierung unter Prüfung des Datenmaterials (vgl. ebd.). Das gesamte Verfahren ist dabei so flexibel, dass sich jederzeit mit einer umformulierten Fragestellung in das ursprüngliche Datenmaterial hineinbegeben werden kann, um eine Theorie zu einem anderen Gegenstand zu generieren (vgl. ebd.). Dies entspricht der relativen Offenheit qualitativer Datenauswertungsverfahren.

Für die Theoriegenerierung ist das theoretische Sampling bedeutsam, welches das Auswahlverfahren der Interviewpartner*innen sowie die Auswahl auszuwertender Fälle umfasst. Das Sampling gilt dann als beendet, wenn eine theoretische Sättigung erreicht ist (vgl. Glaser und Strauss 2005, S. 53; Flick 2012, S. 158 f.). Das ist dann der Fall, wenn keine neuen Erkenntnisse in Bezug auf das untersuchte Phänomen mehr zu erwarten sind. Zudem ist mit dem theoretischen Sampling der Prozess der parallelen Erhebung, Kodierung und Analyse von Daten gemeint, der letztlich auf die Theoriegenerierung zielt (vgl. Glaser und Strauss 2005, S. 53).

Eine der Schwierigkeiten bei der Anwendung der Grounded Theory ist, dass die Kodier- und Vergleichsvorgänge grundsätzlich endlos sein können (vgl. Flick 2012, S. 401). Flick schlägt hier die Anfertigung einer Prioritätenliste vor, um anhand des Forschungsinteresses ein Ende des Kodierens und Vergleichens zu legitimieren (vgl. ebd.). Auch die Arbeit in Interpretationsgruppen wird zur Ergebnisdiskussion und wechselseitigen Überprüfung von Lesarten grundsätzlich empfohlen (vgl. ebd., S. 402). Strauss selbst legt der Grounded Theory einen äußerst variablen Stil zu Grunde: „Der Vorschlag, bei bestimmten Fragestellungen abgekürzte Verfahren anzuwenden, geht genau in diese Richtung. Man muss die Methodologie an die Fragestellungen und die Randbedingungen anpassen" (Strauss [1994] 2004).

Gutiérrez Rodríguez zeigt in ihrer Untersuchung zu „intellektuellen Migrantinnen" eindrucksvoll, wie gut es die Anwendung der Grounded Theory ermöglicht, Erfahrungen und Erlebnisse, Wirklichkeiten und Handlungsschemata aufzuzeigen, die derart noch nicht empirisch konzeptualisiert wurden, ohne dabei starren, gar normativen Annahmen zu folgen (vgl. Gutiérrez Rodríguez 1999, S. 65). Durch die vorurteilsbefreite und offene Perspektive auf die Selbstpositionierungen der Befragten können existente Theorien und Konzepte modifiziert werden (vgl. ebd., S. 65 f.). Gutiérrez Rodríguez legt ihre Analyse dem Prinzip der Offenheit zugrunde, „aus Differentem keine Einheit zu schaffen" (ebd., S. 66), ein Ansatz, dem ich in der Datenauswertung gefolgt bin.

5.4 Feldzugang, Fallauswahl und methodische Ergänzungen

Die Datengrundlage bilden acht Interviews, die ich im Sommer 2014 mit Frauen in Istanbul und Izmir auf deutscher Sprache geführt habe. Der Kontakt entstand über eine Anfrage[5], die sich im Schneeballsystem über die drei Goethe-Institute (Ankara, Istanbul und Izmir), Deutsche Schulen, Universitäten und via Facebook verteilte. Auffällig war, dass in Facebook-Gruppen, die sich selbst „Deutsche und Rückkehrer in Istanbul" oder „Izmir Rückkehrer Stammtisch" nennen, zahlreiche Interviewanfragen von Journalist*innen und Wissenschaftler*innen gepostet wurden. Ohne mein Zutun fand sich hier auch binnen kürzester Zeit meine Anfrage, die ich dann auch selbst in entsprechenden Gruppen teilte. Wenige Wochen nach dem Versand meiner Anfrage meldeten sich die ersten Frauen via E-Mail und Facebook bei mir. Schließlich pflegte ich mit 13 Frauen

[5]In dem Anschreiben stellte ich mich und mein Forschungsinteresse kurz vor und führte folgende Aspekte auf, die interessierte Gesprächspartnerinnen erfüllen sollten: *Geschlecht: weiblich, Bildung: Akademikerin, Geburtsland: Deutschland, Geburtsland der (Groß-) Eltern: Türkei, Wohnhaft in der Türkei (mind. Seit 2013).* Ich informierte zudem darüber, dass ich noch im selben Jahr in die Türkei reisen würde und nannte meine Kontaktdaten.

nach der Kontaktaufnahme eine mehrere Wochen umfassende Kennenlernphase, in der ich erste Fragen zu meinem Forschungsinteresse beantwortete und einen Informationsbogen mit folgenden Angaben der Frauen ausfüllen ließ: vollständiger Name, Geburtsjahr und -ort, Wohnort, seit wann wohnhaft in der Türkei, Studium (Studiengang und -ort, Abschluss) sowie die Angabe der derzeitigen beruflichen Tätigkeit. Zum Zeitpunkt meiner wenige Monate später stattfindenden Forschungsreise konnte ich schließlich acht in Deutschland geborene Frauen interviewen, die seit mindestens 2013 in der Türkei lebten. Vor Ort ergaben sich weitere Kontakte zu Frauen, mit denen aufgrund meines Reiseplans jedoch nicht immer Treffen mit ausreichend Zeit für eine ungestörte Interviewführung möglich wurden. Auch türkeistämmige Männer, die von Deutschland in die Türkei ausgewandert waren, lernte ich während der Reise kennen, die offen ihre Geschichte mit mir teilten und sich derart für meine Forschung interessierten, dass sie mir Kontakte zu Freundinnen, Schwestern oder Cousinen vermittelten. Die theoretische Sättigung des Samples war nach den acht Interviews erreicht, in weiteren Gesprächen mit Frauen (und auch Männern) während meines Forschungsaufenthalts erschienen mir keine neuen Aspekte aufzutreten. Bei der Teilnahme an einem Treffen des „Rückkehrer-Stammtischs" in Izmir begegneten mir ebenfalls von Deutschland in die Türkei ausgewanderte Frauen und Männer sehr interessiert und teilten biographische Erlebnisse, Auswanderungsmotive und Zukunftspläne mit mir. Während dieses kollektiven Austauschs erlangte ich zur Erkenntnis, das obgleich des individuellen Charakters der Geschichten, sich, wie Glaser und Strauss schreiben, die Beispiele wiederholen (vgl. ebd. 2005, S. 69).

Übereinstimmende Merkmale der interviewten Frauen sind ihre freiwillige und selbstständige[6] Auswanderung in das Herkunftsland ihrer Eltern sowie ihr in Deutschland oder in der Türkei erlangter Hochschulabschluss. In der Regel fanden die narrativen Interviews in öffentlichen Cafés statt, lediglich eine Interviewpartnerin lud mich in ihre Wohnung ein. Im Schnitt dauerten die Gespräche länger als zwei Stunden. Im Anschluss an die Interviews unterzeichneten die Frauen die Einverständniserklärung, dass ich ihre Geschichte für die Analyse und

[6]Mit der „freiwilligen" und „selbständigen" Auswanderung beziehe ich mich lediglich auf den Fakt, dass die Interviewpartnerinnen aus eigener Motivation ausgewandert sind und nicht bspw. im Rahmen einer kollektiven familiären „Rückwanderung" in die Türkei migriert sind. Zweitem läge eine „unfreiwillige" Migrationsursache zugrunde, wie sie bspw. meine Gesprächspartnerin Eva erlebt hat.

Veröffentlichung verwenden dürfe. Ich sicherte ihnen Anonymität zu und ließ sie auf einem Dokumentationsbogen[7], den sie für mich ausfüllten, ein Pseudonym angeben. Einer Gesprächspartnerin habe ich anschließend ein anderes als das von ihr gewählte Pseudonym gegeben, da die Anonymität sonst nicht gänzlich gewahrt werden konnte. Eine weitere Interviewpartnerin wollte ihren Namen nicht ändern. Zurück in Deutschland wurden die Interviews transkribiert, ohne sie sprachlich zu bereinigen. Obwohl alle Frauen nahezu perfekt Deutsch sprachen, fühlten sie sich manchmal unsicher, da sie teils schon länger in der Türkei lebten und Deutsch nicht mehr zu ihrer Alltagssprache gehörte.

Die acht Frauen stammen aus unterschiedlichen Regionen Deutschlands, von kleinen Ortschaften über mittelgroße Städte bis hin zu Großstädten, aus südlichen und nördlichen, westlichen und östlichen Bundesländern.

Kurzportraits der Interviewpartnerinnen

Als Hinführung zur Erläuterung des Samples werden alle acht interviewten Frauen folgend in alphabetischer Reihenfolge kurz vorgestellt:

Beril (*1986) lebt zum Interviewzeitpunkt in Izmir und hat die deutsche Staatsbürgerschaft in Kombination mit der Mavi Kart[8]. Beril arbeitet in einem Exportunternehmen und ist für deutschsprachige Kund*innen verantwortlich. Sie ist verheiratet und für ihren Mann von Istanbul nach Izmir gezogen. Ihren ersten eigenen Aufenthalt in der Türkei realisierte sie im Rahmen von Erasmus im Jahr 2009 bevor sie 2010 nach ihrem Diplom in Sozialwissenschaften in die Türkei auswandert. Von ihrer Herkunftsfamilie leben noch ihr Bruder sowie ihre Eltern in der deutschen Herkunftsstadt, wobei sie ihre Eltern regelmäßig in der Türkei besuchen. Ihr Vater ist Rentner, ihre Mutter Hausfrau und beide verfügen über die türkische Staatsbürgerschaft.

Deniz (*1986) lebt zum Interviewzeitpunkt in Istanbul und hat die türkische und deutsche Staatsangehörigkeit. 2012 ist sie in die Türkei ausgewandert und lebt dort zum Interviewzeitpunkt mit ihrem in der Türkei sozialisierten Ehemann und ihren Schwiegereltern in einer kleinen Wohnung. Sie hat ein BWL-Diplom

---

[7]Der Dokumentationsbogen enthielt Auskünfte persönlicher Angaben, darunter Geburtsdatum, aktueller Wohnort und Staatsangehörigkeit(en), Angaben über die Bildungsabschlüsse, den Beziehungsstatus und die Staatsangehörigkeit(en) des Partners, Angaben über Alter und Wohnort von Geschwistern und Eltern sowie Bildungsabschlüsse der Eltern.

[8]Die Mavi Kart (blaue Karte) räumt ihren Besitzer*innen (ehemalige türkische Staatsbürger*innen und deren Nachfahren) das Recht auf Berufsausübung sowie das uneingeschränkte Aufenthaltsrecht ein (vgl. Hanewinkel 2012b).

in Deutschland absolviert und arbeitet in Istanbul im IT-Support für deutschsprachige Kund*innen. Von ihrer Herkunftsfamilie lebt noch eine weitere Schwester in Istanbul und eine Schwester ist in Irland wohnhaft. Deniz' Eltern und ihre jüngste Schwester leben nach wie vor in der deutschen Herkunftsstadt. Ihr Vater ist zum Interviewzeitpunkt selbstständig mit einem kleinen Laden und ihre Mutter ist Hausfrau, beide besitzen die doppelte Staatsbürgerschaft.

Ege (*1972) lebt zum Interviewzeitpunkt in Izmir und arbeitet an einer Universität in der Region im Fachbereich Germanistik. Sie ist verheiratet und hat einen Sohn, den sie zweisprachig erzieht. Ege, die die türkische Staatsangehörigkeit besitzt, ist 1989 in die Türkei ausgewandert und lebte anfangs bei ihrer Großmutter. Sie besuchte eine Schule, auf der sie das deutsche Abitur machen konnte und studierte anschließend Germanistik in Izmir. Eges Bruder lebt in Deutschland, ihre Eltern pendeln halbjährig zwischen der Türkei und Deutschland, sie haben beide die türkische Staatsbürgerschaft und sind in Rente.

Eva (*1972) lebt zum Interviewzeitpunkt in Izmir, wo sie ein Call-Center leitet und hat die türkische Staatsbürgerschaft. Sie hat in der Türkei und in England Phonetik studiert und einen Masterabschluss erreicht. Eva ist geschieden und hat eine Tochter. Sie ist 1998 aufgrund der Entscheidung ihrer Eltern mit der gesamten Familie in die Türkei ausgewandert. Ihre vier Geschwister sowie ihre Eltern leben in einer anderen Stadt in der Türkei. Ihre Eltern sind pensioniert und haben die türkische Staatsbürgerschaft.

Pelin (*1984) lebt zum Interviewzeitpunkt in Izmir und arbeitet dort als Social-Media-Managerin. Sie ist 2013 nach ihrem Master der Kommunikations- und Medienwissenschaften ausgewandert. Pelin hat die deutsche Staatsbürgerschaft in Kombination mit der Mavi Kart. Ihre vier Geschwister leben zum Interviewzeitpunkt, ebenso wie die getrennt lebenden Eltern, in Deutschland. Ihre Eltern sind verrentet und besitzen die türkische Staatsbürgerschaft.

Rüya (*1983) lebt zum Interviewzeitpunkt in Istanbul und hat die türkische Staatsangehörigkeit. 2012 ist sie in die Türkei ausgewandert und reist zur Aufrechterhaltung ihrer unbefristeten Aufenthaltsgenehmigung halbjährig nach Deutschland. Sie ist promovierte Pädagogin und ausgebildete systemische Familientherapeutin. Von Rüyas Herkunftsfamilie ist lediglich ihr Bruder weiterhin in Deutschland wohnhaft. Ihre Eltern sind im Anschluss an Rüyas Auswanderung und nach ihrer Pensionierung in die Türkei zurückgekehrt, beide haben die türkische Staatsbürgerschaft.

Tülay (*1977) lebt zum Interviewzeitpunkt in der Umgebung von Izmir. Sie hat die türkische Staatsangehörigkeit und ist 1997 zum Anglistikstudium in die Türkei ausgewandert. Zum Interviewzeitpunkt hat Tülay ihre Arbeit in einem globalen Konzern als Englisch-Übersetzerin aufgegeben, da sie mit ihrem zweiten

Ehemann ein Kind bekommen hat. Aufgrund ihrer Schwangerschaft konnte Tülay nicht mehr halbjährig zum Erhalt ihrer unbefristeten Aufenthaltsgenehmigung nach Deutschland einreisen. Von Tülays Herkunftsfamilie lebt eine Schwester in Deutschland und eine Schwester in Dubai. Ihre jüngste Schwester und ihre Eltern sind ebenfalls in Izmir wohnhaft. Tülays Eltern sind in Rente und haben beide die türkische Staatsbürgerschaft.

Zülal (*1981) lebt zum Interviewzeitpunkt in Istanbul und hat die deutsche Staatsangehörigkeit in Kombination mit der Mavi Kart. Sie war zunächst von 2008 bis 2012 in der Türkei, kehrte dann kurz nach Deutschland zurück und lebt erneut seit 2013 mit ihrem türkischen Ehemann in Istanbul. Sie hat das zweite Staatsexamen für Sonderpädagogik und arbeitet als DaF[9]-Lehrerin. Sie hat drei ältere Geschwister über deren Wohnort sie keine Auskunft erteilt hat. Zülals Eltern leben zum Interviewzeitpunkt in Deutschland und haben die türkische Staatsbürgerschaft. Ihr Vater ist Rentner, die Mutter ist Hausfrau.

Theoretisches Sampling und methodische Ergänzungen

Die Auswertung von vier der acht Interviews ist nach dem Prinzip der maximalen und minimalen Kontrastierung erfolgt. Rüya, Tülay, Beril und Deniz, je zwei Frauen aus den Städten Istanbul und Izmir, sollen detailliert in Einzelfallanalysen betrachtet werden. Offensichtliche Unterscheidungskriterien der maximalen Kontrastierung sind die Staatsbürgerschaft: doppelte Staatsbürgerschaft (Deniz), deutsche Staatsbürgerschaft und Mavi Kart (Beril), türkische Staatsbürgerschaft (Rüya und Tülay). Ebenso besteht eine maximale Kontrastierung im Verhältnis zu Deutschland, in dem eine eher ablehnende Haltung (v. a. Beril) ins Feld geführt wird, wiederkehrende Rückkehrgedanken nach Deutschland benannt werden (v. a. Deniz), eine starke berufliche Bindung zu Deutschland besteht (v. a. Rüya) und sich „heimatlich" zu Deutschland positioniert wird (v. a. Tülay). Neben den Studienabschlüssen Diplom und Master habe ich Rüya in das Sample aufgenommen, die einen Doktortitel trägt. Um den Blick nicht nur auf die Frauen zu richten, die während der „Abwanderungswelle" ausgewandert sind, ergänzt Tülay das Sample, die bereits 1997 in die Türkei ausgewandert ist. Darüber hinaus lebt bei keiner der Frauen die gesamte Familie (Eltern und Geschwister) am gleichen Ort. Neben Deutschland und der Türkei sind andere Länder, in

[9]DaF ist die Abkürzung für „Deutsch als Fremdsprache"; so wird der Unterricht der deutschen Sprache im Ausland genannt, wo er nicht für den alltäglichen Gebrauch benötigt wird. Von „Deutsch als Zweitsprache" spricht man beim inländischen Erwerb deutscher Sprachkenntnisse.

denen Geschwister zum Interviewzeitpunkt leben, für die grenzübergreifenden Familienstrukturen relevant. Bei dem ausgewählten Sample liegen ferner jeweils lange Selbstthematisierungspassagen vor sowie eine „gelungene" Stegreiferzählung. Zudem gewichten die vier Frauen unterschiedliche Auswanderungsmotive, gleichwohl es sich um Entscheidungsprozesse handelt, die mehrere ursächliche Bedingungen aufweisen.

Den Interviewpartnerinnen war es selbst überlassen, an welcher Stelle ihrer Lebensgeschichte sie ihren Erzähleinstieg beginnen wollten. Die meisten Frauen begannen ihre Erzählung mit ihrer Geburt, der Chronologie ihres Lebens folgend, oder mit einer Vorstellung ihrer Person, wie folgende Beispiele illustrieren: „Okay. Ich fang mal (Lachen) mit meiner Geburt an" (Beril, Z 56). „Also angefangen hat es, ich bin ja in A-Stadt geboren und aufgewachsen" (Deniz, Z 25). „Aha. Ja gut, dann fang ich mal an. Ehm. Mein Name ist Rüya und ehm der Nachname ist" (Rüya, Z 23–24). Eine Ausnahme bildet Tülay, die ihre Erzählung mit dem Zeitpunkt ihrer Migration in die Türkei einleitet: „Ich bin 1997 nach Izmir gezogen und zwar hab ich nach meinem Fachabitur, wollt' ich im Ausland studieren" (Tülay, Z 36–37). Auf den Erzählstimulus soll, so die Theorie (siehe Abschn. 5.2), die sogenannte „Stegreiferzählung" der interviewten Person folgen. In der Praxis ist das in meinen Interviews hingegen nicht immer gelungen: Manche Gesprächspartnerinnen waren bspw. verunsichert, ob sie mit ihren Erzählungen meine Erwartungen erfüllen würden. Das war eine sehr interessante Erfahrung und zeigte mir, dass sie offenbar davon ausgingen, dass ich klischeebehaftete Narrative suchen würde. Es stellte sich zwar stets Erleichterung ein, als ich dieses Missverständnis aufklären konnte, doch in eine lange Stegreiferzählung fanden wir dadurch nicht unbedingt zurück, bspw. sagte Pelin: „Also jetzt erwartest du vielleicht, oder die Geschichten die du dir vorher angehört hast, die hatten vielleicht immer einen triftigen Grund oder irgendeine schlechte, negative Erfahrung in Deutschland, die dazu dann geführt hat, dass die Person hierher ausgewandert ist" (Pelin, Z 44–46). Durch diese Erwartungshaltung bzw. Empfindung, eine gewisse Erwartung erfüllen zu müssen, wurde mir verdeutlicht, dass einige der befragten Frauen mit negativ aufgeladenen Narrativen aufgewachsen sind, sei es durch eigene Erfahrungen oder durch mediale wie politische Äußerungen. Das Aufwachsen der von mir interviewten Frauen fällt mehrheitlich mit einer Phase des problemzentrierten Diskurses über türkeistämmige Mitbürger*innen zusammen. In diesem werden Zugehörigkeiten nicht akzeptiert sowie transnationale Identitäten verkannt, statt transkulturellen Kompetenzen und bi-kulturellen Biographien gleichberechtigt zu begegnen. In den meisten der von mir geführten Interviews wurde jedoch der Theorie entsprechend eine langanhaltende Stegreiferzählung generiert. Die Stegreiferzählungen endeten meist ähnlich wie in der Literatur angekündigt durch eindeutige Marker, bspw. bei Rüya: „Wenn du Fragen hast, frag', weil ich weiß jetzt auch nicht, wo ich immer wieder anknüpfen soll, das ich einfach nur weiterkommen kann, erzählen kann" (Rüya, Z 499–501).

In den Interviews erhielt jede der Interviewpartnerinnen ein Blatt Papier, auf dem ein Zeitstrahl eingezeichnet war, der das Blatt in die obere Hälfte Türkei und die untere Hälfte Deutschland unterteilte, siehe Abb. 5.2.

Manche Frauen verwendeten das Papier für eigene Notizen, manche nutzten es gar nicht. Beril war die einzige, die vor Interviewbeginn Einträge an dem Zeitstrahl vornahm. Bei dem Interview mit Beril kamen zudem Begriffskarten zum Einsatz. Da zuvor zwei Interviews keine langen Stegreiferzählungen generierten, war diese Idee entstanden, die von Beril gut aufgenommen und umgesetzt wurde. Die Karten hatte ich vor dem Interview vorbereitet. Der erste Stapel war zu Beginn des Interviews aufgedeckt. Während einer Pause im immanenten Frageteil wurden die Karten ergänzt. Insgesamt lagen am Ende mehrere Begriffskarten willkürlich auf dem Tisch verteilt, die Begriffe wie *Familie, Schulzeit, Staatsbürgerschaft, Karriere* oder *Frau-Sein* aufzeigten (weiteres hierzu siehe Abschn. 6.3).

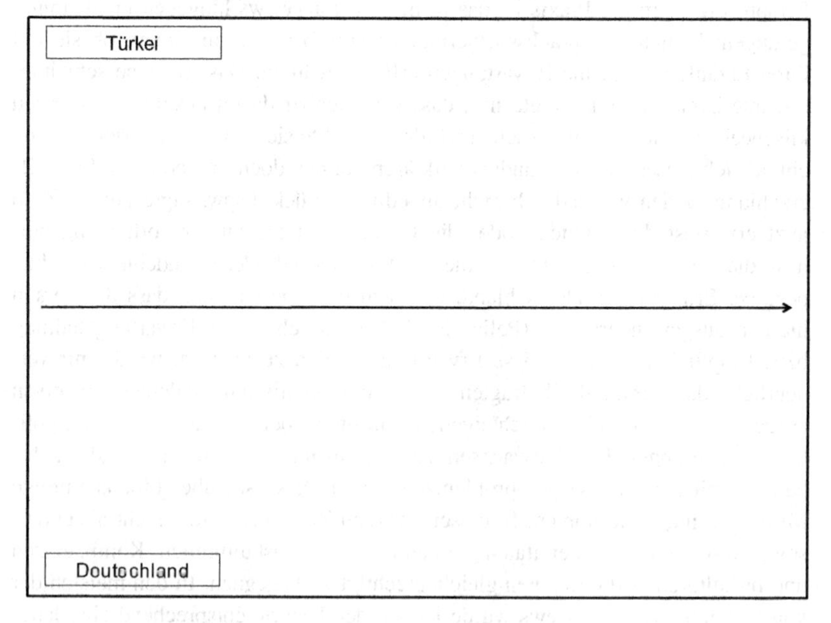

Abb. 5.2 Zeitstrahl. (Eigene Darstellung)

5.5 Reflexion als Forscherin

Reflexionen der eigenen Rolle im Forschungsprozess nehmen eine immer bedeutendere Rolle in kritischen Migrationsstudien ein.[10] Die Biographieforscher*innen Lena Inowlocki, Gerhard Riemann und Fritz Schütze verweisen darauf, „dass die Initiantin nicht umhin kommt, sich einem echten offenen und damit auch riskanten Forschungsprozess zu unterziehen" (ebd. 2010, S. 185). Besonders in der Auseinandersetzung mit biographischen Erzählungen müssen sich Forscher*innen darauf einlassen können, dass die Ergebnisse nicht prognostizierbar sind und sie mit einer „besonders intensive(n) emotionale(n) Erfahrungs- und Erlebnisdichte" (ebd., S. 185 f.) konfrontiert werden. Dies kann folglich zu einer „teilweisen Selbstidentifizierung" (ebd., S. 186) der Forschenden führen. Somit lassen sich biographische Erzählungen generell als Produkt von Interaktion verstehen: Aufgrund dieser Interaktion zwischen meinen Gesprächspartnerinnen und mir beeinflusse ich als „Initiantin" und die Interaktionsbeziehung als solche die Präsentation der Lebensgeschichten, was einer Reflexion bedarf.

Meine Erfahrungen im Setting des Interviews sind Anlass für die Reflexion meiner Rolle als Forscherin. Auf unterschiedlichen Ebenen, die ich ausführen werde, fand eine Identifikation zwischen den Frauen und mir statt. Hierzu baute ich im Prozess der Datenanalyse eine wissenschaftlich-professionelle Distanz auf, um Objektivität zu garantieren. Dienlich hierfür war die Reflexion der Identifikationsebenen: Neben dem offensichtlichen Aspekt des Geschlechts waren die Mehrheit der interviewten Frauen und ich in der gleichen Altersklasse. Auch hatten wir alle einen akademischen Abschluss. Zudem begegneten mir einige Frauen in der Annahme, ich hätte aufgrund meiner Migrationsgeschichte ähnliche Erfahrungen wie sie gesammelt. Dabei thematisierten wir meine eigene Migrationsgeschichte erst im Anschluss an das jeweilige Interview, zuvor bestand bei meinen Gesprächspartnerinnen lediglich die Annahme, einer Forscherin „mit Migrationshintergrund" gegenüberzusitzen. Neben dem eingängigen duzen mit all meinen Interviewpartnerinnen, das bereits auf eine

[10]Mecheril und Teo legen in ihrer Publikation *Andere Deutsche* (1994a) ihre Migrationsgeschichte als Beweggrund für die Herausgeberschaft dar; Ha erläutert in einem langen P.S. in seinem Buch *Ethnizität und Migration* (1999) seine Fluchtgeschichte; Schmitz präsentiert ihre persönlichen Beweggründe für die Forschung transnationalen Lebens von (Spät-) Aussiedler*innen in einem zweiseitigen Vorwort in ihrem Buch *Transnational Leben* (2013).

vertrauensvolle Atmosphäre schließen lässt, möchte ich die vier weiteren essentiellen Gemeinsamkeiten, die ihre Offenheit und ihr Vertrauen geweckt haben könnten, kurz skizzieren:

Geschlecht: Da alle interviewten Personen wie auch ich selbst Frauen sind, waren wir uns in diesem Punkt über allgemeine Gemeinsamkeiten bewusst. Dass Frauen generell, ungeachtet ihrer zusätzlichen Identitäten (Alter, ethnische Herkunft, soziales Kapital, Beruf, politische Einstellung etc.) Erfahrungen teilen, möchte ich als *stilles* Peergroup-Wissen bezeichnen. Eventuell weihten mich einige Interviewpartnerinnen aufgrund dieser offensichtlichen Gemeinsamkeit in intime Details ein, die sie mit einem männlichen Forschenden nicht derart offen geteilt hätten. So berichtet mir bspw. Deniz, als wir nach dem Interview den Tag gemeinsam verbringen, dass sie erst nach der Eheschließung das erste Mal mit ihrem Mann geschlafen habe. Sexualität thematisiert auch Tülay während des Interviews und erzählt mir offen über ihre Gedanken und Gefühle, das *traditionelle Verbot* betreffend und über ihre Gedanken zum „ersten Mal" mit ihrem ersten Ehemann.

Alter: Die Mehrheit meiner Gesprächspartnerinnen ist, genau wie ich, Mitte der 1980er Jahre in Deutschland zur Welt gekommen, wodurch wir ein gemeinsames Generationenwissen teilen. Gewisse öffentliche Diskurse, politische Lagen, technologische Entwicklungen und die Globalisierung der Welt haben unser Aufwachsen geprägt. Darüber hinaus teilen wir eine ähnliche Lebenssituation, bspw. unser Berufsleben betreffend.

Migrationsgeschichte: Auch wenn die von mir interviewten Frauen zunächst nichts über meine eigene Migrationsgeschichte wussten, so schrieben sie mir meist aufgrund meines Phänotyps einen Migrationshintergrund zu. Häufig kam es in Erzählsträngen selbst zu Äußerungen wie bspw. von Rüya: „Weißt ja wie es ist mit Migrationshintergrund in Deutschland zu sein" (Rüya, Z 89–90), oder Deniz: „Jetzt weiß ich den Hintergrund nicht, ob du Deutsche bist oder auch etwas anderes" (Deniz, Z 692–693). Diese Aussagen verdeutlichten mir, dass sie dachten, gewisse Erfahrungen als Frau mit Migrationshintergrund in Deutschland mit mir zu teilen. Häufig kam es erst nach dem Ausschalten des Diktiergeräts und dem definitiven Ende des Interviews dazu, dass mich die Frauen direkt nach meiner „eigentlichen Herkunft"[11] befragten oder Vermutungen darüber anstellten.

[11]Mein Vater ist zum Studium von Marokko nach Deutschland gekommen und hat hier meine deutsche Mutter kennengelernt. Ich selbst habe die deutsche Staatsbürgerschaft.

Bildungshintergrund: Ein Kriterium zur Auswahl meiner Interviewpartnerinnen ist das Vorliegen eines Hochschulabschlusses. Da meine Gesprächspartnerinnen darüber informiert waren, dass ich sie im Rahmen meiner Doktorarbeit befrage, war ihnen bewusst, dass wir Erfahrungen des Studierendenlebens, mit einigen sogar Promotionserfahrungen, teilen. Rüya bspw. spricht mich auf die finanzielle Herausforderung während der Doktorarbeitsphase an: „Man braucht die finanzielle Unterstützung, wenn man im Ausland auch eben – kennst du bestimmt jetzt auch – halt auch gerne forschen möchte" (Rüya, Z 491–493). Deniz belegt Aussagen über Studienerfolge türkeistämmiger Personen in Deutschland mit Zahlen und teilt dadurch „professionelles Wissen" mit mir. Beril berichtet davon, Seminare in Migrationssoziologie belegt zu haben. Sie begegnen mir durch ihre Äußerungen als Expertinnen „auf Augenhöhe" und kreieren eine professionelle Peer-Group. Gerade dieser Aspekt ist hinsichtlich ihrer Selbstpräsentation spannend: Zwar sind sie im Rahmen des Interviews diejenigen, die „beforscht" werden. Ihr „Bescheid wissen" kann jedoch dazu dienen, ihre Selbstdarstellung zu kontrollieren und sich somit nicht vollständig dem Analyseprozess auszuliefern.

Die Soziologin Elisabeth Beck-Gernsheim verweist auf die Synthese der Forscher*innen-Rolle in der Beziehung zur Forschungsgruppe. Nach Beck-Gernsheim will die/der Forscher*in „ausfragen, zählen, sortieren; er will prüfen, erfassen, Kontrolle ausüben. Oder so jedenfalls scheint es" (ebd. 2004, S. 178). Dabei kann zwischen Forscher*in und Forschungssubjekt eine unausgewogene Machtbalance entstehen, die sich durch eine Begegnung „auf Augenhöhe" reduzieren lässt:

> Vielmehr kann man als allgemeine Erwartung formulieren, daß die Offenheit um so größer sein dürfte, je geringer die Kluft in der Machthierarchie ist. Das heißt, auf die Erforschung von Migranten und Minderheiten bezogen: Die Befragten werden eher ihre Ängste und ihren Argwohn überwinden, wenn der Fragende/Forscher offensichtlich selbst Migrant ist oder zu einer Minderheitengruppe gehört (Beck-Gernsheim 2004, S. 180).

Da auf den oben benannten vier Ebenen (un-)sichtbare und (in-)direkte Gemeinsamkeiten vorlagen, bestanden in allen Interviews eine gewisse Vertrautheit und in gewissem Umfang geteilte Kenntnisse sowie Erfahrungen. Dazu zählen die Erfahrung als Zugehörige zur weiblichen Bevölkerung, als Angehörige einer Minderheit aufgrund der Migrationsgeschichte oder -erfahrung, aufgrund von erzielten Erfolgen im Bildungssystem als Frau und/oder als Migrantin. Aus diesem Grund begegneten wir uns, so meine Wahrnehmung, „auf Augenhöhe", ohne dass die häufig vorhandene Machtverteilung in klassischen Interviewsituationen zwischen Wissenschaftler*in und Migrant*in dominierte. Wie im oben aufgeführten Zitat Beck-Gernsheims, war „die Kluft in der Machthierarchie" (ebd. 2004, S. 180) gering, sodass mich die Frauen zugänglich, freimütig und aufrichtig über Erfahrungen und Erlebnisse, positiver wie negativer Art, in Kenntnis setzten. Der Aspekt der Identifizierung kann hinsichtlich der Wertefreiheit im wissenschaftlichen Analyseprozess auch kritisch betrachtet werden. Da die Interviews zu Beginn meines Forschungsprozesses geführt wurden, kann vor allem der zeitliche Abstand zum Interviewsetting als wichtiger Faktor für die professionelle Distanz gewertet werden.

Eine Herausforderung im Umgang mit dem Interviewmaterial bestand darin, ein gutes Mittelmaß zwischen einer möglichst detaillierten Darstellung der einzelnen Biographien bei gleichzeitiger Fokussierung auf die für meine Forschungsfrage besonders bedeutsamen biographischen Erzählpassagen zu realisieren. Natürlich können die Frauen von mir nicht in der Vollständigkeit ihrer Selbstpräsentation dargestellt werden, genauso wenig, wie sie mir ihre Biographie bis ins letzte Detail haben erzählen und somit ein vollständiges Bild haben kreieren können. Für die Analyse der Interviews hat sich je ein Thema aufgezeigt, das in der Narration besonders dominierend war: Bei Rüya handelte es sich um ihre Sehnsucht nach dem Ort ihrer „Wurzeln", bei Tülay waren ihre Abenteuerlust und Neugier zentral, Beril stellte wiederholend ihren „Abschluss" mit Deutschland heraus und Deniz' Narration rotierte um ihre Rückkehrgedanken nach Deutschland.

6 Die hochqualifizierten Transmigrantinnen: Bildungswege und Migrationserfahrungen

Nach Mecheril werden Migrant*innen aus der transnationalen Perspektive „als aktive Subjekte verstanden, die Migrationsprozesse aktiv gestalten" (ebd. 2010, S. 52). In dieser Betrachtungsweise lassen sich die folgenden Einzelfallportraits von vier ausgewählten Interviewpartnerinnen – Rüya, Tülay, Beril und Deniz – analytisch in den Blick nehmen. Sie treten als handlungsmächtige Akteurinnen in Erscheinung und bieten Einblicke in ihre subjektiven Erfahrungswelten.

Die im Folgenden präsentierten Einzelfallanalysen folgen in ihrer Rekonstruktion und Darstellung einem einheitlichen Muster: Nach einer Kurzpräsentation der Person, einer Vorstellung des Interviewsettings und einigen den Fall kennzeichnenden Merkmalen, folgt eine Ausführung zum Bildungsweg der Frauen. Unter diesem Begriff zeichne ich den Bildungsverlauf der Gesprächspartnerinnen und ihre Erlebnisse nach, an die sie sich aus Schul- und Universitätszeiten erinnern. Kernkategorien sind u. a. Diskriminierungserfahrungen oder Selbstbild als Schülerin. Anschließend führe ich unter dem Terminus der Migrationsgeschichte und -erfahrung jene Aspekte aus, die ihr Aufwachsen als Tochter einer türkeistämmigen Familie in Deutschland gekennzeichnet haben sowie einige Hintergründe zur Migrationsgeschichte ihrer Eltern. Kernkategorien sind u. a. Zugehörigkeitsgefühle oder „Werte-Patchwork". Auch Aspekte zur Staatsbürgerschaft und zu Selbst- und Fremdwahrnehmung werden an dieser Stelle eingebettet. Anschließend stelle ich gesondert die Auswanderungsmotive der Gesprächspartnerinnen dar, die eben nicht situativ, sondern sowohl prozesshaft in ihrer gesamten Narration erkennbar werden als auch kollektiv entstehen: Eltern und Geschwister oder in der Türkei lebende Partner sind in den Entscheidungsprozess involviert. Zuletzt resümiere ich den jeweils vorgestellten Fall. Um dem sozialwissenschaftlichen und methodischen Anspruch

N. Warrach, *Hochqualifizierte Transmigrantinnen,* Interkulturelle Studien,
https://doi.org/10.1007/978-3-658-27705-5_6

der Selbstdarstellung der Interviewpartnerinnen gerecht zu werden, sind viele Zitate der jeweils portraitierten Person in die Einzelfallanalyse eingebettet und invivo-Kodes generiert worden.

6.1 Rüya: „Es kommt die Zeit, wo ich an einem längeren Hebel sitzen werde"

Ich treffe Rüya (*1983) in einem Hafencafé in Istanbul, Treffpunkt und Zeit hat sie vorgeschlagen. Wir duzen uns und sie besteht darauf, mich zu Çay und Kahve[1] einzuladen, da ich Gast in ihrem Land sei. Das Interview dauert knapp drei Stunden.

Rüya wirkt während ihrer Erzählung sehr emotional, spricht dabei ganz offen über ihren Lebensweg mit positiven sowie negativen Erfahrungen und spart auch schmerzhafte Erlebnisse nicht aus. Ihre Biographie ist gekennzeichnet von der Sehnsucht nach Zugehörigkeit sowie dem Streben nach Anerkennung und Akzeptanz ihrer kulturell differenten Einflüsse: die türkische Herkunft des Vaters, der mazedonisch-bosnische Hintergrund ihrer Mutter und der deutsche Einfluss aufgrund ihrer Sozialisation in Deutschland. Dabei rotiert Rüyas Narration um ihren Identitätsbildungsprozess, da sie sich nicht eindimensional oder eindeutig zuzuordnen weiß, was als Indikator eines transnationalen Lebens gewertet werden kann. Grundsätzlich vereinen Personen eine Vielfalt an Identitäten (darunter auch verschiedene ethnische Identitäten), die, so Mead, „den verschiedensten gesellschaftlichen Reaktionen entsprechen" (1993, S. 184 f.). Pluri-ethnische oder -kulturelle Identitäten sind ein zentrales Merkmal von Transmigrant*innen, da sich Identität in transnationalen Lebensentwürfen von nationalstaatlichen Grenzen löst. Dabei bilden sich „Sowohl-als-auch" anstelle von „Entweder-oder" Identitätskonstruktionen heraus (vgl. Mecheril 2003; Pries 2010a). Diese können sich statt auf Nationalstaaten bspw. stärker auf eindeutige Lokalitäten (z. B. Istanbul statt Türkei, Köln statt Deutschland) und auf ethnische Gruppen (z. B. Kurdisch sein) beziehen. Identität entwickelt sich in der globalen Welt unabhängig von nationalstaatlichen Grenzen, in denen ein Individuum aufwächst. Das Aufwachsen in pluri-kulturellen Verhältnissen, so etwa in türkeistämmigen Familien, die in Deutschland leben, verändert, erweitert und prägt den sozio-kulturellen Prozess der Identitätsentwicklung.

[1] Türkischer Schwarztee und türkischer Kaffee.

Zu Beginn ihrer Narration orientiert sich Rüya, die 2012 in die Türkei ausgewandert ist, an ihrem Lebenslauf, den sie professionell und eingeübt vorträgt: Als formale Aspekte nennt sie ihren vollen Namen, ihren Geburtsort und -tag und zählt die Bildungsabschlüsse und -institutionen auf, die sie besucht hat, beginnend bei der Grundschule, über ihr Fachabitur, an die Universität bis zur Promotion in Erziehungswissenschaften und Psychologie. Zusätzlich ist sie als systemische Familientherapeutin ausgebildet. In welchem konkreten Arbeitsverhältnis sich Rüya zum Interviewzeitpunkt befindet, bleibt allerdings unklar. Sie scheint für unterschiedliche Träger, darunter Schulen, tätig zu sein, gleichzeitig auch auf selbstständiger Basis familiäre Beratungen durchzuführen. Es zeigt sich ein starker Bezug zur Region, in der sie aufgewachsen ist, da sie wiederholend den Ortsnamen erwähnt, in dem sie geboren wurde, zur Schule gegangen ist und ihr „ganzes Leben, also bis zum 29. Lebensjahr" (Z 25–26) verbracht hat. Ihre Stegreiferzählung beginnt also mit ihrer persönlichen Geschichte, wenn auch im Format eines Lebenslaufformulars, um den Versuch bemüht, eine vollständige Darstellung abzuliefern. Sie erwähnt ihren Bruder, der zum Interviewzeitpunkt noch in Deutschland wohnhaft ist und ihre Eltern, die nach Rüyas Auswanderung in die Türkei zurückgekehrt sind. Dann stockt sie in ihrer Erzählung, um nachzufragen, ob sie „einfach quer durch" (Z 37) erzählen solle. Nachdem sie ihre Einstiegserzählung in der Chronologie des Lebenslaufs vorgetragen hat, entsteht bei ihr offenbar eine Unsicherheit, wie sie weiter erzählen soll und ob sie eine lineare Ordnung ihrer Biographie narrativ wiedergeben kann. Zur Absicherung erkundigt sich Rüya daraufhin nach meinem methodischen Vorgehen und stellt damit heraus, dass sie sich mit wissenschaftlichem Arbeiten und empirischer Forschung auskennt. Es zeigt sich, dass sie mit der Rolle der Interviewerin vertraut ist. Als Gesprächspartnerin zum *beforschten* Subjekt einer Forschungsarbeit zu werden, ist für sie hingegen eine neue Erfahrung. Nach einer kurzen Interaktion nimmt Rüya den Faden ihrer Erzählung wieder auf und es folgt eine sehr lange Stegreiferzählung, die sie mit der Migrationsgeschichte ihrer Eltern von der Türkei nach Deutschland einleitet. Später legt sie auf die Folie der elterlichen Migrationsgeschichte ihre persönlichen Migrationserfahrungen. Dabei gibt sie bereits früh in ihrer Narration zu erkennen, dass die Idee, in die Türkei auszuwandern, bereits als Kind in ihr gereift ist. Ihr Wunsch sei es gewesen, ihre Schulbildung in Deutschland abzuschließen und zu gegebener Zeit in die Türkei auszuwandern: „Ich hab' mir das so vorgenommen, ich war immer gezielt, hab' gesagt: ‚Ich mach das irgendwann mal'" (Z 130–131). Rüyas Auswanderungsentschluss hat kollektive Auswirkungen auf ihre Familie: Ihre Eltern sind im Anschluss an die Auswanderung Rüyas nach Istanbul remigriert und so ist sie sich sicher, mit ihrer Entscheidung für ein Leben in der Türkei, „auch einen Traum vielleicht von meiner Mutter erfüllt" (Z 462) zu haben.

Trotz ihrer sehr reflektierten Narration entsteht als Leser*in respektive Zuhörer*in der Eindruck, sie würde beim Erzählen einen Bearbeitungs- und Reflexionsprozess durchleben. Dadurch begründen sich auch Widersprüche bspw. ihre Zukunftsvorstellungen betreffend: Mal kann sie sich vorstellen, wieder in Deutschland zu leben, dann ist sie sicher, in der Türkei zu bleiben und wiederum ein anderes Mal hält sie den Ort ihres künftigen Lebensmittelpunkts vollkommen offen. Sowohl dieses durch Ambivalenz gekennzeichnete Verhältnis zu Deutschland und zur Türkei als auch die Unabgeschlossenheit ihres Migrationsprozesses lässt eine Annäherung an den Idealtypus des Transmigranten nach Pries erkennen.

6.1.1 Bildungsweg

Als Kind besucht Rüya einen katholischen Kindergarten, geht dann in die Grundschule und absolviert auf der weiterführenden Schule ihr Fachabitur. An der Universität studiert sie zunächst Sozialpädagogik und promoviert schließlich in Erziehungswissenschaften und Psychologie. Die Stationen auf ihrem Bildungsweg verlaufen nahezu synchron zu heranwachsenden Mädchen aus deutschen Bildungshaushalten und anhand ihrer Selbstdarstellung erscheint es zunächst, als habe Rüya keine institutionelle Benachteiligung hinsichtlich ihres Bildungsverlaufs erfahren.[2] Der Bildungsweg Rüyas könnte dahingehend irritieren, da die Frage nach Chancengleichheit für Kinder und Jugendliche mit Migrationshintergrund eine im öffentlichen Diskurs etablierte Version prognostizierter Lebensverläufe darstellt: Fortwährend belegen Studien, darunter PISA, dass der Bildungssektor für Schüler*innen aus Migrationsfamilien schwerer zugänglich ist.[3] Der Zugang zu den Bildungsinstitutionen scheint für Rüya keine Hürde dargestellt zu haben. Diskriminierungserfahrungen im Sinne von Ethnisierung und Vergeschlechtlichung sammelt sie hingegen schon, wie im weiteren Verlauf deutlich werden wird.

[2]Kinder aus Einwanderungsfamilien erfahren häufig Benachteiligung im bundesdeutschen Bildungswesen bspw. dadurch, dass sie für einen Zugang zu Bildungsinstitutionen höhere Barrieren zu überwinden haben: Gerade die Bildungsforschung zeigt auf, dass Schulkarrieren und soziale Herkunft korrelieren, was insbesondere Kinder und Jugendliche aus Einwanderungsfamilien betrifft (vgl. Stojanov 2010, S. 79; Rosen 2011, S. 32 f.).

[3]Dass Schüler*innen aus Einwanderungsfamilien „herkunftsbenachteiligt" (Stojanov 2010, S. 79) sind, verstößt gegen das Prinzip der Chancengleichheit.

In der Grundschule, so erinnert sich Rüya, habe sie „immer so im sozialen Ordnungsbereich, Fleiß, Aufmerksamkeit" (Z 641–642) ihre guten Noten erhalten. Diese sozialen Fähigkeiten haben sie zu ihrem Beruf der systemischen Familientherapeutin mit besonderem Fokus auf benachteiligte Familien mit Einwanderungsgeschichte geführt. Rückblickend berichtet sie, trotz Höhen und Tiefen, im Schulalltag „sehr schnell durchgekommen" (Z 656) zu sein und im Alter von 29 Jahren ihre Promotion in Erziehungswissenschaften und Psychologie abgeschlossen zu haben. Nachdem sie sich, wie im weiteren Verlauf ihrer Narration deutlich wird, aufgrund der Einwanderungsgeschichte ihres Vaters (den sie als „Tourist" charakterisiert) vom Klischee der „Gastarbeiter*innen"-Tochter löst, scheint es, als würde sie sich mit ihrer Zielstrebigkeit (schnelle Promotion) und dem Verweis auf ihren Fleiß (bereits als Grundschülerin) von den stereotypisierten „Bildungsverliererlaufbahnen", wie sie nicht selten türkeistämmigen Kindern prognostiziert werden, abgrenzen.[4] Mit diesen Erzählungen lässt sie erst gar keine Erwartung hinsichtlich eines pauschalverurteilten Aufwachsens als türkeistämmiges Mädchen in der Bundesrepublik entstehen. Im Folgenden wird kontrastierend hierzu hingegen deutlich, dass sie im Schulalltag Ethnisierungserfahrungen macht, indem sie markiert als „türkisches Mädchen" ihre Schullaufbahn durchlebt.

Als sich Rüya an ihre Zeit auf der weiterführenden Schule erinnert, berichtet sie von Diskriminierungserfahrungen. Schüler*innen mit Migrationshintergrund seien „immer sehr gern abgestempelt" (Z 91) worden. Ihre Schulzeit sei schwierig verlaufen, sie ordnet sich rückblickend als „nicht eine erfolgreiche Schülerin" (Z 92) ein. Sie argumentiert: „Ich war schlecht, weil ich Prüfungsangst hatte" (Z 855). Zusätzlich führt sie diese Erfahrung darauf zurück, „die einzige Türkin in der Klasse" (Z 94) gewesen zu sein. Die eingangs genannten Werte, Fleiß und Aufmerksamkeit, werden durch diese Aussagen in gewisser Weise revidiert.

Sie berichtet, „Diskriminierungserfahrung sowohl von Lehrern, sowohl von Schülern" (Z 96) erlebt zu haben. Ihre Strategie, um die negativen Erfahrungen auszuhalten, ist die Etikettierung als Fremde abzuwehren und auf den Moment hinzuarbeiten, an dem sie „an einem längeren Hebel sitzen werde" (Z 100). Diese Metapher rekurriert auf Machtverhältnisse und ist Dreh- und Angelpunkt ihrer Selbsterzählung und -positionierung: In der Schulzeit, in der sich die Schüler*innen alle auf einem Niveau befinden, wird Rüya aufgrund der sozialen

---

[4]Aladin El-Mafaalani präsentiert eine gute Zusammenstellung von Forschungsarbeiten zum Bildungsaufstieg türkeistämmiger Kinder aus „Gastarbeiter*innen"-Familien (vgl. 2012, S. 55 ff.).

und kulturellen Herkunft ihrer Eltern ausgegrenzt. Zugleich erlebt sie Diskriminierung durch Lehrkräfte, die ihr vorgesetzt sind. Sie erkennt früh, dass Bildung einen Weg zu einer mächtigeren Position darstellt, der das Ungleichgewicht nicht nur ausbalancieren, sondern sie in die mächtigere Position befördern könnte. Diesem Ziel schreitet sie ehrgeizig entgegen.

Dieses Ziel, eines Tages am „längeren Hebel" (Z 100) zu sitzen, scheint Rüya über ihren hohen Bildungsweg, zumindest formell, zu erreichen. Ihre Lösung im Umgang mit Diskriminierung zeugt von Stärke: Es scheint, als habe sie sich nicht gegen die Ungerechtigkeiten gewehrt, sondern sich selbst mit Blick in die Zukunft Mut und Stärke zugesprochen. Schließlich erreicht Rüya die Position am „längeren Hebel" (Z 100), als sie Jahre später mit ihrer Promotionsurkunde ihre alte Schule aufsucht und ihren Erfolg dem Lehrer präsentiert, der ihr zu Schulzeiten „das Leben wirklich sehr schwer gemacht" (Z 100) habe. Diesen Schritt, mit der Promotionsurkunde das ehemalige Schulgelände zu betreten, um diese dem sie einst peinigenden Lehrer zu zeigen, verdeutlicht, dass Rüya ihre selbst gesteckten Ziele umsetzt: Die Situation illustriert das Erreichen ihrer hohen Position und kehrt die einstigen Machtverhältnisse aus dem Schulalltag um. Stolz auf ihre eigene Leistung und um den Lehrer von ihrem Erfolg zu überzeugen, tritt sie ihm als promovierte Frau gegenüber. Es ist ihr wichtig, ihrem Lehrer gegenüber zu betonen, dass sie „über Migration geforscht habe" (Z 108–109). Migration ist nicht nur in familiärer und privater Hinsicht, sondern auch beruflich zu Rüyas Knotenpunkt avanciert.

Als sich Rüya weiter an die negativen Erlebnisse ihrer Schulzeit erinnert, erzählt sie von dem Moment, an dem sie sich zur Wehr setzt: Von der siebten bis zur zehnten Schulklasse habe sie sich diskriminiert gefühlt, „ich hab das vier Jahre lang mitgemacht, ich war die einzige Türkin in der Klasse" (Z 751–752). Problematisch in dieser Zeit als „einzige Türkin" (Z 752) ist ihre Position als *Vertreterin* einer als homogen wahrgenommenen Gruppe *der Türken:* Die in den Medien dargestellten vermeintlichen Probleme türkeistämmiger Familien scheint Rüya im Schulalltag rechtfertigen zu müssen. Sie sei aufgrund negativer medialer Berichterstattung mit Sätzen wie „ihr Türken seid immer gleich" (Z 756–757) konfrontiert worden. Von klein auf lernt sie daher, eine vorbildliche Türkin zu sein:

> Hab' immer drauf geachtet, dass ich nichts Schlechtes tue und ich hab' nie blau gemacht. Ich war, ich hab' immer meine Hausaufgaben gemacht. Ich hab' versucht immer 'ne fleißigere, 'ne ordentliche Schülerin zu sein, um einfach /eh/ den Schülern das anders nahezulegen, um einfach zu sagen, 'ne, es gibt auch and're Türken. [...] Ich war immer so sehr vorbildlich, hab' immer versucht sehr vorbildlich zu sein (Z 769–790).

Rüya akzentuiert die Werte Fleiß und Ordentlichkeit, indem sie eine Steigerung bildet: Sie hat nicht bloß eine fleißige Schülerin sein wollen, sondern eine „fleißigere“ (Z 771). Womöglich keimt in diesen Erfahrungen und ihrem Umgang mit ihrer Außenseiterposition bereits ihre sehr starke Bildungsaspiration. Sie gibt sich schließlich nicht mit einem Diplomabschluss zufrieden, sondern schließt gar eine Promotion an, um erst recht zu zeigen, dass Frauen aus türkeistämmigen Familien einen Bildungsaufstieg schaffen können. Auf diesem Wege hat sie ihr Ziel, „am längeren Hebel“ (Z 100) zu sitzen, erreicht. Den Anderen zu beweisen, dass es auch „andre Türken“ (Z 772) gibt, verlangt Rüya viel ab, „ich hab viel geweint, ich hab sehr viel geweint, das, hab vieles runtergeschluckt“ (Z 773–774). Sie erzählt, dass sie nach drei Jahren täglicher Diskriminierung in der neunten Klasse den Schulleiter aufgesucht habe, nachdem sie „so richtig provoziert“ (Z 778) worden sei. Den Schulleiter habe sie unter Tränen von ihrer Pein in Kenntnis gesetzt. Rüya erinnert sich an seine einfühlsamen Worte: „Ich bemitleide es sehr, dass du nicht vorher gekommen bist“ (Z 787–788). Die Schüler*innen seien durch den Schulleiter bestraft worden, doch viel wichtiger sei für Rüya die Erfahrung gewesen, durch den Schulleiter Unterstützung zu erfahren:

> Der, so, stand so hinter mir, das hat mich so ‘n bisschen selbstbewusster gemacht, wo einfach, wo ich gelernt hab’, ich muss meine Grenzen selber setzen, halt ne. Ich habe es damals zugelassen, aber wie gesagt /ehm/ man will immer vorbildlich sein und mein Lehrer, […] mein lieber Herr B., hat immer gesagt: „Ja lass dich nicht provozieren, halt ne, lass die einfach reden“. Aber als Kind denkt man nicht so. Als Kind denkt man einfach nicht so, dass, ich hab das über vier Jahre lang mitgemacht (Z 798–804).

Sie habe sich über sich selbst geärgert, dass sie die anderen Schüler*innen häufig ihre Hausaufgaben habe abschreiben lassen: „Ich war so blöd, selbst wenn ich diskriminiert worden bin“ (Z 809–810). Ihr Verhalten als Schülerin ordnet sie retrospektiv wie folgt ein: „Man will immer gut sein, man will immer/ehm/nicht schlecht stehen“ (Z 812–813). Das Bedürfnis nach Anerkennung und Zugehörigkeit scheint während der Schulzeit in ihr zu wachsen. Rüya spricht hier diverse Aspekte an, die für sie wegweisend werden und ihre Strategie im Umgang mit Diskriminierung erkennen lassen: Sie habe nicht nur rechtfertigen müssen, dass nicht alle Türk*innen schlecht seien, sondern ihr Verhalten so gesteuert, dass sie als „gute“ und „vorbildliche Türkin“ ein positives Bild abliefere. Fleißig, Ordnung und Regeln einhaltend habe sie als Schülerin ihren Weg beschritten. Auch als sie sich gegen ihre Mitschüler*innen und den Lehrer, von denen sie sich diskriminiert fühlt, zur Wehr setzt, führt dies für sie über den ordnungsgemäßen Weg, nämlich eine Beschwerde beim Schulleiter.

Zwar berichtet Rüya von ihren schmerzhaften Diskriminierungserfahrungen in der Schulzeit, relativiert diese jedoch, in dem sie ihre Ethnisierungs- und Differenzerfahrungen als Wegbereiter für ihre berufliche Entwicklung präsentiert. Sie konturiert, dass sich negative Erlebnisse ins Positive verkehren lassen. Ohne ihre entsprechenden Erfahrungen, so meint sie, wäre womöglich vieles für sie anders gekommen:

> Vielleicht hätt' ich nicht studiert, vielleicht hätte ich nicht Migrationsbereich gearbeitet, vielleicht wär ich nicht so ehrgeizig gewesen. Hätte ich keine Diskriminierungserfahrung gemacht, hätte ich keine Migrations-Integrationsarbeit gemacht und ich hätte keine anderen Kinder gefördert, die halt benachteiligt werden (Z 1549–1552).

Rüya erzählt, dass sie während ihres Studiums als „moderne Türkin" (Z 1243) wahrgenommen worden sei. Auf meine Rückfrage, was das bedeute, lacht sie, und erwidert, dass sie das selbst bis heute nicht wisse. Allerdings stellt sie fest, mit Doktortitel in Deutschland „ganz anders wahrgenommen" (Z 1262) zu werden. Aufgrund des Titels fühle sie sich „respektvoller" (Z 1267), „anerkannter" (Z 1267) und „viel freundlicher" (Z 1267) behandelt. Sie werde bewundert und „sehr, sehr hoch" (Z 1269) geschätzt. Es werde von ihr erwartet, zu erklären, warum „die andern Türken" (Z 1270) nicht so seien wie sie. Es scheint ein sich wiederholendes Muster zu sein, dass sich Rüya in Situationen wiederfindet, in denen sie „die anderen zu verteidigen" (Z 1271) habe und sich dazu aufgerufen fühle, „immer wieder Rechenschaft" (Z 1271) abzulegen. Gleichzeitig tue es ihr „auch immer wieder weh, dass ich halt durch den Titel wahrgenommen werde" (Z 1273). Sie wiederholt: „Es ärgert mich, warum ich nur erst jetzt mit meinem Doktortitel (Lachen) so wahrgenommen werde" (Z 1285–1286).

Als promovierte Frau sitzt Rüya „am längeren Hebel" (Z 100), genießt Anerkennung und nutzt ihre Kompetenzen, „um Brücken zwischen der Türkei und Deutschland aufzubauen" (Z 179). Darum sei es, wie sie selbst reflektiert, in ihrem Leben immer gegangen:

> Man versucht immer wieder als Pädagoge, oder aber auch durch die eigene Lebensgeschichte, die Kinder ein bisschen runterzuholen, halt ne, um zu sagen: „Hier, ok du wirst so angesehen, aber du kannst, du bist, du hast mehr drauf. Du kannst was anderes machen, du musst nicht unbedingt immer so sein". [...] Es ist schwierig bei ganz, ganz vielen Kindern und Jugendlichen, deswegen tut mir das auch so ein bisschen weh, halt ne. Das ist so für mich meine Lebensgeschichte, mein Studiengang, meine Karriere baut auch immer da drauf auf (Z 184–193).

Ihren beruflichen Werdegang betrachtet sie selbst als professionelle Aufarbeitung und Auseinandersetzung mit ihren subjektiven Erlebnissen. Deswegen sei sie in die systemische Familientherapie gegangen, „ich forsche erst über mich und dann über andere Familien natürlich“ (Z 262–263), das habe sie „viel selbstbewusster“ (Z 264) werden lassen.

Ihren Bildungsverlauf verdanke Rüya rückblickend auch der Unterstützung ihrer Mutter. Obwohl diese kaum Wissen über das deutsche Schulsystem und die Lerninhalte gehabt habe, sei sie sehr bestrebt gewesen, ihre Kinder weitestgehend zu unterstützen und zu fördern. So erinnert sich Rüya an die Worte ihrer Mutter, die stets betont habe, durch ihre Kinder ihren eigenen unerfüllten Traum eines Studiums verwirklicht zu sehen. Dieses Phänomen der Traumverwirklichung von Eltern über ihre Kinder, ist hinsichtlich des Bildungsaufstiegs in der „Gastarbeiter*innen“-Generation ein wiederkehrendes Moment (vgl. hierzu Schiffauer 2004).

Die Darstellung von Rüyas Bildungsbiographie, die Erzählungen aus ihrer Schulzeit und ihre Reflexion der Geschehnisse verdeutlichen, dass einzelne Personen, darunter vor allem ein Lehrer, der Schulleiter und ihre Mutter als soziale Pat*innen ihr Selbstbewusstsein und ihre Zielstrebigkeit gefördert haben. Der frühe Gedanke, eines Tages „am längeren Hebel“ (Z 100) zu sitzen, ist wegweisend für ihren weiteren Lebenslauf. Die Erfahrung der Ethnisierung, der wiederkehrenden Rechtfertigungshandlungen für die Gruppe türkeistämmiger Personen und der Bestrebungen, eine „gute Türkin“ zu sein, festigen ihre (ethnische) Identität und ihre Identifizierung als Frau.

6.1.2 Migrationsgeschichte und -erfahrung

Die Migration ihrer Eltern und die ethnisch-kulturellen Einflüsse auf Rüyas Identifizierungsprozess

Rüya erzählt, ihr Vater sei zunächst als „Tourist“ (Z 57) nach Deutschland gekommen und exkludiert sich durch diese Typisierung vom Milieu der „Gastarbeiter*innen“. Der Soziologe Zygmunt Bauman charakterisiert den Touristen als jemanden, der „auf Achse“ (2007, S. 156) ist, der „*an* Orte“ (ebd., Hervorhebung im Original) gerate, aber „niemals *dazu* gehöre“ (ebd., Hervorhebung im Original). Dabei bewege sich der Tourist mit dem Ziel, bewusst und systematisch neue Erfahrungen zu sammeln (vgl. ebd.).

> Er ist halt nicht als Gastarbeiter, sondern als Tourist, halt auch relativ spät, mit 28 Jahren, ist er nach Deutschland gekommen und hat auch dort […], in einer der tiefsten Ecken von Deutschland, gearbeitet, über 40 Jahre lang in der gleichen Firma / ehm/ ja, ganz normaler Arbeiter (Z 59–63).

Rüya grenzt ihren Vater von dem als „Gastarbeiter" charakterisierten türkeistämmigen Mann ab, der in den 1960er Jahren im Zuge der Anwerbeverfahren nach Deutschland kommt. Dies geschieht durch ihre Betitelung des Vaters als „Tourist" (Z 57), was als Motiv für seine Auswanderung verstanden werden soll. Zugleich beschreibt sie ihren Vater als „typischen Gastarbeiter" mit der Ergänzung, dass er vierzig Jahre lang als „ganz normaler Arbeiter" (Z 62–63) in Deutschland tätig gewesen ist. Rüyas Mutter folgt ihrem Mann aufgrund der Heirat nach Deutschland und eröffnet eine Schneiderei.[5] Die Änderungsschneiderei ihrer Mutter stellt für Rüya einen Wohlfühlort dar: Dort geht sie mit ihrem Bruder nach der Schule hin, um Hausaufgaben zu machen, dort seien sie „groß geworden" (Z 70, 432). Ihre Mutter scheint für Rüya von Kindesbeinen an ein Vorbild zu sein, „ich denke, ich hab' viel von meiner Mutter mitgenommen, weil sie selbst sehr eigenständig Deutsch gelernt hat" (Z 66–67). Die Vorbildfunktion knüpft sie an die Leistung ihrer Mutter, die deutsche Sprache selbstständig erlernt zu haben. Durch diese Erfahrung habe Rüya für sich selbst viel gelernt. Dass ihre Mutter eine zentrale Rolle in ihrer Identitätsentwicklung einnimmt, zeigt sich in weiteren Passagen, in denen sich Rüya auf ihre Mutter bezieht. Dies geschieht häufig im Zusammenhang mit Traditionen, kultureller Vielfalt und Charakterstärke. Ihre Mutter erlebt Migration bereits selbst im Alter von vier Jahren, als sie mit ihrer Familie von Mazedonien in die Türkei auswandert. Mutter und Tochter teilen somit die Erfahrung, mit kulturellen Differenzen aufzuwachsen. Obwohl sie nie in ein anderes Land habe gehen wollen, führt sie ihre Heirat nach Deutschland. Von der Großstadt in der Türkei sind ihre Eltern in eine deutsche Kleinstadt gezogen. Dabei weiß Rüya zu berichten, dass ihre Mutter „sehr ungern nach Deutschland gegangen" (Z 1068–1069) sei und ihr Leben in der Bundesrepublik als „Last" (Z 1068) und als „verlorene Zeit" (Z 1068) empfunden habe.

[5]Viele Frauen der ersten Generation, wenden sich nach einer gewissen Zeit als Arbeiterin der Selbstständigkeit zu, sodass Mitte der 1990er nahezu „jeder 10. türkische Selbständige eine Frau" (Zentrum für Türkeistudien 1995, S. 21) ist. Auffallend ist hier, wie auch auf Rüyas Mutter zutreffend, die Vielzahl der selbstständigen Änderungsschneidereibesitzerinnen (vgl. ebd.).

Rüya verortet die Herkunft der Eltern ihrer türkeistämmigen Freund*innen aus der Grundschule in Mittelanatolien und grenzt sich dadurch von ihnen ab: Ihre Eltern kommen aus dem kosmopolitischen Istanbul, zudem hat ihre Mutter einen mazedonischen Einwanderungshintergrund. Durch die Abgrenzung folgert sie, eine erschwerte Integration im deutschen sowie im türkeistämmigen Umfeld gehabt zu haben, „weil ich ein bisschen anders Türkisch spreche und ein bisschen anders auch großgeworden bin halt. Jetzt nicht offener, sondern mit einer anderen Kultur“ (Z 86–88). Viel Wert legt sie auf die mazedonische Herkunft ihrer Mutter und spricht auch in Bezug auf sich selbst von ihren „mazedonischen Wurzeln“ (Z 403). Zwar fehlten ihr entsprechende Sprachkenntnisse, gewisse kulturelle Praktiken habe sie hingegen durchaus von ihrer Mutter und ihren Verwandten vermittelt bekommen, „daraus bin ich entstanden, halt auch durch meine Wurzeln, durch meine Vorfahren“ (Z 406–407). Rüya verortet sich wie folgt: „Ich bin Türkin mit mazedonischen bosnischen[6] Wurzeln aber/ehm/ ich hab’ aber auch die deutsche Kultur und auch die deutsche Seite, das, ich bin nämlich dort großgeworden“ (Z 679–681). Die pluri-ethnischen Einflüsse, die sie in sich zu vereinen mag, verweisen auf Hybridität. Obgleich Rüya sich ein transnationales Leben aufgebaut hat, sind „Wurzeln“ im Sinne ihres ethnisch-kulturellen Ursprungs im Identitätsprozess und für ihre Selbstverortung bedeutungsvoll für sie:

> Wurzeln war für mich immer wichtig, man wächst, ich wurde immer mit Geschichten von meiner Oma, halt mit Sprichwörtern auch immer, die hat einen Koffer voll alter Bilder zu Hause, ne. Mir wurde viel von Mazedonien erzählt, ich hab’ Mazedonien auch kennengelernt von klein auf […]. Und durch die systemische Familientherapie was ich damals kennengelernt habe, hab’ ich so einige Schritte kennengelernt, dass Wurzeln das Selbstbewusstsein der Menschen halt dann einfach auch entwickelt. Das ist so ähnlich, wie so ein Baum, halt. Ein Baum steht, weil die Wurzeln da sind […]. Je mehr man über die Wurzeln und über die Geschichte weiß, desto selbstbewusster steht man auf den Beinen, deswegen ist mir erst mal Wurzeln sehr, sehr wichtig […]. Für mich ist Mazedonien sehr wichtig, für mich ist Bosnien sehr wichtig, wenn ich bosnische Lieder höre, oder mazedonische Tänze, ich bin sofort dabei, oder die Esskultur mit allem drum und dran, ist für mich wichtig. Ich denke, man wird viel offener und viel toleranter. Ich schätze das sehr, dass ich /ehm/ dass ich solche Wurzeln habe (Z 1570–1589).

[6]Allerdings verortet Rüya die mazedonische Herkunft ihrer Mutter mal Richtung Bosnien („mit mazedonischen bosnischen Wurzeln“, Z 679), dann Richtung Albanien („albanisch mazedonische Frauen sind sehr starke Frauen“, Z 1432).

Rüyas Kulturverständnis umfasst vor allem eine intersubjektive Ebene: Musik oder traditionelle Gerichte versetzen sie in eine Nostalgie, die sich aus den Erzählungen und Erinnerungen ihrer Großmutter und Mutter speist. Der Migrationspädagoge Paul Mecheril hebt in diesem Zusammenhang hervor: „Die wichtigsten Vertreter der Kultur, mit der Andere Deutsche neben der deutschen in Zusammenhang gebracht werden, sind in der Regel ihre Eltern" (ebd. 1994b, S. 67). Das Wissen über ihre Herkunft (mütterlicherseits) führt dazu, dass sie sich gestärkt und selbstbewusst fühlt. Wie sie in ihrer Ausbildung zur systemischen Familientherapeutin lernt, festigen „Wurzeln" das Sein und die Identität. Da sich Rüya, ähnlich dem Grenzgänger Parks (1928; siehe hierzu Abschn. 3.1.2), in ihrem Identifizierungsprozess wiederholend in Zugehörigkeitskrisen wiederfindet, haben Kenntnisse über ihre Herkunft und ihre „Wurzeln" eine wesentliche Bedeutung für sie. Die Metapher des „Baumes", der ihr Halt bietet, Kraft spendet und zur Orientierung dient, ist dabei als flexibles Konstrukt einzuordnen, das sie in ihrem transnationalen Leben begleitet. Die Orientierung an ihren „Wurzeln" rekurriert auf die Frage: „Wo komme ich her?" Der Soziologe und Begründer der Cultural Studies, Stuart Hall, spricht von Wegen (routes) statt Wurzeln (roots) – eine Begriffsverlagerung, die auch auf Rüyas transnationales Leben zutreffender erscheint als der Wurzelbegriff: „Not the so-called return to roots but a coming-to-terms-with our ‚routes'" (ebd. 1996, S. 4). Dass Rüya letztlich eher der Formel *from roots to routes* folgt, zeigt sich in ihrer Aussage: „Ich weiß, von wo ich wohin gekommen bin" (Z 728).

Hinsichtlich ihrer ethnischen und kulturellen Einflüsse formuliert Rüya ihre Identität wie folgt: „Ich nenn' mich auch eigentlich nicht mit Migrationshintergrund, ich sag' immer wieder, ich bin türkischstämmig oder mazedonischstämmig, halt ne. [...], ich sag' immer wieder ich bin türkischstämmig bin aber in Deutschland groß geworden" (Z 2178–2185).

„Ich war immer 'ne Ausländerin" – Staatsbürgerschaft und Zugehörigkeitsgefühle

Rüya besitzt ausschließlich die türkische Staatsbürgerschaft, was ihre Zugehörigkeitsgefühle zur Türkei widerspiegle. Als „Türkin in Deutschland zu sein" (Z 1154) empfindet sie als schwierig und daher hätte sie gerne die Option auf eine doppelte Staatsbürgerschaft wahrgenommen. Gleichzeitig stellt sie heraus, stolz darauf zu sein, ihre Promotionsurkunde in Deutschland als „Türkin" entgegengenommen zu haben:

> Ich hab' immer noch die türkische Staatsbürgerschaft, [...] weil ich gesagt habe: „Nee, wenn ich irgendwann mal promoviert habe, dann wird nicht in der Zeitung

> steh'n: ‚die deutsche Türkischabständige', sondern es heißt dann ‚Türkisch' […]."
> Wenn man erfolgreich ist, ist man dann Deutsch, aber wenn man leider /ehm/ nicht mehr erfolgreich ist, oder doch einen falschen Weg nimmt, halt ne, egal aus welchem Grund, ist man dann Türkisch, halt ne, und man ist dann eben nicht integriert. Und das hat mir immer weh getan, ne, immer (Z 211–218).

Ihre sehr emotionale Sprache – „das hat mir immer weh getan" (Z 217–218) – rekurriert auf ihre Sehnsucht nach Zugehörigkeit auf gesellschaftlicher Ebene und Anerkennung ihrer kulturellen Differenz. Sie habe auch nie gewollt, „dass auf meinem Pass steht, dass ich Deutsch bin, ich bin halt nicht Deutsch. Weil ich wurde nie als Deutsch angesehen, halt ne. Und, oder, auch akzeptiert, ich war immer 'ne Ausländerin" (Z 1165–1167). Die Fremdzuschreibung als Nichtzugehörige scheint Rüya partiell in ihre Selbstdarstellung übernommen zu haben. Ein Deutsch-Sein wird ihr abgesprochen, sie wird als Ausländerin markiert und von einer sich als deutsch identifizierenden „Wir"-Gruppe exkludiert. Die fehlende Akzeptanz stärkt auch dadurch ihre Bindung zur Türkei, dem Herkunftsland ihrer Eltern, da ihr von der deutschen Gesellschaft die ausschließliche Zugehörigkeit zur türkischen Gesellschaft zugesprochen zu werden scheint. Die Etikettierung türkeistämmiger Personen als Ausländer*innen und somit als Nichtzugehörige erfolge, Rüya folgend, vor allem anhand jener, die „einen falschen Weg" (Z 216) genommen haben. Sie verweist damit auf die Verkennung sozialer, kultureller sowie ethnischer Heterogenität und Diversität innerhalb der Gruppe türkeistämmiger Personen in Deutschland. Gleichwohl scheint sich Rüya darüber bewusst zu sein, dass der Besitz der deutschen Staatsangehörigkeit „lange nicht die chancengleiche Partizipation an den gesellschaftlichen Möglichkeiten" (Mecheril 1994b, S. 64) garantiere.

> Wie gesagt, warum soll ich überhaupt Deutsch sein, halt ne? Ich wurd' in der Schule nicht akzeptiert /ehm/ ich wurd' nicht vom deutschen Staat gefördert, mein Vater hat hier 40 Jahre lang gearbeitet, hat die schwerste Arbeit gemacht, halt ne, wird immer noch heute diskriminiert. Ehm, in der Änderungsschneiderei von meiner Mutter kommen irgendwelche Leute und sagen ‚wie trauen Sie sich das überhaupt hier zu, hier 'nen Laden zu öffnen, halt ne, wissen Sie nicht was mit den Juden passiert ist ne?' (Z 1309–1315).

Zurückführend auf ihre eigenen Diskriminierungserfahrungen sowie auf die Ausgrenzungs-, Differenz- und Anfeindungserfahrungen ihrer Eltern, stellt Rüya selbst die Frage, warum sie unter diesen Voraussetzungen Deutsch sein solle. Die Zuspitzung ist der Fremdenhass, der ihrer Mutter mit antisemitischem Bezug vorgehalten worden sei.

Neben dem Aspekt der alltäglichen Erfahrungen gesellschaftlicher Exklusion und der Etikettierung als Fremde, unter der Rüya und ihre Eltern zu leiden und mit der sie zu leben haben, desavouiert sie auch den Staat in Bezug auf die an sie gestellten Integrationsforderungen:

> Das deutsche Staat erwartet immer wieder, dass man sich integrieren soll, dass man sich akademisch weiterentwickeln soll. […] muss ich ganz klar und deutlich sagen: ganz viele Freunde, akademische Freunde von mir, sind in die Türkei gekommen, denen die Wege gesperrt worden sind, auf 'ner höheren Position zu kommen (Z 497–501).

Rüya sieht ihre Integrationsbemühungen aufgrund ihres Bildungsgrades erfüllt, jedoch werden ihre Leistungen, Qualifikationen und Kompetenzen seitens der Bundesrepublik verkannt. Die von ihr erfüllten Integrationsbestrebungen scheinen nicht zur Überwindung des Status einer Nichtzugehörigen zu genügen. Die familiäre und somit soziale sowie ethnische Herkunft zähle, so Rüyas Erfahrung, noch vor dem akademischen Grad. Die fehlenden Möglichkeiten beruflich aufzusteigen, wertet sie daher als Motiv für die Auswanderung hochqualifizierter türkeistämmiger Personen aus Deutschland in die Türkei. In der Türkei schließlich fühlt sich Rüya geschätzt und anerkannt, „viele Leute schätzen mich hier mehr, das hat mich hier auch nach Türkei gezogen" (Z 1214). Sie werde bewundert, da es für Akademiker*innen in der Türkei beruflich häufig schwieriger sei als in Deutschland. Sie sei sich darüber bewusst, dass es ihr finanziell in Deutschland „viel, viel, viel besser gegangen wäre, von der Lebensweise her" (Z 1220–1221). Ihre Entscheidung für die Türkei argumentiert sie jedoch wie folgt:

> Es zieht dich einfach doch dahin wo man eher wertgeschätzt wird. Da fühlst du dich auch heimisch vielleicht, halt ne. Ich mein, ich wurde hier akzeptiert und dort nicht, halt ne. Das ist vielleicht das wo ich sagen kann, das hat mich schon, wäre ich dort akzeptierter, oder wurde ich anerkannter, dann wäre das vielleicht ein bisschen anders, hätte ich mich vielleicht ganz, ich wäre einen ganz anderen Weg vielleicht gegangen (Z 1223–1228).

Unabhängig von ihren Auswanderungsmotiven (siehe Abschn. 6.1.3) wird hier deutlich, dass sich Rüyas Lebenswelt in der Türkei aus den Werten Anerkennung, Akzeptanz und Ansehen speist.

„Ich bau' immer noch Brücken auf" – Bildung in Deutschland, Leben und Arbeiten in der Türkei

In der Türkei muss Rüya beruflich von „Null auf" (Z 331, 392) anfangen, was ihr zwar schwerfalle, sie jedoch einkalkuliert habe und somit für ihr Leben in Istanbul zu akzeptieren scheint. Da sie während ihres Studiums bereits Berufserfahrungen in Deutschland gesammelt hat, ist sie sich sicher, dass sie mit ihrer Bildungskarriere in Deutschland beruflich stabiler aufgestellt wäre und eine größere Auswahl an Tätigkeiten hätte haben können. Gerade der pädagogische Arbeitsbereich im Zusammenhang mit Migration und Integration befinde sich, nach Rüyas Erfahrungen, in der Türkei noch im Aufbau. Zu dieser Entwicklung kann sie mit ihren interkulturellen Kompetenzen beitragen. Sie arbeitet in einer privaten Einrichtung mit Kindern und Jugendlichen und unterstützt Familien, die aufgrund ihrer sozialen, ethnischen oder kulturellen Differenz Ausgrenzungserfahrungen machen. Zudem fördert Rüya Verbundprojekte zwischen Istanbul und einer deutschen Großstadt. Die Partizipation und Mitwirkung an interkulturellen Projekten scheint sie sehr zu erfüllen, „wo ich dann so Kontakte und Erfahrung und ein bisschen zeig', ich bau' immer noch Brücken auf" (Z 350–351). Hinsichtlich der Arbeitswelt scheint es jedoch gewisse Schwierigkeiten und Umstellungen für Rüya zu geben: Der Arbeitsalltag in der Türkei gestalte sich weniger geregelt als in Deutschland, häufig müsse sie am Wochenende arbeiten, wobei das Gehalt geringer und die Entwicklungs- und Aufstiegsmöglichkeiten für sie begrenzter seien. Dennoch fühle sie sich insgesamt in Istanbul wohler als in Deutschland. Dass ihr berufliches Feld sich noch im Aufbau befinde, bedeute für sie gleichzeitig, sich professionell an ebendieser Entwicklung beteiligen zu können. Sie spricht davon, Brücken aufzubauen und die Kontakte zwischen Deutschland und der Türkei zu pflegen. Ihre privaten sowie professionellen Kenntnisse des Lebens in beiden Ländern und ihr Wissen über kulturelle Normen, Werte und Traditionen stellen sich für sie als dienlich heraus. Denn neben ihren Kenntnissen durch das Aufwachsen in Deutschland und den engen Kontakten zur Türkei, hat sich Rüya auch auf professioneller Ebene mit dem Themenbereich Migration beschäftigt: Vor allem während ihrer Promotionsphase, aber auch in nebenberuflichen Tätigkeiten hat sie sich intensiv mit interkulturellen Problemstellungen auseinandergesetzt.

Rüya ist davon überzeugt, sich mit der Zeit an das Arbeitsleben in der Türkei zu gewöhnen. Für Weiterbildungen hingegen bevorzugt sie weiterhin Angebote aus Deutschland. Auch in Bezug auf ihre Arbeitssituation sucht Rüya Bezugspunkte zu Deutschland, ob „in 'ner deutschen Schule, oder an 'ner deutschen Uni, oder in 'ner deutschen Einrichtung, oder ob ich mir was aufbau', was doch 'n bisschen mit Deutsch zu tun hat, das werd' ich auf jeden Fall hier machen, das weiß ich halt. Das liegt mir schon so nah" (Z 995–998). Auch wenn Rüya von ihren hypothetischen Kindern spricht wird deutlich, dass sie Deutschland mit guten Bildungsmöglichkeiten verbindet: Ihre Kinder sollten „studiummäßig" (Z 938) nach Deutschland gehen; zwar „in der Türkei groß werden […], aber die sollen die deutsche Seite kennenlernen nach der Schule, wenn die Identität steht" (Z 934–936). Die Türkei ist für sie also weniger die erfüllende Arbeits- und Bildungswelt, sondern eher die Verbindung zu ihrer Großfamilie und die Erfüllung ihrer Zugehörigkeitsgefühle.

Rüya akzeptiert hingegen auch, dass Deutschland ein konstanter Teil von ihr ist und bleibt: „Alles gehört zum Leben dazu und am wichtigsten ist einfach so wahrzunehmen wie es ist. Das ist meine Lebensgeschichte, ob negativ oder positiv, ist einfach schön wo man heute ist" (Z 724–726). Während sie Deutschland nahezu als ihr Schicksal akzeptiert, hat sie zur Türkei von Kindheit an eine „Zuneigung" (Z 1011) verspürt, da sie dort „immer die positiven Seiten" (Z 1013) kennengelernt habe. Von zentraler Bedeutung ist dabei ihre in der Türkei lebende Großfamilie. Bereits als Kind habe sie danach gestrebt, ihren „Tanten, Cousinen, Cousins in der Türkei" (Z 1015) nah zu sein. Vor dem regelmäßigen Urlaub in der Türkei habe sie bereits Monate im Voraus gepackt und „jeden Tag gewartet […] bis ich in die Türkei komme" (Z 1019). In dieser Aussage liegt auch Rüyas Auswanderungsmotiv, das ich im Folgenden näher herausarbeiten werde.

6.1.3 Auswanderungsmotiv: Familiäre Sehnsucht und die Suche nach einem zu Hause

Rüya zeichnet ihre Zielgerichtetheit als wegweisenden Teil ihrer Persönlichkeit, die sie bis zur Promotion bringt, sodass sie anschließend ihren Traum vom Leben in Istanbul erfüllen kann. Kernthema ihrer Promotion und ihrer beruflichen Tätigkeiten sind die Migrationsbewegungen zwischen Deutschland und der Türkei sowie die gesellschaftlichen und individuellen Folgen, die Migration bedingen. So wird sie von der kompetenten Expertin ihrer eigenen Lebenswelt (vgl. hierzu Yildiz 2009) zur fachkundigen Expertin für Migrationsthemen. Die professionelle Distanz scheint ihr dabei zur Reflexion und zur Verarbeitung ihrer persönlichen, teils negativen, Erfahrungen zu verhelfen: „Ich muss sagen, ich hab' schon sehr schwierige Seiten erlebt […], es war schon gezielt von klein auf, dass ich halt hierherkommen wollte, obwohl ich dort geboren und aufgewachsen bin" (Z 74–77). An dieser Stelle wird noch nicht deutlich, weshalb für sie bereits im Kindesalter feststand, eines Tages in die Türkei auszuwandern. Dabei geht es für sie nicht vorrangig um das Land Türkei, sondern vielmehr um die Stadt Istanbul, in der ihre Familie lebt und aus der ihre Eltern kommen. Istanbul nimmt sie aufgrund der Heterogenität und kulturellen sowie ethnischen Vielfalt als „eine tolerante Stadt" (Z 1091) wahr. Dass sie der Stadt und somit der dort lebenden Gesellschaft Toleranz attribuiert, unterstreicht ihr Gefühl von Zugehörigkeit und Anerkennung – Zugeständnisse, die ihr vonseiten der deutschen Gesellschaft stets gefehlt haben.

Rüya fasst insbesondere drei Motive für ihre Migration in die Türkei zusammen. 1) An erster Stelle steht für sie ihre Großfamilie, zu der sie von Kindheit an eine enge Bindung verspürt. 2) In Deutschland lebend fehlt ihr das Gefühl, zu Hause zu sein und akzeptiert zu werden. 3) Zudem ist sie mit dem Gefühl aufgewachsen, die Sehnsüchte ihres verstorbenen Onkels und ihrer Mutter zu erfüllen, indem sie sich in der Türkei niederlässt und dadurch letztlich die Rückkehr für ihre Eltern in die Wege leitet.

Rüya betont, ausschließlich von der „emotionalen Ebene" (Z 310) in die Türkei gekommen zu sein. Das ausschlaggebende Motiv der Emotionalität rekurriert auf den für sie bedeutungsvollen familiären Bezugsrahmen:

> Familie ist für mich sehr, sehr wichtig halt ne nicht nur Familie Vater, Mutter, Bruder, sondern Familie bedeutet für mich Großfamilie, nicht nur Opa, Oma sondern wir haben wirklich noch Kontakt, einen engen Kontakt zur Großgroßcousine von meinen Eltern, halt ne, das ist für mich auch noch Familie, halt ne, das ist sehr, sehr wichtig für mich (Z 1643-1646).

In der Nähe ihrer in der Türkei lebenden Verwandtschaft zu sein, hat für sie einen besonderen Wert und so führt Rüya an, sich durch die geographische Separierung ihrer Großfamilie „zerrissen" zu fühlen:

> Dieses hin- und hergerissen sein zwischen zwei Kulturen, zwischen zwei Ländern, das hat mir immer wehgetan. Ich bin immer heulend /ehm/ aus'm Urlaub nach Deutschland gegangen, immer als kleines Kind gebetet, hab' immer gesagt: „Bitte, lieber Gott, lass den Flieger irgendwie (Lachen) halt einfach verspäten, oder so den Tag länger, halt, in der Türkei." Das hat mir immer so gefehlt, weil man ebend, wie gesagt, obwohl ich dort groß geworden bin, halt ne, man hat sich nie so richtig zu Hause gefühlt, ne, das tut mir so weh (Z 312–318).

Die „Zerrissenheit" scheint ein fortwährendes Gefühl in ihrer Biographie zu sein und bis heute schmerzt es sie, dass sie in Deutschland kein Gefühl des zu-Hause-Seins hat entwickeln können. Dabei ist Rüyas „Zerrissenheit" nicht als ein „zwischen-zwei-Stühlen" zu werten, sondern rekurriert vielmehr auf die fehlende Anerkennung ihrer pluri-ethnischen Verortung und Identifizierung. Hinzukommt die tatsächliche flächenräumliche Verteilung ihrer Familie, mit der sie sich ein gemeinsames Leben an einem Ort wünscht: Während ihres Aufwachsens in Deutschland, fehlt Rüya ihre Familie in der Türkei. Zum Interviewzeitpunkt vermisst sie ihren Bruder, der in Deutschland lebt und verdeutlicht in diesem

Zusammenhang erneut ihre familiären Zerrissenheitsgefühle: „Das ist immer so dieses hin und her. Man ist nie/ehm/komplett" (Z 468). Gleichwohl schafft es Rüya aus einem Gefühl von „Zerrissenheit" einen im Sinne der Hybridisierung „dritten Raum" (hierzu Bhabha 1994, siehe auch Abschn. 3.2.3) zu gestalten. Durch ihr transnationales Leben lassen sich die für ihren Identifizierungsprozess bedeutsamen Aspekte vereinigen: Sie lebt in einer Gesellschaft, in der sie Anerkennung und Zugehörigkeit findet und überwindet somit innerhalb ihrer alltäglichen Lebensrealität das Stigma der ausgegrenzten und ethnisierten Frau, als die sie in Deutschland etikettiert wurde. Ihre Bildung und ihre Herkunft aus Deutschland ermöglichen es ihr, sich für Minderheiten im deutsch-türkischen Bezugsrahmen einzusetzen und ihre interkulturellen Kompetenzen und pädagogischen Fertigkeiten für eine Stärkung der Beziehung zwischen beiden Gesellschaftskontexten herbeizuführen.

Auf der einen Seite erwartet Rüya die Familie in der Türkei, das Land, zu dem sie aufgrund ihrer Verwandtschaft eine bedeutend emotionale Zuneigung empfindet. In Deutschland lebend freut sie sich bereits Wochen im Voraus auf ihren Urlaub in der Türkei und das Wiedersehen mit ihrer Familie. Auf der anderen Seite erlebt Rüya in Deutschland Diskriminierung und Ausgrenzung, sodass sie sich nie zu Hause gefühlt habe: „Ich hab mich nie zu Deutschland gefühlt, halt ne. War nie für mich zu Hause gewesen" (Z 1022–1023). Zu Hause definiert sie dabei wie folgt: „Zu Hause ist für mich da, wo man sich auch wohlfühlt" (Z 1027). Dieses subjektive Konzept von zu Hause entspricht der Modifizierung des Heimatbegriffs, das Mecheril unter der Bezeichnung „Hedonisierung" erläutert: Demnach ist Heimat der Ort, an dem man sich einfach wohlfühlt (vgl. ebd. 1994b, S. 71). Sie konkretisiert, dass die Dauer ihres Lebens in Deutschland nicht ausschlaggebend dafür sei, es als ihr zu Hause zu bezeichnen. Zwar sei sie dort groß geworden, zur Schule gegangen, habe Freundschaften geschlossen und mit ihrer Familie zusammengelebt – dennoch sei es für sie nie „einheimisch" (Z 1031) geworden. Deutschland ist also gewissermaßen Rüyas Schicksal, denn sie ist dort geboren und wird somit immer einen Bezug zu Deutschland haben. Als zentrales Element ihres Identifizierungsprozesses versichert Rüya wiederholend die Bedeutung ihrer pluri-ethnischen „Wurzeln" aufgrund der Herkunft ihrer Eltern. Im Gegensatz zum fehlenden Heimatgefühl in Deutschland, fühlt sie sich in der Türkei anerkannt. Da sie dort nicht aufgewachsen ist, musste sie explizit etwas für ihre Anerkennung leisten: Dazu beigetragen hat ihr Ehrgeiz, besonders gut Türkisch zu lernen. Sie habe „immer drauf Wert gelegt" (Z 1033–1034), dass ihre deutsche Herkunft nicht durch einen deutschen Akzent auffalle. Ihre „Liebe zu der Türkei" (Z 1040) geht jedoch über ihre Sprachaffinität hinaus: Es sei ihr immer schon „sehr nah" (Z 1041) gegangen, wenn sie die

Nationalhymne gehört oder die türkische Flagge gesehen habe. Dass Rüya nationale Symbole, die Hymne und die Fahne, für ihre emotionale Verbundenheit zum Land Türkei heranzieht, unterstreicht ihr in mehreren Aussagen deutlich gewordenes essentialistisches Kulturverständnis. Ihre emotionale Verbundenheit zu diesen Symbolen rekurriert auf ein äußerst starkes Bedürfnis nach gesellschaftlich-sozialer Zugehörigkeit. Zudem veranschaulichen diese Identitätssymbolen ihre Emotionen und Zugehörigkeitsgefühle zur Türkei.

Ihren Weg in die Türkei betrachtet sie als Vollendung des Traums ihrer Eltern, insbesondere ihrer Mutter. Die Erzählungen ihrer Mutter und ihrer Verwandten haben sie dabei derart intensiv geprägt, dass sie ihren Prozess des Auswanderns als eine Fortsetzung ihres Lebens anführt: „Ich beende das, was vielleicht meine Vorfahren nicht beenden konnten, weil mein Onkel wie gesagt verstorben ist, weil meine Mutter nach Deutschland gegangen ist" (Z 1637–1639). Dass das Leben in Istanbul für sie eine Traumerfüllung sei, zeigt auch ihr selbstgewähltes Pseudonym: Rüya bedeutet auf Türkisch Traum. Sie konkretisiert: „Dieser Traum war einfach, hier, wie gesagt, mein Leben fortzusetzen" (Z 1063). Diese Aussage erstaunt, bedenkt man, dass Rüya in Deutschland zur Welt gekommen ist und sich erst im Erwachsenenalter ein eigenes Leben in der Türkei aufbaut. Die Fortsetzung „ihres Lebens" bezieht sich vielmehr auf die Erfüllung der Rückkehrwünsche ihrer nach Deutschland ausgewanderten Familienmitglieder der ersten Generation. Gleichzeitig akzentuiert Rüyas Formulierung ihre starke familiäre Verbundenheit.

Zum Interviewzeitpunkt ist Rüya mit ihrer Auswanderungsentscheidung zufrieden: „Ob ich mein ganzes Leben hier in der Türkei bin, weiß ich nicht, würd' ich sehr gerne, ich bin sehr gerne hier" (Z 484). Gleichzeitig gefällt es ihr, die Möglichkeit zu haben, „immer wieder zurückkehren" (Z 678–679) zu können.[7] Somit stellt Deutschland für sie eine Garantie dar, auf die sie situationsbedingt zurückgreifen kann. Als sie im weiteren Gesprächsverlauf über ihre Zukunft nachdenkt, widerspricht sie sich in ihrer Rückkehrüberlegung: Sie müsse „jetzt nicht unbedingt nach Deutschland" (Z 1098–1099). Diese Unstimmigkeit verweist auf den Kern des Idealtypus des Transmigranten, dessen Migrationsprozess insgesamt unabgeschlossen bleibt und der keine eindeutige Aussage über einen künftigen Lebensmittelpunkt treffen kann. Zwar sei sie anfangs eher vorsichtig in die Türkei gegangen, „ich bin Schritt für Schritt gegangen, hab'

[7] „Meine Entscheidung für mich, hier zu leben, ist schön, aber man, ist auch schön, einfach die Möglichkeit zu haben, man weiß, man kann auch wieder, immer wieder zurückkehren" (Z 677–679).

gesagt, ich muss erst mal gucken, so für sechs, sieben Monate, ob ich überhaupt in der Türkei leben kann" (Z 1106–1107). Doch zum Interviewzeitpunkt hält Rüya fest, glücklich mit ihrer Entscheidung zu sein: „Ich seh', dass meine Eltern glücklich sind hier, halt und/ehm/ich bin glücklich und es ist so, ich bin da auch froh, dass ich mein Ziel erfüllt habe, halt ne, und dass ich nicht enttäuscht bin" (Z 1100–1102). Gleichzeitig gesteht sie, dass sie einige Hürden in der Türkei zu meistern habe und vieles auch schwierig für sie sei und wirft damit einen reflektierten Blick auf ihre Auswanderungsentscheidung: Sie sei sich darüber bewusst gewesen, dass die Realisierung ihres Traumes, in der Türkei zu leben, mit Herausforderungen verknüpft sein würde. „Ich beschwer mich, aber ich bin glücklich (Lachen), halt ne, ich beschwer mich jeden Tag, tagtäglich, aber ich merk', ich bin doch glücklich hier" (Z 1110–1112).

6.1.4 Resümee: „Ich hab' meinen Traum verwirklicht"

> Wie gesagt also ich bin hab' meine Migrationshintergründe, hatte sowohl die negative wie positive Seite gehabt, aber hab' immer wieder versucht /ehm/ nicht an den negativen Seiten mich festzuhalten, weil man erschwert sich nur das Leben damit denke ich, /ehm/ wichtig ist, dass man die positiven Seiten erlebt und ich bin einfach froh, oder ich hab' auch viel Glück gehabt, /ehm/ dass ich ja auch in meinem Leben sehr guten Menschen begegnet bin. […] Und ich denke, das macht aus einem das, was man jetzt grade ist. Das schätzt man auch und, wie gesagt, ich hab' auch versucht immer wieder durch meine negative Erfahrung, es bei anderen Menschen ins Positive umzusetzen. Ich hab's teils erreicht, das macht mich einfach glücklich. Bin heute in der Türkei, in Istanbul. Ich hab' meinen Traum verwirklicht […], meinen Kindheitstraum, was viele Leute nicht daran geglaubt haben. Aber ich hab's gemacht. Heute bin ich glücklich. Die schwere Lebensweise wird mich denk' ich auch, auch wenn ich jetzt in der USA oder woanders wär, mein Leben lang begleiten. Was ich eben gesagt hab': Meine Wurzeln, mein Leben, meine Vorfahren, das gehört einfach zu meinem Leben dazu. Aber man sollte immer /ehm/ von den positiven Seiten her das Leben betrachten (Z 2083–2098).

Für Rüya selbst ist es am Ende unseres Gesprächs wichtig, nochmals zu betonen, dass sie negative und positive Erfahrungen als türkeistämmige Frau in Deutschland erlebt hat. Gleichwohl bekräftigt sie ihre optimistische Lebenseinstellung, indem sie sich vor allem an ihren positiven Erfahrungen orientiert. Deutlich geworden ist aber auch, dass sie aus ihren Diskriminierungs- und Ausgrenzungserfahrungen Stärke und Mut gezogen hat. Besonders aus ihrer prägenden Schulzeit hat sie den Antrieb entwickelt, aufzusteigen und die Position „am längeren Hebel" zu erreichen. Es ließe sich sagen, dass Rüya ihre Fremdheitserfahrungen als Chance begriffen hat. Selbst beruflich setzt sich mit den negativen Auswirkungen des Spannungsfelds zwischen Ausgrenzung und Anerkennung fortwährend auseinander.

Migration ist Rüyas Lebensthema, das sie sich auch zum Beruf gemacht hat. Wenn sie ihre beruflichen Vorstellungen als „Brückenbau“ beschreibt, zeichnet sie mit dieser Metapher ein sehr transnationales Bild. Denn Transmigrant*innen arbeiten ebenso pluri-lokal, wie sie leben. Trotz ihrer an Deutschland geübten Kritik und der fehlenden Akzeptanz ihrer Zugehörigkeitsgefühle seitens der deutschen Gesellschaft, verbindet sie sich beruflich mit der Bundesrepublik. Ihre starke Anziehung zur Türkei, die sie auf Basis der Familie argumentiert, ist offenbar aufgrund der nostalgischen Erzählungen ihrer Mutter gewachsen; eine nicht seltene Erfahrung für die *zweite Generation,* wie auch die Kulturwissenschaftlerin Esin Bozkurt treffend herausstellt:

> Among families with strong homeland-orientations, critiques about the life / people in Germany and the appraisal of ethnic and religious references contribute to the formation of a family discourse on belonging that is shared by male and female members of the first and second generation to different degrees. The discourse on ‘roots’, heritage and the ‘holy’ land (as expressed in some families with the trilogy of blood, land and the nation; and among some others with blood, land, nation and Islam) influences second generation members differently. Particularly both of the second generation women who were born and grew up in Germany and never lived in Turkey except short summer holidays are influenced by nationalistic and religious family discourses. Parental and spousal attempts to glorify the ethnic/cultural background and the Islamic worldview constitute significant factors that play a role in the self-positioning of these women (Bozkurt 2009, S. 145).

Dass auch Rüya, als Frau der *zweiten Generation,* von einem national eingefärbten Diskurs über das elterliche Herkunftsland geprägt wird, ist in dem Fallportrait sichtbar geworden. Ihre Eltern, besonders ihre Mutter, haben ihr einen glorifizierten Blick auf die Türkei vermittelt. Ihre Selbstpositionierung geschieht vor dem Hintergrund dieser Idealisierung, die Rüya offenbar internalisiert hat. Würde man Rüyas Selbstwahrnehmung als Wahrnehmung als „Fremde“ deuten, wäre ihr anschließend an Messerschmidts Auseinandersetzung mit „Zygmunt Baumans Retrospektionen moderner nationaler Zugehörigkeitsordnungen“ (2015), die Position des „Weder-noch“ oder „Sowohl-als-auch“ anstelle des „Entweder-oder“ zugeschrieben (vgl. ebd., S. 217). Schließlich bricht Rüya nicht mit Deutschland, sondern hält sich einerseits die Option des „Zurückkehrens“ offen und nimmt von der Türkei aus Weiterbildungsangebote in Deutschland wahr. Ihr berufliches Leben ist nicht nur kontextuell mit Deutschland verknüpft, sie ist aktiv mit dem „Brückenbau" zwischen beiden Ländern befasst. Rüya artikuliert ihr Ziel, aus den negativ gefärbten deutsch-türkischen Beziehungen, die für viele Individuen im transnationalen *Dazwischen* einen problematisierten Ort entstehen lassen, einen positiveren, chancengebenden und gleichberechtigten Ort zu kreieren.

In Rüyas Erzählungen wurde an verschiedenen Stellen deutlich, dass sie einen essentialistischen Kulturbegriff[8] (deutsch, türkisch, mazedonisch) verwendet, was hinsichtlich ihrer professionellen Auseinandersetzung mit Migration irritierend wirkt. Sie ist zwar sehr reflektiert, scheint eine Distanzierung von ihren negativen da diskriminierenden Schulerfahrungen hingegen nicht restlos zu schaffen. Gleichzeitig begibt sie sich nicht in die Rolle des „Opfers" von Diskriminierungserfahrungen und Ungleichheitsbehandlung, sondern präsentiert sich als handlungsaktive Frau. Aus dem Lehrerkonflikt beispielsweise geht sie, wenn auch Jahre später, schließlich als Siegerin hervor, die eine Promotionsurkunde vorzuzeigen hat. Rüya bleibt sich selbst offenbar stets treu, geht authentisch mit ihrer Biographie um und wirft einen für Transmigrant*innen charakteristischen Blick in ihre Zukunft: Wo sie leben wird, bleibt unklar. Lediglich von der Momentaufnahme ausgehend, sieht sie sich aufgrund ihrer emotionalen Verbundenheit auch künftig in der Türkei – wobei uneindeutig bleibt, wie weit in die Zukunft dieser Blick gerichtet ist.

Rüya hat verschiedene Krisen gemeistert, sich dabei immer ordnungsgemäß verhalten und ist ihrem eigenen Dogma, eine „vorbildliche Türkin" zu sein, treu geblieben. Dabei erinnert sie an den von Robert E. Park beschriebenen „Randseiter": Sie ist eine kulturelle Grenzgängerin, die Krisen als Chancen nutzt und intellektuellen Gewinn erzielt, dabei auch Bezugsgruppenkonflikte durchlebt. Bildung ist für Rüya der Schlüssel zur Artikulation ihrer Identität und zum „Brückenbau". Ihre Identität ist aus der Erfahrung, als „Türkin" in Deutschland zu leben, gewachsen. Die ihr zugeschriebene Markierung als „türkisches Mädchen/türkische Frau" hat ihre Zugehörigkeitsgefühle zur Türkei gestärkt.

> Identität ist vom eigentlichen physiologischen Organismus verschieden. Identität entwickelt sich; sie ist bei der Geburt anfänglich nicht vorhanden, entsteht aber innerhalb des gesellschaftlichen Erfahrungs- und Tätigkeitsprozesses, das heißt im jeweiligen Individuum als Ergebnis seiner Beziehungen zu diesem Prozeß als Ganzem und zu anderen Individuen innerhalb eines Prozesses (Mead 1993, S. 177).

[8]Essentialistisch bedeutet in Anlehnung an Huntington, dass Kulturen als in sich geschlossene und unvereinbare Einheiten verstanden werden.

Wie sich Rüyas Identität entwickelt hat, welche Identitätskrisen sie durchlebt und welche Faktoren, Erfahrungen und Personen eine besondere Bedeutung für ihre Identitätsentwicklung einnehmen, ist deutlich geworden: Es hat signifikante Personen für ihre Identitätsentwicklung gegeben, darunter ein Lehrer, der Schulleiter und für ihre ethnische Identität maßgebend ihre Mutter. Obendrein stellt ihre Hochqualifizierung, der Doktortitel, einen bedeutenden Aspekt ihrer Identität und Selbstpositionierung dar. Die verschiedenen Erfahrungen auf ihrem Bildungsweg haben sie zu ihrem Beruf geführt. So setzt sie sich täglich mit den individuellen Folgen von Migration, Benachteiligung und Ungleichheit auseinander. Ihr Ziel ist es, Minderheiten zu unterstützen, zu stärken und zu fördern, Hierarchien zu überwinden und Gleichberechtigung zu bewirken. Zugleich ist deutlich geworden, dass Rüya Begriffe wie „Heimat" und „Herkunft", „Familie" und „Zukunft" neu verhandelt und in ihrem transnationalen sozialen Raum neu justiert.

6.2 Tülay: „Dass ich zwei Heimatsländer hab' ist ein sehr schönes Gefühl"

Tülay (*1977), die als dritte von insgesamt vier Töchtern in einer mittelgroßen deutschen Stadt zur Welt gekommen ist, treffe ich im Café eines großen Einkaufscenters in Izmir. Es ist nicht der ruhigste Ort, um ein Interview zu führen, aber sie zeigt sich von dem Cafébetrieb, den lauten Gesprächen und der Musik um uns herum unbeeindruckt: „Mich stört's nicht, ich bin's gewohnt, vom Unterrichten her" (Z 472–473).

Tülay steigt mit den Worten „ich bin 1997 nach Izmir gezogen" (Z 37) in eine lange Stegreiferzählung ein. An diesem Zeit- und gleichzeitig Wendepunkt ihrer Lebensgeschichte, der Auswanderung nach Izmir, präsentiert sie gleichermaßen ihre Bildungs- und Migrationsbiographie mit besonderem Augenmerk auf ihre glückliche Kindheit und ihre Verbundenheit zu Deutschland. Dabei werden insbesondere ihre hybriden Beheimatungspraktiken erkennbar. Mit ihrer Narration grenzt sie sich und ihre Familie von anderen türkeistämmigen „Gastarbeiter*innen"-Familien in Deutschland ab:

> Ist auch interessant das mal so erzählen zu können. Ich glaub' ich wollte das schon immer mal irgendwem erzählen, weil wir einfach, glaub' ich, eine wirklich ganz andere /ehm/ Lebensgeschichte haben wie die meisten Leute. Eben diese erste Generation Kinder von, von Gastarbeitern wie man so sagt, ja (Z 1030–1033).

Tülays Selbstpositionierung folgend widerspricht ihre eigene Lebensgeschichte einem vorherrschenden negativ-gefärbten Bild türkeistämmiger Familien aus dem „Gastarbeiter*innen"-Milieu. Ihre Selbstpräsentation gestaltet sie somit fernab jeglicher ressentimentlastiger Vorannahmen über das Aufwachsen einer jungen türkeistämmigen „Gastarbeiter*innen"-Tochter in Deutschland. Dabei zeichnet sich ihre Erzählung durch eine sehr offene Art aus, sodass sie auch intime Details nicht ausspart. Auffällig ist, dass sie sich einer „Glücksrhetorik" bedient, was auf ihre optimistische Lebenseinstellung verweist: In ihren Erzählungen stellt sie wiederholend fest, Glück gehabt zu haben und glücklich gewesen zu sein. Dabei richtet sie ihre Wahrnehmung wesentlich auf die positiven Aspekte in ihrem Leben, um sich somit als glückliche Frau positionieren zu können. Ihre Selbstwahrnehmung, häufig Glück gehabt zu haben, steht dabei in keinem Widerspruch zu ihrer Handlungsmacht. Vielmehr stellt sie heraus, „im Leben immer wieder Tabula Rasa" (Z 1850–1851) zu machen und alle zehn bis 15 Jahre etwas neu anzufangen, „sei es woanders zu leben, sei es einfach den Job zu wechseln, oder den Mann (Lachen)" (Z 1853–1854).

Zum Interviewzeitpunkt ist Tülay Mutter eines wenige Monate alten Sohnes und befindet sich daher in keinem Beschäftigungsverhältnis. Nach ihrem Studienabschluss in Anglistik an einer Universität in Izmir, unterrichtet sie zunächst einige Jahre Englisch an Universitäten bis sie der Beruf langweilt. Da sie sich für die Arbeit internationaler Konzerne interessiert, orientiert sie sich um und findet dank ihrer Mehrsprachigkeit und Qualifikationen schnell eine neue Anstellung als Übersetzerin in einem entsprechend großen und globalen Unternehmen. Vor allem die Arbeit in einem internationalen Team habe ihr sehr gefallen, betont sie. Tülay habe seit ihrem Studienabschluss nie Probleme gehabt, eine Arbeit zu finden, „also ich hab' immer die Möglichkeit, Geld zu verdienen und das wegen der Bildung wahrscheinlich auch. Dank meiner Bildung sagen wir mal (Lachen)" (Z 2370–2372). Als sie Mutter wird, entscheidet sie sich für eine Arbeitspause[9]:

> Aber als dann der kleine Knirps kam, hab' ich mir gedacht: „Soll ich jetzt weiterarbeiten oder auf meinen Sohn aufpassen und ihn selber großziehen?" Da hab ich mir gedacht, mit 36, ich hör' jetzt mal auf, 'ne Pause und schau, dass ich meinen kleinen Knirps selber ein bisschen großziehe. Und ich kann ja noch immer

[9] In der Türkei können Frauen acht Wochen vor und acht Wochen nach der Geburt ihres Kindes einen Mutterschaftsurlaub beantragen, anschließend können sie weitere sechs Monate unbezahlten Mutterschaftsurlaub nehmen oder eine Verkürzung ihrer Arbeitszeit bei gleichbleibendem Lohn beantragen (vgl. Rumpf 2018, S. 9).

> unterrichten, weil ich so lange unterrichtet habe, hab' ich immer die Wahl, dass ich unterrichten kann. Und das kann man halbtags auch machen. Und hab' jetzt dann, vor ein paar Wochen, hab' ich gekündigt. Und, ja, seit einem Monat, zwei Monaten, bin ich jetzt bei meinen Eltern und mal schauen, was die ganze neue Welt jetzt bringt. Das wird jetzt für mich wieder ein Neuanfang. Und, ja, wie gesagt, das ist halt ein bisschen eine Herausforderung jetzt mit Kind (Lachen) (Z 289–298).

Da sich Tülay sicher ist, jederzeit wieder als Englischlehrerin einsteigen und diese Arbeit auch in Teilzeit ausführen zu können, entscheidet sie sich zunächst für die Vollzeit-Mutterrolle, was für sie erneut einen „Neuanfang" (Z 297) markiert. Umbrüche im Leben und das Einschlagen neuer Wege, die sie eher neugierig, abenteuerlustig und selbstsicher als ängstlich beschreitet, sind bedeutungsvoll für sie.

6.2.1 Bildungsweg

Tülay besucht einen evangelischen Kindergarten und wird bereits im Alter von fünf Jahren eingeschult, nachdem sie den Schulleiter von ihren Deutschkenntnissen und ihrer Lernbereitschaft überzeugt. „Meine ganzen Freundinnen, Türkisch oder Deutsch, die/ehm/in meinem Alter waren, die mussten noch ein Jahr warten" (Z 681–683), erzählt sie rückblickend und nicht ohne Stolz darüber, dass sie sogar früher als ihre deutschen Freundinnen eingeschult wurde. In der Schule sei sie „eigentlich immer gut" (Z 690) gewesen, sie habe „nie schlechte Noten" (Z 690) bekommen, obwohl sie „nie sehr viel gelernt" (Z 690–691) habe. „Ich war wahrscheinlich ein guter Zuhörer" (Z 691), schlussfolgert sie.

Der Zugang zur weiterführenden Schule gestaltet sich für Tülay konfliktfrei. Sie erinnert sich an die Worte der Grundschullehrerin in einem Gespräch mit ihrem Vater: „Die Tülay ist klug und wenn Sie wirklich wollen, schicken Sie sie aufs Gymnasium" (Z 663–664). Auf dem Gymnasium seien insgesamt nur drei Schüler*innen aus türkeistämmigen Familien gewesen, was sie als Merkmal einer „guten Schule" (Z 305) wertet. Mit mehrheitlich deutschen Mitschüler*innen auf eine Schule zu gehen, stellt sie als etwas Besonderes, etwas Gutes heraus. Die Schule sei besonders dadurch bewusst von den Eltern ausgewählt worden, die gesagt hätten: „Wenn wir schon in Deutschland sind, dann kommen sie auf deutsche Schulen und sollen Deutsch richtig lernen" (Z 309–310). Tülay empfindet diese elterliche Entscheidung rückblickend als Glück. Während sie also in der Schule „richtig gut" (Z 311) Deutsch gelernt habe, sei „daheim auch immer Türkisch gesprochen" (Z 311–312) worden, sodass sie genug Türkisch spricht, als sie nach Izmir auswandert. „Also ich hatte nie dieses Sprachproblem“ (Z 313), fasst sie ihre Situation zusammen.

Die Schulzeit scheint für Tülay durchweg eine gute, gar schöne Zeit gewesen zu sein, was sie mitunter auf die „guten Schulen“ (Z 305) zurückführt, die sie besucht habe. Die Qualität der Schule sei auch ein Grund dafür, dass sie so gut Deutsch gelernt habe. Gerade dadurch habe sie sich „so gut in Deutschland wie daheim gefühlt“ (Z 457). Bildung und Sprachkenntnisse scheinen für sie der Schlüssel zu Zugehörigkeit und Anerkennung im sozialen Umfeld zu sein, gar als Indikator für ihre Beheimatung gewertet zu werden. Ihre gute Schulzeit belegt Tülay vor allem anhand ihrer guten Noten im Deutschunterricht:

> Und das hat mir dann immer ein Glücksgefühl gegeben, weil ich mir gedacht hab ‚ich als Türkin hab' 'ne bessere Note bekommen als andere Deutsche‘ und das gab dann einem schon irgendwie ein bisschen wirklich so ein Glücksgefühl, so eine Genugtuung, ich kann das auch so gut wie ihr (Z 1335–1339).

Die guten Deutschnoten scheinen ihre Selbstsicherheit und Zugehörigkeitsgefühle zu stärken und sie insgesamt zu erfüllen. Zudem wird in ihrer Aussage, „ich als Türkin hab' 'ne bessere Note bekommen als andere Deutsche“ (Z 1336–1337), eine Annäherung an das Phänomen der Hybridisierung (hierzu Bhabha 1994, siehe auch Abschn. 3.2.3) erkennbar: Sie bezeichnet sich als Türkin und gleichzeitig als Deutsche, da sie von den „andere(n) Deutsche(n)“ (Z 1337) spricht, womit sie sich selbst einbezieht. Ihre Identifizierung verweist somit eher auf eine „Sowohl-als-auch“- als auf eine „Entweder-oder“-Konstruktion.

Tülay erinnert sich an eine Situation, als sie eine eins plus für eine Gedichtanalyse erhält. Als ihre Deutschlehrerin die beste Note verkündet, habe sich eine deutsche Mitschülerin echauffiert. Ihre Klassenkamerad*innen hätten Tülay in dem Moment unmittelbar verteidigt: „Das hat nichts mit Türkinnensein zu tun und so und sie kann genauso gut Deutsch wie du, sie hat die eins plus verdient“ (Z 1355–1357). Zudem begründet ihre Lehrerin die gute Note und liest ihre Analyse als Beweis der guten Arbeit der Klasse vor. Tülay habe es zwar „schade“ (Z 1360) gefunden, dass die Mitschülerin versucht habe, ihr die sehr gute Bewertung, weil sie Türkin sei, abzusprechen, vor allem aber sei es eine schöne Erinnerung für sie, weil sie „wirklich dazugehört“ (Z 1362) habe. Sie habe das Gefühl gehabt, „ich kann wirklich genug Deutsch und bin gut genug, dass ich wirklich da dazugehöre“ (Z 1362–1363). Die Zugehörigkeit knüpft sie an ihre herausragende Deutschnote und die damit zusammenhängenden Sprachkenntnisse. Ihre stets guten Noten und ihre Ausdrucksfähigkeit seien für sie

„Genugtuung" (Z 1366) gewesen, „dass ich als Türkin dort wirklich in einem bestimmten Level sein konnte" (Z 1366–1367). Dass sich Tülays Klassengemeinschaft schützend vor sie stellt, verkehrt die diskriminierende Ausgangslage in eine positive Erfahrung:[10] „Ich war eher stolz auf mich, dass ich mal so was geschafft hab' und dass meine ganzen Freundinnen und meine Lehrerin dann damals zu mir gehalten haben" (Z 1779–1781). Aus der Situation geht Tülay „stolz" (Z 1779) hervor, sie fühlt sich durch die sehr gute Note nicht nur in ihren Deutschkenntnissen, sondern vor allem aufgrund des Verhaltens ihrer Lehrerin und Mitschüler*innen, die sie als „meine ganzen Freundinnen" (Z 1780) bezeichnet, in ihrer Zugehörigkeit bestätigt.

Als besonders schönes Erlebnis erinnert sich Tülay an die Skifreizeit, an der sie mit ihrer Gymnasialklasse im Alter von ungefähr 14 Jahren teilnimmt. „Und das war natürlich wieder was, was türkische Familien nicht machen" (Z 1057). Obwohl sie offenbar weiß, dass andere türkeistämmige Freundinnen an Klassenfahrten nicht haben teilnehmen dürfen, fragt sie ihre Eltern um Erlaubnis. Als diese dem Ausflug zustimmen, sei sie „natürlich super glücklich aber auch wirklich baff" (Z 1064–1065) gewesen. Am Schüleraustausch mit einem anderen europäischen Land hingegen habe sie nicht teilnehmen dürfen: „Das war wahrscheinlich wieder ein Schritt zu viel für meine Eltern (Lachen)" (Z 1088–1089). Die Entscheidungen ihrer Eltern, bspw. die Erlaubnis an der Skifreizeit teilzunehmen, führt Tülay auf eine vertrauensvolle Beziehung zurück. Gleichzeitig versteht sie es, Grenzen zu den Erziehungspraktiken anderer türkeistämmiger Familien zu ziehen, indem sie Freiheiten und Verbote kulturell argumentiert und damit auch auf die Binarität von Modernität und Tradition rekurriert.

Ihre Gymnasialzeit wird rückblickend von ihr als unproblematisch dargestellt, bis sie in der elften Klasse wegen schlechter Noten in naturwissenschaftlichen Fächern sitzen bleibt. Sie erinnert sich, dass sie die Schule abbrechen und eine Lehre habe beginnen wollen, ihr Vater jedoch interveniert habe: „Ich möchte, dass du dein Abitur machst'" (Z 700–701). Tülay widerstrebt es hingegen in einer niedrigeren Klasse als ihre Klassenkamerad*innen am gleichen Gymnasium zu bleiben. Unterstützt von ihrem Vater habe sie sich schließlich dazu entschlossen, die Schule zu wechseln und dort das Fachabitur zu absolvieren. „Dank meinem Vater hab ich dann wirklich auch das Abitur gemacht. Und, ja, zum Glück

[10] Ausgrenzungserfahrungen, wie zuvor von Rüya aufgezeigt, scheint Tülay nicht in dieser Form zu erleben.

hab ich dann das Abitur gemacht, weil dann konnte ich hier studieren“ (Z 719–721).[11] Dass Tülay sich für den Bildungsweg vom Fachabitur bis zum Studium entschieden hat, wertet sie als richtungsweisende Entscheidung, nicht nur ihren beruflichen Werdegang, sondern insbesondere ihre Migrationsbiographie betreffend.

Nach dem Fachabitur bewirbt sich Tülay an deutschen Hochschulen, nimmt jedoch auch am Verfahren für einen Studienplatz in der Türkei teil, „es gibt so 'ne spezielle Prüfung für türkische Staatsbürgerinnen, die im Ausland gelebt haben“ (Z 43–44), erklärt sie. Für die Prüfung muss sie in eine mehrere hundert Kilometer entfernte deutsche Großstadt fahren. Während der Prüfung entscheidet sie sich für Englisch als Prüfungssprache, vor allem, da sie nicht Germanistik habe studieren wollen. Einige Wochen später habe sie dann die Zusage für ein Anglistikstudium in Izmir erhalten. Ihre Freund*innen und Bekannten hätten ihre Entscheidung, in der Türkei zu studieren, eher verständnislos aufgenommen: „Wieso Türkei? Du kannst doch überall studieren, wieso Türkei? Wieso gibst du dich mit was Niedrigerem zufrieden und gehst nicht in ein anderes Land?“ (Z 1824–1825). In der Türkei erhält sie ähnliche Reaktionen: „Ja, bist du nicht ganz dicht? Wieso kommst du aus Deutschland in die Türkei, um zu studieren? Die meisten Leute in der Türkei wollen ins Ausland, um zu studieren“ (Z 1826–1828). Ein Studium in der Türkei sei gar als „ein Schritt zurück anstatt vorwärts“ (Z 1839–1840) bewertet worden. In beiden Gesellschaftskontexten wird, Tülays Darstellung folgend, das Bildungswesen in der Türkei im Vergleich zu Deutschland als weniger hochwertig eingeordnet. Sie selbst hingegen bewertet ihre Hochschule in Izmir als eine „sehr gute Universität“ (Z 1835) und nimmt, entgegen der Vorhaltungen, ihren in der Türkei fortgesetzten Bildungsweg nicht als unergiebig wahr: „Ich fand nie, dass es ein Schritt zurück war“ (Z 1840). Das Studium habe ihr zwar Spaß gemacht, sei allerdings keine Herausforderung für sie gewesen, da sie Englisch dank ihres afroamerikanischen Schwagers bereits früh gelernt habe, „deswegen wahrscheinlich war das Studium damals hier auch nicht so anstrengend für mich, weil ich einfach Englisch auch schon konnte“ (Z 804–805). Die Zusage für den Studienplatz in Izmir ist der entscheidende Moment für Tülays Migration in die Türkei.

[11]Sie spricht an dieser Stelle zwar vom „Abitur“, hat aber das Fachabitur gemacht, worauf sie später auch nochmals bezüglich ihrer Studiengangwahl zu sprechen kommt.

6.2.2 Migrationsgeschichte und -erfahrung

„Versuchen wir's doch mal in Deutschland" – Die Migration ihrer Eltern und Tülays Aufwachsen „am Rand vom Türkenviertel"

Tülays Vater kommt 1969, zwei Jahre nachdem er ihre Mutter geheiratet hat, nach Deutschland. Als ihr Vater für die Mutter einen Arbeitsplatz gefunden hat, folgt sie ihm kurze Zeit später. „Ich glaub mein Papa ist so auch der Abenteurer gewesen" (Z 613–614), beschreibt Tülay das Motiv ihres Vaters, der mit den Worten „ja, versuchen wir's doch mal in Deutschland" (Z 614–615) gegangen sei. Die Worte, die ihr Vater gesprochen haben soll, gleichen nahezu ihren eigenen: An mehreren Stellen spricht Tülay davon, dass sie das Leben in der Türkei habe „ausprobieren" (Z 82, 1881, 2251) wollen. Ihr eigenes Auswanderungsinteresse beschreibt sie ebenfalls mit den Worten „Abenteuer" (Z 91, 153, 2398) und „Abenteuerlust" (Z 372). Zygmunt Bauman schreibt „Abenteuersuche" (ebd. [1995] 2007, S. 158) als Eigenschaft dem Touristen zu, die aus der „Beschaulichkeit des eigenen Zuhauses" (ebd.) resultiere und die wiederum die „Abenteuersuche zu einem ungetrübt angenehmen Zeitvertreib" (ebd.) werden lasse. Der Tourist, so Bauman, ist „ein bewußter und systematischer Sammler von Erfahrungen" (ebd., S. 156). Beschreibt Tülay ihren Vater als „Abenteurer", so verklärt das womöglich die Realität des „Gastarbeiters". Unterstrichen wird abermals Tülays *Atypisierung* ihres Aufwachsens als türkeistämmige Frau in Deutschland, indem sie sich und ihre Familie mit diesen Zuschreibungen vom „Gastarbeiter*innen"-Milieu abgrenzt. Gleichzeitig zeigt sich an dieser Stelle die Gemeinsamkeit in den Auswanderungsmotiven von Vater und Tochter.

Deutlicher wird die Abgrenzung von „anderen" türkeistämmigen Familien, als Tülay ihren Vater als „wirklich ziemlich, ziemlich modern eingestellt" (Z 343) präsentiert. Diese Modernität führt sie u. a. auf sein Musikinteresse zurück. Trotz der Bezeichnung ihres Vaters als Abenteurer und der damit einhergehenden Abgrenzung vom klassischen „Gastarbeiter", ordnet Tülay ihre Eltern „ganz normal Arbeiterklasse" (Z 630) ein. Sie betont jedoch, dass sich ihr als KFZ-Mechaniker ausgebildeter Vater „dann ein bisschen weitergebildet" (Z 631) habe. Die Bildung von Tülays Mutter sei „nicht so gut wie die von meinem Vater" (Z 625–626), erzählt sie. In der Türkei habe ihre Mutter mit mehreren Geschwistern vaterlos in ärmlichen Verhältnissen gelebt. Aufgrund dieser Verhältnisse wertet Tülay die Migration ihrer Mutter nach Deutschland als „Sprung nach oben" (Z 628). Der Lebensstandard habe sich für ihre Mutter in Deutschland gehoben und Tülay erinnert sich: „Soweit ich zurückdenken kann, hat sie immer gearbeitet“ (Z 1255–1256). Sie sei in Konzernen tätig gewesen, weitere Details über ihre Arbeit erwähnt sie nicht.

Den Ort, in dem Tülay aufwächst, bezeichnet sie als „nicht so ’ne riesengroße Stadt, ich mein’, jeder kennt halt jeden“ (Z 1140–1141). Mit anderen türkeistämmigen Familien seien sie und ihre Familie u. a. auf türkischen Hochzeiten oder an Feiertagen wie dem Ramadan zusammengekommen. Tülay habe mit ihrer Familie „am Rand vom Türkenviertel“ (Z 1154–1155) gewohnt, „zum Glück nicht mitten im Türkenviertel“ (Z 329). Da die meisten „anderen türkischen Familien“ (Z 328) in besagtem Viertel lebten, habe Tülay jedoch „Freunde im Türkenviertel“ (Z 1155–1156) gehabt, „was eigentlich auch schön war“ (Z 1156) und ihr „immer gefallen“ (Z 1156) habe.

> Da gab’s halt diese türkischen Geschäfte, wo man einkaufen musste, wo man immer eingekauft hat. Und wenn dann immer irgendwelche Sachen aus der Türkei kamen, meine Eltern haben uns dann halt gesagt ‚ja, geh in dieses Geschäft und kauf jetzt dieses und jenes’, was sie halt aus der Türkei dann vermissten (Z 1158–1161).

Diese Beschreibung des türkischgeprägten Viertels deutet auf die Herausbildung einer transnationalen Infrastruktur hin. Innerhalb des besagten Viertels beobachtet Tülay andere Familien und nimmt diese als Maßstab für die Einordnung ihrer eigenen freiheitlich geprägten Erziehung. Zudem stellt sie anhand der anderen türkeistämmigen Mädchen fest, dass viele die Hauptschule aufgrund der kürzeren Schulzeit besuchen, um anschließend arbeiten gehen und „der Familie dann wirklich Geld bringen“ (Z 334) zu können. Mit dieser Aussage akzentuiert sie, über gewisse (stereotypisierte) Familienbilder Bescheid zu wissen und belegt diese anhand von Beispielen, die auch in Debatten über „gescheiterte“ Integration herangezogen werden. Das wiederum verhilft ihrer Selbstpositionierung als Ausnahme von der türkeistämmigen Community.

Der Freundeskreis ihrer Eltern habe größtenteils aus Menschen aus der Türkei bestanden, die „von der ägäischen Gegend“ (Z 638) stammten, „meine Eltern und auch der Freundeskreis von meinen Eltern haben sich doch schon angepasst“ (Z 647–648). Die Anpassung ihrer Eltern in Deutschland erklärt sie unter anderem damit, dass christlich tradierte Feste wie Nikolaus, Weihnachten und Ostern in ihrer Familie nicht ignoriert worden seien:

> Und meine Eltern waren auch ein bisschen moderner eingestellt wie die meisten Türken in Deutschland, glaub’ ich. Weil wir hatten zum Beispiel zu Weihnachten immer Weihnachtsgeschenke bekommen. Meine Eltern haben nie gesagt ‚das ist etwas, was Christen machen, das hat nichts mit uns zu tun‘, sondern wir haben wirklich jeden Nikolaus, zu Nikolaustag gab es diese /ehm/, es gab doch

> diese Plastik- ehm -stiefel früher, und die waren dann voll Schokolade. Und zu Ostern durften wir auch Eier verstecken und bemalen, also meine Eltern waren da nie so, dass sie gesagt haben ‚das ist jetzt nichts für uns, wir sind Muslime und das machen wir nicht', sondern sie haben wirklich versucht, dass wir uns wahrscheinlich auch dort wohlfühlen und ich glaub das war auch wirklich mit ausschlaggebend. Weil ich hab mich nie als Ausländerin gefühlt oder nie irgendwie als zweitrangig gefühlt oder so. Ja, die meisten Leute konnten meinen Namen nie aussprechen, aber das war mir dann auch egal (Z 313–325).

Das Selbstverständnis, mit dem ihre Familie in Deutschland gesellschaftlich wichtige, aber traditionell christliche Feste feiert, scheint ihr die Anpassung erleichtert und ihr Zugehörigkeitsgefühl gestärkt zu haben. Gleichzeitig bezeichnet sie das Verhalten und die Einstellung ihrer Eltern als „ein bisschen moderner" (Z 314). Dass sich ihre Eltern den kulturellen Praktiken der Einwanderungsgesellschaft nicht verschließen, unterstützt und fördert Tülays Flexibilität, sich transnational beheimaten zu können. So bauen ihre Eltern bereits in Tülays Kindheit eine hybride Alltagswirklichkeit auf: Die kulturellen Differenzen akzeptieren sie und integrieren gesellschaftlich bedeutsame Praktiken in ihre Lebenswelt. Zugleich vermittelt ihr vor allem ihre Mutter auch islamische Werte:

> Sie hat immer gesagt ‚das sind die Gebete, so wird gefastet, wenn ihr fasten wollt, dann macht's mit.' […] Ich glaub, da war wirklich dann meine Mutter wirklich ein super Vorbild, weil sie hat uns immer alles beigebracht, aber wir mussten nie irgendwas machen. Also sie hat uns immer die Wahl gelassen (Z 1195–1200).

Die „säkular(e)" (Z 2099) Denkweise ihres Vaters und der zwanglose Umgang ihrer Mutter mit Religion, scheinen Tülays religiöse Einstellung geprägt zu haben. Daher befolgt sie selbst in der Religion, das, was sie als logisch empfindet:

> Alles was mir logisch erscheint würd' ich befolgen. Aber wenn irgendwas unlogisch für mich ist, dann ist es für mich keine Religion. Also ich glaube eher wirklich nur an Gott und ich brauch' keine Religion oder kein Buch dazwischen, dass ich irgendwie 'ne Verbindung zu Gott aufbauen kann. Also, und so denkt auch mein Vater. Und weil er so denkt, hat er uns auch so großgezogen (Z 2100–2105).

Als unlogisch habe Tülay bspw. das Verbot empfunden, kein Schweinefleisch essen zu dürfen. Sie erinnert sich, dass ihre Klassenkameradinnen in der Pause „immer 'ne Wiener Semmel gegessen" (Z 1389–1390) hätten und eines Tages habe sie dann einfach mal bei ihren Freundinnen probiert und festgestellt, „das schmeckt ja super gut. Und dann hab' ich angefangen, das zu essen" (Z 1397). Sie verheimlicht ihrer Mutter gegenüber nicht, dass sie nun Schweinefleisch isst, die zunächst „immer ein bisschen geschimpft“ (Z 1399) habe. Ihr Vater hingegen habe die Einstellung vertreten, „wir leben in Deutschland, wenn sie’s essen will, lass sie“ (Z 1402–1403). Erneut stellt Tülay heraus, dass das „die meisten türkischen Familien oder fast alle nicht machen durften“ (Z 1405).

Das Beispiel, Schweinefleisch essen zu dürfen und die wiederholende Beschreibung ihrer Eltern als modern, lässt den Eindruck eines unkomplizierten Umgangs mit auf religiösen Wertevorstellungen basierenden Verboten und Freiheiten entstehen. Tülay erzählt aber auch von der fehlenden sexuellen Aufklärung seitens ihrer Mutter und bezeichnet das als „Tabu“ (Z 1205). Als Tülay heiratet, habe sie von ihrer Mutter plötzlich ein paar Laken bekommen mit den Worten: „Das kannst du drunter tun“ (Z 1216–1217). Damit führt die Mutter den Brauch fort, nach der Hochzeitsnacht ein blutbeflecktes Laken zum Beweis der Jungfräulichkeit der Braut vorzuzeigen. Darüber sei Tülay zwar zunächst sehr verärgert gewesen, habe sich das zurückhaltende Verhalten ihrer Mutter dann jedoch damit erklärt, dass sie „in ’ner ganz anderen Kultur“ (Z 1225–1226) aufgewachsen sei.

„Wir waren schon wirklich anders als die normalen türkischen Familien in Deutschland“ – Konstruktionen des Selbst

Tülay erinnert sich an viele Situationen ihrer Kindheit und Jugend, die sie rückblickend nicht nur als sehr schön wahrnimmt, sondern ihre Erziehung von „normalen türkischen Familien in Deutschland“ (Z 818) unterscheidet. Dazu zählt, dass sie den Motorradführerschein habe machen dürfen, obwohl ihre Mutter mit der Aussage, „türkische Mädchen fahren kein Motorrad“ (Z 730–731), dagegen gewesen sei. Tülay aber habe eine Abmachung mit ihrem Vater getroffen: Sie erzählt, es habe eine Werbung gegeben, in der eine Frau auf einem Motorrad fährt, ihren Helm abnimmt und ihre Haare nach hinten wirft, da habe ihr Vater gesagt: „Wenn du das machst, wenn du lange Haare hast, dann darfst du den Motorradführerschein machen“ (Z 734–735). Also habe sich Tülay die Haare wachsen lassen, mit 18 Jahren ihren Vater an die Abmachung erinnert und den Führerschein gemacht. „Dann bin ich auch wirklich als Türkin, das hat wirklich viel zu bedeuten, [...] und ich war dann wirklich die einzige Türkin mit einem Motorrad“ (Z 740–743). Nach Erhalt ihres Führerscheins, habe sie sich direkt die Haare schneiden lassen und damit ihren Vater „ausgetrickst“ (Z 746), erzählt Tülay lachend.

Auch arrangieren sich Tülays Eltern mit den Kontakten ihrer Tochter zu „Jungs“ (Z 952), die sie aus ihrem Basketballverein kennt, in dem sie sehr aktiv ist. Zwar sei ihr Vater anfangs „immer total grantig“ (Z 953) gewesen, wenn ihre „Kumpels“ (Z 962) sie zum Basketballspielen abgeholt hätten und sei ihnen zunächst zu den Basketballplätzen gefolgt. Ihre Ehrlichkeit habe sich allerdings bewährt und so seien auf Basis des Vertrauens zwischen Eltern und Töchtern sukzessive Freiheiten möglich geworden. Selbst wenn ihre Eltern auf den Umgang ihrer Tochter mit Jungs angesprochen wurden, habe er sie verteidigt:

> Also mein Vater war auch wirklich locker und hat dann wirklich auch dadurch, dass er sie auch kannte, konnte er dann auch den anderen türkischen Familien sagen ‚das geht dich nichts an, ich weiß was meine Töchter machen.' Und da hatten wir auch wirklich Glück glaub ich (Z 972–975).

Dass sie ihren Vater „locker" (Z 972) findet, zeigt sich auch darin, dass sie als Jugendliche mit ihm Bier getrunken habe, „obwohl es ja tabu war für manche Leute" (Z 2125). Ihr Vater hingegen habe gesagt: „Mir ist es lieber, dass du dich hinhockst und mit mir trinkst anstatt draußen irgendwo" (Z 2126–2127). Dadurch, dass er gemeinsam mit seinen Töchtern Bier trinkt, kann er die Kontrolle über ihr Konsumverhalten bewahren, mutmaßt Tülay. Sie empfindet das Verhalten ihres Vaters als Glück, der nur wenige Verbote ausgesprochen habe und schlussfolgert, er habe „auf seine Art versucht, uns zu beschützen" (Z 2133).

Als weiteres Beispiel für das Vertrauen seitens ihrer Eltern und die dadurch gewonnenen Freiheiten führt Tülay auf, dass sie als Jugendliche gemeinsam mit ihrer zwei Jahre älteren Schwester im Süden der Türkei in den Urlaub habe fahren dürfen. Ihr Vater habe ihnen vertraut, „weil wir immer alles erzählt haben" (Z 922–923). Im Gegenzug für das elterliche Vertrauen, habe sie wiederum nichts gemacht, was ihre Eltern hätte beschämen können. In diesem Zusammenhang erzählt Tülay von der „Hemme, dass man mit seinem Freund wirklich nicht schlafen konnte" (Z 865). Sie habe immer im Hinterkopf gehabt „du musst warten bis du verheiratet bist, du musst warten bis du verheiratet bist" (Z 866–867). Dass sie keinen Sex vor der Ehe haben dürfe, sei ihr nie direkt gesagt worden, „sondern ich glaub', das war einfach mit im Paket (Lachen), […] man hatte immer diese Hemmnis" (Z 868–869). Sie erzählt, dass sie letztlich bis zur Ehe Jungfrau geblieben sei, „obwohl ich wirklich ganz anders aufgewachsen bin wie die meisten türkischen Frauen dort" (Z 871–872). Dass Tülay „ganz anders aufgewachsen" (Z 871–872) sei, knüpft sie an die zuvor dargestellten Freiheiten, die sie durch die *lockere* Erziehung ihrer Eltern genießen konnte. Dadurch habe sie sich hinsichtlich ihres Aufwachsens von den „meisten türkischen Frauen" (Z 872) in Deutschland abgegrenzt. Dennoch habe sie sich an das religiös basierte Gebot gehalten, als Jungfrau in die Ehe einzugehen. Tülay erzählt, sie habe einen deutschen Freund gehabt, der zwar bis „zu einem bestimmten Zeitpunkt dann verständnisvoll war, aber irgendwann war's ihm dann wahrscheinlich zu blöd" (Z 888–890). Aufgrund des tief verankerten Verbots, sei dann eine Jugendliebe

Tülays in die Brüche gegangen. Retrospektiv kann Tülay nicht rekonstruieren, wieso sie sich ohne das direkt ausgesprochene Verbot an diese Regel gehalten habe. Sie erinnert sich, dass ihr Vater zwar gesagt habe, einen Freund zu haben sei „das Normalste der Welt“ (Z 877). Gleichzeitig habe er ihr jedoch mit auf den Weg gegeben: „Mach nie etwas, was du später bereust“ (Z 880). Womöglich habe dieser Satz, so vermutet Tülay, das Verbot im Hinterkopf platziert und sie habe ihren Vater und ihre Familie nicht „beschämen“ (Z 882) wollen. Diese Tradition der jungfräulichen Braut sei in der Generation ihrer Eltern zwar noch bedeutsam gewesen, mittlerweile jedoch in der Türkei für eine Frau nicht mehr maßgebend, erklärt sie.

Tülay ist ihren Eltern dankbar, „als Frau“ (Z 938) so viele Freiheiten gehabt zu haben und sie erinnert sich, „unsere türkischen Freundinnen durften so was nicht zu dem Zeitpunkt“ (Z 939). Dadurch, dass sie und ihre Schwester „so ziemlich viel machen“ (Z 817) durften, gelangt sie zu der Beurteilung, „ich glaub, wir waren (Lachen) schon wirklich anders als die normalen türkischen Familien in Deutschland“ (Z 817–818). Diese Wahrnehmung des Andersseins und der Abweichung von „normalen türkischen Familien in Deutschland“ (Z 817) basiert auf ihrer als divergent ermessenen Kindheit und Jugend. Durch diese Abgrenzung sieht Tülay sich und ihre Familie als „Minderheit was die türkischen Familien dort betrifft“ (Z 824) und attribuiert diesem Minderheitenstatus zugleich positive Eigenschaften wie Freiheit, Modernität oder Unabhängigkeit. Den öffentlichen Diskurs über Einwander*innen in Deutschland kritisiert sie hinsichtlich der fehlenden Differenzierung, wodurch die Lebensweise von Familien wie der ihren nicht nach Außen dringen würde. Es würden stets „alle Türken in Deutschland als so zurückgeblieben oder die haben sich nicht angepasst und die Integration fehlt“ (Z 825–826) dargestellt. Damit bemängelt sie den homogenisierenden und monokulturellen Blick auf die Gruppe der Eingewanderten. Allerdings scheint Tülay diese Sichtweise partiell übernommen zu haben: Die Lebensführung ihrer Familie grenzt sie stetig als „untypisch“ von anderen Einwanderungsfamilien ab. Das könnte mitunter in ihrer Wahrnehmung begründet liegen, dass eher wenige Familie aus der türkeistämmigen Community eine ähnliche Lebensweise entworfen hätten: „Es gibt auch Leute wie wir, aber wahrscheinlich nur ’ne Handvoll (Lachen)“ (Z 827–828). Im Gegensatz zu den Lebenswelten und Familienbildern, die bspw. in Filmen von Fatih Akin[12] gezeigt werden, den Tülay beispielhaft für

[12]Fatih Akin ist ein Regisseur, der in Deutschland als Sohn türkeistämmiger Einwander*innen geboren wurde. In vielen seiner Filme setzt er sich mit den Lebenswelten von Einwander*innen auseinander.

eine Unterfütterung klischeebehafteter Familienentwürfe nennt, habe Tülay, „ein anderes Leben" (Z 822) in Deutschland verbracht. Mit der Gruppe der „normalen türkischen Familien in Deutschland" (Z 817) scheint sie sich daher nicht identifizieren zu können.

> Und da bekommt man das natürlich auch so mit, dass zum Beispiel die anderen Freundinnen in deinem Alter dann vielleicht wie gesagt vielleicht nicht, nicht ins Skilager durften oder Motorradfahren durften (Lachen) Bis heute hab ich natürlich noch keine andere Türkin gesehen in meinem Alter, die das durfte (Z 1163–1166).

Zusammenfassend hält Tülay die Besonderheiten wie den Motorradführerschein und die Teilnahme an der Skifreizeit fest. Im Vergleich zu ihren gleichaltrigen türkeistämmigen Freundinnen scheint ihr bewusst gewesen zu sein, anders aufzuwachsen und gewisse Vorzüge zu genießen.

„Ich glaub' ich umarme beide Kulturen" – Hybridität und Werte-Patchwork

> Ich seh' mich weder als verdeutscht an, wie gesagt, noch zu türkisch, ich bin irgendwas dazwischen, aber ich bin glücklich so wie es ist. Ich fühl' mich jetzt nicht irgendwie zwischen zwei Kulturen hin- und hergerissen, sondern ich glaub' ich umarme beide Kulturen und das zu schaffen, ich glaub' das kann nicht jeder. Ich weiß nicht wie die anderen Interview- eh -partner jetzt waren, aber ich glaub' ich, ich glaub' das ist wirklich das Erfolgsergebnis, das man wirklich beide Kulturen einfach das beste nimmt und was auch immer schlecht ist, oder was daran negativ ist oder einen wirklich runterziehen würde einfach ein bisschen ignoriert und sagt ‚ok, das lass' ich jetzt mal weg' und dann kann man glaub' ich ganz glücklich leben auch in jedem Land. Ich könnt' jetzt auch nach China ziehen und dort eben mich einfach ein bisschen anpassen. Man muss glaub' ich alles ein bisschen lockerer sehen (Z 504–514).

Ihre pluri-kulturelle Identität begreift Tülay als Chance und nicht als Konflikt. Daher positioniert sie sich als Gewinnerin, die ihre kulturellen Differenzen akzeptiert und derart zu „ordnen" versteht, dass sie ein „Erfolgsergebnis" (Z 509) schafft. Das *Dazwischen* ist für sie kein Raum der Nichtzugehörigkeit, Unordnung oder Desorientierung, in dem sie in eine Krise gerät. Vielmehr verweist ihr erfolgreiches *Dazwischen* im Sinne der Hybridisierung auf einen „dritten Raum" (hierzu Bhabha 1994, siehe auch Abschn. 3.2.3), in dem sie aus den ihr positiv erscheinenden kulturellen Attributen, einem Werte-Patchwork entsprechend, etwas Eigenes schafft. Mit dieser Einstellung könne sie sich an jedem Ort beheimaten, konturiert sie, und verweist damit auf ihre transnational ausgerichtete Lebensweise, in der ihr Migrationsprozess als unabgeschlossen eingeordnet wird. Ihre Fähigkeit, beide Kulturen zu *umarmen* und in sich zu vereinen, ermöglicht ihr das Selbstvertrauen, sich mühelos überall integrieren zu können.

Tülay erlebt mit ihrem Werte-Patchwork jedoch auch Konflikte und Herausforderungen: So scheitert bspw. ihre erste Ehe nach sieben Jahren daran, dass sie selbst „zu verdeutscht“ (Z 181) und ihr damaliger Ehemann „einfach viel zu türkisch glaub’ ich für mich“ (Z 186) gewesen sei. Sie erzählt, er sei „total das Gegenteil von mir“ (Z 197) gewesen. Entgegen ihrer Ausführungen darüber, beide Kulturen zu *umarmen,* bezeichnet sich Tülay in Bezug auf ihre erste Ehe als „zu verdeutscht“ (Z 181) und macht somit unüberwindbare Divergenzen zwischen ihr und ihrem ersten Mann sichtbar, die sie kulturell argumentiert. Zum Interviewzeitpunkt ist sie mit ihrem zweiten Mann verheiratet, der sich mehr für ihre deutsche Herkunft interessiere und „der dann wieder doch ‘n bisschen mehr ist wie ich“ (Z 200–201). Ihr jetziger Ehemann verstehe sogar etwas Deutsch und feiere in der Türkei bspw. auch Weihnachten mit ihr, da das bedeutsam für Tülay ist. Auf die erste gemeinsame Reise mit ihrem Ehemann nach Deutschland freut sie sich bereits sehr:

> Das ist auch für mich wichtig, weil es ist einfach ein Teil von meinem Leben und das hat mich geprägt und vielleicht wird er mich dann besser verstehen, vielleicht wird er dann sagen, deshalb ist sie so oder so, wenn er das alles mal ein bisschen so sieht. Das ist schon wichtig für mich (Z 1989–1992).

Für ihr Beziehungsleben spielt Tülays Werte-Patchwork eine zentrale Rolle: Sie definiert sich über ihre deutsche Herkunft und ist davon überzeugt, dass eine gemeinsame Reise an ihren Herkunftsort zu einem besseren Verständnis ihrer Person führe. Das Interesse ihres Partners an ihrer Herkunft ist ihr außerordentlich wichtig.

Im Arbeitskontext positioniert sich Tülay ebenfalls als „total deutsch“ (Z 2008), „immer pünktlich“ (Z 1726) und „total diszipliniert“ (Z 1727), sie „befolge alle Regeln wirklich so, wie sie aufgeschrieben sind, auch wenn’s türkische Regeln sind und alle um die Regeln drum herum sich biegen“ (Z 1727–1729). Sie sagt von sich selbst, mit einer „ganz anderen Disziplin als meine anderen Kolleginnen“ (Z 1725) zu arbeiten und dafür oft zu hören bekomme: „Du und deine deutsche Disziplin“ (Z 1726). Als sie an einer privaten Universität unterrichtet, habe sie den Spitznamen „Adolfina“ (Z 2010) von ihren Schülerinnen erhalten, „weil ich so diszipliniert war“ (Z 2010). Tülays Selbstverständnis folgend hat sie sich diese kulturell kategorisierten Eigenschaften durch ihr

Aufwachsen in Deutschland angeeignet: „Diese Disziplin, diese Ordnung, diese Regeln befolgen, das hab' ich wirklich alles aus Deutschland mitgenommen" (Z 2015–2016). Diese als *typisch deutsch* konstruierten Eigenschaften, darunter Pünktlichkeit, Disziplin und Regelkonformität, möchte Tülay auch ihrem Sohn vermitteln, denn das sei ihre „deutsche Seite" (Z 1730–1731). Letztlich zeigt sich entgegen ihrer Annäherung an das Phänomen der Hybridisierung eine Reproduktion kulturell konstruierter Eigenschaften, wie die Kategorisierung von Pünktlichkeit und Disziplin als typisch deutsche Merkmale.

„Dass ich zwei Heimatsländer hab', ist ein sehr schönes Gefühl" – Beheimatungspraktiken

> Ich war immer /ehm/ schon natürlich stolz, dass ich 'ne Türkin bin. Und ich glaub' deswegen auch, weil ich war sowieso in Deutschland, deswegen hab' ich mir gedacht, ich bin doch in Deutschland und ich bin wirklich sehr glücklich und stolz Türkin zu sein. Und weil ich auch eben nie dieses /eh/ Gefühl hatte ich bin Ausländerin, ich werd' jetzt irgendwie anderweitig behandelt oder so, das hatte ich nie. Deswegen hatte ich glaub' ich nie das Bedürfnis, die Staatsbürgerschaft zu wechseln. […] Aber ich glaub' ich hab' sie damals wirklich deswegen nicht genommen, weil ich mir gedacht hab', ich bin stolze Türkin, aber in Deutschland und glücklich, es passt so wie's ist (Z 1304–1326).

Der Besitz der deutschen Staatsbürgerschaft scheint für Tülay keine bedeutende Rolle gespielt zu haben, da sie „sowieso in Deutschland" (Z 1315–1316) gelebt und sich nicht ausgegrenzt gefühlt habe. Zugleich fühlt sie sich „stolz" (Z 1304) als Türkin. Somit habe sie offenbar beides miteinander verbunden: Das Leben in Deutschland, dem Land, dass sie wiederholend als „Heimat" (Z 1731, 1741, 1742, 1803, 2244, 2254) bezeichnet und zu dem sie sich zugehörig fühlt und den türkischen Pass, mit dem sie *Stolz* verbindet. Ihre türkische Staatsbürgerschaft nimmt offenbar keinen Einfluss auf ihre Zugehörigkeitsgefühle sowie Beheimatungspraktiken. Tülay habe sich „nie als Ausländerin gefühlt oder nie irgendwie als zweitrangig gefühlt" (Z 323–324), sie sei „nie so diese typisch türkische Ausländerin in Deutschland" (Z 1782) gewesen. Mit diesem Ausdruck bezieht sie sich auf „die meisten andern türkischen Leute" (Z 1784), die eher unter sich bleiben würden. Es störe sie, „dass sich die Leute nicht versuchen, anzupassen" (Z 1793–1794). Sie habe sich angepasst, Freundschaften zu Deutschen gepflegt und daher „nie sehr viele Probleme gehabt" (Z 1797). Selbst auf dem Gymnasium sei sie „einfach nur Tülay" (Z 1799) gewesen. Von Differenz- und Ethnisierungserfahrungen berichtet sie nicht. Ihre konfliktfreie Zugehörigkeit und ihre Anpassungsleistung bedingen, „dass Deutschland meine Heimat ist, glaub' ich. Wie gesagt, weil ich mich auch dazu gefühlt habe, dass ich dazu gehöre" (Z 1803–1804). Tülay erzählt von ihrer Erfahrung, dass andere im Gespräch mit ihr nicht gemerkt hätten, „dass ich 'ne Türkin bin" (Z 1367–1368), da sie akzentfrei Deutsch spreche und „nicht typisch Türkisch" (Z 550) aussehe. Erst die Erwähnung ihres Namens hätte die Leute zu der Frage verleitet, ob sie gar nicht Deutsche sei, ob sie denn ein deutsches Elternteil hätte. Nicht für eine Türkin gehalten worden zu sein, habe sie mit Stolz erfüllt: „Ich war immer stolz auch Türkin zu sein, aber stolz auch so fast Deutsch zu sein (Lachen), sagen wir mal. Das hat mir auch gefallen" (Z 1383–1384).

Zum Interviewzeitpunkt lebt Tülay seit 17 Jahren in der Türkei und sie hat diesen Schritt „nie bereut, absolut nicht" (Z 2253). Als sie von ihrer damaligen Migrationsentscheidung erzählt, greift sie den Begriff „Heimat" auf und geht an verschiedenen Stellen ihrer Narration darauf ein, was Heimat für sie bedeutet und wie sich ihr Leben *zwischen* Deutschland und der Türkei für sie anfühlt:

> Früher, als wir hierher zum Urlaub gefahren sind war ich halt glücklich, wenn ich hierher gekommen bin, aber froh als ich wieder zurück war. Und jetzt hab ich genau dasselbe nur umgedreht. Das ist interessant. Aber ein schönes Gefühl, dass ich zwei Heimatsländer hab' ist ein sehr schönes Gefühl eigentlich (Z 2267–2271).

Tülay stellt fest, dass sich ihre Gefühlswelt hinsichtlich Deutschlands und der Türkei umgekehrt hat: Sie vermisse Deutschland, wenn sie längere Zeit nicht dort war und freue sich auf ihr zu Hause in Izmir, wenn sie ihren Urlaub in Deutschland verbracht hat. Deutsch- oder Türkisch-Sein bedeuten für sie nicht die Imagination kultureller Gemeinsamkeiten, sondern ein „background, der Lebenssituation und -befindlichkeit weitgehend bestimmt" (Beck-Gernsheim 2004, S. 107). Ihr ungebrochenes „Heimweh" nach Deutschland *und* der Türkei sowie der „Stolz" und die Selbstverständlichkeit, mit der sie von „zwei Heimatsländer(n)" (Z 2270) spricht, zeigt mit welchem Selbstbewusstsein und Selbstverständnis sich transnationale Lebensformen führen und Hybridisierung realisieren lassen. In diesem Konglomerat von Emotionen, Erfahrungen und Erziehung in und zu beiden Ländern hat Tülay eine Vorstellung von Heimat entwickelt, die im Gegensatz zur Verwendung des Heimatbegriffs in sozialwissenschaftlichen Kontexten nicht auf eine Nation, ein Territorium oder eine ethnische Herkunftsgruppe rekurriert. Ihr Leben und Aufwachsen in Deutschland und der Türkei haben sie zu dem gemacht, was sie ist und dieses *Dazwischensein* bzw. diese synchronen Zugehörigkeitsgefühle begreift sie als Chance, gar als Erfolgsfaktor, für ihr Leben als hochqualifizierte Frau. Ihr Heimatverständnis orientiert sich zunächst an dem Ort, an dem sie geboren wurde und aufgewachsen ist:

> Wo man die ganze Kultur übernommen hat, die ganzen Regeln übernommen hat. […] Und Heimat ist einfach Deutschland, weil mich Deutschland geprägt hat. Mich hat auch Türkei geprägt, natürlich, aber ich mein Deutschland hat mich zu dem gemacht was ich bin (Z 1723–1733).

Ihr modifiziertes Heimatverständnis verweist dabei auf Rationalisierung, eine der vier Abwandlungen[13] des Heimatbegriffs, die Paul Mecheril von *Anderen Deutschen* in Bezug auf Heimat herausstellt: In diesem Verständnis ist Heimat da, wo man sich mit den geltenden Regeln und Werten einverstanden zeigt (vgl. ebd. 1994b, S. 71). Da Tülay ihre Sozialisierung, hier v. a. Kindheit und Schulzeit, in Deutschland verbracht hat, erhält sie dort die für ihre Persönlichkeit und ihre Biographie grundlegende Prägung und bezeichnet Deutschland somit auch aufgrund ihrer Zugehörigkeitsgefühle als ihre Heimat. Nach den regelmäßigen Türkeiurlauben sei sie stets aufgeregt gewesen, nach Deutschland zurückzukehren, um ihren Freund*innen in der Schule von den Urlaubserlebnissen berichten zu können. Dabei betont Tülay, die Türkei war „wirklich nur Urlaubsland, also es war nie so, dass wir uns heimisch gefühlt haben. Wie gesagt, Heimat war immer Deutschland" (Z 2243–2245).

Wenn Tülay gefragt werde, woher sie komme, dann antworte sie mit dem Satz „ich bin in Deutschland geboren" (Z 1689) und erst anschließend sage sie, „ich bin Türkin" (Z 1690). Das findet sie selbst interessant und weist mich darauf hin, „das hast du vielleicht von andern noch nicht gehört" (Z 1687–1688). Dass sie immer noch sage, „mein Heimatland ist Deutschland" (Z 1690–1691), sei wohl „normal" (Z 1691), überlegt Tülay, schließlich sei sie dort geboren worden und habe zwanzig Jahre in Deutschland gelebt. Offenbar gibt sie diese Antwort aber nur, wenn sie Leute aus anderen Ländern als der Türkei nach ihrer Herkunft fragen. Die Herkunft aus Deutschland ist Tülay sehr wichtig, „weil es einfach, ich glaub' ein Teil von mir ist und ich möchte einfach, dass das wahrscheinlich nicht vergessen wird" (Z 1697–1698). Vor allem sie selbst scheint Sorge zu haben, ihre deutsche Herkunft zu „vergessen", denn sie erzählt von der „Angst" (Z 1699, 1704) ihre Deutschkenntnisse zu verlernen. Dagegen hat sie jedoch eine Strategie entwickelt:

[13]Mecheril unterscheidet vier Modifikationen des Heimatverständnisses *Anderer Deutscher:* Egozentrierung, Personalisierung, Hedonisierung und Rationalisierung (vgl. ebd. 1994b, S. 71). Rationalisierung verweist auf folgendes Heimatverständnis: „Heimat ist da, wo ich mit geltenden Regeln und Werten einverstanden bin" (ebd.).

> Aber sobald ich das spüre, ich lese ja sehr gerne, deswegen ich hab' eine riesen Bibliothek daheim, dann grab' ich mir sofort das erste deutsche Buch und lies sofort wieder alles auf Deutsch. Ich lese die meisten Bücher sowieso nur auf Deutsch oder Englisch meistens und nur wenn ich sie nicht finden kann in den zwei Sprachen, les ich's auf Türkisch dann (Z 1705–1709).

Im Gegensatz zur vielfach gestellten Diagnose „defizitärer Biographien" der *zweiten Generation* deutsch-türkischer Eingewanderter, vermag Tülay mit ihrer mühelosen Vereinbarkeit von pluri-nationalen Heimatgefühlen zu irritieren.

„Das erste Mal hab' ich mich so richtig türkisch gefühlt" – Tülay demonstriert gegen Erdoğan

Eigentlich sei Tülay eine „Ignorantin" (Z 212, 537), wie sie von ihrer Schwester genannt werde. Das mache sie zu einer optimistischeren Person, im Vergleich zu „den Türken", die Tülay als „sehr pessimistisch" (Z 1552) beschreibt. Die Strategie des Ignorierens verhelfe ihr dazu, glücklich zu sein. Sie sei glücklich, weil sie sich „einfach überall anpassen" (Z 528) könne und „dieses ganze Politische und dieses ganze, was jetzt die letzten zehn Jahre hier wirklich abgeht" (Z 528–529) einfach ignoriere. Sie lese wenig Zeitung und informiere sich nur spärlich über Nachrichten.

> Und, ich hab's wirklich seit 1997 geschafft, deswegen nennt mich wie gesagt meine Schwester ‚Ignorantin', weil ich wirklich viel ignoriere. [...] Und das hilft wirklich einem. Wenn man dieses Schlimmste wirklich ignoriert, das hilft. Ja man kriegt halt manches nicht mit, aber dann lieber auch nicht. Ich mein manche Sachen muss ich einfach nicht wissen [...], der Erdoğan hat das gesagt und dieses gesagt und jenes Land angemacht. Ich kann auch leben, ohne das zu wissen ehrlich gesagt (Z 536–547).

Dennoch habe es einen Moment gegeben, in dem sie erstmalig nicht die politische Situation ignoriert, sondern reagiert habe. „So richtig türkisch" (Z 1473) und „so richtig dazu gefühlt" (Z 1524) zur türkischen Gesellschaft habe sich Tülay als sie sich den Gezi-Park-Protesten[14] anschließt, die sich 2013 in der Türkei ausbreiten. Sie sei „wirklich Tag und Nacht draußen" (Z 1474) gewesen und habe zum ersten Mal in ihrem Leben demonstriert. Tülay erzählt von den Protesten,

[14] 2013 führt die Planung Erdoğans, den Gezi-Park in Istanbul zu einem Einkaufszentrum umbauen zu lassen, zu landesweiten Protesten, die sich bald vor allem gegen den Regierungsstil Erdoğans richten (vgl. Nordhausen 2013).

dass es zwar „mit diesen paar Bäumen in diesem Park angefangen" (Z 1481–1482) habe, aber eigentlich eine Demonstration „gegen die ganze Erdoğan-Regierung" (Z 1482–1483) gewesen sei. Tülay bezeichnet Erdoğan als „Tyrann" (Z 1484), den sie mit Gesängen und Rufen haben vertreiben wollen, weil „wir Türken […] nicht mit der Religion irgendwie/ehm/jetzt regiert werden wollen" (Z 1488–1489). Es sei ein „Wahnsinnsgefühl" (Z 1490, 1503) gewesen, dazuzugehören und zu demonstrieren.

> Und das war für mich das erste Mal im Leben, dass ich da mal dazugehört hab' und dass ich mal nichts ignoriert habe und dass ich da wirklich mitdemonstriert habe. […] Das war zum Beispiel was, da hab' ich mich das erste Mal wirklich so richtig dazu gefühlt (Z 1512–1524).

Ihre Zugehörigkeit zur Türkei gestaltet sich für sie über das Gemeinschaftsgefühl im Rahmen der Demonstrationen: Mit ihren Mitdemonstrant*innen eint sie ihre Abneigung gegenüber Erdoğan. Allerdings muss sich Tülay auch ein fehlendes „Rezeptwissen", ähnlich dem Schütz'schen Fremden (vgl. Schütz [1944] 2002, siehe auch Abschn. 3.1.3), eingestehen. Die Lieder, die auf den Demonstrationen gesungen werden, muss sie abends nachschlagen und auswendig lernen und so wird sie sukzessive aufgrund ihres Verstehensprozesses Teil der Demonstrationsgemeinschaft, über die sie ihre Zugehörigkeit zur Türkei definiert. Zum Interviewzeitpunkt steht die Wahl Erdoğans[15] kurz bevor. Die Türkei verlassen würde Tülay, „wenn dieser komische Erdoğan wirklich diese islamische Republik dann hat" (Z 2281–2282), aber gleichzeitig glaube sie nicht, dass es dazu kommen werde.[16] „Das werden wir nicht zulassen, dass das dazu kommt" (Z 2283), ist sie sich sicher.

Was passieren müsste, damit sie zurück nach Deutschland kehre mit ihrem Mann und ihrem Kind, macht Tülay dennoch an Erdoğan und seinen Plänen fest.

> Ich glaub', das einzige was passieren könnte, wär, dass dieser komische Erdoğan sagt, dass ist jetzt 'ne islamische Republik und ihr müsst euch alle in Kopftüchern rumlaufen und alle verschleiern, wenn er das sagen würde, dann würd' ich hier nicht mehr bleiben (Z 1951–1953).

---

[15]Die Präsidentschaftswahl in der Türkei, bei der Erdoğan direkt mit absoluter Mehrheit gewählt wurde, fand am 10.08.2014 statt. Das Interview mit Tülay habe ich wenige Tage vorher geführt.

[16]Im Januar 2018 kontaktiere ich Tülay und erfahre, dass sie weiterhin in der Türkei lebt. Die Politik sei zwar sehr turbulent, wirke sich aber nicht auf ihren Alltag aus.

6.2.3 Auswanderungsmotiv: Neugier, Trennungsschmerz und Abenteuerlust

Tülay fasst die Motive für ihre Auswanderung mit dem Wort „Tapetenwechsel" (Z 2397) zusammen. Sie habe „ein bisschen Abenteuer, Tabula Rasa" (Z 2398) machen wollen und so erscheint der Zeitpunkt im Übergang vom Abitur zur Universität geeignet, den Herkunftsort zu verlassen und das Leben in einem anderen Land auszuprobieren. Wenige Monate vor ihrer Bewerbung auf einen Studienplatz in der Türkei, habe sie sich zudem von ihrem Freund getrennt „und das war natürlich auch 'n bisschen ausschlaggebend. Man will doch dann immer 'n bisschen weg" (Z 93–95). Die Wahl für die Türkei sei aufgrund einer bereits vorhandenen Infrastruktur naheliegend gewesen, die den Auswanderungsprozess erleichtert habe:

> Und es war halt immer diese, dieser Drang mal was Neues zu erfahren und da eben wie gesagt es noch eine zweite Heimat da gab, die man erforschen konnte, war das einfach das Beste was zur Verfügung stand. Und wir hatten sowieso schon ein Haus hier und alles und es war eigentlich leichter hierher zu kommen, als in ein anderes Land damals zu gehen. […] Aber Türkei war halt einfach greifbar und verfügbar und ich glaub' deswegen hab ich das einfach auch damals ausgewählt (Z 2404–2410).

Das Gefühl, dass auch die Türkei für Tülay eine Heimat darstellt, liegt mitunter in der Bindung ihrer Eltern zu ihrem Herkunftsland begründet. Von Kindesbeinen an kennt Tülay die Rückkehrgedanken ihrer eigenen Eltern und aus anderen türkeistämmigen Familien in ihrem Umfeld, „die meisten türkischen Familien sind ja immer mit diesem Gedanken nach Deutschland, wir arbeiten ein paar Jahre, fünf Jahre, zehn Jahre und danach wieder in die Heimat zurück" (Z 150). Auch Tülay erinnert sich an die Worte ihrer Eltern: „In ein paar Jahren gehen wir zurück, in ein paar Jahren gehen wir zurück" (Z 2139–2140). Diese Jahre seien allerdings nie vorbeigegangen, es hätten sich stets Gründe für den Verbleib in Deutschland finden lassen. Die Rückkehr realisieren ihre Eltern schließlich durch Tülays Auswanderung, mit der sie nicht nur eine Mobilitätsdynamik in ihrer Familie in Gang setzt, sondern zudem einen transnationalen familiären Raum aufspannt: Mit der Zusage für den Studienplatz in Izmir entwickelt sich eine familiäre Eigendynamik, in der jedes Familienmitglied abwägt, ob es mit Tülay in die Türkei gehen oder in Deutschland bleiben wolle. Schließlich begleiten sie ihre Mutter und die jüngste Schwester 1997 nach Izmir, während ihr Vater erst als Rentner seiner Frau und seinen zwei Töchtern in die Türkei folgt. Tülay bezeichnet ihre Auswanderungsentscheidung als „wirklich der ausschlaggebende Punkt"

(Z 2164) für die Rückkehr ihrer Eltern. Für die Familie besteht bis zum Interviewzeitpunkt ein transnationaler familiärer Raum, da zwei Schwestern Tülays je in Deutschland und Dubai leben.

> Ich bin 1997 nach Izmir gezogen und zwar hab' ich nach meinem Fachabitur, wollt' ich im Ausland studieren. Man hat doch in dem Alter immer diese fixe Idee, ich will ins Ausland. Und Türkei hat mich eigentlich schon immer interessiert, weil ich kannte einfach Türkei nur vom Urlaub her. Aber meine Eltern sind auch aus Izmir und wir waren halt jedes Jahr immer nur drei, vier Wochen hier im Urlaub. Und irgendwie hat es mich wahrscheinlich auch 'n bisschen hierher gezogen. Eigentlich auch aus Neugier. Weil ich einfach mal wissen wollte, wie es hier ist (Z 37–43).

Mit dieser verallgemeinernden Formulierung „man" zu Beginn der obigen Aussage macht sie sich mit Selbstverständlichkeit und zweifellos einer Gruppe zugehörig: Personen im selben Alter, folglich nach dem Schulabschluss, die den Wunsch hegen, ins Ausland zu gehen. Dabei unterscheidet sie nicht zwischen türkeistämmigen und deutschen Schulabsolvent*innen. Dass sich Tülay zugehörig und integriert fühlt, ist bereits in den Ausführungen zu ihrer Bildungsbiographie deutlich geworden und wird mit dieser Formulierung unterstrichen. Ihre Formulierung, eine „fixe Idee" (Z 38) gehabt zu haben, indiziert, dass es sich um einen höchst intensiven Wunsch gehandelt hat, im Ausland zu studieren. Dabei ist ihre Destination letztlich kein ihr unbekannter Ort, sondern die Herkunftsstadt ihrer Eltern, die sie bisher lediglich aus Urlauben kannte. Durch ihren Studienaufenthalt möchte Tülay herausfinden, in wie weit sie zur dortigen Gesellschaft dazugehört und ob sie sich auch dort beheimaten kann.

Als einziges negatives Ereignis, das als ihre Auswanderung begünstigenden Faktor genannt werden kann, nennt Tülay die Trennung ihres damaligen Freundes:

> Ich versuch' immer daran zurück zu denken, ob's irgendwelche Ereignisse gab, wo ich wirklich nicht glücklich war, was mich vielleicht von Deutschland irgendwie dann weggezogen hat, aber das gab's einfach nicht. Also ich war immer glücklich dort muss ich sagen. Das größte Ereignis war dann wirklich auch dieser Exfreund den ich hatte, meine erste große Liebe und das hat dann natürlich nicht geklappt, das klappt nie mit der ersten großen (Lachen), aber das weiß man ja damals nicht. Aber es war halt dann damals das Bedürfnis: einfach weg. Weil er hat dann eine andere /eh/ Freundin gehabt und die andere Freundin /eh/ war 'ne Deutsche und sie war dann schwanger und wie gesagt das ist keine Großstadt und man sieht ihn. Und das war auch ein bisschen ausschlaggebend glaub' ich, dass ich einfach, ich wollt' einfach nur aus A-Stadt damals raus. Und, ich glaub das Beste oder das Erstbeste was da, was ich dann machen konnte war einfach studieren irgendwo (Z 749–761).

Einen entscheidenden Grund, eine prägende negative Erfahrung habe es derart nicht gegeben, die Tülay veranlasst hätte, Deutschland zu verlassen. Sie positioniert sich als stets glückliche und zugehörige Frau. Die Trennung von ihrer ersten großen Liebe wird als einziges negatives Erlebnis dargestellt, dass die Idee, ihren Herkunftsort zu verlassen, gestärkt habe. Dass sie die Trennung von ihrem Freund als einziges negatives Erlebnis anführt, macht unmissverständlich, dass Tülay keine direkten prägenden Diskriminierungserfahrungen gemacht zu haben scheint – auch wenn sie erwähnt, dass die neue Freundin ihres damaligen Partners eine „Deutsche" gewesen sei.

Die Frage, warum Tülay, obwohl sie so glücklich in Deutschland gewesen ist, das Land verlässt, stellt sie schließlich selbst: „Jetzt wirst du wahrscheinlich sagen ‚wenn du so glücklich warst, wieso bist du hierher gekommen?' (Lachen)". Die Gründe fasst sie mit den Schlagworten „Neugier" (Z 370), „Trennungsschmerz" (Z 371) und „Abenteuerlust" (Z 372) zusammen. Auch über ihre Auswanderungsentscheidung sei sie glücklich, betont sie, vor allem, da sie diese Entscheidung selbst habe treffen dürfen: Sie habe Familien gekannt, bei denen die Eltern eine Rückkehrentscheidung getroffen hätten und die Kinder somit teils ungefragt mit auswandern mussten. Daher betont sie ihre eigene Entscheidungsmacht: „Aber wir zum Glück wir durften es entscheiden. Also es war auch meine Entscheidung" (Z 376–377).

> Aber wie gesagt, ich bin wirklich rundherum glücklich hier. Aber wenn jetzt heute mein Mann sagen würde ‚Möchtest du, dass wir nach Deutschland ziehen? Oder in Deutschland leben?' Ich würd' sofort ‚Ja' sagen, aber nicht weil ich hier unglücklich bin, sondern ich kann auch in Deutschland leben. Das macht auch nicht, also für mich macht das nicht einen sehr großen Unterschied, ob ich jetzt in Deutschland lebe oder hier lebe. Vielleicht könnt ich auch in Amerika leben wahrscheinlich (Z 587–593).

Dass der aktuelle Wohnort nicht unbedingt der zukünftige ist, ist für Transmigrant*innen charakteristisch. Tülay könne sich sowohl vorstellen, wieder in Deutschland als auch in einem anderen Land zu leben. Ihre Devise „einfach sich anzupassen und das Schlechte ein bisschen ignorieren" (Z 593–594), verhelfe ihr zu einer optimistischen und positiven Einstellung.

6.2.4 Resümee: „Einfach auch diese Neugier, wie diese zweite Heimat wirklich auch ist"

Am Ende des Interviews drückt Tülay ihr Interesse darüber aus, was meine anderen Gesprächspartnerinnen so erzählt haben könnten:

> Ob's vielleicht solche Leute wie mich auch gibt unter ihnen, die auch 'n bisschen anders waren wie die typisch türkischen Gastarbeiter. […] Ich hatte immer dieses Bedürfnis es mal vielleicht irgendwelchen Leuten zu erzählen, weil dieses Klischee, dieses Stereotype [englische Aussprache, NW] was jeder denkt dass die Gast-, türkischen Gastarbeiter sind, die gibt es nicht überall, wollte immer mal ein bisschen immer mal loswerden oder irgendwem erzählen, dass es auch andere Leute, andere Familien gab, deswegen bin ich eigentlich ganz froh, dass ich das mal konnte (Z 2317–2335).

Tülay hat sich als *untypische* Tochter einer türkeistämmigen „Gastarbeiter*innen"-Familie präsentiert und positioniert, was sie anhand ihrer „freiheitlichen" Erziehung und der „modernen" Lebenseinstellung ihrer Eltern festmacht. Dabei präsentiert sie vor allem ihren Vater als aufgeschlossenen Mann, der seine Töchter auf ihren individuellen Bildungswegen fördert und sie nicht an ihrer Partizipation am gesellschaftlichen Leben hindert. Die soziale Alltagswirklichkeit ihrer Familie zeugt von Integration: So feiern sie bspw. gleichermaßen Weihnachten und Ramadan, pflegen Freundschaften zur türkeistämmigen Community und zu Deutschen, trinken mal ein Bier, aber nehmen auch die Fastenzeit ernst. Sie weiß um die Klischees gegenüber „Gastarbeiter*innen"-Familie und grenzt sich deutlich von diesem Milieu ab. Damit verweist sie auf unterschiedliche und individuelle Lebensweisen sowie differente kulturelle Einstellungen innerhalb der in Deutschland lebenden Einwanderungsgruppen: Sie nimmt wahr, dass es fernab eines als typisch kategorisierten „Gastarbeiter*innen"-Familienmodells nur „'ne Handvoll" (Z 828) anderer familiärer Lebensweisen gebe und stellt ihre eigene Familie somit als Ausnahme heraus. Durch diese Grenzziehung schafft sie es, die Etikettierung als Fremde zu dekonstruieren. Zwar negiert sie nicht, dass gewisse Vorurteile gegenüber türkeistämmigen Familien in Deutschland zutreffend seien, zeigt jedoch zugleich andere Lebensentwürfe und ein von Stereotypen abweichendes familiäres Zusammenleben auf. Ihre Auswanderung ist nicht als Konsequenz einer Suche nach Zugehörigkeit entsprungen, sondern einer Neugier, ob sich ihr Zugehörigkeitsrahmen erweitern lässt:

> Ja und einfach auch diese Neugier wie diese zweite Heimat wirklich auch ist. Wie man hier leben kann. Wie das hier alles so ist. Ob man vielleicht auch hier, wie viel man dazugehören kann, einfach diese Neugier, weil ein Teil von mir ist, ein großer Teil eigentlich Türkisch und einfach wirklich mal zu sehen wie viel man dazugehört was alles, es ist einfach 'ne Neugier wie gesagt, diese Heimat zu sehen. Nicht die Heimat, die man aus dem Urlaub kennt (Z 2411–2416).

Tülay schafft es, ihr Heimatverständnis zu modifizieren, das hölzerne Konstrukt einer einzigen, eindimensionalen Heimat aufzubrechen und nimmt die Chance wahr, ihren Beheimatungsrahmen zu erweitern. Im Laufe der Zeit stellt sie schließlich fest, sich pluri-lokal beheimaten zu können.

Tülays Selbstpositionierung folgend, erlebt sie mit ihrer pluri-kulturellen Lebensweise und Identifizierung keine Krise, wie sie bspw. Parks Grenzgänger widerfährt (1928, siehe auch Abschn. 3.1.2). Vielmehr erinnert sie an das Phänomen von Hybridisierung, da sie aus der Akzeptanz ihrer kulturellen Differenzen und der Vereinigung ihrer kulturell unterschiedlich geprägten Einstellungen, etwas Neues und Eigenes schafft, das sie selbst als „Erfolgsergebnis" (Z 509) bezeichnet.

6.3 Beril: „Deutschland ist für mich ein abgeschlossenes Thema"

Beril (*1986) lädt mich in ihre Wohnung ein, in der sie mit ihrem Ehemann lebt und ist äußerst gastfreundlich. Ihre Lebensgeschichte erzählt sie mir offen und ausführlich, aber auch kontrolliert. Sie präsentiert sich als sehr zielstrebige sowie entscheidungsstarke, selbstbewusste und unabhängige Frau. In ihrer Narration bewegt sich Beril zwischen den Extremen, mit Deutschland abgeschlossen zu haben und gleichzeitig ihre *deutschen Tugenden* als die „richtigen" und „besseren" hervorzuheben. Als säkulare und „kemalistisch" (Z 1000) geprägte Stadt hält sie Izmir für einen passenden Ort für sich, da sie sich selbst als „nicht sehr religiös" (Z 994) einordnet.

Beril ist die einzige meiner Gesprächspartnerinnen, die auf dem von mir vorbereiteten Blatt Papier mit einem eingezeichneten Zeitstrahl, siehe Abb. 6.1, bereits vor Gesprächsbeginn fleißig Einträge vornimmt (siehe hierzu Abschn. 5.4).

Mit dem Eintrag „Krankheit" bezieht sich Beril auf die Erkrankung ihres Bruders, die sie zwar nicht näher erläutert, aber als einen ihre Auswanderung begünstigenden Faktor aufführt. Zudem setze ich bei diesem Interview erstmals Begriffskarten ein, die ich in zwei Stapeln nacheinander aufdecke. Im ersten Stapel befinden sich die Begriffe *Kindheit, Familie, Schulzeit, Bildungsweg, Staatsbürgerschaft* und *Migration*. Der zweite Stapel enthält die Begriffe *Zukunft, Deutschland, Beruf, Integration, Karriere, Frau-Sein, Türkei*. Zu Beginn des Interviews ist der erste Stapel aufgedeckt, nach knapp einer Stunde, während einer Gesprächspause, decke ich den zweiten Stapel auf. Die Begriffskarten liegen in willkürlicher Anordnung auf dem Tisch.

Ihre Stegreiferzählung beginnt Beril chronologisch dem Zeitstrahl folgend mit den Worten: „Okay. Ich fang mal (Lachen) mit meiner Geburt an" (Z 55). Sie

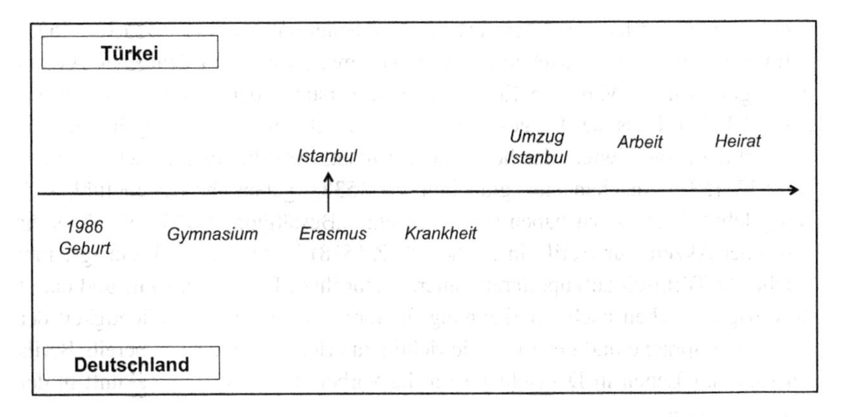

Abb. 6.1 Zeitstrahl Interview Beril. (Eigene Darstellung)

nennt Geburtsjahr und -ort und beschreibt dann ihren Bildungsweg, um sogleich ausführlich von ihrer ersten eigenen Lebenserfahrung in der Türkei, dem Erasmusjahr in Istanbul, zu erzählen. Irrtümlicherweise ordnet sie ihren Erasmusaufenthalt ihrer Gymnasialzeit statt ihrem Studium zu, was wir im immanenten Frageteil aufklären. Während ihrer Narration lacht Beril viel, auch an Stellen, in denen Verärgerung zum Ausdruck kommt und sie eine harte Ausdrucksweise wie bspw. „ich hatte halt schon die Schnauze voll von Deutschland" (Z 529–530) annimmt. Gelegentlich verwendet sie ein Wort auf Englisch, bspw. „in der Nähe von der City, also von der Innenstadt" (Z 416), ansonsten wirkt es auf mich, als sei es mühelos für sie, das Interview auf Deutsch zu führen. Als sie während ihrer Narration leicht ins Stocken gerät, da ihr die richtigen Worte fehlen, entfällt ihr: „Oh Gott, ich hab' Deutsch verlernt, ich rede schon zu lange kein Deutsch mehr" (Z 372–373). Seitdem sie in der Türkei lebt, ist ihr der Erhalt der deutschen Sprache äußerst wichtig, während sie in Deutschland besonders viel Wert auf das Erlernen der türkischen Sprache gelegt hat: „Für mich war es immer wichtig, gut Türkisch zu lernen, so oft wie möglich, bei jeder Gelegenheit, Türkisch zu sprechen" (Z 394–395). Daher habe sie mit ihrem türkeistämmigen Freundeskreis bevorzugt auf Türkisch kommuniziert und sich stets die Mühe gemacht, ihr unbekannte Wörter nachzuschlagen. Sie gibt sich also nicht mit dem über Alltagskommunikation erlangten Sprachniveau zufrieden, sondern lernt darüber hinaus Türkisch, um sich zu verbessern und zu perfektionieren. Als sie während eines Türkeiurlaubs zum ersten Mal auf ihren deutschen Akzent hingewiesen wird, sei das für sie „ein Schock" (Z 1521) gewesen. Sie erinnert sich an die Situation:

Ein Eisverkäufer habe sie „einfach so aus heiterem Himmel" (Z 1524–1525) gefragt, aus welcher deutschen Stadt sie komme, da er ihren deutschen Akzent herausgehört habe. Von dem Tag an habe sie versucht, den Akzent „raus zu feilen" (Z 1531). Dass sie das geschafft hat, werde ihr in ihrem Alltag in der Türkei bestätigt: Sätze wie, „das hört man gar nicht, dass du aus Deutschland bist" (Z 1537–1538), machen sie „glücklich" (Z 1538), geben ihr das Gefühl, sich „eingelebt" (Z 1539) zu haben und seien eine „Bestätigung" (Z 1539). Dass ihr deutscher Akzent für Beril ein „Schock" (Z 1518) ist und sie sich emsig daran macht, ihr Türkisch aufzupolieren, unterstreicht ihren Perfektionismus und damit ihr eifriges Streben nach Anerkennung für ihre Leistungen. Die Wichtigkeit der türkischen Sprache und der Eifer, sie richtig zu erlernen, indizieren bereits Berils Aussage, ihr Leben in Deutschland sei die Vorbereitung auf ihre Zukunft in der Türkei gewesen.

Beril ist in einer mittelgroßen deutschen Stadt gemeinsam mit ihren Eltern und ihrem jüngeren Bruder aufgewachsen. Sie besucht alle gängigen Institutionen, vom Kindergarten bis zur Universität. Zum Zeitpunkt des Berufseinstiegs wandert sie nach Istanbul aus und zieht später für ihren Partner, den sie in der Türkei kennenlernt und heiratet, nach Izmir um. Ein in Deutschland produziertes „Negativimage" türkeistämmiger Personen kann als Triebfeder für ihre Auswanderung gewertet werden, da sie dieses aufgrund ihrer emotionalen Verbundenheit zur Türkei „persönlich verletzt" (Z 1033) habe, auch wenn sie betont, in ihrem Alltag keine direkte Diskriminierung erfahren zu haben. Dabei vermutet Beril, dass Vorurteile sie nicht persönlich getroffen haben, da sie phänotypisch nicht für eine „Türkin" gehalten werde.

Beril ist eine Virtuosin der Selbstthematisierung (hierzu Burkhart 2006): Ihre Narration rotiert um ihre Positionierung als privilegierte Frau. Privilegiert sein bedeutet für sie:

> [...], dass ich die Aufmerksamkeit von andern Leuten habe, dass sie sich interessieren für mich und für meine Geschichte. Privilegiert sein heißt für mich respektiert sein, /eh/ ein Ohr zu bekommen von Leuten, dass, dass die sich halt für dich interessieren, dass sie dir zuhören und dass sie dich auch als etwas Besseres ansehen irgendwie. Dass sie dir vielleicht nacheifern. Das ist für mich privilegiert (Z 1735–1743).

In dieser Aussage könnte Berils Motiv als Teilnehmerin an meiner Studie liegen: Ich höre ihr zu, während sie mir ihre Geschichte erzählt. Sie ordnet ihre Herkunft aus Deutschland als Privileg ein, die ihr Aufmerksamkeit und Interesse verschaffe und bringt parallel zum Ausdruck, mit Deutschland abgeschlossen zu haben.

6.3.1 Bildungsweg

Beril kommt im Alter von sechs Jahren verhältnismäßig spät in den Kindergarten, wo sie binnen eines halben Jahres Deutsch lernt. Bis dahin habe sie ausschließlich Türkisch gesprochen. In der Grundschule stellt sie fest, dass „alle/eh/ türkischstämmigen Kinder" (Z 342) in dieselbe Klasse gehen, was sie als Indiz für eine Andersbehandlung von Kindern aus Einwanderungsfamilien und als institutionelle Benachteiligung wertet. Als ungerechte und ausgrenzende Erfahrung erinnert sich Beril zudem daran, dass sie trotz der Tatsache, im Deutschunterricht „sehr erfolgreich" (Z 362) gewesen zu sein, in der Grundschule am Deutschförderunterricht habe teilnehmen müssen. Dort seien ungeachtet der jeweiligen tatsächlichen Deutschkenntnisse „eigentlich alle Türken" (Z 364) angemeldet gewesen, erzählt sie. Bis heute scheint ihr unerklärlich zu sein, weshalb sie in den Förderunterricht geschickt wurde. Ihrer Narration zufolge wurde nicht zwischen bereits vorhandenen Deutschkenntnissen differenziert, sondern es haben ausnahmslos alle türkeistämmigen Schüler*innen ungeachtet ihrer tatsächlichen Sprachkenntnisse in den Unterricht zur Förderung der deutschen Sprache gehen müssen.

Nach der Grundschule erhält Beril die Empfehlung für das Gymnasium. Zwar habe ein Lehrer sie für die Realschule empfohlen, das sei für sie allerdings „überhaupt keine Frage" (Z 489) gewesen und so lässt sie sich am Gymnasium anmelden. Sie habe sich selbst die am Gymnasium zu erbringenden Leistungen „zugetraut" (Z 490), da sie „vom Naturell her eine ehrgeizige Person" (Z 490) sei. Schließlich beweist Beril ihre Lern- und Leistungsfähigkeit, indem sie das Gymnasium, wie sie erzählt, „problemlos" (Z 491) und als „erfolgreiche Schülerin" (Z 494) abschließt. Dabei verweist sie darauf, in der Schule „eigentlich alleine alles gemacht" (Z 508) zu haben, da sich ihre Eltern „nie besonders eingemischt, oder auch interessiert" (Z 509) hätten. Das vom Elternhaus aus fehlende kulturelle Kapital (hierzu Bourdieu 1983) erschließt sie sich eigenständig und knüpft damit an die Herausforderung von Kindern aus Arbeits- und Einwanderungsfamilien an, die Schulzeit ohne Unterstützung aus dem Elternhaus zu meistern.[17] Nicht selten schwingt bei dieser Aussage der Stolz mit, den Schulabschluss im

[17]Bildungskarrieren werden besonders stark von der sozialen und ethnischen Herkunft beeinflusst, wobei auch das Geschlecht eine Rolle spielt: Jahrzehntelang waren Mädchen aus Arbeitsfamilien stark benachteiligt, aktuell werden Söhne aus Einwanderungsfamilien als „Problemfälle" in den Bildungsinstitutionen wahrgenommen (vgl. hierzu El-Mafaalani 2012, S. 21 ff.).

Vergleich zu deutschen Schüler*innen eigenständig geschafft zu haben, was Beril auch betont. Andere soziale Pat*innen, die sie auf ihrem Bildungsweg unterstützen und fördern, erwähnt sie nicht. Freundschaften habe sie vorrangig zu türkeistämmigen Gleichaltrigen geknüpft, während sich die Kontakte zu und mit Deutschen auf den Schulkontext begrenzt hätten. Dabei beschreibt sie das Verhältnis sowohl zu ihren deutschen Mitschüler*innen als auch zu den Lehrer*innen als „reserviert" (Z 358). Zudem habe sie sich von einigen Lehrkräften vorurteilsbehaftet beurteilt gefühlt: „Also diese Vorurteile, die haben sich von Lehrer zu Lehrer unterschieden" (Z 369–370).

Nach ihrem Abitur beginnt Beril ihr Studium der Sozialwissenschaften. Da die Universität zwar im gleichen Bundesland, jedoch in einer anderen Stadt liegt, zieht sie von zu Hause aus, was ihr Leben „ziemlich verändert" (Z 544) habe. Durch ihren Auszug sei sie „von einem Tag auf den anderen/eh/selbständig geworden" (Z 554–556). Dadurch sei sie „selbstbewusster geworden und auch offener geworden" (Z 557–558). Ihre Unselbstständigkeit schiebt sie dabei ihrer Erziehung zu: Sie sei „super behütet aufgewachsen" (Z 545) und ihre Eltern hätten ihr „gar nichts zugetraut" (Z 544–545), sie sei „unselbständig" (Z 569) und von ihren Eltern „abhängig" (Z 569) gewesen. Ihr Studium habe sie „davon befreit" (Z 570). Sie vergleicht ihre Entwicklung mit der ihres Bruders und erzählt, dass er mit Mitte Zwanzig aufgrund seiner Heirat bei den Eltern ausgezogen sei und sich damit „befreit" (Z 561) habe. Berils Bruder habe die Hauptschule besucht „und dadurch ist er halt auch nicht rausgekommen von Deutschland. Also er hat halt nicht die Möglichkeit/eh/gehabt, irgendwo anders zu studieren oder zu arbeiten" (Z 563–565). Die Option, Deutschland zu verlassen, knüpft sie offenbar an den Bildungsgrad. Mit wenig Bildung, wie sie am Beispiel ihres Bruders exemplifiziert, scheinen die Möglichkeiten eines Ortswechsels begrenzt. Im Gegensatz zu Beril sei ihr Bruder „nochmal extra behütet" (Z 568) aufgewachsen, was ein bekanntes Phänomen der „kleinen Söhne in türkischen Familien" (Z 567) sei. Somit liegt die verhältnismäßig späte „Befreiung" ihres Bruders für Beril zweifellos im türkischen Elternhaus und in der fürsorglichen Erziehung begründet. Ihre Bildung und ihren Auszug scheint sie als Emanzipationsprozess vom Elternhaus sowie als Chance ihrer Individualisierung[18]

[18]Mit dem Begriff der „Individualisierung" beziehen sich die Soziolog*innen Ulrich Beck und Elisabeth Beck-Gernsheim zum einen auf „die *Auf*lösung vorgegebener sozialer Lebensformen" (ebd. 1994, S. 11, Hervorhebung im Original), darunter die Dekonstruktion von Kategorien wie Klasse oder Geschlecht. Zum anderen verweisen sie kritisch auf neue Kontrollmechanismen moderner Gesellschaften: „Über Arbeitsmarkt, Wohlfahrtsstaat und Bürokratie wird er in Netze von Regelungen, Anspruchsvoraussetzungen eingebunden [...],

zu werten. Der Auszug aus ihrem Elternhaus und der parallele Studienbeginn markieren einen wichtigen Wendepunkt in ihrer Biographie. Selbstständig und selbstbewusst entwickelt Beril während des Studiums die Idee, im Rahmen von Erasmus in die Türkei zu gehen – das einzige Zielland, das für sie in Betracht gekommen sei. Diese Entscheidung unterstreicht ihren starken Wunsch nach einem Leben in der Türkei. Gewissermaßen erweist sich ihr Erasmusaufenthalt als Test für das von ihr „endgültig" (Z 85) geplante Leben in der Türkei. Ihre Eltern hätten sich allerdings zunächst besorgt über das Auslandsstudium ihrer Tochter gezeigt:

> Und das war auch für meine Eltern /eh/ quasi /ehm/ so ein Zeichen, dass ich auch alleine in der Türkei zurechtkomme, weil die waren immer so ein bisschen sehr skeptisch. /Ehm/ weil die Türkei für meine Eltern immer gefährlich ist (Lachen) was heißt gefährlich, es, die haben immer gedacht, als Frau, als junge Frau /ehm/ würde mir irgendwas passieren oder so, keine Ahnung. Die waren da halt nicht so dafür eigentlich. Aber durch das Erasmusjahr und dadurch, dass das halt auch /ehm/ im Rahmen der /eh/ des Bildungswesens quasi war, durch, durch die Uni, war das für die halt 'n bisschen beruhigender. Und nach dem Jahr /eh/ war das auch für sie ok. Also, dass ich das Jahr ohne gekidnappt zu werden (Lachen) überstanden habe oder ohne, dass mir was passiert ist (Z 73–82).

Fraglich ist, ob sich die Sorge der Eltern tatsächlich auf den Ort Istanbul bezieht, oder vielmehr eine allgemein elterliche Besorgnis darüber darstellt, dass ihre Tochter vorübergehend allein und weit entfernt in einer Großstadt leben wird. Der Bildungszusammenhang ihres Auslandsaufenthalts wirkt sich offenbar vertrauensvoll auf die Eltern aus.

Trotz der insgesamt als sehr positiv gewerteten Erasmuserfahrung, sieht sich Beril während ihres Erasmusjahres dennoch mit gewissen Herausforderungen konfrontiert: Im Gegensatz zu ihrer Universität in Deutschland sei die Austauschuniversität „weniger organisiert" (Z 686) gewesen, was zwar eine Umstellung für sie bedeutet, sie aber nicht wesentlich überrascht: „Das hab' ich erwartet. Weil ich weiß halt, dass in der, in der Türkei offizielle Angelegenheiten schlecht organisiert sind" (Z 698–699). Als Beispiel führt sie an, mehrfach vor verschlossenen Vorlesungssälen gestanden zu haben, da sie nicht über den Ausfall der Veranstaltung informiert gewesen sei. Eine weitere Herausforderung sei die stark vom Standard ihrer deutschen Vorlesungen abweichende Qualität gewesen: „Rein akademisch gesehen war's für mich eine Enttäuschung" (Z 702–703). Von

---

es ist ein alles andere als gesellschaftsfreier Raum, in dem sich die modernen Subjekte mit ihren Handlungsoptionen bewegen" (ebd., S. 12).

der Organisationsstruktur und akademischen Güte ihrer Austauschuniversität abgesehen, erlebt Beril während ihres Erasmusaufenthalts auch eine Herausforderung als Frau: „Der Blick auf Frauen ist halt sehr sexistisch“ (Z 1060). Sie erzählt von einer unangenehmen Begegnung mit Polizisten, als sie sich nachts mit ihrer Mitbewohnerin auf dem Nachhauseweg befindet. Beim Öffnen der Haustür seien sie aus einem vorbeifahrenden Polizeiwagen „blöd angemacht“ (Z 1064) und nach ihrer Herkunft befragt worden. Ihre Mitbewohnerin habe „irgendwas zurückgeschrien“ (Z 1073), bevor sie schnell im Hausflur verschwunden seien. Als Frau müsse man selbst bei Polizisten damit rechnen, „irgendwie blöd angemacht“ (Z 1076) zu werden, erklärt Beril.

Dass Beril ihr Erasmusjahr vor allem auf der sozial-gesellschaftlichen Ebene als „ein super Jahr“ (Z 704) zusammenfasst, indiziert ihr vorrangiges Auswanderungsmotiv des sozialen Mehrwerts (siehe Abschn. 6.3.3). Gemeinsam mit ihrer Mitbewohnerin habe sie etliche Unternehmungen gemacht und viele Freundschaften geschlossen, was auf ein aktives und erlebnisreiches Jahr schließen lässt. „Erasmus ist sowieso immer ein Erlebnis (Lachen), egal wo man es macht“ (Z 65–65), fasst Beril das Auslandsjahr zusammen. Dieses Resümee ist jedoch in gewisser Weise irritierend: Ihre Wahl für den Austauschort ist nicht willkürlich gefallen, sondern sie betont, dass sie bewusst in die Türkei gehen wollte und Istanbul für ihr Erasmusjahr „auch besonders“ (Z 66) gewesen sei.[19] Das lässt die Annahme zu, dass Beril sich ohne die entsprechende türkische Austauschuniversität nicht für Erasmus entschieden hätte. Das Abenteuer Erasmus, das „sowieso immer ein Erlebnis“ (Z 65) sei, irritiert dadurch, dass sie nicht nur bereits der Sprache mächtig und aufgrund ihrer Erziehung mit kulturellen Gepflogenheiten vertraut ist, sondern den Ort bereits aus Familienurlauben und durch ihre in Istanbul lebenden Verwandten kennt. So lässt sich Berils Wahl für Erasmus in Istanbul auch als Mittel zum Zweck verstehen, um das Leben in der Türkei während des Auslandstudiums kennenlernen zu können. Gleichzeitig kann sie sich selbst und den besorgten Eltern somit beweisen, dass sie zu einem autonomen Leben in der Türkei fähig ist. Das bestätigt sie durch ihre Aussage, dass diese eigene Türkeierfahrung nicht nur für sie selbst „eine sehr positive Erfahrung“ (Z 73), sondern auch „so ein Zeichen“ (Z 74) für ihre Eltern gewesen sei.

[19]Der Politikwissenschaftler Alper Baysan hat die Zielsetzungen deutsch-türkischer Studierender für einen Erasmus-Aufenthalt in Istanbul untersucht. Die am meisten genannten Gründe für Istanbul als Erasmus-Ort waren: Interesse am Leben in Istanbul, Verbesserung der Sprachkenntnisse und die Suche nach den „eigenen Wurzeln“ (vgl. ebd. 2013, S. 276). Im Gegensatz zu Beril äußerten die Studienteilnehmenden Baysans keine endgültigen Auswanderungsinteressen.

6.3.2 Migrationsgeschichte und -erfahrung

Die Migration ihrer Eltern

Die familiäre Migrationsgeschichte Berils ist väterlicherseits auf ihre Großeltern zurückzuführen, die nach Deutschland migrieren, als Berils Vater 13 Jahre alt ist. Ihre Mutter sei schließlich mit der Heirat im Alter von 19 Jahren nach Deutschland gekommen. Beril betont die auf Liebe basierende Beziehung ihrer Eltern und entgegnet somit indirekten Vorannahmen, die Heirat als Ursache für Migration werten und mit Zwangsheirat oder Heiratsmigration in Verbindung bringen. Woher sich ihre Eltern kennen, erzählt sie hingegen nicht.

> Und ich sag' das auch nur, weil wenn die Leute hören, dass meine Mutter mit 19 geheiratet hat und nach Deutschland, dann denken die immer, dass das halt nur gewesen ist, um nach Deutschland zu kommen (Lachen), weil das eigentlich schon der Standard ist. Was man halt so hört. Das war bei meinen Eltern nicht so. Weil meine Eltern sind auch /eh/ aus der Stadt gekommen, also die meisten, die sind halt auch aus ländlichen Gebieten nach Deutschland gekommen, meine Eltern sind, also sowohl mein Vater als auch meine Mutter, von Istanbul migriert. Meine Oma, mein Opa. Und das ist halt schon ein /eh/ auch ein kultureller Unterschied. Deswegen kann man natürlich auch nicht alle Migranten unter einen Kamm scheren (Z 447–455).

Sie akzentuiert, dass ihre Eltern aus der Stadt kommen und grenzt sie von türkeistämmigen Eingewanderten aus ländlichen Gegenden ab, zu denen ein „kultureller Unterschied" (Z 454) bestehe. Aufgrund dieser von Beril wahrgenommenen Divergenzen zwischen türkeistämmigen Einwander*innen aus urbanem Raum und jenen aus ländlichen Gebieten, ließen sich „nicht alle Migranten unter einen Kamm scheren" (Z 455). Sie kritisiert damit eine homogenisierende Sichtweise auf Migrant*innen in Deutschland. Dabei unternimmt sie mit der Separierung in zwei unterschiedliche Einwanderungsgruppen, jenen aus der Stadt und jenen vom Land, den Versuch, ihre Eltern von einem gewissen stereotypisierten Migrant*innen-Milieu abzugrenzen. Die Separierung führt sie anhand der Beziehung ihrer Eltern ins Feld: Einwander*innen aus ländlichen Gebieten schreibt sie offenbar eher Heirat als Migrationsmotiv zu und rekurriert mit der Gegenüberstellung Stadt-Land auf die Dichotomie Moderne-Tradition, was im folgenden Abschnitt noch deutlicher wird. Die bundesdeutsche Wahrnehmung vor allem türkeistämmiger Eingewanderter als traditionsverhaftet (vgl. Ha 1999, S. 42) scheint Beril genau zu kennen und wendet diese auf eine andere, nämlich vom Land stammende, türkeistämmige Einwanderungsgruppe an. Es scheint, als habe dieser Diskurs ihre Denkweise geprägt, auf dessen Argumentationslogik sie ihre Familie von einem gewissen Einwanderungsmilieu abzugrenzen versteht.

„Wenn man türkisch ist, ist man automatisch praktizierende Muslimin" – Kritik an religiös basierten Ressentiments

Wiederholend nimmt Beril kritisch auf in Deutschland vorherrschende religiös basierte Ressentiments Bezug, die häufig mit der Dichotomie aus Moderne und Tradition einhergehen. Als türkeistämmige Frau werde sie automatisch als Muslimin kategorisiert und dadurch mit entsprechend negativen Vorurteilen behaftet. Unterstellungen, dass sie kein Schweinefleisch esse oder Erkundigungen darüber, ob sie in ihrem Türkeiurlaub ein Kopftuch tragen müsse, hätten regelmäßig ihre „Alarmglocken läuten" (Z 1432) lassen. Berils Beispiel veranschaulicht, dass Religion zur Konstruktion von Fremdheit herangezogen wird. Aufgrund der gesellschaftlichen Zuschreibung von Eingewanderten als „traditionsverhaftet", kann sich die Einwanderungsgesellschaft selbst als „modern" definieren. Diese Grenzziehung offenbart die Chiffre von Macht im gesellschaftlichen Miteinander, denn, wie Berils Wahrnehmung akzentuiert, existiert ein ungleiches Machtgefälle, was sich im Diskurs offenbart: Wer beschreibt wen als traditionsverhaftet? Wer befragt wen zu religiösen Praktiken? Insbesondere das Kopftuch hat eine Debatte um Integration entfacht und gehört zum „Grundrepertoire aller Diskussionen über Ausländerinnen" (Beck-Gernsheim 2004, S. 11), bestätigt auch die Soziologin Elisabeth Beck-Gernsheim Berils Erfahrung. Dass sie in derartige Situationen geraten sei, liege Berils Mutmaßung zufolge daran, „dass ich halt türkisch bin und die Leute denken, wenn man türkisch ist, ist man automatisch praktizierende Muslimin" (Z 1433–1435). Obwohl sich Beril und ihre Eltern selbst als Muslime bezeichnen, würden sie nicht praktizieren, was sie anhand von drei Aspekten unterstreicht: Sie würden Schweinefleisch essen und weder beten noch fasten. Beril verweist bei der von ihr kritisierten Sichtweise auf die fehlende Selbstreflexion derer, die derartige Aussagen treffen, denn die Praktizierung des Christentums werde in der Bundesrepublik weder diskutiert noch mehrheitlich eingehalten. Dieses gesellschaftliche Verhalten, die unreflektierte Perspektive, führt zu Berils Wahrnehmung, „dass die Deutschen/ehm/irgendwie schon ‚n bisschen hochnäsig sind gegenüber muslimischen Ländern" (Z 1034–1035). Diesen Eindruck Berils bezeichnet Beck-Gernsheim als „mononationalen, monokulturellen Blick" (2004, S. 50) der deutschen Gesellschaft. Als Lösungsansatz plädiert Beck-Gernsheim für die Akzeptanz transnationaler statt traditionaler Lebensentwürfe zur Überwindung undifferenzierter Etikettierungen (vgl. ebd.).

Die Wahrnehmung eines vorurteilsbehafteten und ethnisierenden Umgangs mit der türkeistämmigen Bevölkerung in Deutschland sind nur einige Punkte, die Beril zu der Aussage verleiten, in Deutschland nicht „richtig glücklich" (Z 289) gewesen zu sein: Sie habe sich selbst zwar integriert gefühlt, doch dieses Gefühl habe sie von der Gesellschaft nicht bestätigt gefunden. Die Klischees über türkeistämmige Familien haben sie ihr „ganzes Leben lang in Deutschland genervt"

(Z 306). Selbst Bildungserfolge führen, Berils Beobachtungen zufolge, nicht zu einer Änderung an der negativen Haltung gegenüber türkeistämmigen Personen in Deutschland. Beril nimmt in dem Versuch, die Fremdheitskonstruktion zu erklären, nahezu eine Vogelperspektive ein: Die Hierarchisierung einerseits und Homogenisierung andererseits führt sie auf die Herkunft vieler Migrant*innen „aus niedrigen sozial ökonomischen Verhältnissen" (Z 1458) zurück und reproduziert damit einen Diskurs, der Migration (zumindest einen gewissen Migrationstypus) problematisiert. Sich und ihre Familie grenzt sie durch den Verweis auf Istanbul als Herkunftsort von jenen „mit einem niedrigen sozialen Profil" (Z 1457) ab.

> Und ich glaub', die können sich auch nicht wirklich vorstellen, dass es auch sehr gut gebildete privilegierte Türken auf der Welt gibt. Ich glaub' das ist für Deutsche schwer vorstellbar und ich glaub' die wären auch wirklich sehr geschockt, wenn die mal die Türkei besuchen und sehen, dass die Türkei eigentlich ein modernes Land mit auch modernen Menschen ist (Z 1459–1464).

Da sich Beril selbst als moderne, gut gebildete und privilegierte Frau positioniert, kann sie das Gefühl nicht ertragen „besonders mit muslimischem Migrationshintergrund/eh/unterprivilegiert in Deutschland" (Z 324–325) zu sein. Für sie selbst sei das Thema Migration nie ein Problem gewesen, aber die Gesellschaft problematisiere es kontinuierlich. Der negative Blick, der sich besonders auf türkeistämmige Personen richte, habe sie stets „verletzt" (Z 1030), da sie sich „immer der Türkei zugehörig gefühlt" (Z 1032) habe. Aufgrund dieser Erfahrungen scheint Berils Plan zu reifen, ihre Zeit in Deutschland zu nutzen, „um einen deutschen Abschluss zu machen, damit ich bessere Chancen hier in der Türkei habe" (Z 95–97). Somit sei ihr Leben in Deutschland „eigentlich eine Vorbereitung" (Z 98) auf ihr Leben in der Türkei gewesen.

In ihrem Universitätsalltag erweist sich Berils Herkunft aus einer türkeistämmigen Familie erstmals als Vorteil: In einem migrationssoziologischen Seminar stellt sie fest, die „Erfahrung, über die man liest und schreibt und spricht halt auch selber gemacht" (Z 1096–1097) zu haben. Dies bestätigt sich, als sie im Rahmen einer eigenen empirischen Studie „Frauen mit türkischem Hintergrund" (Z 1108–1109) interviewt und feststellt, dass sie mit ihren Interviewpartnerinnen „dieselben Erfahrungen" (Z 1111) teilt. Ihr Wissen über „die türkische Geschichte zum Beispiel oder die Geschichte der türkischen Politik" (Z 1113–1114), das sie im Seminar einbringen kann, führt dazu, sich „privilegiert gefühlt" (Z 1109–1110) zu haben. Vor dem Hintergrund dieses Erlebnisses scheint sie ihre Zugehörigkeit zu einer bestimmten *Wir-Gruppe* zu erkennen. Ihre Kontakte zur Community und ihr Hintergrundwissen sind nicht nur zweckdienlich, sondern befördern Beril in eine Expertinnenrolle, was sie als positive Erfahrung wertet. Sie betont jedoch, dass sie ihr Peergruppen-Wissen ausschließlich im Rahmen der Universität derart positiv habe einsetzen können, während sie ihre Differenz im gesellschaftlichen Leben nicht akzeptiert gefunden habe.

„Ich bin jetzt nicht weniger türkisch" – Das Privileg der deutschen Staatsangehörigkeit

Im Alter von 18 Jahren habe Berils Mutter sie dazu gebracht, die deutsche Staatsbürgerschaft zu beantragen, „weil es halt schon viele Vorteile hat" (Z 1672). Sie erinnert sich, „traurig" (Z 1669) über den Verlust ihrer türkischen Staatsbürgerschaft gewesen zu sein, denn sie habe sich „immer als Türkin gefühlt" (Z 1676). Als Vorteile definiert Beril das visumsfreie Reisen, das sich insbesondere für ihre Arbeit in der Exportbranche bezahlt mache, und dass sie „jederzeit nach Deutschland zurück" (Z 1674) könne. Interessant an diesen Formulierungen ist, dass die deutsche Staatsbürgerschaft für Beril zwar nicht in emotionaler, sehr wohl aber in formeller und offizieller Hinsicht ein Mehrwert, gar eine Garantie zu sein scheint, obwohl sie Deutschland als ein „abgeschlossenes Thema" (Z 936) bezeichnet.

Letztlich stellt Beril fest, dass der Wechsel ihrer Staatsangehörigkeit auf emotionaler Ebene keine großen Veränderungen bewirkt habe: „Ich bin jetzt nicht weniger türkisch" (Z 1682), schlussfolgert sie. Gleichzeitig bekräftigt sie, dass der deutsche Pass für sie ein Privileg darstelle:

> Wenn halt unsere Freunde fragen, warum ich zum Beispiel nicht wähle, oder ich halt sagen muss, in dem Moment, dass ich einen deutschen Pass habe und keinen türkischen, dann ist das schon auch wieder ein Zeichen von Privileg. […] Wenn man das als emotionale Bedeutung /eh/ bezeichnen kann. /Eh/ das ist schon eine Sache mit der man halt gut angeben kann. (Lachen) Ich mach das nicht. Aber ich bin sicher viele machen das. (Lachen) Ja, dann, wie gesagt, also vielleicht /eh/ haben wir auch als Türken irgendwie Minderwertigkeitskomplexe (Z 1700–1710).

Die deutsche Staatsangehörigkeit macht sie offiziell der von ihr als privilegiert charakterisierten Gruppe der Deutschen zugehörig. Berils Selbstpositionierung überschneidet sich angesichts ihres offiziell deutschen und emotional türkischen Profils und offenbart eine vielschichtige Gemengelage: Während sie sich aufgrund ihres deutschen Passes als privilegiert kennzeichnet[20], ordnet sie sich synchron

---

[20]Der Soziologe Albert Scherr bestätigt, dass sich bedingt durch globale Ungleichheiten sowohl Privilegien als auch Benachteiligungen auf die qua Geburt erworbene Staatsbürgerschaft zurückführen lassen (vgl. ebd. 2017, S. 52).

einer *türkischen Wir-Gruppe* zu, die unter „Minderwertigkeitskomplexen" (Z 1710) leide. Das erklärt sie mitunter durch eine Hierarchisierung innerhalb der Gesellschaft: „Im Inneren der Deutschen ist man halt irgendwo, nur durch die Tatsache, dass man Türkisch ist, irgendwo ein Mensch Zweiter Klasse. Auch wenn es nicht bewusst ist" (Z 309–311). Diese Einteilung führt sie als Ursache für die Selbstdegradierung der türkeistämmigen Bevölkerung in Deutschland an.

> Aber alle Türken sind so. Also alle Leute, die in der Türkei /eh/ leben /eh/ fühlen sich als Menschen Zweiter Klasse im Gegensatz Deutsche, weil, warum sollen sie, sollten sie sonst Deutschland und Deutsch-Sein als so privilegiert anseh'n? Ich kann das nur zurückführen auf Komplexe, auf Minderwertigkeitskomplexe. Also, ich weiß nicht, ich hab' keine andere Erklärung dafür. Das hängt vielleicht, vielleicht hängt das geschichtlich irgendwie tief, tief im Bewusstsein, ich weiß es nicht. Ich weiß nicht woran es liegt (Z 1715–1721).

Die Ursache für die Kategorisierung in zwei Klassen kann sich Beril nicht erklären. Ihre Gefühlslage ist jedoch weder als „Zerrissenheit" noch als Krise zu werten, vielmehr vermag sie offenbar ihre Emotionen zur türkischen Gesellschaft mit ihrer kognitiven Zugehörigkeit zur deutschen Gesellschaft vereinen zu können. Sie fühle sich mit deutschem Pass privilegiert und teile die „Minderwertigkeitskomplexe" mit den Türk*innen.

Auf der offiziellen respektive formellen Ebene ist Beril für ein transnationales Leben gerüstet: Neben ihrem deutschen Pass ist sie in Besitz einer sogenannten Mavi Kart[21] und verfügt damit über eine „fristlose Arbeits- und Aufenthaltsgenehmigung" (Z 220–221). Die Kombination von deutscher Staatsangehörigkeit und Mavi Kart, wie es bei Beril der Fall ist, unterstützt ein transnationales Leben unter anderem durch ein vereinfachtes Pendeln zwischen Deutschland und der Türkei (vgl. Hanewinkel 2012b).

„Ich bin nicht das Problem, das System hier ist das Problem" – Berils *deutsche Tugenden* im türkischen Arbeitskontext

Beril wandert mit der Erwartung nach Istanbul aus, dort aufgrund ihrer Fremdsprachenkenntnisse und ihres deutschen Diploms „super schnell Arbeit" (Z 777)

---

[21]Tatsächlich haben ehemalige türkeistämmige Staatsbürger*innen sowie deren Nachfahren Anspruch auf eine Mavi Kart, auch als „blaue Karte" bekannt (vgl. Hanewinkel 2012b). Die Karte überträgt den entsprechenden Personen ohne Einschränkungen u. a. das Aufenthaltsrecht und das Recht auf Berufsausübung (vgl. ebd). Abgesehen vom Wahlrecht und dem Recht, öffentliche Ämter auszuüben, sind Inhaber*innen der Mavi Kart somit nahezu türkischen Staatsangehörigen gleichgestellt (vgl. ebd.).

zu finden, die „bestimmt auch gut bezahlt ist“ (Z 773). Doch es dauert, bis sie eine ihrer Qualifikation entsprechende Anstellung finden kann. Daher arbeitet sie, „wo glaub ich jeder Rückkehrer[22] (Lachen) früher oder später landet“ (Z 123) u. a. im Callcenter[23], um Geld für eine eigene Wohnung zu sparen, da sie anfangs bei ihren Verwandten wohnt. „Das Arbeitsleben war für mich/eh/ziemlich stressig, ziemlich schwierig, weil man schon mit der Mentalität, mit der deutschen Mentalität überall aneckt“ (Z 112–113). Ihre Herkunft aus Deutschland, die sie zunächst als vorteilsversprechend eingeordnet hat, scheint am türkischen Arbeitsmarkt zur Herausforderung zu werden. Hinzukommt ihre Feststellung, dass „es echt super schwierig ist/eh/eine gute Arbeit zu finden, wenn man nicht die richtigen Leute kennt“ (Z 774–776). Allerdings nimmt sie weder die „kulturelle Anpassung“ (Z 121) noch das fehlende Netzwerk als ihr Problem wahr, sondern kritisiert die Mechanismen am türkischen Arbeitsmarkt: „Ich bin nicht das Problem, das System hier ist das Problem“ (Z 114–115). Schließlich kann sie in einer Fernsehwerbeagentur arbeiten, was ihr anfangs zwar sehr gut gefallen habe. Dann jedoch widerstrebt ihr die „Rivalität unter den Leuten“ (Z 140) dermaßen, dass sie dort „letztendlich auch nicht sehr glücklich“ (Z 142) geworden sei. Das vorherrschende Konkurrenzverhalten habe sie selbst aufgrund ihrer Herkunft aus Deutschland zu spüren bekommen, erzählt sie und führt den bei ihren Kolleg*innen hervorgerufen Neid auf ihre Sprachkenntnisse und ihre deutsche Herkunft zurück, denn „aus dem Ausland zu kommen ist für die Türken hier immer ein

[22]Während ihrer Stegreiferzählung unterbreche ich Beril nicht, um sie auf die Selbstbezeichnung als „Rückkehrer“ anzusprechen. Als ich sie anschließend dazu befrage, ob sie den Ausdruck passend für sich finde, antwortet sie: „Der, das ist eigentlich ein/eh/falscher Begriff natürlich. Aber dadurch, dass man halt immer das Wort hört, eignet man es ich an. Also zum Beispiel der Rückkehrer-Stammtisch/ehm/der besteht zu 80 % bestimmt aus Leuten wie ich, die halt migriert sind und nicht zurückgekehrt sind. Aber der Grund, warum ich den Begriff Rückkehrer fälschlicherweise benutze ist nur, dass das halt der gängige Begriff ist“ (Z 1401–1405). – Was würdest du da sagen, was für dich passt als Bezeichnung? – „Ich bin eigentlich Migrantin. Ich bin hierher migriert. (Lachen) Ich bin hierher gezogen“ (Z 1411–1412).

[23]Die Transnationalismusforscherin Julia Splitt hat die transnationalen Biographien deutsch-türkischer Callcenter-Agents in Istanbul eruiert. Aus Gründen der Kostenersparnis werden Callcenter-Dienstleistungen von deutschen Unternehmen seit Beginn der 2000er Jahre in die Türkei verlagert. Die Arbeit im Callcenter ermögliche es, „ihr migrationsbiographisch bedingtes kulturelles Kapital, vor allem ihre deutschen Sprachkenntnisse beruflich einzusetzen“ (Splitt 2013, S. 254). Zudem verweist Splitt auf die Verschränkung der Auslagerung von Callcenter-Arbeit und transnationaler Migration im deutsch-türkischen Raum (vgl. ebd., S. 261).

Privileg" (Z 816–817). Das Berufsleben in der Türkei stellt Berils Beobachtungen zufolge besonders für Frauen eine Herausforderung dar: Fehlender Respekt von den männlichen Kollegen und Mobbing unter den weiblichen Kolleginnen verschränken sich im Arbeitsalltag, weiß sie zu berichten. Und so kommt sie zu dem Schluss: „Also das Arbeitsleben war für mich eine Enttäuschung" (Z 787–788).

Ihr „Privileg" (Z 822) der Herkunft aus Deutschland, was sich an ihrer „Mentalität" (Z 834) bemerkbar mache, provoziere bei ihren Arbeitskolleg*innen „Minderwertigkeitskomplexe" (Z 823), vermutet Beril. Als Beispiel führt sie auf, dass sie „ein sehr pünktlicher Mensch" (Z 834–835) sei und Unpünktlichkeit als „ein Zeichen von Respektlosigkeit" (Z 838) werte. Zudem erzähle sie ihren Kolleg*innen, dass sie in Deutschland aufgewachsen sei, damit diese „auch meine Verhaltensweise besser verstehen" (Z 841).

> Weil man /eh/ als jemand, der in Deutschland aufgewachsen ist, erstmal disziplinierter ist, pünktlicher ist /ehm/, dass, Regeln sind für uns wichtig und das sind so Sachen, die genau das Gegenteil in der, in der, in der türkischen Mentalität sind. Hier sind die Leute halt viel /eh/ entspannter, viel lockerer, da komm' ich nicht heut', komm' ich morgen (Lachen) (Z 844–848).

Diese Unterschiede seien ihr insbesondere im Arbeitsleben aufgefallen. Im Berufsleben sind ihre *deutschen Tugenden* für sie bedeutend. Sie verweist darauf, dass man ihren Charakter mit dem Wissen über ihre Herkunft aus Deutschland besser verstehen könne und präsentiert sich daher im Arbeitskontext als Frau aus Deutschland. Zudem verkehrt sich in dieser Schilderung ihre Beobachtung aus der deutschen Gesellschaft: In der Türkei haftet Beril ihre Herkunft aus Deutschland derart an, dass sie, ihren Erfahrungen zufolge, Neid und Minderwertigkeitskomplexe provoziert – im Gegensatz zu Deutschland, wo sie wahrnimmt, dass Personen ausländischer Herkunft weniger privilegiert behandelt und angesehen werden.

Zum Interviewzeitpunkt arbeitet Beril in Izmir in der Exportbranche und ist in ihrem Arbeitsverhältnis „glücklicher" (Z 877). Mitunter liege das an ihrer freundschaftlichen Beziehung zu ihrem Vorgesetzten. Ihn könne sie „offen und ehrlich" (Z 857–858) mit ihrem Unmut über dessen Unpünktlichkeit konfrontieren, was sie in seiner Position für „unakzeptabel" (Z 855) halte. Im Arbeitsleben empfindet Beril „die deutsche Mentalität [als] die richtigere. Weil das für mich professioneller ist und so muss es auch sein" (Z 864). Diese Einstellung versuche sie ihren Kollegen „einzuimpfen" (Z 874) und sie scheint das Glück zu haben, mit Leuten zusammenzuarbeiten, „die sehr offen dafür sind und die das auch gerne/ eh/empfangen" (Z 875–876). Beruflich unternimmt Beril Geschäftsreisen ins

Ausland, darunter auch nach Deutschland. So ist ihre deutsche Herkunft für sie beruflich von zentraler Bedeutung, da sie auch Kontakte zu deutschsprachigen Kunden pflegt. Persönlich sei es ihr „wichtig, dass ich in einer Firma arbeite, in der ich halt mein Deutsch aktiv nutzen kann" (Z 906–907), betont Beril. Ihre Herkunft aus Deutschland sehe sie bezüglich des türkischen Arbeitsmarktes als ihr „Steckenpferd" (Z 908), ihr „advantage" (Z 908). Beril ist somit Teil einer transnationalen Arbeitswelt.

Getreu ihrer Aussage, das System sei das Problem und nicht sie selbst, problematisiert Beril diejenigen institutionellen Strukturen und sozialen Verhaltensweisen, die von ihrem Schema abweichen. Mit dieser Strategie wendet sie mögliche Anpassungsschwierigkeiten von sich ab, was auf eine machtvolle Position verweist. Deutlich wird hierbei auch ein alltäglicher Ordnungsprozess zur Konstruktion des Eigenen über die Abgrenzung von Anderen. Statt sich selbst den kulturell bedingt abweichenden Verhaltensweisen im Berufsleben anzupassen, bemüht sie sich vielmehr, ihrem Arbeitskollegium deutsche Werte wie Pünktlichkeit und Disziplin nahezubringen. Ihr Bewusstsein über ihre gute Bildung, ihre Qualifikation sowie Kompetenzen und damit über ihren Status als Hochqualifizierte, scheint sie trotz gewisser Anlaufschwierigkeiten bei der Arbeitssuche zu motivieren. Berils Erfahrungen und Herausforderungen hinsichtlich der Arbeitssuche in der Türkei bestätigen, dass sich ihr transnationales kulturelles Kapital als Voraussetzung für die Integration in den türkischen Arbeitsmarkt gestaltet: Ihre Deutschkenntnisse, sowohl in sprachlicher als auch in kultureller Hinsicht, sind gleichermaßen für sie selbst und für ihre Arbeitgeber*innen relevant.

„Er ist nicht typisch türkisch" – Berils *deutsche Tugenden* in der Partnerschaft

> Vor drei Jahren im Sommer haben wir uns halt, wurden wir uns vorgestellt und wir haben eigentlich auch den ganzen Abend miteinander verbracht und ich hab' dann natürlich auch viel über mich erzählt. Ehm. Dass ich aus Deutschland komme, dass ich seit 'n paar Jahren in Istanbul arbeite und /ehm/ eine Woche später waren wir eigentlich auch fest zusammen danach (Z 1168–1173).[24]

[24]Später habe sich herausgestellt, dass Beril und ihr späterer Ehemann stets im gleichen Ort ihre Sommerurlaube verbracht und sich in einem größeren Freundeskreis bereits ein Mal begegnet seien. Dass sie sich zuvor nicht füreinander interessiert hätten, begründet Beril mit dem Altersunterschied von acht Jahren, „er war halt nicht mein Jahrgang zu der Zeit (Lachen)" (Z 1168).

Bereits beim Kennenlernen ihres Partners scheint ihr wichtig gewesen zu sein, auf ihre Herkunft aus Deutschland zu verweisen und sich darüber auch im privaten Kontext zu präsentieren. Als sie sich ein Jahr später verloben, entscheidet sich Beril aus einer Vielzahl von Gründen für den Umzug von Istanbul nach Izmir: Weder mit ihrer Arbeits- noch mit ihrer Wohnsituation sei sie zufrieden gewesen und fasst die Situation mit den Worten, „ich hab' kein richtiges/eh/kein ordentliches Leben gehabt in Istanbul (Lachen)" (Z 163–164) zusammen. Ihr Mann hingegen habe eine eigene Wohnung in Izmir besessen und eine „normale/eh/bodenständige Arbeit" (Z 168) gehabt. Der Weg zur Teilhabe an diesem „normalen" und „bodenständigen" Leben führt für Beril über die Hochzeit, „weil in der türkischen Kultur wird das halt nicht so super toll angesehen, wenn man halt ohne Heirat/eh/zusammenlebt" (Z 173–175). Dafür nimmt sie in Kauf, einen Monat mit ihren Schwiegereltern zusammenzuleben. Die Heirat sei vielmehr aus der Entscheidung heraus resultiert, nach Izmir zu ziehen und mit ihrem Mann zusammenleben zu können. „Ich wollte eigentlich nicht so früh heiraten" (Z 1203–1204), gesteht Beril, scheint sich in dieser Situation jedoch einer familiär eingeforderten Tradition gebeugt zu haben.

> Ja, wir haben unsere Hochzeit gemacht und wir leben ein normales Eheleben, wir arbeiten beide. Noch haben wir keine Kinder (Lachen). Ja und jetzt seit zwei Jahren hab' ich halt 'n bodenständigeres Leben. Nichts aufregendes (Lachen). Ich mag meine Arbeit (Z 181–184).

Der Plan über die Hochzeit ein „bodenständigeres Leben" (Z 183) führen zu können, scheint sich für Beril erfüllt zu haben, das Eheleben beschreibt sie als „normal", was auf ein gutes Zusammenleben schließen lässt.

> Und wir verstehen uns auch wirklich sehr gut, weil mein Mann /ehm/ er ist auch ein bisschen wie ich von der Mentalität her. Er hat zwar nicht in Deutschland gelebt, aber er ist jemand, der sehr konform ist mit der Mentalität. Also er ist sehr ordentlich (Lachen), er ist nicht typisch türkisch, in dem Sinne, dass er mir im Haushalt sehr viel hilft, was für mich auch etwas ist, was anders also, was nicht typisch ist für türkische Männer. Im Arbeitsleben ist er auch so wie ich, also er nimmt seine Arbeit ernst, er kommt nie zu spät. /Eh/ also er ist, er ist eigentlich so wie ich. (Lachen) Er, ich denke mal, er würde in Deutschland auch sehr, sehr gut sich einleben, wenn wir dort mal leben würden, aber das steht für uns außer Frage. Das planen wir nicht. Ehm, er ist nicht typisch türkisch. Deswegen verstehen wir uns auch sehr gut, ja (Lachen) (Z 1179–1188).

Die gute Beziehung mit ihrem Mann führt sie darauf zurück, dass er „nicht typisch türkisch" (Z 1188) sei. Sie exemplifiziert, dass er ihr im Haushalt helfe und ihre Arbeitseinstellung teile. Beril ist sich sicher, mit einem „typisch türkischen Mann“ (Z 1214–1215) keine funktionierende Beziehung führen zu können, da ihr ihre Freiheiten besonders wichtig seien: Sie habe sowohl im Sommer einen Monat lang ohne ihren Mann Urlaub im Haus ihrer Eltern gemacht und ein Wochenende allein mit ihren ledigen Freundinnen verbracht. Aus Beobachtungen schließt sie, dass so etwas für viele Partner „inakzeptabel“ (Z 1239) sei. Freund*innen ihres Mannes würden sich aufgrund des getrennten Urlaubs bspw. erkundigen: „Habt ihr Probleme oder was ist los mit euch“ (Z 1228). Getrennter Urlaub sei für viele „sehr ungewohnt“ (Z 1227) und sie ist sich sicher, dass das die „meisten türkischen Männer auf jeden Fall nicht akzeptieren würden“ (Z 1231).[25] Ihr Mann hingegen müsse akzeptieren, dass Beril nicht in der Türkei aufgewachsen sei und daher eine andere Perspektive auf das Zusammenleben mitbringe:

> Ich sag’ mir mal so: Ich nehm’ mir von der deutschen Mentalität und von der deutschen Kultur die Sachen raus, die mir passen, die mir gefallen. (Lachen) Und das /eh/ muss mein Mann dann auch so akzeptieren. Das ist für mich sehr bequem natürlich, weil ich kann dann immer sagen, ‚ja, ich bin aber nicht hier aufgewachsen und du kannst von mir nicht Sachen erwarten, die halt /eh/ für Leute normal ist, die halt, die hier aufgewachsen sind.’ Das ist immer so ein Puffer, auf den ich mich halt immer zurücklegen kann (Lachen). Ist schon ‘n bisschen fies von mir, ich weiß. (Lachen) Aber. Ja. So ist es (Z 1241–1248).

Wenn Beril ihren Blick in die Zukunft richtet, sieht sie sich langfristig mit ihrem Mann in Izmir. Ihr Mann und ihre Arbeit sind hingegen nur zwei Faktoren, die Izmir zu ihrem Zuhause werden lassen:

> Wann hab ich mich dran gewöhnt an das Leben hier? /Eh/ erst nachdem ich meine eigenen Freunde gefunden habe, also jetzt nicht die /eh/, der Freundschaftskreis von meinem Mann, sondern meine eigenen, /eh/ Freunde und Freundinnen durch die Arbeit, oder durch Seminare, durch, die ich besucht habe. Ja. Und seitdem kann ich sagen, dass ich mich hier zu Hause fühle in Izmir, durch meine Freunde eigentlich. Ja, das ist es (Lachen) (Z 193–199).

Izmir ist also nicht primär durch ihren Mann und dessen Familie, sondern durch ihren eigenen Freundeskreis zu Berils „Zuhause“ geworden, den sie, wie sie

---

[25] Ein vier Wochen lang getrennter Urlaub scheint, unabhängig von der kulturellen oder ethnischen Herkunft, eher ungewöhnlich. Ihre Argumentation führt Beril jedoch auf „typisch türkische“ Einstellungen über Beziehungen und Freiheiten zurück.

betont, unabhängig von ihrem Mann kennengelernt habe. Erneut zeigt sich, dass sie ihre eigenen Räume kreiert, in denen sie von anderen unabhängig (inter-)agieren kann. Zwar sei die Verlagerung ihres Lebensmittelpunkts von Istanbul nach Izmir nicht leicht für Beril gewesen, aber aufgrund ihrer Beheimatung, die sie vor allem auf ihren Freundeskreis zurückführt, sowie basierend auf der Herkunft ihres Mannes aus Izmir, verortet sie sich auch künftig dort:

> Also wir bleiben wahrscheinlich in Izmir. Irgendwann werden wir natürlich ein Kind haben, vielleicht sogar zwei, ich denke aber eher eins. Und ich denke, ich werde Beruf und Familie zusammen weiterführen. Also ich würde dann schon weiter arbeiten. Vielleicht, wenn meine Eltern es tatsächlich schaffen mal /eh/ zurückzukommen in die Türkei, dann würden die wahrscheinlich auch nach Izmir kommen, nicht nach Istanbul, dadurch, dass ich hier lebe. Meine Mutter würde dann vielleicht auf mein Kind aufpassen, Babysitten, während ich arbeite. So hab' ich das geplant. (Lachen) Es ist schon für mich wichtig zu arbeiten, weil das für mich, wie gesagt, ich bin ehrgeizig. Ich kann mir eigentlich ein Leben als Hausfrau nicht vorstellen, das wäre für mich nicht befriedigend. Ich würde arbeiten und ein Kind großziehen, wahrscheinlich, wie gesagt, in Izmir (Z 1283–1293).

Die Formulierung „natürlich" ein Kind zu haben verweist auf ein klassisches Familienbild, das die Ehe vollendet. Ihren von Selbstständigkeit und Emanzipation geprägten Lebensentwurf schreibt Beril fort, in dem sie darauf verweist, als Mutter weiter arbeiten gehen zu wollen, da ein Leben als Hausfrau für sie unvorstellbar wäre. Ihr Arbeitsethos zeigt sich wiederkehrend auch im privaten Kontext: Sowohl als Ehefrau als auch als Mutter scheint sich Beril verstärkt über ihre Arbeit zu definieren, die sie nicht vernachlässigen wolle. Gleichzeitig kennzeichnet sie sich damit als emanzipierte und moderne Frau, die Ehe, Familie und Berufsleben zu vereinen mag. Künftig sieht sie zudem ihren Lebensmittelpunkt weiterhin in der Türkei.

> Also wie gesagt, Deutschland ist für mich abgeschlossen das Thema. Eh, dadurch, dass ein, dass ich /eh/ einen deutschen Pass habe, kann ich natürlich jederzeit zurück, das ist für mich auch beruhigend. Das ist für mich eine Garantie. Aber /eh/ wenn ich nicht muss, zwingend, würde ich nicht nach Deutschland zurückkommen. Im Ausland möchte ich auch nicht leben. Ich möchte schon in der Türkei bleiben (Z 1298–1303).

Trotz der Darstellung Deutschlands als „abgeschlossenes Thema" hält sich Beril gewissermaßen gleichzeitig Deutschland als Hintertür offen, da sie dank ihres deutschen Passes jederzeit zurückkehren kann. Der Ausdruck „Garantie" (Z 1301) verweist darauf, dass die Rückkehroption für Beril eine Sicherheit darstellt, auf die sie jederzeit zurückgreifen könne. Das Wissen um diese Garantie beruhige sie. Ihren Lebensmittelpunkt würde sie jedoch ohne erforderlichen Grund nicht zurück nach Deutschland und auch in kein anderes Land verlegen. Mit dieser Aussage widerspricht Beril der Charakterisierung als Transmigrant nach Pries, dessen Mobilität unabgeschlossen bleibt und dessen künftiger Wohnort somit nicht näher definiert werden kann. Ist Beril also keine Transmigrantin? Nimmt man die Konditionen in den Blick, sind die Voraussetzungen für ein transnationales Leben im deutsch – türkischen Raum gegeben: Die Kombination der deutschen Staatsbürgerschaft und der Mavi Kart begünstigen ihre Mobilität, der regelmäßige Kontakt zu ihrer in Deutschland lebenden Familie kann ebenfalls als Indikator gesehen werden. Letztlich bleibt der Verdacht, dass Beril unter gewissen Voraussetzungen nach Deutschland zurückkehren würde: Sei es aus beruflichen oder familiären Gründen. Das wiederum akzentuiert das ambivalente Verhältnis des idealtypischen Transmigranten zu seinem Herkunftskontext (vgl. Gogolin, Pries 2004, S. 7 f.). Sie scheint sich ihre Rückkehrmöglichkeiten stets bewusst vor Augen zu halten.

6.3.3 Auswanderungsmotiv: Sozialer Mehrwert

Die Rekonstruktion von Berils Lebensweg hat gezeigt, dass mehrere Faktoren ihre Auswanderung begünstigt haben. Zudem hat ihr Erasmusaufenthalt, der als Testphase für ihr Streben nach einem Leben in der Türkei gewertet werden kann, ihren Entscheidungsprozess positiv beeinflusst.

Beril erinnert sich, dass ihre Eltern seit ihrer Kindheit mit Sätzen wie „irgendwann werden wir in die Türkei ziehen“ (Z 273–274) Rückkehrgedanken geäußert hätten, „weil, die haben Deutschland auch nicht gemocht, die waren halt nur zum Arbeiten dort. […] Also das Leben für sie ist hier aufregender und in, die langweilen sich in Deutschland eigentlich“ (Z 274–287). Die Rückkehrgedanken ihrer Eltern sieht sie zudem in den Immobilieninvestitionen bestätigt, die sie in der Türkei statt in Deutschland getätigt hätten. Die Impression und Erfahrung der in Deutschland gelangweilten und in der Türkei glücklichen Eltern, scheint Beril geprägt zu haben. Gleichzeitig zeigt sie sich verständnislos darüber, dass ihre Eltern seit Jahrzehnten eine Rückkehr thematisieren, ohne diese zu realisieren. Die Eventualität, dass sich ihre Eltern darüber bewusst sind, dass das Leben in der Türkei zu einer Verblassung der Urlaubsgefühle führen könnte, zieht Beril hierbei nicht in Betracht. Dabei bilden Urlaub, Erholung und Spaß den Gegensatz zu Alltag, Arbeit und Routine. Urlaub ist aufregender, während der Alltag langweiliger, da gewöhnlicher erscheinen mag. Beril knüpft ihre Beobachtungen der elterlichen Gemütslage jedoch an das sozial – gesellschaftliche Miteinander in den Ländern und charakterisiert somit die Türkei als aufregend und Deutschland als langweilig. Auch für sie selbst sei das „Highlight des Jahres" (Z 291) stets der Sommerurlaub in der Türkei gewesen. Der Gedanke, eines Tages „endgültig" (Z 85) in der Türkei zu leben, sei dadurch früh in ihr gereift und so versteht Beril ihren Bildungsweg in Deutschland als Vorbereitung für ihr Leben in der Türkei:

> Und ich hatte das schon immer für mich so eingeplant, dass ich das halt durch den Bildungsweg irgendwie integriert mache. Das war für mich ein guter Plan. (Lachen) Und /ehm/ dadurch, dass ich halt immer gedacht habe, dass ich halt durch meinen deutschen Hintergrund gute Berufschancen hier haben würde, hab' ich mir gedacht, durch die Schule, also durchs Studium oder durch die Arbeit ist das 'n guter Plan für mich. Ja, letztendlich hab ich's ja dann auch so gemacht. Wie gesagt, beruflich wurden zwar meine Erwartungen nicht erfüllt, aber das war schon mein eigener Plan, also losgelöst von meinen Eltern. Ich hab' also meine Planung alleine gemacht (Z 1338–1346).

Beril stellt heraus, dass sie ihren Plan souverän aufgestellt und realisiert habe. „Letztendlich war ich dann diejenige, die den Schritt gewagt hat" (Z 275–276), sagt Beril und lässt damit erkennen, gewusst zu haben, dass eine Auswanderung auch ein Risiko darstellt; obwohl sie ihren Entschluss von vornherein als „endgültig" (Z 85) markiert. Sie positioniert sich somit als souveräne und mutige Frau, die das Auswanderungsprojekt „wagt". Zum Interviewzeitpunkt lebt Beril seit vier Jahren in der Türkei und sie stellt heraus, dass sie ihre Entscheidung „eigentlich überhaupt nicht bereut" (Z 94) habe. Dabei sei das Auswandern für sie von Anfang an ein „ganz extremer Schnitt" (Z 1782) gewesen, „also ich komme in die Türkei und ich bleibe auch hier. Das war für mich klar" (Z 1786).

Zu diesem endgültigen Schritt der Auswanderung haben schließlich mehrere Faktoren beigetragen, wie in ihrer Narration bereits deutlich geworden ist: Der Wendepunkt des „Loslösens" vom Elternhaus wurde durch ihren Auszug und ihr Studium markiert und durch ihr Erasmusjahr vervollständigt. Nach dem Erasmusjahr sei für sie bereits „der Gedanke gefasst" (Z 85) gewesen, nach ihrem Diplom „endgültig" (Z 85) in die Türkei zu ziehen. Sie habe „die Schnauze voll von Deutschland" (Z 529–530) gehabt und „so schnell wie möglich weg" (Z 530) gewollt, erzählt sie lachend. Gleichzeitig habe ihr Studienabschluss „ein neues Kapitel" (Z 328) des Lebens eingeleitet und sie habe sich bereit für den Berufseinstieg gefühlt. „Das Timing war also eigentlich perfekt glaub' ich, zu dem Zeitpunkt dann herzukommen" (Z 328–329). Als Ansporn habe sie auch ihre deutsche Qualifikation wahrgenommen, mit der sie sich gute Chancen für den türkischen Arbeitsmarkt erhofft. Ihre Erwartungen haben sich allerdings nicht sofort erfüllt.

Ein weiterer Faktor sei die unerwartete psychische Erkrankung ihres Bruders gewesen, die zeitlich mit ihrer Rückkehr aus dem Erasmusjahr zusammengefallen sei. „Das war eigentlich für unsere ganze Familie ein extremer Einschnitt“ (Z 88). Auf die Erkrankung selbst geht Beril nicht weiter ein. Die Erkrankung ihres Bruders habe ihre Entscheidung, in die Türkei zu ziehen, „ein bisschen/ehm/ beschleunigt“ (Z 93), da sie „von der ganzen Atmosphäre“ (Z 92) habe Abstand gewinnen wollen, erzählt sie. Zudem sei sie vom sozial-gesellschaftlichen Leben in Deutschland gelangweilt gewesen. In der Türkei nehme sie das soziale Leben „aufregender“ (Z 1769) wahr und der „zwischenmenschliche Kontakt ist für mich hier wärmer als in Deutschland“ (Z 1769–1770). Als Hauptmotiv benennt Beril schließlich den sozialen Mehrwert: „Das Leben, was mir hier aufregender und spannender als junger Mensch erschien. Das war eigentlich mein Hauptgrund“ (Z 1774–1775).

Die drei Faktoren, 1) das Konglomerat aus der Rückkehr aus Istanbul nach ihrem Erasmusaufenthalt, ihrem Studienabschluss und dem Zeitpunkt des Berufseinstiegs, 2) die Erkrankung ihres Bruders und 3) der Mehrwert des sozialen Lebens in der Türkei zeigen, dass Berils Auswanderungsmotive nicht monokausal sind, sondern eine Vielzahl von Komponenten den Entschluss begünstigt und sie in ihrer Entscheidung gestärkt haben. Zudem wird deutlich, dass es sich nicht um eine situative Entscheidung gehandelt hat, sondern die Koinzidenz mehrerer biographischer Ereignisse zur Auswanderung geführt haben. Ein weiteres wesentliches Element der vielschichtigen Auswanderungsmotive könnte Berils Wahrnehmung ihrer unbestätigten Integrationsgefühle darstellen: Die Wahrnehmung einer Zweiklassengesellschaft habe sie in ihrem Streben nach einem privilegierten Leben gehindert; dafür werden ihr in der Türkei aufgrund ihres deutschen Passes Privilegien zugeschrieben. Auch wenn Beril betont, „ich persönlich hab' halt auf meine eigene Person bezogen keine Vorurteile erleben müssen“ (Z 1499–1500), hat das vorurteilsbehaftete Bild türkeistämmiger Menschen in Deutschland sich vermutlich derart auf Beril ausgewirkt, dass es zu ihrem „endgültigen“ *Bruch* mit Deutschland beigetragen hat.

> In Deutschland, wie gesagt, in der Zeit, in der ich mich dort aufgehalten habe, in der ich dort gelebt habe /eh/ vom Bildungswesen her, hab' ich mich dort integriert. Auch sprachlich hab' ich mich integriert. Kulturell hab' ich mich natürlich auch integriert, also /eh/ in dem Sinne von der Lebensart her. Wie gesagt, ich hab' auch einige /eh/ Eigenschaften, charakterliche Eigenschaften, die ich als typisch deutsch bezeichnen würde. /Eh/ aber wie gesagt /eh/ in der, durch die gesellschaftliche Blickweise auf Türken, oder auf /eh/ Leute mit Migrationshintergrund, hab' ich mich halt nicht integriert gefühlt von der deutschen Gesellschaft her. Hier /eh/ hab' ich mich sprachlich mittlerweile integriert, weil mein Türkisch ist besser geworden. Immer noch nicht

> perfekt, würd' ich sagen /ehm/ kulturell will ich mich ehrlich gesagt nicht hundertprozentig integrieren, weil es immer noch /eh/ Kritikpunkte für mich gibt in der türkischen Gesellschaft, die ich nicht aneignen möchte (Z 957–968).[26]

Ihre Integrationsgefühle habe Beril nicht bestätigt gefunden, was verknüpft mit einem negativ-gefärbten Diskurs über türkeistämmige Menschen in Deutschland zudem als Anreiz für ihre Auswanderung gewertet werden kann. Ihrer Selbstdarstellung folgend, hat sie bis auf die wenigen Beispiele, die sie nennt, darunter Fragen, ob sie Schweinefleisch esse und in der Türkei ein Kopftuch trage, keine Berührung mit direkter und persönlicher Diskriminierung gemacht. Zurückzuführen wäre das auch auf ihre Aussage, dass sie rein optisch nicht für eine Türkin gehalten werde. Die Biographie Berils und ihre Selbstdarstellung lassen einen Raum erkennen, in dem sie von den Privilegien des deutschen Passes und ihren *deutschen Tugenden* während ihres Lebens in der Türkei Gebrauch machen kann, was ihre transnationale Lebensweise und Identität akzentuiert.

Die Reaktionen auf ihre Auswanderung seien positiv kommentiert worden, was ebenfalls als Bekräftigung für ihren Entschluss gewertet werden kann:

> Die haben das begrüßt, das war für die kein großer Schock /ehm/ viele haben /ehm/ sehr, sehr viele haben gesagt ‚ja, sie hat das Beste gemacht. Also wir würden eigentlich auch gerne Deutschland verlassen', aber viele Leute, die wagen den Schritt halt nicht. Weil, in Deutschland /ehm/ ist das Leben halt garantierter für sie. Also sei es vom Gesundheitswesen her, vom Bildungswesen her, es ist halt ein Sozialstaat. Und /eh/ diesen Sozialstaat verlassen ist natürlich /eh/ ein Risiko (Z 1355–1360).

Das Risiko begründet Beril auf staatlicher Ebene: In Deutschland sei das Leben „natürlich einfacher" (Z 1368), während man in der Türkei ohne Geld weder vom Bildungs- noch vom Gesundheitssystem Gebrauch machen könne. Durch das Wissen der Unsicherheiten anderer Leute, die den Wunsch eines Lebens in der Türkei zwar hegen, aber nicht realisieren, setzt sie sich als mutige Frau in Szene, die bereit ist, das „Risiko Türkei" einzugehen. Diejenigen, die zwar Auswanderungswünsche äußern, diese jedoch nicht realisieren, würden finanzielle Probleme scheuen. Beril selbst haben derartige Sorgen nicht von ihrem „Plan" (Z 1339) abgehalten, ohne Geld sei sie ausgewandert und habe sich durch „irgendwelche ätzenden Jobs durchgearbeitet" (Z 1372). Man müsse sich nur trauen, sagt Beril, „dann boxt man sich irgendwie durch" (Z 1374). Mit

[26] Berils Kritik an der türkischen Gesellschaft bezieht sich auf nationalistische Einstellungen und ein Ausgrenzen von Minderheiten, wovon sie sich klar distanziert.

dieser Aussage akzentuiert sie das Bild der sich durchkämpfenden und mutigen Frau als die sie sich selbst wahrnimmt und positioniert. Die Reaktionen auf ihre Auswanderung werden von in der Türkei lebenden Personen hingegen anders bewertet als in Deutschland:

> ‚Warum, warum kommst du denn von Deutschland in die Türkei?, weil alle wollen aus der Türkei raus, alle wollen ins Ausland und du machst genau das Gegenteil.' […] Das wurde mir sehr, sehr oft, ich glaube, das ist die Frage, die mir am meisten gestellt wurde hier in der Türkei (Lachen) (Z 1586–1593).

Als Beril im Rahmen eines Kommunikationsseminars, an dem sie im Arbeitskontext teilgenommen habe, von ihrer Herkunft aus Deutschland erzählt, seien anschließend alle Teilnehmenden auf sie zugekommen. Da habe sie sich „wie ein Popstar oder so gefühlt" (Z 1597–1598). Sie verstehe, dass viele mit dem „sozio-ökonomischen Leben in der Türkei" (Z 1608) unzufrieden seien und daher nicht nachvollziehen könnten, warum „das soziale Leben für mich im Vordergrund" (Z 1621–1622) stehe. Mit dieser Aussage bekräftigt Beril ihren „Hauptgrund" des sozialen Mehrwerts.

6.3.4 Resümee: „Mein ganzes Leben dort […] war eigentlich eine Vorbereitung für mein Leben hier"

Berils Eltern sind nicht im klassischen Verständnis als „Gastarbeiter*innen" nach Deutschland eingewandert, sondern ihr Vater ist bereits als Jugendlicher mit den Eltern nach Deutschland migriert und ihre Mutter im Zuge der Heirat als junge Erwachsene nachgezogen. Trotz der Einwanderung in jungen Jahren bewegen sich die Eltern laut Berils Darstellung vor allem in der türkischen Community, lediglich der Vater verfügt auch über einen deutschen Freundeskreis. Beril präsentiert ihr Elternhaus mal als *traditionell orientiert,* was hinsichtlich ihrer Darstellung über die Erziehung des Bruders oder der Erwartung, dass sie für ein Zusammenleben mit ihrem Mann heiraten müsse, deutlich geworden ist. An anderen Stellen grenzt sie ihre Eltern hingegen von jenen Eingewanderten ab, denen sie einen *sozial schwachen Status* zuschreibt, die aus ländlichen Gegenden stammen und somit eine *kulturell andere Prägung* aufweisen würden. Ihren Bildungsweg habe sie zwar ohne ideelle Unterstützung ihrer Eltern bestritten, sie fördern jedoch im Rahmen ihrer Möglichkeiten Berils Wunsch, zu studieren und Erasmus zu erleben. Da Berils Bruder einen Hauptschulabschluss hat, haben die Eltern offenbar keine konkreten Anforderungen an ihre Kinder gestellt, sondern ihnen den jeweils individuell gewählten Weg geebnet und ihnen damit eine individualisierte Lebensführung ermöglicht.

Das Bedürfnis, als privilegierte Frau bestätigt zu werden, erfüllt sich für Beril durch ihr Leben in der Türkei: Die Herkunft aus Deutschland und ihr deutscher Pass, ihre Bildung und ihre Mehrsprachigkeit sind elitäre Merkmale, die sie in ihrer privilegierten Selbstwahrnehmung auszeichnen. Im Arbeits- wie im Privatleben präsentiert sie sich mit ihrer deutschen Herkunft, was sie ebenfalls als Privileg wertet, definiert sich über ihre deutschen Charaktereigenschaften und wendet sich gleichzeitig von der deutschen Gesellschaft ab. Die Möglichkeit, ihre *deutschen Tugenden* und das türkische Leben miteinander zu vereinen, scheint Beril mit ihrem Leben in der Türkei realisiert zu haben und offenbart damit ihren deutsch-türkischen transnationalen Lebensraum. Diese Vereinigung, das „Werte-Patchwork", verweist auf Hybridisierung (hierzu Bhabha 1990, siehe Abschn. 3.2.3): Im *Dazwischen* handelt Beril ihren Umgang mit „Zuhause", „Zugehörigkeit" und „Integration" neu aus. Während ihre deutsche Staatsbürgerschaft und ihr Bildungsgrad sie nicht davor bewahren konnten, als „Andere" etikettiert zu werden, so verkehren sich gerade ihre deutsche Staatsangehörigkeit sowie ihr Bildungshintergrund in der Türkei zu „Statussymbolen" par excellence. Sie präsentiert sich als Einzelkämpferin sowohl auf ihrem Bildungsweg in Deutschland als auch am türkischen Arbeitsmarkt. Retrospektiv wertet Beril ihr Aufwachsen in Deutschland als Vorbereitung für ihr Leben in der Türkei:

> Deutschland war für mich, obwohl ich dort geboren bin eigentlich /ehm/ ich hab' die Zeit dort genutzt, um einen deutschen Abschluss zu machen, damit ich bessere Chancen hier in der Türkei habe, also eigentlich, mein ganzes Leben dort kann ich eigentlich jetzt so sagen, war eigentlich eine Vorbereitung für mein Leben hier (Z 94–98).

Die Rekonstruktion von Berils Lebensweg unterstreicht, dass ihre Selbstkreierung von Wir-Gruppen eine Strategie ist, sich in ihrem transnationalen sozialen Raum Zugehörigkeit und Anerkennung zu verschaffen und Fremdheitskonstruktionen von sich abzuwehren. Die Vereinnahmung einer Vogelperspektive ähnelt dem Fremdentypus Simmels (1908; siehe hierzu Abschn. 3.1.1), ihre Objektivität scheitert hingegen an ihren starken Zugehörigkeitsgefühlen zur Türkei, sodass sie auch nicht auf ihre Person bezogene negative Aussagen über die türkeistämmige Community verletzen. Beril deutet somit eine differenzierte Diskriminierung[27] an: Sie unterscheidet zwischen persönlicher und gruppenbezogener Diskriminierung.

---

[27]Castro Varela definiert, dass Diskriminierungen für Minorisierte „sich wiederholende Alltagserfahrungen [sind, die] in einem engen Zusammenhang mit einseitigen hegemonialen Zuschreibungen" (ebd. 2007, S. 62) stehen.

Eingangs wurde erwähnt, dass Beril keine persönliche Ethnisierungs- oder Diskriminierungserfahrungen gemacht habe. Im Verlauf ihrer Narration ist hingegen deutlich geworden, dass sie auf institutioneller Ebene (u. a. der obligatorische Deutschförderunterricht) und auf sozialer Ebene (u. a. die Kopftuchfrage) Ausgrenzung durch eine (subtile) Etikettierung als „Andere" erfährt. Zugleich befremdet sie die deutsche Einwanderungsgesellschaft, indem sie ihr die Fähigkeit einer transnationalisierten Perspektive abspricht: Durch das von ihr angeführte Zweiklassenschema, das die Akzeptanz von Differenzen verkennt, attestiert sie der deutschen Gesellschaft eine unzeitgemäße Vergesellschaftung. Gleichzeitig zeichnet sie selbst ein eher essenzialistisch anmutendes Bild der Gesellschaften, indem sie bspw. Pünktlichkeit als *deutsche Tugend* ansieht, oder einen im Haushalt helfenden türkischen Mann als „untypisch" kategorisiert. Zudem rekurriert die unmissverständliche Kritik an der Klasseneinteilung auf Fremdheit als Regulativ, wodurch einer Gruppe u. a. eine Vorherrschaft legitimiert wird, die eng an den Modus von Fremdheit als Chiffre von Macht gekoppelt ist (vgl. hierzu Reuter 2002, S. 47 ff.; siehe auch Abschn. 3.3). Beril fühlt sich durch diese spürbare Nichtzugehörigkeit in ihrem Streben nach Anerkennung als privilegierte Frau gehindert. Als Konsequenz wandert sie aus und gestaltet sich ihren eigenen machtvollen Raum. Der Kern von Migration ist grundsätzlich an das Motiv gekoppelt, sozial, politisch, ökonomisch etc. ein besseres Leben führen zu können: Das Streben nach einem besseren Leben drückt sich bei Beril durch ein Streben nach Anerkennung ihrer Privilegien aus.

6.4 Deniz: „Mal schauen, wo das Leben hinführt"

Deniz und ich spazieren eine gute Stunde gemeinsam am Ufer des Bosporus, ehe wir uns in ein Café setzen und das Interview bei eingeschaltetem Diktiergerät beginnen. Unterwegs erzählt mir Deniz bereits sehr viel über ihr Leben, sie ist auf Anhieb offen und gesprächig, lacht viel und freut sich sichtlich auf das Interview. Unter anderem erwähnt Deniz beim Spaziergang, dass sie noch nicht in einer eigenen Wohnung lebe, sondern mit ihrem Mann bei dessen Eltern wohne, da sich die Suche nach einer eigenen Unterkunft aus verschiedenen Gründen schwierig gestalte. Das Interview dauert knapp zweieinhalb Stunden. Gegen Ende kommt ihr Mann dazu, der jedoch kaum Deutsch versteht. Die Anwesenheit ihres Mannes führt zu keiner Veränderung in Deniz' offener und aufmerksamer Erzählweise. Nach dem Ende des Interviews und dem Ausschalten des Diktiergeräts unterhalten wir uns zu dritt weiter, mal auf Englisch, mal auf Deutsch und Deniz übersetzt zwischen mir und ihrem Mann, denn meine eigenen Türkischkenntnisse sind für eine Unterhaltung nicht ausreichend. Sie laden mich ein, den Tag mit ihnen zu verbringen, was den Einblick in Deniz' Lebenswelt über das Setting des Interviews hinaus vertieft.

Deniz wird 1986 als zweite von insgesamt vier Töchtern eines aus Ostanatolien stammenden Ehepaares in einer deutschen Großstadt geboren. Ihre Mutter ist bereits als Jugendliche nach Deutschland gekommen und spricht daher sehr gut Deutsch, ihr Vater ist als junger Mann eingewandert, nachdem er die Schule in der Türkei beendet hat, und spricht bis heute „nicht so gut Deutsch" (Z 1556). Ihre Schwestern leben in Irland, Istanbul und der deutschen Herkunftsstadt, wo auch Deniz' Eltern noch wohnhaft sind. Deniz ist 2012 in die Türkei ausgewandert, nachdem sie ihr Diplom in Betriebswirtschaftslehre an einer deutschen Universität in Kombination mit einer Kursteilnahme an einer vor Ort ansässigen türkischen Universität abgeschlossen hat. Zum Interviewzeitpunkt arbeitet sie im IT-Support für deutschsprachige Kund*innen, empfindet ihre Tätigkeit jedoch als unbefriedigend.

Sich selbst bezeichnet Deniz während des Interviews mehrfach als Minderheit, sowohl in Bezug auf ihr Leben in Deutschland als auch in der Türkei: In einer von Männern dominierten Welt, in der die „gläserne Decke" existent ist, nimmt sich Deniz aufgrund ihres Frau-Seins in der Arbeitswelt und unter Hochqualifizierten als Minderheit wahr. Zu diesem Minderheitenstatus summiert sich innerhalb Deutschlands die Ethnisierung als Türkin und innerhalb der Türkei als Alevitin[28].

Deniz' Geschichte ist durchzogen von Rückkehr-Gedanken nach Deutschland: Wie wäre es gewesen, ihren Mann nach Deutschland zu holen? Unter welchen Voraussetzungen könnte sie mit ihrem Mann zurückkehren? Diese Fragen sind zentral in Deniz' Narration. Zwar ist sie zum Interviewzeitpunkt bereits seit zwei Jahren in der Türkei, spielt die Möglichkeiten eines gemeinsamen Lebens in Deutschland hingegen wiederholend durch. Das spiegelt sich auch in ihrer Erzählweise wider, in der sie zwischen den Zuordnungen „hier" und „dort" wechselt und einmal die Türkei meint, ein anderes Mal auf Deutschland rekurriert.

[28]Das Alevitentum ist eine dem Islam zugeordnete Glaubensrichtung, deren Mitglieder v. a. in der Türkei leben. Alevit*innen werden von Sunnit*innen unterdrückt, da sie eine unterschiedliche Einstellung zu Verboten und Geboten aus dem Koran befolgen (vgl. Dreßler 2014).

6.4.1 Bildungsweg

Deniz leitet ihre Geschichte mit der Aufzählung ihrer Bildungsstationen ein, sie erzählt, dass sie „bis zum Gymnasium, bis zum Abitur“ (Z 25–26) in ihrer Geburtsstadt gelebt habe, bevor sie ihr Studium in einem mehrere hundert Kilometer entfernten Bundesland beginnt. „Nach elf Semestern war ich schon durch. Also ich habe mich rangehalten“ (Z 29–30). Mit dieser Aussage positioniert sie sich als zielstrebige und zügige Studierende, die ihr BWL-Studium zudem mühelos absolviert. Deniz beginnt ihre Bildungsbiographie also mit der Erwähnung ihrer höchsten Bildungsabschlüsse und setzt somit den Besuch vorangestellter Institutionen als selbstverständlich voraus. Erst im späteren Verlauf ihrer Narration erwähnt sie auch den Kindergarten und die Grundschule. Erzählungen darüber, keine Empfehlung für die persönlich favorisierte weiterführende Schulform erhalten zu haben, tauchen bei Deniz nicht auf, was zunächst auf einen konfliktfreien Bildungsweg ohne institutionelle Diskriminierung schließen lässt. In dem Zusammenhang erzählt sie lediglich von einer merkwürdigen Situation: Während ihrer Gymnasialzeit habe sie eine Bildungsberaterin zu Hause besucht, um über ihre (Aus-)Bildungszukunft zu sprechen. Zu dem Zeitpunkt habe für Deniz allerdings schon festgestanden, die Schule bis zum Abitur besuchen und anschließend ein Studium beginnen zu wollen: „Schon in der Grundschule habe ich gesagt, ich werde studieren“ (Z 665–666), erzählt sie und unterstreicht damit ihren Ehrgeiz sowie ihre Selbstsicherheit. Ohne den Wunsch von Deniz zu berücksichtigen, habe die Beraterin ihr jedoch vom Studium abgeraten, da sie „als Türkin nicht weiterkommen“ (Z 648) würde und ihr eine Ausbildung empfohlen. Ihr Vater habe der Beraterin dann deutlich gezeigt, was er von dieser Aussage halte, indem er den Raum verlassen habe.

Deniz erinnert sich, im Kindergarten und in der Grundschule „noch deutsche Freunde“ (Z 268) gehabt zu haben und beschreibt diese Zeit mit den Worten „das war sehr schön“ (Z 267). Später sei der Kontakt zu deutschen Gleichaltrigen weniger geworden, da sie ein Gymnasium mit „99 % Ausländer(n)“ (Z 280) besucht habe. Dabei unterteilt Deniz die Deutschen in zwei Gruppen: Deutsche, „die mit Ausländern“ (Z 393) und Deutsche, „die nur unter deutschen Freunden“ (Z 394–395) aufgewachsen seien. Mit diesen Worten macht Deniz ihre unter „Ausländern“ (Z 393) aufgewachsenen deutschen Freund*innen ihrem Freundeskreis zugehörig. Gleichzeitig grenzt sie beide Gruppen aufgrund der ihnen zugeschriebenen Mono- bzw. Pluri-Kulturalität voneinander ab. Im Kreise ihrer deutschen Freund*innen, also den *anderen Deutschen*, scheint sie sich wohlgefühlt zu haben, zumal, wie sie erzählt, diese *anderen Deutschen* sogar über Türkischkenntnisse verfügten. Dabei habe Deniz selbst bis zum Alter von ungefähr 13 Jahren „nicht so richtig" (Z 431) Türkisch sprechen können, „so das gebrochene Türkisch, was ich da gesprochen habe, war kein Türkisch" (Z 431–432), erzählt sie.[29] Dieses „gebrochene Türkisch" (Z 431) habe sie mit ihrem Vater gesprochen, während sie mit ihrer Mutter ausschließlich auf Deutsch kommuniziert habe. Die Mutter scheint der – auch in (west-)deutschen Haushalten geltenden – Konvention entsprechend, während Deniz' Aufwachsens zu Hause bei den Kindern gewesen zu sein, während der Vater arbeitet. „Deutsches Fernsehen, deutsche Sprache zu Hause mit der Mutter, in der Schule Deutsch, im Kindergarten Deutsch. [...] Deswegen sage ich ja, Deutsch ist eigentlich meine Muttersprache" (Z 440–444). Die Bezeichnung der deutschen Sprache als ihre „Muttersprache" (Z 444) indiziert bereits ihre starke Bindung zu Deutschland und den damit verbundenen, ihre Erzählung durchziehenden Überlegungen, wie es wäre, wieder in Deutschland zu leben. Dass Deniz bereits damals über perfekte Deutschkenntnisse verfügt, akzentuiert sie anhand einer Erzählung aus ihrem Sportunterricht: Hinter dem Rücken ihrer Lehrerin habe sie sich mit Mitschüler*innen unterhalten. Als sich ihre Lehrerin zu ihr umdreht und Deniz erblickt, habe sie gesagt: „Was hast du denn für ein akzentfreies Deutsch" (Z 1530–1531). Allein anhand der Sprache erkennt die Lehrerin sie nicht, was Deniz als positives Beispiel für ihre Sprachkenntnisse anführt. Indirekt spiegelt diese Situation jedoch auch die in wissenschaftlicher Literatur häufig rezitierte Fremdwahrnehmung wider, aufgrund eines abweichenden Phänotyps nicht nur unterschätzt, sondern gar fehleingeschätzt zu werden (vgl. Mecheril 1994b, S. 59 ff.). Ihrer Selbstpräsentation zufolge sind ihre Deutschkenntnisse also nicht nur in ihrer Selbst–, sondern auch in der Fremdwahrnehmung makellos. Die türkische Sprache hingegen beginnt Deniz erst zu dem Zeitpunkt richtig zu lernen, als sie ihre türkischsprachigen Freund*innen in der siebten Klasse mit den Worten „lerne mal endlich Türkisch" (Z 436) dazu animieren. Heutzutage spreche Deniz so gut Türkisch, „dass die meisten sagen, normalerweise die aus Deutschland kommen, können nicht so gut Türkisch. Wie kannst du so gut Türkisch können?" (Z 452). Deniz präsentiert sich als deutsche Muttersprachlerin, die Türkisch richtig habe lernen müssen, um ein Sprachniveau zu erreichen, mit dem sie nicht nur in der Türkei bestehen kann, sondern auch unter ihren türkischsprachigen Freund*innen in Deutschland. Die türkische Sprache spielt für Deniz

[29]Das als „bozuk" bezeichnete gebrochene Türkisch ist eine Gemeinsamkeit vieler Jugendlicher der *zweiten Generation* und wird weder in der Türkei noch von den Eltern vollständig verstanden (vgl. Ha 1999, S. 45).

offenbar vorranging für das außerfamiliäre Leben eine Rolle, da sie zu Hause vor allem auf Deutsch und mit einem „gebrochenen Türkisch" (Z 432) kommunizieren kann.

Das Schüler*innen-Lehrer*innen-Verhältnis unterzieht Deniz einer deutlichen Kritik: Ihre Grundschullehrer*innen seien noch sehr darum bemüht gewesen, „dass aus uns was wird" (Z 275). Die pädagogischen Fähigkeiten ihrer Gymnasiallehrer*innen im Umgang mit der heterogenen Schülerschaft desavouiert sie hingegen eindeutig:

> Das Problem auf dem Gymnasium war, dass man gemerkt hat, dass die Lehrer mit Ausländern, also nicht alle, aber viele, mit Ausländern nichts anfangen können. Wobei ich mich dann gefragt habe, warum solche Lehrer, die wissen, dass es 99 % Ausländer an dieser Schule gibt, an solche Schulen gehen und arbeiten. Also pädagogisch null. Also wirklich ganz viele Lehrer, wo ich gedacht habe, die kann man eigentlich rausschmeißen. Es gab viele, die sich bemüht haben, aber viele, die sich auch nicht bemüht haben (Z 277–283).

Einigen ihrer Lehrer*innen wirft Deniz zudem eine gezielte Hinderung am schulischen Erfolg von Kindern aus Einwanderungsfamilien vor: „Die wollen eigentlich nicht, dass die aufsteigen" (Z 294–295). Die angedeuteten Probleme zwischen Lehrer*innen und Schüler*innen an ihrem Gymnasium führt sie nachhaltig darauf zurück, dass die Lehrer*innen für den Umgang mit Kindern aus Einwanderungsfamilien hätten „pädagogisch anders geschult" (Z 403) werden müssen, um die Schüler*innen ihren Voraussetzungen und Kompetenzen entsprechend unterrichten und erziehen zu können. Sie sieht insbesondere das Lehrpersonal in der Pflicht: In der Schüler*innen-Lehrer*innen-Beziehung fordert sie von den Lehrkräften, sich als erwachsene und ausgebildete Personen für den Umgang mit einer heterogenen und pluralistischen Schülerschaft professionell rüsten zu müssen. Diesen von Deniz als „pädagogisch null" (Z 280–281) markierten Lehrer*innen unterstellt sie eine fehlende bzw. unzureichende Bildung. Denn es habe auch gute Lehrer*innen gegeben, die mit „so viele(n) Ausländer(n)" (Z 304) an der Schule haben umgehen können und „die gebildeter waren" (Z 304). Trotz des Zugeständnisses, es habe auch gute Lehrer*innen gegeben, scheint Deniz insgesamt vom Lehrpersonal am Gymnasium enttäuscht zu sein. In dieser Schilderung werden die Chancenungleichheiten am deutschen Bildungssystem deutlich: Deniz' soziale und ethnische Herkunft sind Ungleichheitsdimensionen, die sich negativ auf ihren Bildungserfolg auswirken könnten (vgl. hierzu El Mafaalani 2012, S. 44).

Ungeachtet ihrer Kritik am Lehrpersonal beschreibt sich Deniz als gute Schülerin, an die auch eine gewisse Erwartungshaltung gerichtet worden sei:

> Ich war immer so, wie soll ich das nennen? Jetzt nicht, weil ich mich selber irgendwie höherstufen möchte oder so. Ich war immer sehr gut in der, gut in der Schule. Unter unseren Leuten, sozusagen den Ausländern, eine Streberin. Aber auf einer Seite war ich auch wieder die, die mit denen halt mitgemacht hat. So, weiß ich nicht, Streiche oder gelacht oder so. Das habe ich auch mitgemacht. Ich war nicht diese typische Streberin. Ich war Deutsch sozusagen für die, aber auch wiederum Türkin (Z 420–424).

Mit Bescheidenheit bringt Deniz ihre guten Schulleistungen zum Ausdruck und grenzt ein, dass sie unter „den Ausländern" (Z 421) gut gewesen sei. Zudem stellt sie heraus, trotz ihrer guten Noten nicht nur eine anständige und strebsame Schülerin gewesen zu sein, sondern sich auch an Streichen beteiligt zu haben und produziert damit das Bild, in ihrer Schulzeit glücklich gewesen zu sein. Deutlich wird weiterhin, dass Deniz ihre Strebsamkeit als deutschen Charakterzug wahrnimmt, während sie das Streichespielen als Spaßfaktor ihrer türkischen Seite attribuiert.

Durchzogen ist ihre Erinnerung an die Schulzeit dennoch vor allem von ihrer Selbstzuschreibung als „Ausländerin oder ich bin Deutsche mit Migrationshintergrund eigentlich (Lachen)" (Z 301–302). Regelmäßig sei ihre Mutter zu den Elternsprechtagen erschienen, bis dann im Gymnasium ihr Mathematiklehrer gesagt habe: „Wir brauchen gar nicht zu reden darüber, ob Ihr Kind gut ist oder nicht, die ist eh gut. Lassen Sie uns eher darüber reden, woher Sie kommen, Ihre Herkunft. Das möchte ich wissen, woran liegt es, dass das Kind so gut ist" (Z 676–678). Der Lehrer habe versucht, Deniz Schulleistungen in der elterlichen Herkunft zu ergründen. Ab der Mittelstufe habe Deniz wahrgenommen, dass die Lehrer*innen die kulturelle Heterogenität der Schüler*innen stärker fokussiert hätten und sie habe das Gefühl gehabt, das Lehrpersonal würde auf sie herabschauen. Den Zeitpunkt, ab dem Deniz diesen Wandel wahrgenommen habe, bezeichnet sie als „Wende" (Z 681), die auch Einfluss auf ihre Noten nimmt: Sie sei von da an „ein bisschen abgerutscht" (Z 715).

Deniz kritisiert am deutschen Schulsystem, dass die unterschiedlichen Lernvoraussetzungen zwischen Kindern aus Einwanderungsfamilien und Kindern aus deutschen Haushalten nicht berücksichtigt worden seien. Sie erinnert sich an eine Aufgabe aus ihrem Deutschleistungskurs, in der ein Gedicht über Christi Geburt analysiert werden sollte. Aufgrund mangelnder Kenntnisse im Zusammenhang mit der Christusgeschichte habe sich die Klasse zunächst Hintergrundinformationen geben lassen müssen: „Deutschleistungskurs und wir mussten uns erst mal die Geschichte erzählen lassen, damit wir kapiert haben, was im Gedicht überhaupt da steht. […] Ich kannte das noch ein bisschen, aber andere nicht" (Z 376), empört sich Deniz. Ihre Unwissenheit über Inhalte des Christentums erklärt Deniz damit, dass sie und andere nicht-christliche Schüler*innen in der Grundschule weder am evangelischen noch am katholischen Religionsunterricht teilgenommen hätten und vom Elternhaus keine christlichen Geschichten und Sachkenntnisse vermittelt wurden. Mit diesem Beispiel verdeutlicht Deniz die Herausforderungen, als Schüler*in aus einer Einwanderungsfamilie in deutschen Bildungsinstitutionen zu bestehen. Dass Kinder aus Familien mit Einwanderungsgeschichte ein anderes kulturelles Kapital (hierzu Bourdieu 1983) mitbringen als deutsche Kinder, wirkt sich auf die Schulleistungen aus. Bildungskapital ist Teil des kulturellen Kapitals, das von Eltern an ihre Kinder weitergegeben wird. Deutsche Heranwachsende könnten in der Regel auf Unterstützung ihrer Eltern oder zumindest deren Schulerfahrungen und Kenntnisse des Bildungssystems während ihrer Bildungslaufbahn zurückgreifen. Derartige Hilfe habe Deniz aufgrund der abweichenden kulturellen Prägung ihrer Eltern sowie deren Bildungsniveau nicht in Anspruch nehmen können:

> Meine Mutter hat in der Grundschule die zweite Klasse noch durchgemacht oder abgebrochen sogar, noch nicht mal fertiggemacht. Mein Vater hat in der letzten Klasse, Abi sage ich mal, das ist nicht Abi aber also in der letzten Klasse hat er aufgehört weiterzumachen mit der Schule. Meine Eltern können mir nicht diesen Background geben, den die Anderen haben. Da kann man auch nicht viel erwarten. Wir waren schon gut dafür, dass wir aus solchen Familien kamen, finde ich (Z 362–367).

Die Bildungslücke zwischen Deniz und ihren Eltern schmälert jedoch nicht die vertrauensvolle Eltern-Tochter-Beziehung, sondern ihre Eltern scheinen sich insbesondere um die Förderung ihrer vier Töchter zu bemühen. Trotz des Mangels an kulturellem Kapital und der vergleichsweise niedrigen Bildung ihrer Eltern, schlagen Deniz und ihre drei Schwestern einen höheren Bildungsweg ein: Eine Schwester macht den Hauptschulabschluss, die übrigen drei schaffen das Abitur. Als signifikante Person, die sie beim Bildungsaufstieg unterstützt, präsentiert Deniz ihren Vater: „Mein Vater [ist] Schuld, sage ich mal. (Lachen) Also er hat uns gefördert" (Z 463–464). Das Bildungsinteresse ihres Vaters für seine Töchter führt Deniz auf seine eigene Erziehung zurück: Ihre Großeltern väterlicherseits seien „sehr gut gebildet" (Z 472) gewesen und ihr Vater habe seine Schullaufbahn in der Türkei zwar beendet, dann jedoch aufgrund politischer Probleme das Land verlassen. Die in der Türkei zurückgebliebenen Familienmitglieder hätten hingegen fast alle studiert. Ausgehend von dieser Familiengeschichte habe er sich gleichermaßen Bildung für seine Kinder gewünscht, „vor allem auch, weil wir Mädchen sind. Also nicht so, wie in anderen Familien" (Z 487–488). Basierend auf dem Einsatz des Vaters für den Bildungsweg seiner Töchter demonstriert Deniz einen Kontrast zu „anderen Familien" (Z 488) und grenzt sich und ihre Familie somit gleichermaßen von den deutschen als auch den übrigen türkeistämmigen Haushalten in ihrem Umfeld ab. Gleichzeitig hebelt Deniz mit dieser Aussage das sich fortschreibende Pauschalurteil eines vermeintlichen Bildungsdesinteresses in Einwanderungsfamilien aus. Dem Stereotyp der unterdrückten Frau aus patriarchalen Herkunftskulturen widersprechend, habe ihr Vater seine Kinder gerade aufgrund ihres Geschlechts gefördert: „Ja, weil seiner Meinung nach Frauen auf den eigenen Füßen stehen sollten. Deswegen erst studieren, dann heiraten. Oder gar nicht erst studieren und heiraten" (Z 492–494).[30]

Ihre Bildungsbiographie zentriert Deniz um ihren Vater, der sie fördert und unterstützt. Es gebe viele Familien, „wo die Kinder nicht studieren dürfen oder zur Schule gehen sollen" (Z 502–503), weiß Deniz zu berichten und resümiert, „vielleicht ist unsere Familie ein bisschen anders, denke ich eher, als andere Familien" (Z 505–506). Auch als sie an ihrem Wohnort keinen Studienplatz bekommt, habe ihr Vater „mit eingewilligt, dass ich in eine andere Stadt gehe. [...] Dass ich dann auch alleine lebe, dagegen war er auch nicht" (Z 499–501). In dieser Situation kann sich Deniz abermals auf die Unterstützung und das Vertrauen ihres Vaters verlassen. Ein Wohnortwechsel ermöglicht es ihr daher, ihren Studienwunsch zu erfüllen.

> Wir sind vier Mädchen, kein Junge. Und es gab nie: Du studierst nicht oder du darfst nicht zur Schule gehen oder du darfst nicht raus. Du darfst dich mit dem nicht treffen oder dem nicht treffen oder das nicht machen oder hier nicht dran teilnehmen. Ich war überall mit dabei. Ich bin mit der Klasse nach [europäische Hauptstadt-A]. Wir sind, ich weiß nicht, in ganz vielen Orten gewesen. Ich habe an jeder Klassenfahrt teilgenommen, an jedem Wandertag. Ich habe Basketball gespielt, war auch Trainerin. War zweimal in [europäische Hauptstadt-B] am größten Jugendturnier,

[30] Davon ausgehend, dass mit einer Heirat auch eine Familiengründung einhergeht, entspricht die Devise Deniz' Vaters, „erst studieren, dann heiraten" (Z 485–486), der in Deutschland vorherrschenden „biografische(n) Regel" (Helfferich, Klindworth 2014, S. 221), die davon ausgeht, dass vor der Geburt des ersten Kindes der Abschluss einer Berufsausbildung erreicht sein sollte. „In Deutschland steht das Alter bei der Geburt des ersten Kindes in einem engen, wechselseitigen Bedingungsverhältnis mit dem Bildungsniveau" (ebd.). Demnach seien Frauen mit einer niedrigeren Qualifikation bei der Geburt ihres ersten Kindes in der Regel jünger als höherqualifizierte Frauen (vgl. ebd.). Offen sei „ob und wie dieser Zusammenhang Migrantinnen betrifft" (ebd.).

habe ich teilgenommen. Da durfte ich auch hin. Es gab nie ein Nein. Nur man soll aufpassen halt (Lachen), weil man halt eine Frau ist. Aber nie ein Nein, gar nichts. Ich darf auch neben meinem Vater trinken. Ich darf auch meinem Vater Widerworte geben. Das durften die meisten nicht. Da werden sogar die Männer, viele, die mich und meinen Vater sehen, sagen, ich wäre so etwas wie ein Sohn (Z 510–520).

Deniz stellt heraus, dass sie im Gegensatz zu gleichaltrigen türkeistämmigen Mädchen eine von Freiraum geprägte Kindheit und Jugend verlebt. Dass sie „wie ein Sohn" (Z 520) sei, erklärt Deniz damit, dass sie „so offen mit ihm rede. Weil ich so alles mit ihm auch mache. Normalerweise tun das ja nur die Söhne in Anführungszeichen, die Mädchen sind ja immer ruhig" (Z 528–529), erklärt Deniz und kontrastiert ihre Familie und vor allem die Vaterfigur zu „andere(n) Familien" (Z 506). Ihr Vater sei „ein Gebildeter" (Z 530), zwar nicht was seine Schulbildung betreffe, „aber so im Leben, kulturmäßig und so, ist er sehr gebildet. Das sagen auch alle" (Z 530–531). Dass ihr Vater aufgrund seiner Lebenserfahrungen als „Gebildeter" (Z 530) wahrgenommen werde, scheint Deniz auch in Aussagen signifikanter anderer Personen bestätigt zu finden. Deniz irritiert mit ihrer Darstellung der Vater-*Sohn*-Beziehung und präsentiert sich dadurch als Tochter einer unkonventionellen Familie. In diesem Zusammenhang stellt sie ihren Vater anhand der aufgeführten Beispiele und der aus ihrer Sicht für Töchter untypischen Verhaltensweisen als „modernen, westlichen" Mann dar, den sie klar vom Stereotyp des „patriarchalen Gastarbeiter"-Vaters abzugrenzen weiß. Deniz betont mehrfach, dass sie ihren Bildungsweg auf die Unterstützung ihres Vaters zurückführe und bringt zum Ausdruck, sich darüber bewusst zu sein, dass diese Form des väterlichen Rückhalts nicht nur hinsichtlich ihres Tochterseins ungewöhnlich sei. Vielmehr widerspreche ihre Familie dem Klischee, wonach sich Einwanderungsfamilien häufig der Integration und – damit einhergehend – auch der Partizipation am Bildungssystem verweigern würden. Dabei zeigt sich, dass sich bereits ein Wandel von der *zweiten Generation* bis heute vollzogen zu haben scheint: Aktuelle Studien zu Bildungserfahrungen und –zielen von Kindern aus Einwanderungsfamilien in Deutschland belegen die Wertschätzung einer hohen Bildung seitens der eingewanderten Eltern, was in der Formulierung hoher Bildungsziele für ihre Kinder und dem Wunsch, diese optimal zu unterstützen, zum Ausdruck kommt (vgl. Barz et al. 2015, S. 6; hierzu auch Becker 2010).

Deniz betont, sie habe schon als Kind den Wunsch gehegt, eines Tages zu studieren und entscheidet sich nach dem Abitur aus einem aufrichtigen Interesse heraus für das Studienfach Betriebswirtschaftslehre. Zurückblickend hält sie fest, dass die Studienzeit „schön" (Z 1013) und es ein „sehr gutes Studium" (Z 1013) gewesen sei. Dennoch erlebt Deniz an der Universität auch Ausgrenzungserfahrungen: Gemeinsam mit drei männlichen deutschen Kommilitonen sei sie für eine Projektarbeit eingeteilt worden. Ihre Gruppenmitglieder hätten sie aufdringlich nach der nationalen und ethnischen Herkunft ihrer Eltern befragt und mehrere unangenehme Situationen für sie herbeigeführt, darunter das Vorsingen von Liedern der „Böhsen Onkelz"[31] sowie der Vorschlag, in einer „christliche(n) Verbindung" (Z 155) zu lernen.

> Das Beste war ja, dass die gesagt hätten, ich könnte kein Deutsch (Lachen). Und die wollten mir ein Buch kaufen, wo ich lerne, wie man Arbeiten zu schreiben hat. Wobei ich die ganze Arbeit korrigiert habe. Ich habe dann halt als Gegenspruch gegeben, dass ich denen Grammatik- und Rechtschreibungsbuch kaufen würde (Lachen). Also so haben wir uns verstanden (Z 147–151).

Neben der kränkenden und ausgrenzenden Behandlung seitens ihrer Kommilitonen scheint es Deniz jedoch am meisten verärgert zu haben, dass die Projektarbeit mit einer schlechten Note abgeschlossen wird. „Davor hatte ich auch andere Teams, da waren auch nur alle Deutsche und ich war die einzige Türkin und wir hatten nicht solche Probleme" (Z 166–168). Sie schlussfolgert, dass die Kommilitonen „wohl ein bisschen konservativer" (Z 169–170) gewesen seien. Zusammenfassend hält sie fest, dass die Erfahrung der Projektarbeit, „also an einer Uni zu erleben, dass es immer noch Faschismus gibt" (Z 121), ihren Entschluss, nach dem Studium in die Türkei zu ziehen, gestärkt hätten.

Als Deniz ihr Wirtschaftsstudium beendet, seien ihre nicht-studierten türkeistämmigen Freund*innen „natürlich sehr stolz" (Z 583) auf sie gewesen und hätten ihren Studienabschluss mit Sätzen wie „du hast dein Leben gerettet. Deniz ist jetzt die Höchste" (Z 584) kommentiert. Diese Aussagen und die Einstellung, das Studium als „Rettung" (Z 586) wahrzunehmen, habe Deniz allerdings nicht sonderlich gefallen.

> Du hast dein Leben gerettet. Also finanziell wird es dir später gut gehen. Das ist immer noch der Gedanke. Das ist der Gedanke, den die türkischen Eltern denen halt in den Kopf tun. Die meisten studieren, um ihr Leben zu retten. Wir haben auch letztens ein Gespräch darüber gehabt, dass jemand sich nicht studiert nennen kann, wenn nicht schon drei Generationen vorher Studierte gewesen sind. [...] Das ist folgendermaßen, wenn die Oma studiert hat, erzieht sie ihr Kind ganz anders und die erzieht noch mal ihr Kind nochmal ganz anders. Und das Kind studiert noch mal

[31] Die „Böhsen Onkelz" ist eine deutsche Rockband, die aufgrund rechtsextremer Texte umstritten ist.

> ganz anders als die Oma. Hat einen ganz anderen Blickwinkel auf die ganze Sache. Wir sind nur hinterher, ich muss Job finden. Ich muss studieren, damit ich etwas Besseres habe als meine Eltern. Nur der Gedanke. Mein Kind wird ganz anders studieren, als ich studiert habe (Z 592–601).

Bildung wird in Deniz' Umfeld als „Befreiung", nahezu als *Emanzipation* von den gewohnten Strukturen und einer womöglich aussichtslosen oder wenig erfolgreichen Zukunft gehandelt, als Wegbereiter für ein anderes, neues, besseres Leben und als Garantie auf eine finanziell gesicherte Zukunft. Durch ihren Aufstieg werde es nicht nur Deniz, sondern eines Tages auch ihrem Kind besser gehen. Dass sich ihr Bildungshintergrund auf die Erziehung ihres Kindes auswirken und dieses einmal unter besseren Voraussetzungen werde studieren können, überzeugt Deniz. Während sie selbst gewissermaßen „getrieben" ihren Bildungsweg beschritten hat, werde ihr Kind einmal die Möglichkeit haben können, mit einem anderen Ziel und mehr Muße das eigene Studium zu durchlaufen.

> Wir haben es zwar zu etwas gebracht, wir sind auch stolz auf uns. Aber so richtig, das Leben eines Studenten habe ich nicht gelebt. Oder wie die früher halt studiert haben, wie man das von Goethe oder so kennt. Wenn man liest, wie die studiert haben. Das ist etwas ganz anderes, mit einer ganz anderen Ambition haben die studiert. Die hatten ein ganz anderes Ziel als wir. Die meisten Türken studieren nur oder Deutsche mit Migrationshintergrund studieren halt nur, weil sie denken, sie würden dann besser leben als ihre Eltern (Z 604–610).

Das Ziel ihrer Bildungslaufbahn, ein besseres Leben als ihre Eltern leben zu können, kann als Grund für ihr zügiges Studium gewertet werden. Hinzukommt ihr in der Türkei auf sie wartender Partner.

6.4.2 Migrationsgeschichte und -erfahrung

Die Migration ihrer Eltern

Deniz' Mutter kommt bereits im Alter von 14 Jahren nach Deutschland, um ihrem verwitweten Onkel mit dessen Kindern zu helfen. Als er sie gefragt habe, ob sie zur Schule oder arbeiten gehen wolle, entscheidet sich ihre Mutter für die Arbeit. Die Einwanderung in jungen Jahren sei der Grund für die guten Deutschkenntnisse ihrer Mutter, erklärt Deniz. Über verwandtschaftliche Beziehungen habe sie Deniz' Vater kennengelernt und sei mit der Geburt des ersten Kindes Hausfrau geworden.

Deniz' Vater, der nach der Schulzeit aus politischen Gründen nach Deutschland gekommen sei, arbeitet als Selbstständiger mit einem eigenen „Laden"

(Z 1369), der ihren Erzählungen zufolge ein Kiosk sein könnte. Gelegentlich haben Deniz und ihre Schwestern dort ausgeholfen, aber sie habe als einzige „dieses Feeling" (Z 1599) für den Laden gehabt: Mit den Kund*innen habe sie „besser umgehen" (Z 1596) können und da es sich um ihr „Metier, Betriebswirtschaftslehre" (Z 1597) gehandelt habe, sei der Umsatz während ihrer Arbeitszeiten stets gestiegen. Ihr Vater spreche nicht so gut Deutsch, werde aber aufgrund seines Phänotyps häufig für einen Deutschen gehalten:

> Manche denken wirklich, der wäre Deutscher, wenn sie den zum ersten Mal sehen. Also da reden die ganz anders. Und wenn die dann merken, dass er Ausländer ist, weil er halt nicht so gut Deutsch spricht, er spricht schon mit denen Deutsch, aber man merkt es ja am Akzent, richtig doller Akzent, dass er dann Türke ist. Und dann dreht sich die Stimmung direkt und dann wird ganz anders gesprochen (Z 1573–1577).

Die offensichtliche Diskriminierung ihres Vaters rekurriert auf einen hegemonialen Habitus (hierzu Yildiz 2009): In dem Moment, in dem ihr Vater als Türke identifiziert werde, werde „herabfallend" (Z 1582) mit ihm gesprochen.

„Wobei ich auch nicht sicher bin, ob wir richtig integriert waren" – Deniz' Integrationsverständnis

Deniz erinnert sich an eine Situation im Laden ihres Vaters: „Und da war eine Kundin, […] die hat das so gut gefunden, wie ich rede und dass ich mich so integriert habe" (Z 1373–1374). Die Kundin habe sie für eine politische Partei gewinnen wollen, um als Vorbild für türkeistämmige Mitbürger*innen in Deutschland zu fungieren. Die Wahrnehmung als gut integrierte Frau habe Deniz zwar gefallen, der politischen Werbung sei sie hingegen nicht gefolgt. Die gute Integration habe die Kundin auf verschiedene Faktoren zurückgeführt:

> Erstens, weil ich die Sprache konnte, zweitens, ich ging zur Schule, als Mädchen. Drittens, wie ich gesagt habe, wie ich mit meinem Vater halt da zusammen etwas tue, wie mein Vater mich behandelt dort. Dass wir als Familie weiter sind als andere Türken und das hat sie halt gesehen. Dass wir etwas tun, dass ich nicht halt auf den Straßen irgendwie, ich weiß nicht, kokse oder rauche oder irgendwelchen Driss. Sondern dass ich da wirklich meiner Schule hinterhergehe, dass ich in einem Verein bin und kostenlos Trainerin[32] bin (Z 1407–1412).

---

[32]Deniz sagt, sie habe „freiwillig" (Z 1416) als Basketball-Trainerin während ihrer Schulzeit gearbeitet und dafür monatlich „eine Vergütung" (Z 1416–1417) bekommen. Dabei könnte es sich bspw. um eine Ehrenamtspauschale oder Aufwandsentschädigung handeln.

Deniz zählt Sprache, Bildung und die gute Vater-Tochter-Beziehung als Faktoren ihrer *gelungenen* Integration auf und grenzt sich und ihre Familie aufgrund der stetigen Erwerbstätigkeit ihrer Eltern erneut von anderen türkeistämmigen Familien ab. Sie sei „nicht so ein leerer Mensch" (Z 1422) – ein Ausdruck, den Deniz dem Türkischen entlehnt und damit jene mit geringer Schulbildung meint, die Sozialleistungen beziehen. So ein Leben habe Deniz nie geführt.

> Gut integriert, man kann die Sprache, man ist der Sprache mächtig, man verfolgt ein Ziel, man geht zur Schule, will sich weiter ausbilden und nebenbei sich da noch an einer e. V. zu beteiligen, das meinte sie, glaube ich (Z 1429–1432).

Gute Integration zeichne sich durch Sprachkenntnisse, Zielstrebigkeit, Schulbildung, ein Interesse an Weiterbildung und Ehrenamt aus, fasst Deniz zusammen. Diese Faktoren vor Augen, habe sie sich mit der Aussage der Kundin identifizieren können. Sie verweist auf ihren Drang, am gesellschaftlichen Leben teilzuhaben und auch etwas zurückzugeben, bspw. habe sie neben dem Studium gearbeitet: „Nur von BAföG zu leben, das kam mir so komisch vor" (Z 1440–1441).

Entgegen dieser Ausführungen, die Aussage der Kundin bestätigend, zweifelt Deniz hingegen auch ihre Integration in Deutschland an. „Wobei ich auch nicht sicher bin, ob wir richtig integriert waren oder sind. [...] Ja, also richtig so als Familie integriert. Ich weiß nicht, habe ich mich nie gefühlt" (Z 106–111). Zur Integration gehöre, so Deniz, dass man deutsche Freund*innen habe. Zwar sei sie aktiv im Basketballverein gewesen und ihr Team habe zur Hälfte aus deutschen und zur Hälfte aus türkeistämmigen Mitspielerinnen bestanden, aber nach dem Training und den Spielen seien sie immer getrennte Wege gegangen. Hier scheint sich das Muster aus Deniz' Schulzeit zu wiederholen, wo sie zwar ebenfalls mit deutschen Gleichaltrigen zusammenkommt, sich aber keine intensiven Kontakte ergeben.

Anzeichen dafür, dass sich Deniz von der Gesellschaft nicht integriert gefühlt oder in ihren eigentlichen Integrationsgefühlen nicht bestätigt gefunden habe, finden sich in unterschiedlichen Situationen, die sie während des Gesprächs schildert, darunter ihre Ausführungen über ihren selbst zugeschriebenen Status als Minderheit: „Ich bin zum Beispiel sowieso eine Minderheit, auch hier. Ich war auch in Deutschland eine Minderheit und jetzt hier eigentlich auch. Und das wird irgendwie, wie soll ich das sagen? [...] Also diese Minderheiten werden überall unterdrückt" (Z 210–212). In Deutschland sei sie eine Minderheit, „weil ich Türkin bin" (Z 212) und in der Türkei, „weil ich Alevitin bin" (Z 212–213). Deniz kritisiert, dass Minderheiten unterdrückt und homogenisiert würden, „nicht alle

Türken oder nicht alle, die aus dem Islam kommen, sind Salafisten oder so etwas. Nicht alle tragen Kopftücher" (Z 214–215). Kritisch benennt sie weitere Generalisierungen:

> Es gibt viele verschiedene Türken, Arten von Türken. Viele verschiedene Religionen, wie es das Christentum, Katholiken und das Evangelische gibt, gibt es bei den Türken auch das, also im Islam auch sehr viele. Es werden alle über einen Kamm geschert (Z 206–209).

Sie formuliert den Vorwurf, dass zwischen Türk*innen nicht differenziert werde, sondern aufgrund von Homogenisierung ein falsches Bild entstehe. Sie verweist auf das Zusammen- oder vielmehr *nebeneinanderher*-Leben von *Mehrheits*- und *Minderheits*gesellschaft (oder auch Etablierte und Außenseiter nach Elias und Scotson 1993). In dieser Wahrnehmung dominieren die kulturellen Einstellungen und Praktiken der als Mehrheit wahrgenommene Gruppe im Sinne einer „Dominanzkultur" (hierzu Rommelspacher 1998). Zugleich deckt Deniz mit ihrer Aussage das in dieser Gesellschaftsform vorherrschende Machtungleichgewicht auf: Die als Mehrheit postulierte Gruppe kann Andere aus ihrer mächtigeren Position heraus als Minderheit markieren und sie darüber hinaus als negatives Gegenbild zu sich selbst konstruieren.

Als weiteren Punkt in diesem Zusammenhang kritisiert Deniz die Frage „woher kommst du denn wirklich" (1820), die einen Ausschluss markiere. An einer Freundschaft mit Personen, die diese Frage an sie richten würden, sei Deniz nicht interessiert. Unter „Ausländern" (Z 1807) sei die Frage irrelevant, um eine Freundschaft zu führen, während „vor allem studierte Leute" (Z 1809) in Deutschland für weiteren Kontakt zunächst diese Frage klären müssten. Deniz differenziert die Frage in ein ehrliches Interesse an der Herkunft, bei der die Antwort akzeptiert werde und ein „unbedingt zu wissen, ich will deinen Hintergrund wissen, du bist ja nicht von hier" (Z 1486), bei der so lange nachgefragt werde, bis eine zufriedenstellende Antwort gegeben werde. Dabei gehe es dann häufig nicht mehr um die Herkunft der befragten Person selbst, was in Deniz' Fall A-Stadt wäre, sondern um die Herkunft der (Groß-)Eltern, um eine eindeutige Zuordnung feststellen zu können. Deniz kann sich nicht erklären, weshalb ihr wiederholend eine Zugehörigkeit zu Ostanatolien, der Herkunftsregion ihrer Eltern, zugeschrieben werde. Ihre Antwort, aus A-Stadt zu kommen, werde nicht akzeptiert und so erfahre sie Ausgrenzung. „In Deutschland habe ich eigentlich auch keine Probleme gehabt, nur dass man in Deutschland nicht angenommen wird von manchen Leuten, also dort lebend" (Z 1470–1471). Dabei wolle Deniz „als Mensch eigentlich" (Z 1480) angenommen werden, nicht als *Türkin* oder als

Deutsche und nicht auf die Herkunft ihrer Eltern reduziert werden. „Bin ich jetzt nicht ein wertvoller Mensch oder bin ich jetzt eine Klasse unter euch oder was? Oder bin ich nicht reinrassig? (Lachen) Bin ich ja nicht, keiner ist reinrassig. So etwas gibt es nicht" (Z 1510–1512).

Zusammenfassend ließe sich sagen, dass Deniz mit zwei Reaktionen in Deutschland gelebt hat: Auf der einen Seite scheint sie als gebildete und gut integrierte Frau wahrgenommen worden zu sein, auf der anderen Seite hat sie die Erfahrung machen müssen, auf die ostanatolische Herkunft ihrer Eltern reduziert und damit ausgeschlossen bzw. als Minderheit markiert zu werden.

„Ich bin weder richtig Türkin noch richtig Deutsche" – Deniz' doppelte Staatsbürgerschaft

Aufgrund der Bemühungen ihres Vaters, hat Deniz die doppelte Staatsbürgerschaft, was sie aufgrund des vereinfachten Reisens „super" (Z 924) findet. Eine eindeutige Verortung bedingt der Besitz beider Staatsangehörigkeiten für sie hingegen nicht, was auf den Idealtypus des Transmigranten nach Pries verweist:

> Aber wenn man mich fragt, bist du Türkin oder Deutsche, kann ich gar nicht antworten, ich kann gar keine klare Antwort geben. Ich bin weder richtig Türkin noch richtig Deutsche. […] Weil ich von beiden etwas habe. Also ich bin nicht typisch Türkin, nicht typisch Deutsche (Z 925–931).

Eine relationale, gar reziproke Beziehung zwischen ihren Staatsbürgerschaften und ihren Zugehörigkeitsgefühle sowie ihrer Identifizierung stellt sie nicht her. Dass sich Deniz nicht als typisch türkische oder typisch deutsche Frau positioniert, verweist dabei weder auf eine „Krisis" (Schütz [1944] 2002, S. 80) noch auf einen „Kulturkonflikt" (Park [1928] 2002, S. 69). Vielmehr zeigt sich die Vereinigung im Sinne eines „Werte-Patchworks": Pünktlichkeit, Disziplin, türkisches Temperament und Gastfreundlichkeit sind Eigenschaften, die für Deniz wichtig sind und die sie in ihren transnationalen sozialen Räumen uneingeschränkt einzubringen und auszuleben weiß. Somit vereint sie auf harmonische Art ihre kulturellen Differenzen und entspricht damit einer hybriden Persönlichkeit (hierzu Bhabha 1990, siehe auch Abschn. 3.2.3).

Gleichwohl erleichtert ihr die doppelte Staatsbürgerschaft ein transnationales Leben, indem sie ihr ein problemloses Pendeln zwischen Deutschland und der Türkei ermöglicht: Je nach privaten oder beruflichen Erfordernissen kann Deniz die entsprechenden Regionen in beiden Ländern „als ihren natürlichen Aktionsraum" (Pries 2015, S. 54) begreifen und nutzen. Auch stellt der Besitz beider Staatsbürgerschaften ein Privileg dar, der es ihr ermöglicht, darüber nachzudenken, ihren Lebensmittelpunkt in Drittstaaten zu verlegen:

> Vielleicht ist es die Globalisierung. Jeder lebt irgendwie überall im Moment auch. Ich weiß nicht, ob ich vielleicht in fünf oder sechs Jahren, es muss nicht Deutschland sein, ich habe schon immer gesagt, ich kann auch in Spanien leben. Wenn man Englisch kann, heutzutage kann man sowieso überall leben. Deswegen, so wichtig ist es mir auch nicht, dass mir jemand sagt, ja, du bist Türkin, du bist Deutsche oder du bist, was weiß ich. Das ist mir nicht wichtig. Es ist sowieso durcheinander (Z 1094–1099).

Deniz positioniert sich als „weltoffen(e)" (Z 1105) Frau und rekurriert auf die Globalisierung als Triebfeder ihres Gefühls, sich vielerorts beheimaten zu können. Dabei kann sie nicht genau definieren, was Heimat bedeutet:

> Man ist von allem ein bisschen vielleicht. Das mein' ich damit. Dass man sich nirgendwo zu Hause fühlt. Also man kann nicht sagen Heimat. Ich kann nicht sagen, Deutschland ist meine Heimat, ich kann sagen, A-Stadt ist meine Heimat, das kann ich sagen. Das ist noch mal so ein Unterschied. Deutschland ist etwas anderes, A-Stadt ist etwas anderes, finde ich. […] Wenn ich sage, Deutschland ist meine Heimat, dann sage ich, ich bin Deutsche. Wenn ich sage A-Stadt ist meine Heimat, ich bin aus A-Stadt, ich bin da aufgewachsen und geboren, deswegen ist es meine Heimat. Das heißt aber nicht, dass ich nirgendwo anders leben kann (Z 1108–1118).

Ihre räumliche Unfixiertheit, die ihre Unabhängigkeit und Selbstständigkeit unterstreichen, betonen ihre transnationale Lebenspraktik: Deniz hält sich die Möglichkeit offen, ihren Lebensmittelpunkt je nach individueller Ambition oder aufgrund äußerer Umstände erneut zu verlegen. Doch zeigt sich bei Deniz auch die Herausforderung eines transnationalen Lebens, denn sie muss gleichwohl in beiden Gesellschaftskontexten stets ihre Herkunft erläutern: Um als Türkin akzeptiert zu werden, werde in der Türkei erwartet, dass sie die Herkunft ihrer Eltern als ihre eigene ausgibt, während in Deutschland ihre Herkunft bereits aufgrund ihres Namens hinterfragt werde. Die Äußerungen sowohl von Deutschen als auch von Türk*innen über ihre Herkunft und Zugehörigkeitsgefühle, seien für sie allerdings wenig bedeutsam: „Also ich bin so aufgezogen worden, dass ich meine eigenen, freien Gedanken haben darf, meine eigene Meinung und deswegen, das kann mir niemand mehr nehmen" (Z 1080–1082). Ihre Identität lässt sich Deniz' Narration zufolge eher als „Sowohl-als-auch" denn als „Entweder-oder" einordnen, was durch ihre Formulierungen über Heimat, die auf ihre Beheimatungspraktiken verweisen, betont wird. Mit ihrer Aussage, sich „nirgendwo zu Hause"

(Z 1109) zu fühlen, unterstreicht Deniz hingegen nicht das Bild einer *heimatlosen* oder nichtzugehörigen Person, sondern betont vielmehr die Möglichkeit eines „weltoffenen" Menschen, sich in und an mehreren Orten, unter Umständen sogar synchron, beheimaten zu können und verweist auf transnationale Zugehörigkeitsgefühle. Als Charakteristika einer Transmigrantin wird bei Deniz deutlich, dass sie sich auch nicht den Ländern im Sinne der Nation und ihrer Staatsangehörigkeit betreffend zugehörig macht, sondern sich, wenn, dann in den Städten[33] beheimatet. Deutschland und ihre deutsche Herkunftsstadt differieren in ihrer Identitätszuschreibung. Das wird vor allem durch ihre Gleichsetzung der Aussagen „Deutschland ist meine Heimat" (Z 1110) und „ich bin Deutsche" (Z 1116) bekräftigt, von denen sie sich distanziert. Der von Deniz verwendete Heimatbegriff wird somit erweitert und rekurriert nicht ausschließlich auf ein Territorium qua Geburtsort: Vielmehr scheint es, als würde Deniz ihre multidimensionale Beheimatung und Identität beschreiben wollen, diesen Raum, der nicht greifbar und nicht – im wahrsten Sinne des Wortes – *ausweisbar,* aber sehr wohl für sie als Transmigrantin spürbar ist. Dass sich Deniz zwar in einem Ort beheimatet fühlt, schließe nicht ihre Möglichkeiten aus, andernorts zu leben, was das transnationale Merkmal der pluri-lokalen Beheimatungspraktik akzentuiert.

> Heimat bedeutet für mich eigentlich nicht, das ist halt mein Zuhause, nur da kann ich leben, sondern wo ich geboren und aufgewachsen bin. […] Eigentlich, Heimat ist Ursprung, gleichgestellt mit Ursprung für mich. Ursprung jetzt nicht vom Volksmäßigen her gesehen wieder. Man kann es nicht erklären eigentlich. Also mein Ursprung, wo ich geboren und aufgewachsen bin. Zuhause ist da, wo ich im Moment dann wohne (Z 1123–1130).

Ihr Zuhause ist zum Interviewzeitpunkt Istanbul, während sie ihre Herkunftsstadt in Deutschland als Heimat bezeichnet. Deniz weist zudem darauf hin, dass sich ihr Zuhause jederzeit ändern könne. Zum Interviewzeitpunkt sei für sie „alles offen" (Z 1145), gesteht sie. Sie setze sich jedoch nicht zum Ziel, wo sie wann leben möchte, sondern was sie erreichen wolle, und das sei, „einen Job zu finden, wo ich meine Erfahrung in meinem eigenen Metier finden kann und dort weiter aufsteigen kann. Und natürlich eine eigene Wohnung zu besitzen" (Z 1151–1152).

[33]Die Stadt gilt häufig mehr als Bezugspunkt für Transmigrant*Innen als das Land im Sinne des Nationalstaates. So spielen kosmopolitische Orte wie Istanbul eine zentrale Rolle für die Erfüllung von Erwartungen an ein transnationales Leben.

„Du bist für mich ein bisschen zu hoch für diesen Job" – Arbeiten in der Türkei

Deniz arbeitet zum Interviewzeitpunkt seit zwei Jahren im IT-Support für deutschsprachige Kund*innen. Da diese Arbeit allerdings nicht ihrer Qualifikation entspricht und zudem keine Aufstiegschancen bietet, ist sie mit ihrer Arbeitssituation unzufrieden. Den Einstieg in den türkischen Arbeitsmarkt habe sie aufgrund verschiedener Faktoren als schwierig empfunden. Neben dem Mangel an einem für sie interessanten Arbeitsbereich, habe sie festgestellt, dass „diese Beziehungen und so, Connection, Vitamin B" (Z 36) eine bedeutende Rolle für die Karriere spielen. Offenbar fehlt Deniz dieses Netzwerk, denn sie schlussfolgert „deswegen ist es doch schwieriger als ich gedacht habe" (Z 37). Auch habe sie die Erfahrung gemacht, als unverheiratete Frau aus Deutschland auf dem türkischen Arbeitsmarkt benachteiligt zu sein, „weil die gedacht haben, ich gehe bestimmt wieder zurück" (Z 566–567). Nach ihrer Heirat habe man sie in den Bewerbungsgesprächen dann gefragt, ob sie nicht bald Kinder wolle. Ihre Herkunft aus Deutschland und ihr Frau-Sein werden für Deniz somit zu einer unerwarteten Herausforderung am türkischen Arbeitsmarkt.

Ihre berufliche Unzufriedenheit lässt Deniz an ihrem Studium zweifeln, da ihr ihre deutsche Bildung und ihr Diplom in BWL bisher nicht den passenden Berufseinstieg ermöglicht haben. Trotzdem hält sie an ihrer Qualifikation fest: „Ich habe nicht umsonst studiert, auch wenn [ich] nicht darin arbeiten werde" (Z 1165–1166). Priorität habe eine Arbeit, die ihr gefalle und bei der sie etwas erreichen könne. Allerdings sei ihre gute Bildung womöglich Teil des Problems, mutmaßt Deniz. Bei einem Vorstellungsgespräch sei ihr gesagt worden: „Ich schäme mich, dir zu sagen, was ich dir geben kann, wenn du hier anfängst. Deswegen überlasse ich dir die Entscheidung" (Z 757–759), erinnert sie sich; die Stelle habe sie dann wegen des niedrigen Gehalts nicht angenommen. Es sei eine schwierige Situation für Deniz, da sie für manche Stellen „ein bisschen zu hoch" (Z 762) sei, während ihr bei anderen wiederum die Berufserfahrung fehle. „Deswegen musste ich irgendwo unten anfangen, habe ich mir gedacht. Aber die sagen, ich bin zu hoch. Ich bin zu hoch" (Z 771–773).

Auf der einen Seite lockt Deniz ein aufsteigender Arbeitsmarkt, der wirtschaftliche „Boom" der Türkei, der sie reizt und ihre Idee von einer „steilen Karriere" in Istanbul befeuert. Auf der anderen Seite sieht sie sich in ihrer hohen Qualifikation gefangen und muss lernen, mit Enttäuschungen umzugehen, was das Gehalt und die Anforderungen der Tätigkeit betrifft. Den Berufseinstieg wagt Deniz letztlich der Liebe wegen in der Türkei. Mit Blick auf die Integration hat sich Deniz für sich selbst bessere Chancen in der Türkei erhofft als umgekehrt für ihren Mann in Deutschland. Letztlich ist das in vielerlei Hinsicht auch gelungen. Nur ist die Erwartung an den Arbeitsmarkt nicht erfüllt worden. Wie sich ihr Berufseinstieg in Deutschland gestaltet hätte, kann nicht eruiert werden. Ob sie die Erfahrung vieler hochqualifizierter türkeistämmiger Personen in Deutschland geteilt hätte, zahlreiche unbeantwortete oder abgelehnte Bewerbungen aufgrund des türkischen Äußeren und/oder Namens zu erhalten und damit an „unüberwindlichen Grenzen des Physiognomischen" (Mecheril 2003, S. 311) zu scheitern, bleibt offen. Deniz erzählt, ihr Vater hätte es jedoch befürwortet, wenn sie zunächst Berufserfahrungen in Deutschland gesammelt hätte, bevor sie ihren Berufseinstieg in der Türkei versucht. Ihrer Mutter hingegen sei die Heirat der Tochter wichtiger gewesen und sie habe daher mehr Verständnis für ihren Schritt gezeigt.

6.4.3 Auswanderungsmotiv: Karrieremöglichkeiten und Liebe

Deniz sei grundsätzlich am Leben in einem anderen Land interessiert gewesen, „das hätte jetzt nicht die Türkei unbedingt sein müssen" (Z 1897–1898), erzählt sie. Ihr Selbstvertrauen sei groß genug, um in jedem anderen Land „Fußfassen" (Z 1935) zu können. Deutlich stellt sie ihre Souveränität heraus: „Für gar nichts brauche ich eine Unterstützung, ich mache alles selber. Ich bin eigenständig" (Z 1933–1934). Dass sie in die Türkei gegangen sei, habe auch nichts mit der Herkunft ihrer Eltern zu tun gehabt. Zwar hätten ihre Eltern „immer mit dem Gedanken gespielt, zurückzukommen" (Z 53–54), bestätigt Deniz die Situation vieler Kinder der *zweiten Generation,* sie hätten diesen Schritt jedoch nie realisiert. In den jährlichen Türkeiurlauben habe man Deniz stets gesagt, „Türkei ist halt nicht so wie ihr es seht im Urlaub. Wenn man da lebt, ist es noch mal anders" (Z 56). Dabei habe Deniz „in jedem Urlaub nicht nur Urlaub gemacht" (Z 57), sondern auch Arztbesuche, Behördengänge und dergleichen erledigt. Daher habe sie sich „schnell daran gewöhnt, hier zu leben" (Z 59–60). Auf struktureller und institutioneller Ebene scheint sie sich demnach schnell in Istanbul zurechtgefunden zu haben. Ihr Interesse am Leben in der Türkei ist, neben dem gemeinsamen Leben mit ihrem Mann, zudem ökonomisch begründet:

> Weil es ein Schwellenland war. Und mich es gereizt hat, hierherzukommen und die ganze Entwicklung zu sehen. Und ich mir gedacht habe, auch arbeitsmäßig, dass ich da etwas Interessanteres sehe. Weil wirklich, die Firmen sind gerade dabei, Ich weiß nicht, die katapultieren sich von einem Nullpunkt auf Hundert in ein paar

> Sekunden sozusagen. Das wollte ich erleben. Dann die klimatischen Bedingungen natürlich auch, solche Sachen. Aber auch der Liebe wegen. Aber ich hätte vielleicht nein gesagt, wenn ich wüsste, dass in Deutschland es Chancen gegeben hätte, die Person leichter zu, weiß nicht, zu integrieren. Dann wäre ich vielleicht, eventuell da geblieben und hätte es erst mal da versucht. Vielleicht, das weiß ich nicht. Oder es wäre mir leichter gefallen, jetzt, nachdem ich gesehen habe, ich habe ja jetzt hier gelebt, vielleicht will ich ja irgendwann in fünf Jahren zurück. Ist es dann leicht, dahin zu gehen oder nicht. Das weiß ich halt nicht. Das muss man ausprobieren. Also so einen Risikofaktor habe ich dahinter gesehen. Deswegen bin ich eigentlich auch gekommen (Z 1902–1913).

Unterschiedliche Passagen in Deniz' Erzählung und Erzählweise haben bereits auf ihre sich überschneidenden Auswanderungsmotive verwiesen, die aus einem Interesse am „Schwellenland" (Z 1902) Türkei und den damit erhofften Karrieremöglichkeiten sowie ihrem in der Türkei verwurzelten Partner resultieren, mit dem sie sich nach vielen Jahren Fernbeziehung ein gemeinsames Leben ohne Distanz wünscht. Zum Interviewzeitpunkt scheint Deniz nicht das Gefühl zu haben, das Aufstreben des Landes durch eine ihrer Qualifikation entsprechende Tätigkeit aktiv mitgestalten zu können. Die klimatischen Bedingungen, die sie anspricht, wirken sich positiv auf ihre Gesundheit aus, da sie an einer Schilddrüsenerkrankung leidet. Neben den Karrieremöglichkeiten und klimatischen Faktoren, die Deniz' Entscheidung für ein Leben in der Türkei beeinflusst haben, zeigt sich in ihrer Narration deutlich, dass sie fortwährend darüber nachdenkt, ob und wie ein Leben mit ihrem Mann in Deutschland realisierbar wäre. Unter anderen Voraussetzungen hätte sie ihren Mann direkt nach Deutschland geholt, ohne selbst in die Türkei zu gehen, gesteht Deniz. Allerdings hätten seine fehlenden Deutschkenntnisse sowie die deutsche Anerkennungspolitik von im Ausland erlangten Abschlüssen und Berufsqualifikationen einen Start in Deutschland erschwert. Die Zeiten, in denen man ohne Deutschkenntnisse in Deutschland Arbeit finden könne, seien vorbei, weiß Deniz: „Jetzt braucht man schon, um den Müll wegzutragen, einen Realabschluss. Wie soll ich denn die Person dahin bringen, wenn gar nichts von ihm anerkannt wird" (Z 831–833).

Die Entscheidung für ein Leben in der Türkei ist gemeinsam mit ihrem Mann gefallen, den sie zum Interviewzeitpunkt seit zehn Jahren kennt. Begegnet sind sie sich erstmalig während eines Türkeiurlaubs. Ihre länderübergreifende Beziehung entwickelt sich langsam über digitale Kommunikationswege und Telefonate, sodass sie bereits vor ihrer Auswanderung einen transnationalen sozialen Raum gestaltet. Erst nach einigen Jahren regelmäßigen Kontakts sprechen sie über ihre gemeinsame Zukunft. In diesem Gespräch habe Deniz zum Ausdruck gebracht, dass sie nicht bereit sei, in die Türkei zu ziehen, bevor sie nicht studiert habe. Anfangs sei ihr Partner nicht von ihrem Plan überzeugt gewesen, da ihr Studium den Zeitpunkt des Zusammenlebens und Heiratens hinauszögern würde. Aber für Deniz habe festgestanden, „wie gesagt, von Anfang, erst Studium, dann Heirat" (Z 849) und verdeutlicht damit, den Plan ihres Vaters verinnerlicht zu haben. Als sie während des Studiums einen Moment des Zweifelns durchlebt, ermutigt sie ihr Partner, das Studium fortzusetzen:

> Und er hat mich dann dazu gebracht, dass ich weiter gemacht habe. Weil er dann in der Zwischenzeit halt auch gemerkt hat, also er war nicht dagegen eigentlich, dass ich studiere, sondern dass es so lange dauert. Und er hat halt mitbekommen, wie wichtig das eigentlich ist. Und hat dann mich dazu gebracht, dass ich weitermache bis zum Ende. Ich habe dann Gas gegeben, bin fertig gewesen und dann bin ich erst mal hierher gekommen. Ich wollte erst mal auch sehen, wie ist es, wenn wir in einer gleichen Stadt leben, da lernt man die Person ja eigentlich noch mal ganz anders kennen. Wir haben erst mal ein Jahr so auch noch gelebt, dann haben wir uns entschieden zu heiraten, haben gemerkt, dass das doch ist. Und wenn man es so bedenkt, sind wir eigentlich schon seit zehn Jahren zusammen. Alle nennen das ein Wunder (Z 852–861).

Das „Wunder" (Z 861) erklärt sie damit, dass sie zehn Jahre miteinander in Kontakt gewesen seien, sich aber auch mit anderen haben treffen dürfen, „um zu sehen, ob es nicht bessere Leute für uns gibt. Also ich durfte es auch. Wobei ich viel zu viel beschäftigt war mit meinem Studium (Lachen)" (Z 867–868). Dass sich keiner von beiden während der langen Zeit und der geographischen Distanz für eine andere Person entscheidet, unterstreicht ihre Zusammengehörigkeit. „Also so haben wir dann gesehen, dass die Person für uns richtig ist. Also ich für ihn und er für mich. Und dann haben wir geheiratet. Mal schauen, wie lange es dauert (Lachen), andauern wird" (Z 871–873). Die in dieser Aussage mitschwingende Unsicherheit ließe sich wohl eher auf das gemeinsame Leben in der Türkei zurückführen, als auf die Beziehung selbst. Bereits vor ihrem Umzug in die Türkei, habe sie mehrfach überlegt, ob sie den Schritt gehen solle:

> Immer wieder mal gab es Zeiten, ne, ich gehe doch nicht. Doch ich gehe. Dann hat man immer wieder mehr Sachen erlebt, wie gesagt, im Studium dann noch. Dann auch noch die Liebe hier zu finden, war ja dann natürlich ausschlaggebend. Und wenn die Person Deutsch gekonnt hätte, hätte ich es vielleicht dort ausprobiert. Wenn ich wüsste, dass seine Ausbildung dort anerkannt wird, dann hätte ich es vielleicht ausprobiert (Z 805–810).

Die Entscheidung für die Türkei scheint schließlich aus pragmatischen Gründen gefallen zu sein: Deniz beherrscht die Sprache, kann sich ihre Zeugnisse anerkennen lassen und kennt sich bereits in Istanbul aus. Sie ist davon überzeugt, dass ein Start in Deutschland mit ihrem Mann für sie beide eine Herausforderung dargestellt hätte, die sie zu dem Zeitpunkt offenbar nicht bereit war, auf sich zu nehmen. Auch nach zwei gemeinsamen Jahren in der Türkei spielt die Überlegung, nach Deutschland zu gehen, noch immer eine Rolle in ihrer Beziehung. Ihr Mann denke darüber nach, „doch noch nach Deutschland zu kommen. Wobei er Angst hat, dass er es da nicht hinkriegt" (Z 882–883). Würde Deniz mit ihrem Mann nach Deutschland zurückkehren, wäre dieser Schritt „dann genau so wie meine Mutter und mein Vater erlebt haben. Das heißt immer: Die Frau geht hin, guckt und den Mann dann mit holt" (Z 66–67).

Als Deniz ihr Studium abgeschlossen hat, nagen die negativen Erfahrungen ihrer Projektarbeit an der Universität noch an ihr, „so etwas habe ich noch nie erlebt" (Z 179). Die Erfahrung habe ihr „den Rest gegeben" (Z 168) und so habe sie beschlossen, „am besten du machst etwas anderes und gehst" (Z 178–179). Auch Erfahrungen aus Deniz' Umfeld scheinen zu Verunsicherungen geführt und somit ihre Entscheidung gestärkt zu haben: Sie erzählt von ihrem Cousin, der eigentlich Lehrer sei, aufgrund seiner Heirat allerdings nach Deutschland ausgewandert und dort nun „als Wasserlieferant (Lachen)" (Z 97) arbeite. Zwar habe er einen Deutschkurs besucht und erneut ein Lehramtsstudium aufgenommen, da sein Abschluss nicht anerkannt worden sei, aber dann habe er das Studium abbrechen und Geld verdienen müssen. Deniz kenne viele Paare, die am Zusammenleben in Deutschland gescheitert wären und möchte diese Erfahrung für sich und ihren Mann vermeiden. Dass das Zusammenleben in Deutschland für deutsch-türkische Paare nicht gelinge, liege unter anderem daran, dass vor allem die Männer nicht damit umgehen könnten, wenn „die Frau halt verdient und das Geld bringt" (Z 41), weiß Deniz zu berichten. Sie erklärt sich diese klassische Rollenverteilung mit der türkischen Mentalität, „weil türkische Männer sind halt ein bisschen auch, die haben ja auch ihren Stolz, die müssen auch Geld verdienen" (Z 103–104). Deniz scheint sich um ihre Beziehung gesorgt zu haben und hätte die Integration ihres Mannes als ihre Aufgabe angesehen. „Also soll ich mich auf die Arbeit konzentrieren oder darauf, meinen Mann dort irgendwie zu integrieren?" (Z 105–106). Sie würde „nicht Schuld dran sein" (Z 822) wollen, wenn ihr Mann in Deutschland keine Arbeit finden, seine Qualifikationen nicht anerkannt würden und sie, während er Deutsch lerne, von Hartz IV würden leben müssen. Aufgrund dieser Sorgen und Befürchtungen, habe sie ihn nicht nach Deutschland geholt. Derzeit fühle sich ihr Mann schuldig, „dass ich hier halt nicht einen Job finde" (Z 824), erzählt Deniz. Allerdings ist sie auch darüber informiert, dass zum Interviewzeitpunkt „so viele gebildete Leute Deutschland verlassen […], dass die alle möglichen Schulabschlüsse wohl jetzt anerkennen würden“ (Z 810–812). Sie habe auch gehört, dass Einwander*innen keine Deutschkenntnisse mehr vorweisen müssten. Deniz vermutet, „die wollen natürlich die jungen Leute wieder zurückziehen“ (Z 815) und kritisiert sogleich, dass es an Informationen über die Rückkehr nach Deutschland fehlen würde, „was hat man denn für Vorteile, wenn zurückkommen würde“ (Z 817–818). Der deutsche Staat würde sich nicht für seine im Ausland lebenden Bürger*innen interessieren, beklagt sich Deniz. „Ja, aber das ist ja jetzt nicht so etwas, wo ich den deutschen Staat beschuldige, weil der türkische Staat das mit seinen Bürgern genauso macht im Ausland (Lachen)“ (Z 1883–1884).

Die geschilderten Zweifel an Deniz’ Integration in Deutschland und ihre Ausgrenzungserfahrungen könnten mitunter auch Grund für ihre Auswanderungsentscheidung sein. Sie erzählt, dass sie in Istanbul „viele Freunde, die hier sind, aus Deutschland, die zurückgekommen sind“ (Z 790–791) habe. Im Austausch mit diesen Freund*innen habe sie festgestellt, „dass wir uns da immer noch nicht richtig integriert fühlen“ (Z 792). Gesellschaftlich, strukturell und institutionell werde ihnen das Gefühl vermittelt, „eh nicht weiterkommen“ (Z 793–794) zu können. Als Beleg dafür teilt Deniz die Erfahrung Anderer mit, die bei telefonischen Bewerbungsgesprächen Zusagen erhalten hätten, aber beim persönlichen Kennenlernen sei die Stelle doch bereits vergeben gewesen, „weil er ein Schwarzkopf[34] ist, sage ich mal so“ (Z 799). Diese Geschichten scheinen ihren Entscheidungsprozess beeinflusst zu haben, „ich kann Deutsch, Englisch und habe ein Studium, von daher kann ich hier ja viel weiter aufsteigen“ (Z 801–802). Sie habe abgewogen, wo sie „besser aufgehoben“ (Z 803) sei. „Noch hinzu kommt ja noch, dass man eine Frau ist, man ist eine Minderheit, eine Frau. Wie soll man da anerkannt werden?“ (Z 803–804). Sie sieht sich selbst als sehr gebildete und hochqualifizierte Frau, was ihr Bildungsweg belegt, und trägt gleichermaßen eine Unsicherheit aufgrund des ihr gespiegelten Minderheitenstatus in sich.

In der Türkei habe sich Deniz nicht integrieren müssen, erzählt sie und bislang keine Ausgrenzungserfahrungen gemacht. Es komme vor, dass sie gefragt werde, weshalb sie in die Türkei gekommen sei, „weil ja für die immer dort alles besser ist“ (Z 1454), und bezieht sich damit auf die Sozialleistungen in Deutschland, die

[34] „Schwarzkopf“ ist eine Selbstbezeichnung, die sich bei türkeistämmigen Personen in Deutschland etabliert hat. Es gilt als rassistisch, wenn „Deutsche“ entsprechende Personen als „Schwarzkopf“ bezeichnen: „Besonders die Benutzung des Begriffes ‚*Schwarzkopf*‘ hat die Verinnerlichung der Fremdwahrnehmungen in Ausdruck gebracht, indem askriptive Merkmale – wie die ethnische Herkunft – durch visuelle ersetzt werden und als Unterscheidungskriterien vorkommen“ (Nergiz 2011, S. 73; Hervorhebung im Original).

für viele offenbar attraktiv wären. Manchmal werde sie „Hans" (Z 1456) genannt, erzählt sie lachend, ein Name, mit dem Deutsche bezeichnet würden. Derartige Kommentare kann Deniz mit Humor nehmen. Grundsätzlich habe sich auch fast alles für sie gefügt, ihre Erwartungen seien erfüllt worden, die Arbeits- und Wohnsituation ausgeklammert. Vor allem das soziale Leben in der Türkei gefalle Deniz besser als in Deutschland, „nach sechs Uhr war Ruhe überall" (Z 1718). In Istanbul hingegen fange „das Leben erst um sechs Uhr an" (Z 1719), auch wenn sie die Stadt „manchmal ein bisschen erschöpfend" (Z 1754) finde. Zwar vermisse sie aus Deutschland, unter anderem „Sahne" (Z 1727) und „richtige Schwimmbäder" (Z 1740) sowie einige noch in Deutschland lebende Freund*innen, aber „essenzielle Sachen" (Z 1747) vermisse sie nicht, da habe sie alles, was sie brauche in Istanbul. „Ich glaube, ich bin ein bisschen unproblematisch, was es damit auf sich hat, sich einzugewöhnen" (Z 1764–1765), fasst sie zusammen.

6.4.4 Resümee: „Vielleicht will ich ja irgendwann in fünf Jahren zurück"

Deniz präsentiert sich in ihrer Narration als gebildete und politisch informierte Frau, als hochqualifizierte Transmigrantin, die ihren Mobilitätsprozess als unabgeschlossen darstellt. Ihr ambivalentes Verhältnis sowohl zu Deutschland als auch zur Türkei, ihr mit Karrieremöglichkeiten begründetes Auswanderungsinteresse sowie ihr unbestimmter Zeithorizont in Bezug auf ihr Leben in Istanbul, zeichnen sie nach Pries' (2007) Idealtypen internationaler Migration als Transmigrantin aus.

Das gemeinsame Leben in der Türkei scheint bei der Entscheidung, ob Deniz zu ihrem Ehemann in die Türkei oder er zu ihr nach Deutschland ziehen solle, zunächst die einfachere Wahl gewesen zu sein: Nicht nur die Chancen auf Integration in den türkischen Arbeitsmarkt sind für Deniz zumindest objektiv betrachtet durch Anrechnung ihrer in Deutschland erlangten Qualifikationen höher, als es umgekehrt für den Ehemann wäre. Auch ihre Karrieremöglichkeiten rechnet sie sich aufgrund des hohen Wirtschaftswachstums des Landes und des Metropolenstatus' Istanbuls als besonders hoch aus. Neben ihren Sprachkenntnissen und ihrem familiären Bezug zum Land, verfügt Deniz aufgrund ihrer regelmäßigen Urlaube in der Region und ihrer transnationalen Netzwerke zudem über Peergruppen-Wissen. Dass sich ihre Erwartungen hinsichtlich einer Karriere als in Deutschland ausgebildete Frau nicht erfüllen, ist ein Risiko, das Deniz mit dem Wissen, jederzeit zurück nach Deutschland gehen zu können, eingegangen ist. Entgegen ihrer Erzählungen zu Ausgrenzungserfahrungen und Zweifeln an ihrer Integration in Deutschland, ist das Leben in der Bundesrepublik für Deniz zum Interviewzeitpunkt immer noch eine Option, die sich vor allem aufgrund ihrer unzufriedenen beruflichen Position zu nähren scheint. Neben ihren Gedanken über ein gemeinsames Leben in Deutschland ist ihre Bindung zu Deutschland unter anderem durch ihre Bezeichnung der deutschen Sprache als ihre Muttersprache zum Ausdruck gekommen.

Gleichwohl bestätigt die Biographie von Deniz nicht das Bild der türkeistämmigen hochqualifizierten Frau, die Deutschland aufgrund von Diskriminierungs- und Ausgrenzungserfahrungen, einem Mangel an Integrationsfähigkeit oder Identitätsproblemen verlässt. Vielmehr zeichnet sich Deniz sogar durch die Vereinigung pluri-kultureller Werte und einer „Sowohl-als-auch“-Identität aus. Die Auswanderung ist durch Deniz’ Beziehung zu einem in der Türkei sozialisierten Mann attraktiv geworden. Trotz ihrer Bekräftigung, besonders am Arbeitsmarkt interessiert gewesen zu sein, hat sie zum Zeitpunkt ihrer Auswanderung keine ihrer Qualifikation entsprechende Arbeitsstelle in Aussicht, sondern lediglich den auf sie wartenden Partner. Sie oszilliert zwischen ihrem in der Türkei lebenden Mann und ihren Hoffnungen auf Karriere in der Türkei und bewegt sich somit in der Schnittmenge des zweckrationalen und des affektuellen Handlungstypen, die Aydın nach Max Weber (1972) zur Typisierung hochqualifizierter Transmigrant*innen, die in die Türkei auswandern, beschreibt (vgl. Aydın 2013, S. 89). Als zweckrational lässt sich Deniz’ Entscheidung für die Türkei aus beruflichen Gründen einordnen. Sie plant eine Karriere auf dem türkischen Arbeitsmarkt, die sie sich aufgrund ihrer hohen Qualifikation verspricht. Unterstrichen wird dieser Typus bei Deniz durch ihre negativen Emotionen, was die Integration ihres Mannes in Deutschland betrifft: Wäre sie nicht in die Türkei gegangen, sondern wäre er nach Deutschland gekommen, hätten sie womöglich von Sozialleistungen leben müssen. Ein – vorübergehend – sozialer Abstieg ist für Deniz nicht nur eine große Sorge, sondern überhaupt keine Option, selbst wenn die Besorgnis aufgrund ihrer eigenen Qualifikation nahezu unbegründet scheint. Der affektuelle Typus zeichnet sich in Deniz’ Fall durch die Anpassung an die Voraussetzungen ihres Partners in Kombination mit der Reaktion auf unterschiedliche Schwierigkeiten in Deutschland aus. Somit ist ihre Auswanderung „durch aktuelle Affekte und Gefühlslagen“ (Aydın 2013, S. 90) geleitet gewesen. Es zeigt sich also eine Überschneidung beider Typen in Deniz: Die Karriereorientierung und die Anpassung an ihren Partner haben ihre Auswanderung bedingt. Gleichzeitig bedeutet das affektuelle Handeln in Deniz’ Fall nicht, dass es sich um eine situative Entscheidung gehandelt hat. Vielmehr wird in ihrer Narration deutlich, dass sie einen jahrelangen Prozess des Abwägens durchlaufen hat.

„Also mich hat keiner gezwungen, irgendjemanden zu heiraten. Mich hat keiner gezwungen, in die Türkei zurückzukommen. Hier zu bleiben, zwingt mich eigentlich auch keiner. Mal schauen, wo das Leben hinführt" (Z 1659–1661). Deniz präsentiert sich als aktive Akteurin ihrer eigenen Lebenswelt, indem sie auf ihre Souveränität und ihr Selbstvertrauen verweist und damit hervorhebt, jederzeit aus eigener Entscheidung ihren Lebensmittelpunkt verlagern zu können. Ihre Heirat und ihre Auswanderung in die Türkei sind ihrer eigenen Entscheidung und Handlungsmacht entsprungen und somit exponiert sich Deniz als handlungsmächtige Frau, die nicht nur unabhängig von den Meinungen und Ansichten Anderer, sondern vielmehr unabhängig von nationalstaatlichen Grenzregimen ihre Mobilität ausleben kann. Diese Eigenschaften und das Selbstverständnis, mit dem sich Deniz zwischen beiden Ländern bewegt, lassen sich partiell auf ihre Erziehung zurückführen. Ihre besondere familiäre Konstellation, das „unkonventionelle" Vater-Tochter-Verhältnis und ihre Abgrenzung von „anderen Familien" sind die wichtigen Weichenstellungen für die eigene Bildungs– und letztlich auch für ihre Migrationsbiographie.

7 Transnationale Biographien im Vergleich: Fallkontrastierung und theoretische Konzeptualisierung

Die portraitierten Frauen haben dem narrativen Interview folgend ihre Lebensgeschichten mit Fokus auf ihre Bildungswege und ihre Erfahrungen als türkeistämmige Frauen in Deutschland und Frauen deutscher Herkunft in der Türkei erzählt. Offengelegt haben sie zudem ihren Entscheidungsprozess für ein (vorübergehendes) Leben in der Türkei. Ihre Narrationen wurden anhand von Kernkategorien rekonstruiert und in Einzelfallanalysen präsentiert. Nachfolgend sollen die Gemeinsamkeiten und Kontraste aufgezeigt werden, die das transnationale Leben der Frauen bedingen. Grundsätzlich zeigen die Portraits, dass die Frauen trotz unterschiedlicher Differenzerfahrungen diese eher als Chance denn als Barriere begreifen. Darüber hinaus lässt sich ein Streben nach Selbstverwirklichung als zentralen Handlungsmodus erkennen, der an unterschiedlichen Stationen in ihrem Lebenslauf richtungsweisend wird: Sei es im Rahmen ihrer Bildungs- oder ihrer Auswanderungsentscheidungen.

Auf Basis der kontrastierenden und konzeptualisierenden Herausarbeitung von Bildung als Ressource für eine transnationale Lebensführung sowie einem transnationalen Leben zwischen Befremdung und Beheimatung, führe ich eine Begriffsdifferenzierung ein: Die hochqualifizierte Transmigrantin. In einer schematischen Ordnung werden daran anschließend klassische Sozialtypen des Fremden (Simmel, Park, Schütz und Siu), der Transmigrant in Anlehnung an Pries und die hochqualifizierte Transmigrantin anhand der Kategorien Befremdung (Chance vs. Krise) und Beheimatung (transnational vs. eindimensional) veranschaulicht.

N. Warrach, *Hochqualifizierte Transmigrantinnen*, Interkulturelle Studien,
https://doi.org/10.1007/978-3-658-27705-5_7

7.1 Fallkontrastierung und theoretische Konzeptualisierung im Kontext transnationalen Lebens

Das transnationale Leben bildet einen Referenzrahmen der erzählten Lebensgeschichten der portraitierten Frauen. An die Herausarbeitung der transnationalen Lebensweise schließt die Fallkontrastierung mit Fokussierung auf die Bildungswege (Abschn. 7.2) und ihre Positionierung zwischen Befremdung und Beheimatung (Abschn. 7.3) an. Aus der Kontrastierung der Fallportraits werden unmittelbar fallübergreifende Konzepte herausgearbeitet, die im Kontext transnationalen Lebens präsentiert werden. Die Tab. 7.1 soll zur Veranschaulichung der zur Kontrastierung herangezogenen Fälle dienen.

Das transnationale Leben ist auf formeller Ebene durch die Staatsbürgerschaft(en) bedingt. Während Rüya und Tülay türkische Staatsbürgerinnen sind, ist Beril deutsche Staatsbürgerin geworden und besitzt zusätzlich die Mavi Kart. Deniz hat als einzige der vier portraitierten Frauen die doppelte Staatsbürgerschaft. Besonders Beril hebt hervor, dass sie ihre Kombination aus deutscher Staatsangehörigkeit und Mavi Kart als Privileg wertet. Die jeweilige Staatsbürgerschaft bedingt ein transnationales Leben und die individuelle Gestaltung transnationaler sozialer Räume. Letztlich gestalten die portraitierten Frauen seit ihrer Kindheit transnationale soziale Räume, in dem sie mit ihrer in der Türkei lebenden Verwandtschaft Kontakte aufrechterhalten, sie regelmäßig besuchen und dadurch grenzübergreifende soziale Netzwerke aufspannen. Bereits die Eltern halten ihren eigenen Migrationsprozess unabgeschlossen, indem sie wiederholend Rückkehräußerungen formulieren und indizieren somit eine transnationale Lebensführung ihrer Kinder. Transnationale Netzwerke und soziale Räume können somit auch als ein Generationen umgreifendes Verflechtungsgefüge betrachtet werden. „Trans-Nationalität betont die übergreifende Qualität dieses Phänomens, innerhalb dessen Kommunikationsstrategien und neue Formen von Soziabilität entstehen, die selbst dann, wenn sie als Übergangsformen erscheinen, oft von langfristiger Dauer sind“ (Lutz 2004, S. 484). Besonders Deniz pflegt bereits während ihrer Studienzeit intensiven Kontakt mit ihrem in der Türkei lebenden Partner, den sie nach ihrer Auswanderung heiratet: Via unterschiedlicher digitaler Kommunikationskanäle, bspw. Skype, sprechen und sehen sie sich regelmäßig unabhängig der Ländergrenzen. Wenn Deniz in Erwägung zieht, mit ihrem Ehemann das gemeinsame Leben in Deutschland auszuprobieren, Rüya halbjährig zur Verlangerung ihrer Aufenthaltsgenehmigung nach Deutschland reist, Tülay sich in beiden Gesellschaftskontexten beheimatet fühlt und Beril das

Tab. 7.1 Gegenüberstellung der Fallportraits. (Eigene Darstellung)

	Rüya	Tülay	Beril	Deniz
Staatsbürgerschaft(en)	Türkisch	Türkisch	Deutsch mit Mavi Kart	Türkisch und Deutsch
Höchster Bildungsabschluss und Studienort	Promotion in Erziehungswissenschaft und Psychologie, abgeschlossen in Deutschland	Diplom Anglistik, abgeschlossen in der Türkei	Diplom in Sozialwissenschaften, abgeschlossen in Deutschland, Erasmus in der Türkei	Diplom in BWL, abgeschlossen in Deutschland, Kombination mit türkischer Universität
Berufliche Tätigkeit und Verweis auf transnationalen Bezug	Systemische Familientherapeutin, arbeitet für Projekte mit Deutschland bezug („Brücken bau“) nimmt Weiterbildungen in Deutschland wahr	Zweisprachig erziehende Mutter, zuvor in globalen Konzernen tätig gewesen ohne konkreten Bezug zu Deutschland	Exportbranche, Zuständigkeit für deutschsprachige Kund*innen	IT-Support, Zuständigkeit für deutschsprachige Kund*innen
Transnationaler familiärer Raum	Eltern in der Türkei, Bruder in Deutschland	Eltern, 1 Schwester in der Türkei, 1 Schwester in Deutschland, 1 Schwester in Irland	Eltern und Bruder in Deutschland	Eltern und 1 Schwester in Deutschland, 1 Schwester in der Türkei, 1 Schwester in Dubai

Leben in Deutschland als Garantie in der Hinterhand behält, dann bestätigen sie auf geographisch-räumlicher Ebene den Kern eines transnationalen Lebens und die Gestaltung transnationaler sozialer Räume. Dies spiegelt sich auch im Konsum deutscher Lebensmittel in der Türkei, dem Bedürfnis, die deutsche Sprache zu bewahren sowie regelmäßigen privaten und beruflichen Kontakten und Reisen nach Deutschland wider. Der Austausch mit ebenfalls aus Deutschland in die Türkei migrierten türkeistämmigen Personen ergänzt ihren transnationalen Bezugsrahmen, wie bspw. die Teilnahme am „Deutschen Rückkehrer-Stammtisch", den u. a. Beril gelegentlich besucht. Da von allen vier Frauen noch Familienangehörige in Deutschland und Drittstaaten leben, pflegen sie regelmäßig über verschiedene technische Kommunikationskanäle grenzübergreifend Kontakt. Rüya, Tülay, Beril und Deniz halten somit transnationale soziale Räume aufrecht.

In ihrer Studienzeit gewinnen die Frauen in individueller Hinsicht neue Erfahrungen und souveräne Bezüge zum Herkunftsland ihrer Eltern: Rüya forscht im Rahmen ihrer Promotionsstudie in der Türkei und wird somit Teil einer transnationalen wissenschaftlichen Community. Tülay nimmt die Möglichkeit wahr, an einer Universität in Izmir Anglistik zu studieren und plant zunächst im Rahmen ihres Studiums, das Leben in der Türkei auszuprobieren. Beril kann erste eigene Erfahrungen in der Türkei während ihres Erasmusaufenthalts in Istanbul sammeln und wandert nach ihrem Studienabschluss in Deutschland nach Istanbul aus. Deniz schließlich belegt neben ihrem BWL-Studium an einer deutschen Universität zusätzlich Kurse an einer vor Ort ansässigen türkischen Universität.

Für Beril und Deniz beginnt die Phase des Berufseinstiegs mit ihrer Auswanderung in die Türkei. Rüya hingegen hat bereits Arbeitserfahrungen in Deutschland gesammelt und Tülay steigt mit einem türkischen Studienabschluss in den dortigen Arbeitsmarkt ein. Alle vier Frauen sind am türkischen Arbeitsmarkt in globalen und transnationalen Kontexten tätig: Deniz und Beril sind in unterschiedlichen Bereichen für deutschsprachige Kund*innen verantwortlich, sodass ihre Kenntnisse der deutschen Sprache und „deutschen Gepflogenheiten", wie sie betonen, auf beruflicher Ebene als essentiell betrachtet werden. Im Rahmen ihrer Arbeit bei einem Exportunternehmen unternimmt Beril zudem regelmäßig Geschäftsreisen nach Deutschland oder vertritt das Unternehmen auf deutschsprachigen Messen. Rüya hingegen ist zwar hauptsächlich als systemische Familientherapeutin in schulischen Kontexten tätig, setzt sich darüber hinaus jedoch auch für Projekte ein, die eine positive Beziehung zwischen Deutschland und der Türkei befördern. Dieses zusätzliche Engagement expliziert sie als „Brückenbau" – eine besonders transnationale Metaphorik. Zudem priorisiert sie die Teilnahme an Weiterbildungen in Deutschland statt in der Türkei. Tülay arbeitet nach ihrer jahrelangen Tätigkeit als Englischdozentin in unterschiedlichen globalen Konzernen ohne direkten Deutschlandbezug. Für ihre Mutterrolle hingegen spielen ihre deutsche Herkunft und die Vermittlung der deutschen Sprache an ihren Sohn eine zentrale Rolle.

Der türkische Arbeitsmarkt stellt für die Frauen aufgrund ihrer deutschen Herkunft partiell eine Herausforderung dar: Sie stellen kulturell argumentierte Unterschiede zu ihrem türkischen Kollegium fest und grenzen sich von gewissen gesellschaftlich tradierten Einstellungen und Verhaltensweisen ab. Dazu präferieren sie insbesondere im Arbeitskontext ihre als deutsch kategorisierte Arbeitsmoral. Disharmonien und Spannungen, die aufgrund ihrer deutschen Herkunft und ihres Werte-Patchworks gerade im Arbeitsleben entstehen, können nach Gümüş als „intra-ethnische transnationale Reibungen" (ebd. 2013, S. 335) bezeichnet werden, die die häufig „positiv verklärten individuellen Türkeibilder" (ebd.) revidieren. Erinnert sei in diesem Zusammenhang etwa an Tülays Erzählung, die von ihren Studierenden „Adolfina" (Tülay, Z 2010) genannt wurde, um ihre deutschen Eigenschaften, hier vor allem Ordnung und Disziplin, zu betonen oder auch an Beril, die ihren Arbeitskolleg*innen Pünktlichkeit „einzuimpfen" (Beril, Z 874) versucht. Hanewinkel bestätigt die Herausforderungen am türkischen Arbeitsmarkt für Zugewanderte aus Deutschland:

> Sie machen häufig die Erfahrung, dass sie nicht, wie in zahlreichen Medienberichten signalisiert, mit offenen Armen empfangen werden. Auch Gehälter, Tätigkeitsfelder oder Arbeitszeiten entsprechen oft nicht den Erwartungen. Idealisierte Türkeibilder aus Kindheit und Jugend halten der Realität nicht stand. Die türkeistämmigen Migranten aus Deutschland werden in der Türkei als almancılar (Deutschländer) bezeichnet, ein Begriff, der eher negativ konnotiert ist und auf Vorurteile verweist (Hanewinkel 2012b).

Das Fehlen als deutsch eingestufter Eigenschaften beim türkisch sozialisierten Kollegium und zugleich eine Anpassung an Arbeitsabläufe und -prozesse kann somit zur Herausforderung werden und Fremdheitsgefühle generieren – eine Erfahrung, von der insbesondere Beril und Deniz zu berichten wissen, die ausführlich von den Schwierigkeiten der Arbeitssuche in der Türkei erzählen.

Es zeigt sich dennoch: Für ein transnationales Leben ist die untersuchte Personengruppe bestens gerüstet. Nicht nur ihre Staatsbürgerschaft(en) ermöglichen eine Mobilität zwischen beiden Bezugsländern, zu denen sie enge Bindungen aufrechterhalten, auch der Arbeitsmarkt ist an transnationalen Personen interessiert, die bspw. für die Betreuung deutschsprachiger Kund*innen eingesetzt werden können. Die Eltern legen bereits den Grundstein für das transnationale Leben ihrer Kinder, indem sie sie in die Netzwerke integrieren, die sie ins Herkunftsland aufgebaut haben und die sie seit Jahrzehnten aufrechterhalten.

Die Anwerbung von „Gastarbeiter*innen" ist somit nicht nur „ein wichtiger Meilenstein in der Entwicklung Deutschlands zu einem *de-facto*-Einwanderungsland, sondern auch die Grundlage für die Entwicklung des transnationalen deutsch-türkischen sozialen Raums" (Pusch 2013, S. 11). Diese Entwicklungen haben Veränderungen in der deutschen sowie in der türkischen Gesellschaft herbeigeführt und somit auch die Lebenswege zahlreicher Individuen auf persönlicher und beruflicher Ebene beeinflusst (vgl. ebd.).

Es bleibt die Frage: Warum entscheiden sich hochqualifizierte türkeistämmige Personen aus Deutschland bei der Vielfalt der Möglichkeiten für die Auswanderung in die Türkei, dem Herkunftsland ihrer Eltern? Ihren Kompetenzen und Qualifikationen folgend, hätten sie auch andere Destinationen für ihre Migration auswählen können. Denn je nach individuellen Bedürfnissen und Handlungslogiken ist die Verlegung des Lebensmittelpunktes insbesondere für sich transnational verortende Personen eine ständige Option. Möglich wird dies gerade für Personen mit doppelter Staatsbürgerschaft oder für Besitzer*innen der deutschen Staatsbürgerschaft in Kombination mit der Mavi Kart. Die entsprechende(n) Staatsbürgerschaft(en) ermöglicht bzw. ermöglichen eine von nationalstaatlichen Grenzen nahezu unabhängige Mobilität. Dennoch entscheidet sich diese Personengruppe für ein Land, dass sie bereits sprachlich als auch kulturell durch regelmäßige Urlaube kennt und das aufgrund der elterlichen Herkunft einen emotionalen Bezugsrahmen darstellt. Von ihrem Herkunftskontext, ihrer Heimat, so formuliert es Mecheril pointiert, sprechen die Eltern als „dem gelobten Land, dort sei alles gut und liege eine Zukunft, die gegenwärtige Sehnsüchte stillt" (ebd. 1994b, S. 71). Die Türkei übt somit einen gewissen *Magnetismus* auf die hochqualifizierten Transmigrantinnen aus, sodass sie in ihrer Entscheidung für das Zielland ihrer Migration gewissermaßen determiniert sind: Beruhend auf einer nostalgischen und partiell romantisierten Imagination der Türkei – oder vielmehr des Lebens an kosmopolitischen Orten wie Istanbul oder Izmir – wandern sie in ein *Abenteuerland*, gar eine *zweite Heimat* aus. Dabei erweist sich das *Projekt „Leben in der Türkei"* als komplizierteres Konstrukt als erwartet: Die bestehenden (familiären) Netzwerke und die kulturelle Vertrautheit sind für eine erste Orientierung in der Ankunftsgesellschaft zwar dienlich, doch stehen sie in unterschiedlichen Bereichen der Herausforderung gegenüber, mit ihrer Herkunft aus Deutschland, ihrem Bildungsaufstieg und der daraus resultierenden Zuschreibung als „Deutsche" zu bestehen. Ihren Selbstwahrnehmungen folgend resultieren Rivalitäten im Arbeitskontext oder das Scheitern von Beziehungen aus kulturell begründet divergierenden Wertesystemen.

Basierend auf der erfolgten Darstellung des transnationalen Lebens der Gesprächspartnerinnen sollen im Folgenden zwei Kernkategorien kontrastiert und fallübergreifend konzeptualisiert werden: Die Bildungswege sind in den Narrationen zentral und fungieren als Weichensteller für ein transnationales Leben. Zudem wird deutlich, dass die Frauen den Bildungsbegriff erweitern und ihn mit einer individuellen Bedeutung versehen. Auf ihrem Bildungsweg erfahren die Frauen Etikettierungen als Fremde. Dabei verhilft ihnen gerade ihr Bildungsgrad, ihre Fremdheitserfahrungen sukzessive zu reflektieren und zu dekonstruieren. Ihre Erfahrungen mit Befremdung, gleichwohl in beiden Gesellschaftskontexten, ist zudem an ihre Beheimatungspraktiken gekoppelt: Sie bauen ihr transnationales Leben somit in einem reziproken Verhältnis zwischen Beheimatung und Befremdung auf.

7.2 Bildung als Ressource für eine transnationale Lebensführung

Der Soziologe Hartmut Griese geht davon aus, dass Transmigrant*innen per se über eine gute bis sehr gute Ausbildung verfügen (vgl. 2013, S. 190). Dass Transmigration allerdings nicht allein auf eine bildungselitäre Gruppe zutrifft, ist bereits deutlich geworden (siehe Kap. 2 und Abschn. 4.6) und zeigt sich auch daran, dass das Phänomen transnationaler Migration auch jene miteinbeziehen kann, die sich selbst nicht auf Wanderschaft befinden: Im Rahmen transnationaler sozialer Räume kann eine grenzübergreifende Kommunikation derart stattfinden, dass bspw. Ältere am transnationalen Leben Jüngerer teilhaben. Und auch vorausgehend wurde angemerkt, dass bereits die „Gastarbeiter*innen"-Generation den Grundstein für das transnationale Leben ihrer Kinder gelegt hat, indem sie die Reisemodalitäten ausgebaut, Netzwerke gegründet, Konsumgüter im- und exportiert hat und so fort. Nichtsdestotrotz handelt es sich bei der von mir untersuchten Gruppe um Frauen, die aufgrund ihrer hohen Bildungsaspiration zu bildungserfolgreichen Individuen geworden sind. Bildung soll an dieser Stelle daher als Ressource ihrer transnationalen Lebensführung in Augenschein genommen werden.

Die Narration über ihren Bildungsweg rotiert bei Rüya um ihre Diskriminierungserfahrungen, die sich besonders in einer (Fremd-)Ethnisierung ausdrücken. Als einzige „Türkin" in ihrer Klasse wird ihr das Gefühl vermittelt, stets eine „Fürsprecherinnenrolle" für die gesamte türkeistämmige Community einnehmen zu müssen. Aufgrund des Negativimages türkeistämmiger Familien in Deutschland steckt sie sich somit das Ziel, eine „vorbildliche Schülerin" sein zu wollen, die sich durch Werte wie Fleiß und Ordnungssinn auszeichnet. Sie exkludierende Mitschüler*innen lässt Rüya Hausaufgaben abschreiben, um sich sozial nicht gänzlich zu isolieren. Nach ihrem Abitur beginnt sie das Studium der Erziehungswissenschaften. Ihr Streben nach Bildungserfolg ist dabei als Suche nach Anerkennung ihrer pluri-ethnischen Persönlichkeit zu verstehen. Dass gerade ihr hoher Bildungsgrad für Rüya ein Mittel zur Selbstbehauptung darstellt, zeigt sich auch daran, dass ihr Bildungsweg nicht mit ihrem Diplomabschluss endet, sondern sie darüber hinaus eine Promotion anschließt, in der sie sich mit dem Themenfeld Migration und Türkei befasst. Bereits ihre Forschungsarbeit führt sie daher für längere Aufenthalte in die Türkei, das Land, in dem sie schon immer habe leben wollen.

Beril, die verhältnismäßig wenig von ihren Schulerfahrungen berichtet, erinnert sich vor allem an die exkludierende und als ungerecht eingestufte Erfahrung, entgegen ihrer guten Deutschkenntnisse zur Teilnahme an einem Sprachförderunterricht verpflichtet gewesen zu sein. Zudem stellt sie kritisch fest, mit sämtlichen türkeistämmigen Kindern in einer Klasse zusammengefasst worden zu sein. Bildung bedeutet für Beril vor allem „Befreiung" und wird von ihr als Wegbereiter für ihren Selbstständigkeitsprozess angeführt. Im Rahmen ihres Studiums der Sozialwissenschaften hat sie die Möglichkeit, einen einjährigen Erasmusaufenthalt in Istanbul zu absolvieren und gewinnt dadurch erstmals eigenständig einen Eindruck vom Leben in der Türkei. An ihrer deutschen Universität macht sie in einem Seminar die Erfahrung, aufgrund ihrer türkeistämmigen Herkunft als Expertin gefragt zu sein: Sie kann politische und historische Zusammenhänge der Türkei erläutern und hat Zugang zur Community, in der sie Interviewpartnerinnen für eine eigene empirische Studie findet.

Tülay erlebt im Gegensatz zu Rüya eine nahezu konfliktfreie Schulzeit. Sie präsentiert sich als gute Schülerin, die sozial integriert ist. Das Gymnasium bewertet sie vor allem daher als gute Schule, da es mehrheitlich von Kindern aus deutschen Haushalten besucht wird. Zwar schildert sie eine despektierliche Situation als sie aufgrund der Bestnote für eine Gedichtanalyse von einer Mitschülerin verbal angegriffen wird. Doch stellt sich die Klassengemeinschaft schützend vor sie und bestärkt sie somit in ihren Zugehörigkeitsgefühlen, was ihre soziale Integration an der Schule akzentuiert. Als sie sitzenbleibt, wird ihr Vater zur essentiellen Person, der sie ermutigt, an einer anderen Schule ihr Fachabitur zu absolvieren. Zwar bewirbt sie sich nach ihrem Schulabschluss auch an deutschen Hochschulen, nimmt dann jedoch vor allem aus Neugier auf ihre „zweite Heimat" den Studienplatz für Anglistik in der Türkei an, den sie nach einer erfolgreichen Prüfung für türkische Staatsangehörige, die im Ausland leben, erhält. Hinsichtlich ihrer sozialen Integration und der subjektiven Bewertung ihrer Schulzeit, stellt Tülays Portrait einen Kontrast zu den Narrationen Rüyas, Berils und Deniz' dar.

Kontrastierend zu der Wahrnehmung homogen zusammengesetzter Schulen bei Tülay und Rüya, erinnert sich Deniz an ihr Gymnasium vor allem als Schule mit einem außergewöhnlich hohen Anteil von Schüler*innen aus Einwanderungsfamilien. Die Lehrkräfte beurteilt sie in pädagogischer Hinsicht als unzureichend ausgebildet für den Umgang mit der heterogenen Schülerschaft. In ihrem Umfeld wird Bildung als „Befreiung" und „Rettung" gehandelt, eine Definition, die sie partiell übernommen hat. Mit Bescheidenheit bringt Deniz zum Ausdruck, eine gute Schülerin gewesen zu sein. Ihre Mitschüler*innen verleihen ihr daher das Prädikat, eine „Streberin" zu sein. Ähnlich wie Tülay, zentriert auch Deniz besonders ihren Vater als essentielle Person auf ihrem Bildungsweg, der den Bildungsaufstieg seiner Töchter gegenüber ihrer sonstigen Lebensplanung, bspw. Heirat, priorisiert. Aus einem ehrlichen Interesse am Fach studiert Deniz Betriebswirtschaftslehre und präsentiert sich als gute und zügige Studentin.

Alle vier Frauen weisen als Gemeinsamkeit eine hohe Bildungsaspiration auf und haben bereits in jungen Jahren den Wunsch entwickelt, ein Studium zu absolvieren. Somit zeichnet sie eine hohe Eigeninitiative und zielgerichtete Selbstorganisation aus, wodurch sie ihre individuellen Bildungsziele erreichen. Ihr Bildungsweg führt nicht zu Konflikten im Elternhaus, vielmehr präsentieren gerade Deniz und Tülay ihre Väter als Bildungsförderer. Institutionelle Ausgrenzungsmechanismen durch die Selektion der Schulform, die auf Empfehlung des Lehrpersonals erfolgt und die zur Herausforderung für die Bildungswege der Frauen hätten werden können, wurden nicht bestätigt. Zwar erzählt Beril, dass sie von einem einzelnen Lehrer eine Realschulempfehlung erhalten habe, doch mehrheitlich sei sie ihrer eigenen Vorstellung entsprechend für das Gymnasium empfohlen worden. Ihre Teilnahme am Förderkurs für die deutsche Sprache deutet hingegen auf einen undifferenzierten institutionellen Umgang mit heterogener Schülerschaft hin – eine Kritik, die sich auch in Deniz' Narration wiederfindet. Bis auf Tülay berichten die Frauen von wenig Kontakten zu deutschen Gleichaltrigen, der vor allem durch den Schulbesuch hätte entstehen können; wobei Deniz zwischen Deutschen aus einwanderungsgeprägten Nachbarschaften und jenen aus mehrheitlich deutsch geprägtem sozialen Umfeld differenziert. Dabei besuchten die Frauen unterschiedlich zusammengesetzte Gymnasien: Deniz und Beril scheinen Gymnasien mit auffallend hohem Anteil von Kindern aus Einwanderungsfamilien besucht zu haben. An den Schulen Tülays und Rüyas hat es hingegen offenbar eher wenige türkeistämmige Mitschüler*innen gegeben.[1] Die von Rüya dargestellten Diskriminierungserfahrungen sind maximal kontrastierend zu den Erfahrungen Tülays, gleichwohl sie sich nicht auf die Bildungsinstitution(en) selbst zurückführen lassen, sondern vielmehr dem Sozialverhalten von Mitschüler*innen und einzelner Lehrkräfte entspringen. Die hochqualifizierten Transmigrantinnen vermögen mit ihren unterschiedlichen und äußerst individuellen Geschichten zu irritieren, in denen sie auf institutioneller Ebene von nahezu linearen Bildungsverläufen berichten: Kindergarten, Grundschule, Gymnasium bis zum (Fach-)Abitur, Universität und in einem der dargestellten Fälle die Promotion. Dabei haben die Erzählungen der Frauen aufgezeigt, dass ihre Eltern sie in ihrem Bildungsbegehren unterstützt und gefördert (v. a. Tülay und Deniz) – oder zumindest nicht gehindert (v. a. Beril) – haben und sie ihren Weg ohne (größere) Konflikte mit dem Elternhaus haben beschreiten können. Misserfolge oder Rückschläge, bspw. Tülays Sitzenbleiben mit einhergehendem Schulwechsel oder vorurteilsbehaftete Lehrkräfte an den Schulen Deniz', Berils und Rüyas, haben sie von ihren Bildungszielen nicht abgebracht.

Die Töchter der „Gastarbeiter*innen" avancieren zu hochqualifizierten Frauen. Dabei ist ihr Bildungsweg nicht von Kindesbeinen an strategisch und bewusst geplant, doch erkennen sie sukzessive Vorteile durch Bildung, die ihnen im Streben nach Selbstverwirklichung dienen und letztlich die Weichen für ihr transnationales Leben stellen. Somit widersprechen sie prognostizierten Bildungslaufbahnen türkeistämmiger Schüler*innen in Deutschland, die durch Konflikte, Bildungsdesinteresse und Chancenlosigkeit gekennzeichnet sind. Ausschlaggebend für dieses Bild sind nach wie vor die PISA-Ergebnisse des Jahres 2000, die diese Schüler*innengruppe nicht nur als „Verlierer*innen" sondern auch als „Verweiger*innen" des deutschen Bildungssystems in den Fokus rückten: Denn die Studienergebnissen konstatierten eindeutig, dass Bildungschancen in Deutschland in entscheidendem Maße von der sozialen und ethnischen Herkunft der Schüler*innen abhängen (vgl. Rommelspacher 2007, S. 49). Gerade Kindern aus türkeistämmigen Arbeitsfamilien werden im Vergleich zu Schüler*innen aus anderen Einwanderungskontexten die geringsten Chancen auf Bildungserfolg zugesprochen (vgl. Rosen 2011, S. 58). Ebenso halten Stanat et al. in einer zehnjährigen Bilanz der PISA-Ergebnisse fest, „dass Schülerinnen

[1]Dabei muss bedacht werden, dass die Interviewpartnerinnen aus unterschiedlichen deutschen Bundesländern kommen und die Verteilung von „Gastarbeiter*innen"-Familien sich nicht nur regional, sondern auch in einem Stadt-Land-Gefälle unterscheidet, was die Zusammensetzung der Schülerschaft bedingt.

und Schüler türkischer Herkunft im Hinblick auf den sozioökonomischen Status, den Indikator für kulturelle Ressourcen und das Bildungsniveau der Eltern [...] deutlich schlechter gestellt sind" (ebd. 2010, S. 225). Zudem sei nach zehn Jahren PISA bei der Gruppe türkeistämmiger Schüler*innen keine Besserung im ungleichberechtigten Bildungsverlauf von der ersten zur *zweiten Generation* erkennbar (vgl. ebd.). Eine Ursache für den geringeren Bildungserfolg sehen Stanat et al. auf gesellschaftlicher Ebene: Stereotype über türkeistämmige Mitbürger*innen in Deutschland seien tief verankert, sie würden marginalisiert, geringgeschätzt und nicht vollständig akzeptiert (vgl. ebd.).

> Es kann daher nicht ausgeschlossen werden, dass negative Stereotype über türkischstämmige Migrantinnen und Migranten, wie sie etwa in aktuellen Debatten über Zuwanderung und Integration sehr deutlich zum Vorschein kommen, mit dazu beitragen, dass es Heranwachsende dieser Herkunftsgruppe im deutschen Bildungssystem besonders schwer haben, zu reüssieren. Allerdings ist diese mögliche Einflussgröße bislang nicht systematisch untersucht worden (Stanat et al. 2010, S. 227).

Der Zusammenhang von Bildung und Ungleichheit ist zentraler Bestandteil der empirischen Bildungsforschung. Generell wird die Entstehung von Bildungsungleichheit auf zwei Ursachentypen zurückgeführt: 1) Eine auf die Erziehung und Bildungsentscheidungen der Familien zurückzuführende „Selbstdiskriminierung" und 2) institutionelle Diskriminierung, die sich besonders nachteilig auf Kinder aus Arbeiter- und Einwanderungsfamilien auswirkt (vgl. El-Mafaalani 2012, S. 22).

Die Ergebnisse der empirischen Untersuchung zeichnen hingegen ein entgegengesetztes Bild: Diskriminierungs- und Ausgrenzungserfahrungen in der Schule führen nicht zwangsläufig zu Kapitulation oder Entgleisungen, sondern können auch aktivierend auf das Streben nach Bildung wirken, die als Chance auf ein besseres Leben begriffen wird. Somit hilft Bildung dabei, sich nicht in eine „Opferrolle" drängen zu lassen, sondern sich zur/zum handlungsaktiven Akteur*in zu entwickeln und somit ein selbstbestimmtes Handeln zu erkennen und zu realisieren. Diverse Bedürfnisse, Wünsche und Ziele lassen sich durch Bildung erfüllen: Anerkennung, sozial-gesellschaftliche Teilhabe, Stärkung von Zugehörigkeitsgefühlen. Zudem birgt eine hohe Qualifikation, die Chance auf finanzielle Sicherheit, interpersonelle Unabhängigkeit und sozialen Aufstieg. Dabei wird Bildung hinsichtlich dieser Faktoren als „Befreiung" und „Rettung" gehandelt und gilt als Ressource für Souveränität. Bildungserfolg ermöglicht gerade innerhalb der innerethnischen Community im Herkunftsland sowie in der Ankunftsgesellschaft die Überwindung von Statusgrenzen.

7.3 Transnational leben zwischen Befremdung und Beheimatung

Die portraitierten hochqualifizierten Transmigrantinnen kompensieren auf sie projizierte Fremdheitsbilder und entwerfen zugleich kontextuell „Andere“: Sie grenzen sich von jenem Teil der Einwanderungsgesellschaft ab, den sie als „hochnäsig“ (hierzu Beril, Z 1035, 1465) bezeichnen und dem sie einen monokulturellen Blick vorwerfen, was bspw. durch die Aussage, „es werden alle über einen Kamm geschert“ (hierzu Deniz, Z 208–209) erkennbar wird. Zugleich findet eine Abgrenzung von jenen türkeistämmigen Communities statt, denen gemeinhin Integrationsverweigerung und Arbeitslosigkeit attribuiert werden (hierzu v. a. Deniz) oder von jenen Gruppen türkeistämmiger Personen, deren (Groß-)Eltern keine städtische Herkunft aufweisen (besonders deutlich bei Rüya, Tülay und Beril). Im Gegensatz zur diskursiven Homogenisierung der in Deutschland lebenden Einwanderungsfamilien differenzieren die Frauen die Gruppe der türkeistämmigen Eingewanderten und ihre Folgegenerationen und machen sich partiell ausgewählten Communities zugehörig. Auch die Einwanderungsgesellschaft wird unterteilt bspw. in jene, die in heterogenen Stadtteilen aufgewachsen sind und daher zur *in–group* zählen, wie es Deniz berichtet. Die Frauen kreieren je nach Kontext ebenso ihre eigenen „Wir“-Gruppen, zu denen sie Zugänge für ausgewählte Personen schaffen und in denen sie somit als machtvolle und handlungsaktive Akteurinnen agieren.

Fremdheit ist eben, wie Reuter betont, relational. Greift man die zwei Dimensionen von Fremdheit auf, so haftet Deniz, Beril und Rüya ihren Narrationen und Selbstwahrnehmungen folgend besonders soziale Fremdheit an, die sich in Nichtzugehörigkeit äußert (siehe hierzu Abschn. 3.3). Sie bestätigen somit, dass die Dimensionen von Fremdheit unabhängig wirken können, so können sie vertraut, aber nichtzugehörig sein (vgl. Münkler und Ladwig 1997, S. 26). Selbst ihr Bildungsaufstieg führt für sie nicht zu der erwünschten und angestrebten gesellschaftlichen Anerkennung. Die Sehnsucht nach Anerkennung und Zugehörigkeit ist besonders bei Rüya deutlich geworden, die von schmerzvollen Ausgrenzungs- und Diskriminierungserfahrungen erzählt. Dass Bildungsaufstieg zu Entfremdung vom Herkunftsmilieu, gar von der Familie führen kann und Bildungsaufsteiger*innen zugleich im höheren Milieu fehlender Anerkennung und Akzeptanz begegnen, führt El-Mafaalani auf die Anhaftung ihrer sozialen Herkunft zurück (vgl. hierzu El-Mafaalani 2012). Bei Rüya zeigt sich, dass sie bei ihren Deutschlandaufenthalten einen veränderten Umgang aufgrund ihres Doktortitels wahrnimmt, der ihr zwar Anerkennung beschert, sie jedoch in eine sich in ihrem Lebenslauf wiederholende Spirale befördert, ihren Erfolg im

Zusammenhang mit ihrer sozialen und vor allem ethnischen Herkunft erklären zu müssen. Maximal kontrastierend zu den eingangs genannten drei Frauen ist das Portrait Tülays einzuordnen, deren Selbstpositionierung und Narration keine Diskriminierung in Form von Ethnisierungs- oder Differenzerfahrungen aufweist.

Die Frauen gestalten aktiv hybride Vergesellschaftungsprozesse und tarieren flexibel ihre Zugehörigkeiten innerhalb ihrer transnationalen sozialen Räume aus: Ihre synchrone Zugehörigkeit zu zwei Gesellschaftskontexten, die sie pluri-lokal und grenzübergreifend auf verschiedenen Ebenen aufrechterhalten, ist nicht nur Zeugnis ihrer transnationalen Lebensweisen, sondern rekurriert zudem auf ihre reflektierte Selbst– und Fremdwahrnehmung. So lassen sie sich nicht als Heimkehrerinnen im Schütz'schen Verständnis begreifen – ihre Imagination von der Türkei als „Heimat" ist eine Konstruktion aus den Erzählungen und nostalgischen Emotionen ihrer Eltern. Allen voran wird bei Rüya erkennbar, dass sie das Heimweh ihrer Eltern, besonders das ihrer Mutter, verinnerlicht und zu ihrem eigenen hat werden lassen. Schließlich zeichnet den Heimkehrer nach Schütz im Vergleich zum Fremden aus, dass dieser mit der Erwartung in eine soziale Gruppe zurückkehrt, „von der er immer und auch jetzt wieder – so denkt er – intime Kenntnisse besitzt und besessen hat, die er nur wieder fraglos annehmen muss, um sich dort selbst wieder zurechtzufinden" (Schütz 2002, S. 93 f.). Die Migrationsbiographien der interviewten Frauen lassen einen dynamischen Umgang mit Begriffen wie „Heimat" oder „Identität" erkennen, die sie kontextuell und iterativ neu auszuhandeln scheinen: Die Selbstbezeichnung als „weltoffen" (v. a. Deniz) und das Oszillieren von Selbstwahrnehmungen zwischen nationalen und lokalen Zugehörigkeiten über sämtliche Grenzen hinweg oder eben auch *dazwischen,* verweisen auf die flexible Verwendung ebenjener Begrifflichkeiten losgelöst des methodologischen Nationalismus. „Heimat" wird entweder auf mehrere Kontexte angewendet, was bei Tülay am deutlichsten erkennbar geworden ist, die von „zwei Heimatsländer(n)" (Tülay, Z 2270) spricht und maximal zu Beril kontrastiert, oder gar aufgelöst und durch „zu Hause", im Sinne des Wohnortes ersetzt. Dabei bildet die Heimat das Antonym zu der Fremde und steht geographisch für den Ort, „an dem man sich nicht erklären muss" (Schönhuth 2005). Mecheril konstatiert, dass Heimat für *Andere Deutsche* durch die Eltern zu einem traditionell geprägten Begriff wird: „Sie gehen davon aus, daß Heimat eine lokal begrenzbare Gegend meine, in der ein dauerhaftes Leben in Kenntnis und Anerkenntnis möglich sei" (ebd. 1994b, S. 71). Zugleich weist er darauf hin, dass – dieses Heimatverständnis vorausgesetzt –, keine Heimat gefunden werden kann (vgl. ebd.). Das Verständnis von Heimat kann somit nach Mecheril vier Modifikationen erfahren: 1) Ein egozentrisches Heimatverständnis begreift Heimat als den Ort, an dem sich eine Person aufhält, während 2) ein personalisiertes Heimatverständnis Heimat als den Ort definiert, an dem sich die essentiellen Bezugspersonen aufhalten. Heimat kann auch 3) hedonistisch verstanden werden als Ort, an dem man sich einfach wohlfühlt oder 4) rational modifiziert werden als Ort, an dem man sich mit geltenden Werten und Regeln einverstanden zeigt (vgl. ebd.). Dabei eint das modifizierte Phänomen Heimat, dass es an Bedingungen gebunden ist (vgl. ebd. S. 71 f.) und somit eben nicht bedingungslos für Subjekte existiert. Zudem wird deutlich: Heimat kann losgelöst vom Geburtsort entstehen und der Bezugsort, der als Heimat bezeichnet wird – entsprechend einer „Wahlheimat" –, kann sich je nach Lebensphase, Aufenthaltsort, Bezugsrahmen etc. wandeln. Heimat ist also veränderbar. Hinsichtlich der hochqualifizierten Transmigrantinnen, und grundsätzlich im Rahmen transnationalen Lebens, bietet es sich an, von Beheimatungsprozessen und -praktiken zu sprechen, da ihre Migration als unabgeschlossener Prozess zu werten ist. So wird der Heimatbegriff, der historisch als starre Einheit gewachsen ist, dekonstruiert und entwickelt prozesshaft eine Dynamik, die den Lebensentwürfen transnational mobiler Personen entspricht. Im Rahmen der Gestaltung transnationaler sozialer Räume löst sich ein starres Heimatverständnis vom Territorium als Bezugseinheit und zieht eher einen subjektiven (Egozentrierung, Hedonisierung), einen netzwerkbasierten (Personalisierung) oder/und einen wertekonformen (Rationalisierung) Referenzrahmen heran. Transnationale Migration bedeutet eben nicht mehr, wie Robert Ezra Park 1928 für Immigration definierte, „einen Bruch mit den Verbindungen zur Heimat" (Park 2002, S. 61). Auch bedeutet Transmigration „nicht einfach nur Leben mit Migrationshintergrund, sondern die bewusste und gewollte Bezugnahme auf beide Kulturen" (Schmitz 2013, S. 183). Empirisch ist deutlich geworden, dass unterschiedliche Konzepte des Phänomens Heimat und Beheimatung existieren, die je nach Kontext neu justiert werden. Der Geburtsort gilt nicht mehr per se als Seismograph von Heimat – ein Fakt, der auf immer mehr Menschen zutrifft. Wo und wie sich hochqualifizierte türkeistämmige Transmigrantinnen beheimaten, welche Faktoren dabei eine zentrale Rolle für sie spielen, oder ob sie sich gänzlich von dem Anspruch, einen oder mehrere Orte als Heimat zu definieren, befreien, bleibt höchst individuell und unterschiedlich. Die Konzepte von Heimat lassen sich durch subjektive Bedeutungen aus der empirischen Untersuchung anreichern; die Unterschiedlichkeit kann jedoch selbst im fallübergreifenden Vergleich nicht aufgelöst werden.

Die Frauen reflektieren die negativen Diskurse über türkeistämmige Personen in Deutschland und stellen heraus, die ihnen zugeschriebene Fremdheit zu erkennen. Das zeigt sich bspw. an Berils Erzählung, die sich über

Fragen hinsichtlich ihrer Ernährungsweise (Schweinefleisch, Alkohol) und ihres Kleidungsstils in der Türkei (Kopftuch oder nicht) empört zeigt. Dieses Beispiel unterstreicht, dass im bundesdeutschen Kontext bezüglich des türkeistämmigen Bevölkerungsanteils häufig der Islam als Schauplatz von Fremdheitskonstruktionen herangezogen wird. Die Ethnisierungserfahrungen in Rüyas Schulzeit, die zur Divergenz zwischen Selbst- und Fremdwahrnehmung führen, veranschaulichen ebenso wie die wahrgenommene Degradierung türkeistämmiger Personen in Deutschland als Menschen „zweiter Klasse", die Beril und Deniz thematisieren, Fremdheit als alltägliches Problem. In maximalem Kontrast steht Tülay, die nicht von derart einschneidenden Differenz- oder Ethnisierungserfahrungen berichtet. Fremdheit erfahren hingegen alle vier Frauen in der Türkei: Dort nehmen sie ihre „deutschen Tugenden" wahr, durch die sie sich von ihrem Umfeld unterscheiden. Gleichwohl ist es im Reflexionsprozess ihres Werte-Patchworks eine bewusste Entscheidung, sich bspw. in ihrer Pünktlichkeit und Disziplin nicht zu assimilieren. Besonders für Rüya, Deniz und Beril, die von Diskriminierungserfahrungen berichten, sich davon an ihrem Bildungsweg jedoch nicht haben hindern lassen, erweist sich ihr „Stigma–Management"[2] als hilfreich im Umgang mit „neuen" Differenzerfahrungen in der Türkei. In Deutschland haben sie stereotype Zuschreibungen wie prekäre soziale Herkunft oder Traditionsverhaftung, und damit Ausgrenzungserfahrungen, aufgrund ihrer familiären Herkunft aus einem „Gastarbeiter*innen"-Milieu erlebt. Im Gegensatz dazu wird ihre (Bildungs-)Herkunft aus Deutschland in der Türkei zwar als Privileg angesehen, doch gilt gleichzeitig ebenfalls als Kriterium für Ausschlussdiskurse in sozialen Kontexten. Allerdings stellen die Frauen in ihren Narrationen heraus, dass sie die sozialen Konstruktionen gesellschaftlicher Gruppen erkannt und als Folge ihre eigenen „Wir"–Gruppen kreiert haben. Auf diese Weise sind sie innerhalb ihres transnationalen Settings mächtig, Ein- und Ausschlüsse selbst zu kontrollieren.

[2]Erving Goffman führte den Begriff „Stigma-Management" in seinem Buch *Stigma. Über Techniken der Bewältigung beschädigter Identität* (1963, deutschsprachig 1967 erschienen) ein. Seine Konzeptualisierung von Stigma ist eng an Identitätstheorien gekoppelt. Dabei nimmt Goffman die Identitätsbildung von gesellschaftlich stigmatisierten Personen in den Blick und eruiert daran anschließend Strategien zum Umgang mit der Stigmatisierung. Hieraus leitet sich der Begriff des „Stigma-Managements" ab.

Die Motive und die Realisierung ihrer Auswanderung präsentieren die portraitierten Frauen als individuelle Entscheidungen und unterstreichen damit die „Individualisierung der Migration“[3] (Merz-Benz und Wagner 2002, S. 9 ff.; Beck 1986). Während Migration einst vor allem als gemeinsamer und kollektiver Akt, als sogenannte „Völkerwanderungen“ begangen wurde, kann Migration angesichts der Multiplikation von Mobilitätsoptionen im Zeitalter der Globalisierung als nahezu private Unternehmung begriffen werden (vgl. Merz–Benz und Wagner 2002, S. 11). Schließlich ermöglicht es die Globalisierung nicht nur, den eigenen Lebensmittelpunkt durch zugängliche sowie erschwingliche Transportmittel kurz-, mittel- oder langfristig zu verlegen. Sie schafft zudem die Option, durch technisierte und grenzunabhängige Kommunikationskanäle weiterhin an sozialen Interaktionen mit der Herkunftsgesellschaft teilzuhaben. Internetfähige Geräte, die wie das Smartphone oder ein Tablet mit sich geführt werden können, sorgen für eine zeit- und ortsunabhängige Nutzung ebenjener Kommunikationskanäle und ermöglichen somit eine Aufrechterhaltung bzw. auf Beständigkeit angelegte Interaktion. Die vereinfachten Reise- und Kommunikationsmöglichkeiten begünstigen die Mobilität von Menschen, ohne dass unmittelbar eine kollektive Bewegung entstehen muss. Gleichwohl sind signifikante Andere, wie Familienmitglieder oder Freundeskreise stets in den Entscheidungsprozess eingebunden und haben die Folgen der Auswanderung mitzutragen. An der psychosozialen Situation von Migrant*innen als Fremde (vgl. hierzu Han 2010, S. 232; Schütz 1944) ändert hingegen weder die Individualisierung noch die Globalisierung etwas. Vielmehr bedingt es, dass die Sozialtypen der Fremden neu gedacht und neu ausgehandelt werden müssen. Die Frauen weisen in ihren Lebensentwürfen unterschiedliche Mobilitätsebenen der verschiedenen Sozialtypen des Fremden auf: Sie sind auf sozialer Ebene (Simmels Fremder), aber auch kulturell (Parks Randseiter) sowie flächenräumlich (Pries' Transmigrant) mobil. Die Narrationen legen offen, dass Fremdheit wandelbar ist und sich Veränderungsprozessen unterzieht. Entgegen einer Fixiertheit entsteht bei den Frauen eine Dynamik: Sie kommen an, sie gehen weg, sie pendeln – sowohl kulturell als auch sozial und räumlich. Hinsichtlich Elias' und Scotsons Figuration der Etablierten-Außenseiter-Beziehung zeigt sich im Fall der portraitierten hochqualifizierten Transmigrantinnen eine gewisse Umkehrung: Zwar sind die Transmigrantinnen diejenigen, die in einen bestehenden Kontext migrieren,

[3]Merz-Benz und Wagner verweisen darauf, dass der von Ulrich Beck geprägte Begriff der „Individualisierung“ bereits von Robert E. Park verwendet worden war (vgl. Merz-Benz und Wagner 2002, S. 12).

gleichwohl stellen sie sich selbst als die „besseren Menschen“ (Elias, Scotson 1993 S. 8) dar, diejenigen, die über bedeutsamere Privilegien verfügen als die etablierte Gruppe.

7.4 Einführung einer Begriffsdifferenzierung: Die hochqualifizierte Transmigrantin

Die Biographien der portraitierten Frauen zeigen gewisse Merkmale auf, die eine Annäherung an bestehende Sozialtypen des Fremden und Idealtypen internationaler Migration möglich machen. Denn, wie Pries expliziert, sind Idealtypen vielmehr eine Hilfestellung für alltägliche Ordnungsprozesse: Sie verhelfen dazu, verworrene, komplexe Strukturen der Alltagswirklichkeit zu ordnen und zu sortieren und sind somit nicht als starre Vorlagen zu begreifen, in die ein(e) jede(r) zu passen hat (vgl. ebd. 2010a, S. 68). Je nach Lebensphase deuten biographische Verläufe mobiler Personen somit mal stärker, mal weniger stark auf den einen oder anderen Idealtypus hin. Wenngleich die Typenbildung eine Möglichkeit darstellt, Ergebnisse qualitativer Studien aufzuzeigen, bietet sie sich aus methodischer und methodologischer Sicht im Rahmen der vorgelegten Untersuchung aufgrund der begrenzten Anzahl der präsentierten Einzelfallportraits nicht an. Dabei ist innerhalb der Transnationalismusforschung gerade hinsichtlich der Eruierung transnationaler Bewegungen, Netzwerke und Räume zwischen Deutschland und der Türkei der Begriff oder vielmehr die Konzeption des Idealtypus des Transmigranten nahezu ein geflügeltes Wort, wie die Präsentation der Forschungsbefunde (siehe Abschn. 4.6) gezeigt hat.[4] Basierend auf den existierenden typologischen Erweiterungsansätzen zum Typus des Transmigranten ist somit eine begriffliche Differenzierung möglich: Die hochqualifizierte Transmigrantin. Zum einen differenziere ich die hochqualifizierte Transmigrantin daher als weiblichen Typus, da ich sie aus der empirischen Untersuchung an hochqualifizierten Frauen extrahiere. Zum anderen jedoch werden klassische (Ideal-) Typen ungebrochen als Mann gedacht, was, wie Reuter kritisch hervorhebt, als Zeichen dafür gewertet werden kann, dass Frauen „nicht als organisches Mitglied der Scientific Community betrachtet werden, sondern hier leider immer

[4]Aktuell bieten bspw. die Studien von Anett Schmitz (2013) und Irini Siouti (2013) Einblicke in die Lebenswelten bildungserfolgreicher Transmigrant*innen: Schmitz nimmt (Spät–)Aussiedler*innen in den Blick, Siouti fokussiert eine griechischstämmige Untersuchungsgruppe.

noch als Fremde gelten" (ebd. 2010, S. 172). Hinzukommt, dass mit Frauen in Migrationsprozessen häufig die Rolle als Mutter, Ehefrau oder Arbeiterin im Dienstleistungssektor assoziiert wird. Dem entgegen steht der Ausdruck der „hochqualifizierten Transmigrantin". Um an dieser Stelle mit dieser tradierten, Geschlechterrollen verfestigenden Denkweise zu brechen, wird die Differenzierung des Transmigranten als hochqualifizierte Transmigrantin in weiblicher Form präsentiert.

Bildung dient der hochqualifizierten Transmigrantin als Ressource ihrer transnationalen Lebensführung: Ihr akademischer Bildungsgrad ist Zeugnis ihrer Selbstreflexion, sodass sie ihre Fremdheitserfahrungen nicht als Schicksal im Sinne einer Negativerfahrung, sondern als Chance, gar als Antrieb, für ein Streben nach Selbstverwirklichung und Selbstbehauptung begreift. So verhilft ihr ihr „Stigma-Management" zur Meisterung von Krisen, sei es hinsichtlich ihres Identifizierungsprozesses oder der Auslebung und Akzeptanz ihres Werte-Patchworks im Spannungsfeld zwischen Ausgrenzung und Anerkennung. Die Lebenswege hochqualifizierter Transmigrantinnen sind höchst individuell, es lassen sich jedoch neben ihren sich voneinander unterscheidenden Erfahrungen sowie divergierenden Selbstbildern und -positionierungen auch Gemeinsamkeiten erkennen. Zudem ist sichtbar geworden, dass unabhängig ihres Wohnortes eine Divergenz zwischen Selbst- und Fremdwahrnehmung existiert. Entgegen kollektiv prognostizierter problematisierter Lebensverläufe zeugen die individuellen Biographien von Selbstbehauptung und lassen ein Streben nach Selbstverwirklichung erkennen. Das Bedürfnis nach Privilegien und sozial-gesellschaftlicher Teilhabe ist ebenso deutlich geworden, wie ihr Umgang mit Ausgrenzungserfahrungen auf der Suche nach Bestätigung ihrer Zugehörigkeitsgefühle – gleichwohl zu und in beiden Gesellschaftskontexten. Als Konsequenz ihrer Selbstverwirklichung verlagern sie ihren Lebensmittelpunkt in das Herkunftsland ihrer Eltern. Der Entschluss, in die Türkei auszuwandern, liegt in der Vielfalt von Erlebnissen und Ereignissen, Bedingungen und Voraussetzungen in ihrem Lebensverlauf begründet. Das Streben nach Selbstverwirklichung verweist dabei auf einen unabgeschlossenen Prozess, der sich in der Praxis ihres transnationalen Lebens widerspiegelt und aus verschiedenen Bereichen ihrer Biographien speist: Die Biographien der hochqualifizierten Transmigrantinnen akzentuieren, dass sich die Entscheidung für das Leben in der Türkei im Prozess diverser Erfahrungen realisiert hat, dem keine bewusste oder gar strategische Planung zugrunde gelegen hat.

Erst ihre Mehrsprachigkeit, die Reflexion ihrer kulturellen Differenzen sowie ihre interkulturellen Kompetenzen bedingen jedoch ihre synchrone Zugehörigkeit zu verschiedenen Gesellschaftskontexten. Zudem reduzieren ihre Bildung und ihre formellen Zugehörigkeiten das Risiko von Migration: Sie halten sich stets die Möglichkeit offen, ihren Lebensmittelpunkt erneut zu verlegen, sei es nach Deutschland oder andernorts. Somit ist es ihnen möglich, „die Potentiale der Bildung, Karriere, Selbstverwirklichung und Selbstfindung durch Involviertheit in zwei oder mehreren kulturellen Kontexten besser zu nutzen“ (Schmitz 2013, S. 258). Die Entscheidung wie auch die Realisierung in die Türkei auszuwandern, unterstreicht ihren Prozess von Selbstbehauptung und Selbstverwirklichung. Transnationale Biographien hochqualifizierter Personen zeugen von Individualität, Reflexion und Emanzipation. Dem zu Grunde liegen die individuellen Bildungsbiographien, die sie als „erfolgreich integrierte“ Individuen – in Deutschland sowie in der Türkei – erscheinen lassen und die als Zeugnisse von Souveränität gewertet werden können. Hinsichtlich ihrer Erziehung und familiären Strukturen wird deutlich, dass sie die Wertesysteme ihrer Eltern mit individuellen Lebensentwürfen im Sinne eines Werte-Patchworks zu vereinen wissen. Bezogen auf die genannten Aspekte können ihre Lebenswege gar als Emanzipationsprozess begriffen werden: Die subjektive Gestaltung ihrer transnationalen Räume und ihre individuellen Entscheidungen und Handlungsmöglichkeiten sind unmissverständlich. Ihre Transnationalität ist Ausdruck ihrer flexiblen und individuellen Lebensweise.

7.5 Schematische Ordnung klassischer Sozialtypen des Fremden, des Transmigranten und der hochqualifizierten Transmigrantin

Sowohl die klassischen Figuren des Fremden als auch die theoretischen Anschlüsse der jüngeren Migrationsforschung einen, dass sie aufgrund der Mobilität von Individuen entstanden sind, die wir als Migration bezeichnen. Durch das Aufeinandertreffen unterschiedlicher Lebensarten, tradierter Praktiken, divergierender Erziehungsmodelle, diverser Weltanschauungen und so fort schafft *das Eigene* durch die Abgrenzung zu *den Anderen,* den Fremden, seine Identität und kollektive „Wir“-Gruppe. Nimmt man Befremdung und Beheimatung als Bezugsrahmen einer Anordnung, um klassische Sozialtypen des Fremden, den Transmigranten nach Pries und die Differenzierung der hochqualifizierten Transmigrantin zu veranschaulichen, so lässt sich ein Schema, siehe Abb. 7.1, aufstellen.

Die Bezugseinheiten Befremdung und Beheimatung werden jeweils aus Perspektive der Sozialtypen selbst eruiert: Wie nehmen sie Befremdung wahr und wie handeln sie Befremdung aus? Wie beheimaten sie sich innerhalb der

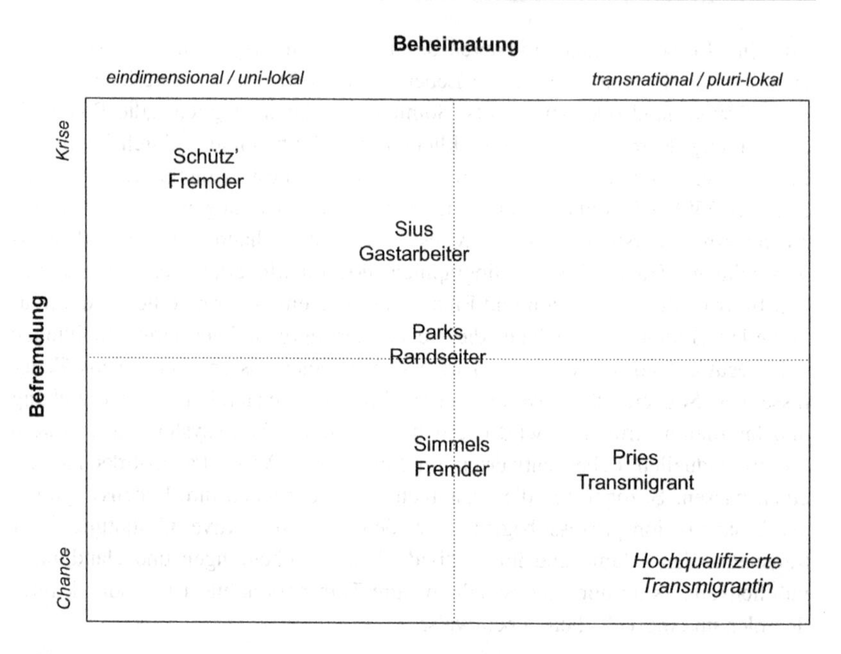

Abb. 7.1 Schematische Einordnung klassischer Sozialtypen des Fremden, des Transmigranten und der hochqualifizierten Transmigrantin zwischen Befremdung und Beheimatung. (Eigene Darstellung)

gesellschaftlichen Kontexte? Die subjektive Aushandlung von Befremdung changiert dabei: Fremdheitserfahrungen werden entweder eher als Chance oder eher als Krise begriffen. Die klassischen Sozialtypen verweisen auf Krisen und auch der Transmigrant ist kein vollkommener „Surfer des Lebens" (vgl. hierzu Pries 2010a, S. 67). Beheimatung als weitere Achsenkategorie unterteilt sich in „eindimensional" bzw. „uni-lokal" und „transnational" bzw. „pluri–lokal". In chronologischer Reihenfolge der schematischen Anordnung folgend werden die Typen hinsichtlich der genannten Kategorien erläutert:

Der Schütz'sche Fremde, der als klassischer Immigrant typisiert wird, wird bei relativ hoher Krise und uni-lokaler Beheimatung eingeordnet. Seine Fremdheitserfahrungen sind als Krise zu werten, die auf dem Problem des Verstehens basieren: Er versteht nicht und wird nicht verstanden und sein „Denken-wie-üblich" (Schütz 2002, S. 79) widerfährt eine Infragestellung, gar Erschütterung. Das tradierte Wissen der sozialen Gruppe, der er sich anzunähern sucht, ist ihm unvertraut und so wird er auf sozialer Ebene als Nichtzugehöriger etikettiert.

Der Schütz'sche Fremde gerät durch seinen Wunsch der Integration unter Zugzwang: Seine Eingliederung in den ihm unbekannten Gesellschaftskontext führt sukzessive mit voranschreitender Integration zum Bruch mit der Herkunftsgesellschaft. Er assimiliert sich, wodurch seine Krise zumindest vorübergehend gelöst werden kann. Letztlich bleibt es jedoch unmöglich für den Fremden zum vollständig anerkannten Gruppenmitglied zu werden, da an ihm das „Stigma des ‚späten Eintritts'" (Reuter 2010, S. 168) haftet.

Sius Gastarbeiter zeichnet aus, dass er seiner Herkunftskultur verhaftet bleibt, was eine Barriere seiner Integration in den Ankunftskontext darstellt. Seine Position in der Ankunftsgesellschaft ist von sozialer Isolation gekennzeichnet. Dennoch befindet er sich an der Grenze einer pluri-lokalen Beheimatung: Er fühlt sich zwar, gerade auf sozialer Ebene, eindimensional in seinem Herkunftskontext beheimatet. Durch seine Arbeit ist er jedoch partiell, nämlich auf wirtschaftlicher Ebene, in die Ankunftsgesellschaft integriert. Dabei ist Sius Gastarbeiter „kein Produkt von Masseneinwanderung, sondern Mitglied einer Minderheitengruppe, dessen kulturelles Erbe entweder der sozialen Isolation oder der Assimilation unterliegt" (Siu 2002, S. 137). Befremdung ist für ihn nahezu eine alltägliche Erfahrung, die für ihn aufgrund seiner Isolation eher als Krise denn als Chance gewertet werden kann.

Der Randseiter Parks ist ein kultureller Grenzgänger und so bedeutet Befremdung für ihn hinsichtlich seines Identifizierungsprozesses zunächst eine unausweichliche Krise. Doch kann der Randseiter die Krise bewältigen und als Gewinner aus ihr hervorgehen. Denn den Randseiter weist, im Gegensatz zu der ihm gegenüberstehenden als monokulturell gekennzeichneten Gesellschaft, seine Interkulturalität aus. Seine Beheimatung wandelt ebenso auf der Grenze geleitet von dem Wunsch, sich eindimensional zuzuordnen und der Akzeptanz seiner Alltagswirklichkeit eher pluri-lokal beheimatet zu sein. Dabei bewirkt auch der Randseiter, trotz seiner als marginal eingeordneten Stellung, in gesamtgesellschaftlicher Perspektive Integration. Seine Krise äußert sich vielmehr aufgrund seiner ambivalenten Zughörigkeit und Nichtzugehörigkeit als „Identitätsballast" (Reuter 2002, S. 18). Zugleich trägt der Randseiter die „Chance der Krise" in sich: „die Chance, zu hinterfragen, die Chance zur Distanz, die Chance zur Veränderung; natürlich nur auf Kosten der Gefahr des Scheiterns, der Isolation und der Ablehnung" (ebd., S. 166).

Für Simmels Fremden, typisiert als jüdischer Händler, ist Befremdung zunächst als Chance zu begreifen, da er durch seine Vogelperspektive und Objektivität Krisen erkennt und sich ein Verstehen der Ankunftsgruppe aneignen kann, ohne seine Herkunftskultur zu negieren oder aufzugeben. Zudem bietet er als Händler fremde Waren an, ist dadurch interessant und wird somit systemisch integriert. Vielmehr noch: Gerade Fremdheit als Prozess alltäglicher Interaktion sticht bei Simmels Fremden dadurch hervor, dass er Integration bewirken kann. Er ist der Fremde, „der heute kommt und morgen bleibt“ (Simmel 2002, S. 47) und gilt somit gleichermaßen als potentiell Wandernder und potenziell Bleibender. Ähnlich dem Typus des Transmigranten hält er seinen Wanderungsprozess eher unabgeschlossen, denn er hat „die Gelöstheit des Kommens und Gehens nicht ganz überwunden“ (ebd.). Aufgrund seiner funktionalen Rolle ist der Fremde bei Simmel keine Randfigur, sondern mitten in der Gesellschaft platziert – genauer gesagt: Er ist in den Zentren der Großstädte beheimatet (vgl. Reuter 2010, S. 164). Da er nicht zum Bodenbesitzer wird, beheimatet sich Simmels Fremder eher transnational als uni-lokal.

Der Transmigrant nach Pries verortet und beheimatet sich transnational. Fremdheit erfährt er vor allem dann, wenn seine pluri-lokale Selbstzuordnung nicht verstanden wird was sich dadurch zeigt, dass eine eindimensionale Zuordnung erfragt, gar eingefordert, wird. Dabei begreift er gerade durch seine Position auf der das Eigene und das Fremde trennenden Grenze Befremdung eher als Chance denn als Krise. Die räumliche Unfixiertheit resultiert dabei nicht aus Zerrissenheit, sondern aus einer als vorteilhaft eingenommenen Perspektive auf pluri-lokale Lebensführungen.

Die hochqualifizierte Transmigrantin begreift auf Basis ihres Bildungsgrades, der auf ein entsprechendes Reflexionsvermögen rekurriert, Befremdung als Chance denn als Krise und verfügt über besonders transnationale Beheimatungspraktiken. Ihr Bildungsgrad kann als Motor für ihr transnationales Leben gewertet werden. Die Möglichkeiten, sich andernorts zu beheimaten, Arbeit zu finden, sich Zugehörigkeitskontexte zu erschließen und einen Neuanfang zu wagen, sind für sie gerade auf Basis der hohen Qualifikation eine stetige und ständige Option. Denn vor dem Verständnis von Bildung als Erweiterung des eigenen Horizonts ist es gerade die Mobilität, die sie an den Horizont führt.

Die schematische Ordnung klassischer Sozialtypen, des Transmigranten und der hochqualifizierten Transmigrantin macht deutlich, dass die Grenzen zwischen dem Eigenen und dem Fremden als Herausforderung begriffen werden können, die es ermöglicht, „Fremdheit und Vertrautheit, Nähe und Ferne, Freundschaft und Feindschaft zusammenzudenken, um ihre wechselseitigen Arrangements und Ermöglichungszusammenhänge aufzudecken“ (Reuter 2002, S. 21).

8 Schlussbetrachtungen und Ausblick

Wer gilt unter den Voraussetzungen einer sich transnational vernetzenden Welt als Fremder? Wie wird Fremdheit innerhalb transnationaler Räume ausgehandelt? Wie wirken sich Fremdheitserfahrungen auf hochqualifizierte Transmigrantinnen aus und wie gehen sie mit Fremdheitserfahrungen um? Anhand der Kategorien Befremdung und Beheimatung konnten klassische Sozialtypen des Fremden (Simmel, Park, Schütz und Siu), der Typus des Transmigranten nach Pries und die Begriffsdifferenzierung der hochqualifizierten Transmigrantin veranschaulicht werden. Gezeigt hat sich: Befremdung kann als Krise oder Chance begriffen werden und somit unterschiedliche Effekte für die Beheimatungspraktiken evozieren. Dieses Ergebnis ist vor dem empirischen und theoretischen Hintergrund der vorliegenden Arbeit entstanden: Die Verknüpfung der transnationalen Perspektive mit den Soziologien des Fremden zeigt u. a., dass klassische Sozialtypen des Fremden von Anfang des 20. Jahrhunderts auch zum Verständnis aktueller Vergesellschaftungsprozesse dienen. Denn gerade in einer soziologischen Betrachtungsweise führt die Auseinandersetzung mit individuellen Migrationsentscheidungen zu Erkenntnissen über den gesellschaftlichen Wandel aufgrund von Migrationsbewegungen. Hinsichtlich der Ausarbeitung klassischer und neuerer Typisierungen und Phänomene aus dem Fremdheits- und Zugehörigkeitsdiskurs lässt sich bspw. Simmels Fremdenfigur als „Vorreiter“ des Transmigranten begreifen, denn beide Figuren zeichnet aus, potenziell Wandernde bzw. potenziell Bleibende zu sein.

Eine Vielzahl von Studien hat sich mit Transmigrationsprozessen zwischen Deutschland und der Türkei (aber auch bspw. zwischen den GUS-Staaten und Griechenland) befasst, die jedoch die Bedeutung von Fremdheit und das Wechselspiel von Befremdung und Beheimatung nicht als Untersuchungsgegenstand integriert haben. Das Forschungsziel der meisten Untersuchungen

N. Warrach, *Hochqualifizierte Transmigrantinnen*, Interkulturelle Studien,
https://doi.org/10.1007/978-3-658-27705-5_8

im Kontext transnationaler Mobilität zwischen Deutschland und der Türkei hat die transnationalisierte Arbeitswelt im deutsch–türkischen Raum zentriert, wie in Abschn. 4.6 herausgearbeitet wurde. Die in dieser Arbeit vorgenommene Anknüpfung der Transnationalismusforschung an die Soziologien des Fremden ist bisher nicht zum Gegenstand qualitativer Studien in genanntem Forschungskontext geworden. Die empirische Rekonstruktion der transnationalen Biographien hochqualifizierter Frauen mit Migrationsgeschichte und –erfahrung hat es ermöglicht, klassische Sozialtypen des Fremden mit dem neueren (Ideal–) Typus des Transmigranten zusammenzubringen und diesen – auch unter dem Genderaspekt – zu differenzieren.

Die dieser Arbeit zugrunde gelegten Forschungsfragen liefern gerade für die Ausdifferenzierung der Konzepte von Transmigration und Transnationalität für eine differenzierte, kritische Migrationsforschung und für die Soziologien des Fremden interessante sowie anschlussfähige Antworten: Innerhalb transnationalisierter Vergesellschaftungsprozesse nehmen hochqualifizierte Transmigrantinnen Fremdheitserfahrungen als Chance wahr und ergeben sich nicht schicksalhaft der Etikettierung als Fremde. Sie konstruieren vielmehr ihre eigenen „Wir“-Gruppen innerhalb ihrer transnationalen sozialen Räume, in denen sie sich bspw. von politischen Entwicklungen abgrenzen. Zudem bewegen sie sich in einem sozialen sowie beruflichen Umfeld, in dem ihr Werte–Patchwork als Privileg anerkannt und nicht als „Kulturkonflikt“ oder „Zerrissenheit“ ausgelegt wird. Um die geflügelte „Stuhl“-Metaphorik, die sich besonders in migrationspädagogischen Arbeiten durchgesetzt hat, aufzugreifen: Die hochqualifizierten Transmigrantinnen sitzen nicht unbedingt „auf allen Stühlen“ (Otyakmaz 1995) oder „dem dritten Stuhl“ (Badawia 2002). Vielmehr wählen sie bewusst und reflektiert aus, *auf welchem* Stuhl bzw. *auf welchen* Stühlen sie sitzen möchten und können ebenso bewusst einen *Stuhlwechsel* vollziehen. Ihr transnationales Leben gestalten sie höchst individuell und akzeptieren dadurch teils weite Distanzen zu Familienmitgliedern, die nicht nur in Deutschland und der Türkei, sondern auch in Drittstaaten leben. Ihre Bindungen zu Deutschland als Herkunftsgesellschaft erfährt durch ihre Auswanderung keinen Bruch; entgegen der Vorhersage Robert Ezra Parks: „Migration ist jedoch nicht gleichzusetzen mit bloßer Bewegung. Sie beinhaltet mindestens einen Wechsel des Wohnorts und einen Bruch mit den Verbindungen zur Heimat“ (Park 2002, S. 61). Die transnationale Wanderungsform zeigt, dass gerade die länderübergreifende Interaktion auf unterschiedlichsten Ebenen – familiär und wirtschaftlich, kulturell und politisch etc. – nicht zu einer gänzlichen Loslösung, sondern zu einer simultanen Aufrechterhaltung von Bindungen führt, wie auch Dahinden formuliert: „Eine Auswanderung bedeutet demnach nicht etwa einen Bruch mit der Herkunftsregion, ganz im Gegenteil können sich im Migrationsprozesse neue und dauerhafte Interdependenzen und Reziprozitäten bilden, und dies geschieht über nationale Grenzen hinweg" (ebd. 2010, S. 393).

Selbst bei einem durch Ambivalenzen gekennzeichneten Verhältnis zur Herkunftsgesellschaft reisen die transnationalen Frauen mehrmals im Jahr aus beruflichen und privaten Gründen nach Deutschland und genießen bei ihren Aufenthalten gewisse Konsumgüter und Lebensmittel, die sie so in der Türkei nicht erhalten. Auch die Bewahrung ihrer Sprachkenntnisse ist für die hochqualifizierten Transmigrantinnen ein hohes Gut. Es ist ihnen besonders wichtig, eine Arbeit auszuführen, bei denen ihre Herkunft aus Deutschland Anerkennung findet und sie ihrem Studienabschluss entsprechend qualifiziert tätig sein können. Als Weichensteller für ihr reflektiertes und bewusstes transnationales Leben kann ihre Bildung gewertet werden.

Die Selbstpositionierungen der Frauen verdeutlichen, dass türkeistämmige Frauen, die in Deutschland geboren und aufgewachsen sind und zur *zweiten Generation* zählen, eine äußerst heterogene Gruppe darstellen: Das Spektrum von Erziehungsmethoden und Bildungswegen, familiären Erwartungen und eigenen Horizonten, Wertevorstellungen und kulturellen Praktiken etc. ist außerordentlich breit gefächert. Die Frauen grenzen ihre Familien und sich selbst durchweg von „typischen Familien", von „typisch türkischen Frauen" oder „typisch türkischen Vätern oder Ehemännern" ab. Diese als typisch bezeichneten Kategorien sind negativ konnotiert und verweisen auf traditionelle Rollenbilder, in denen Frauen als vom Mann abhängig und somit unselbstständig konstruiert werden. Gerade durch ihre Abgrenzung von diesen verbreiteten Klischeebildern, die sie selbst einerseits desavouieren, legitimieren sie andererseits die entsprechenden Stereotype. Ihre Identifikationsprozesse sind mitunter gerade dadurch geprägt, dass sie sich als „Gegenentwürfe" zu denjenigen positionieren, denen in einem öffentlichen Diskurs Stereotype zugeschrieben werden. So lässt sich folgende Aussage Beck-Gernsheims auf die portraitierten Frauen übertragen:

> Mit ihren Gedanken, ihren Aussagen brechen sie das Deutungsmonopol der Mehrheitsgesellschaft auf. Sie vermitteln eine Ahnung davon, daß jenseits der Welt, die die Mehrheitsbevölkerung kennt, noch eine andere liegt, liegen könnte, wo nicht das Eine und Eindeutige die selbstverständliche Norm ist, sondern das Leben sich umgekehrt gerade über die Mehrfachverbindungen bestimmt, aus dem Nebeneinander und Miteinander verschiedener Bezugskreise (Beck-Gernsheim 2004, S. 88 f.).

Sie kontrastieren sich zu konstruierten klischeebehafteten Frauenbildern, indem sie sich und ihre Familien als *anders* und *untypisch* beschreiben. Angelehnt an das Hybriditätsphänomen Bhabhas (1994) lässt sich zumindest für die untersuchten transnational mobilen Hochqualifizierten festhalten, dass sie eine kulturelle Synthese etablieren, die in der vorliegenden Forschungsarbeit als Werte-Patchwork kodiert wurde. Die *Synthese* zeigt sich bspw., wenn je traditionelle Festlichkeiten, wie bspw. Ostern oder Weihnachten genauso selbstverständlich wie Ramadan und das Opferfest gefeiert werden oder sich aus dem Herkunftskontext bewährte Praktiken in den Arbeitsalltag im Ankunftskontext übertragen lassen. Diese Vereinbarkeit verweist darauf, dass ein Leben kultureller Differenzen als Chance gewertet wird und sich einer problematisierten Perspektive nicht nur entzieht, sondern zur Dekonstruktion beiträgt.

Ihre Fremdheitserfahrungen sind relational und alltäglich. Doch anstatt auf eine Öffnung des monokulturellen gesellschaftlichen Blicks auf Mitbürger*innen mit Einwanderungsgeschichte zu warten, lösen sich die Frauen von konstruierten Grenzen und leben transnational. Sie sind potentiell Wandernde und potenziell Bleibende, deren transnationale Verortung als Emanzipationsprozess verstanden werden kann: Sie lösen sich von tradierten Vorstellungen und realisieren im transnationalen sozialen Raum ihre individuelle Lebensführung als Frauen, die sich durch ein subjektives Werte–Patchwork und „Sowohl-als-auch"-Identitäten auszeichnen. Vergesellschaftungsprozesse verändern, formen und entwickeln sich in globalen Zeiten rasant – dabei werden Ungleichheiten, gerade für Frauen, stärker reproduziert als ausgeräumt. Die Transmigrationsbiographien der hochqualifizierten Frauen zeigen, dass Faktoren wie Bildung, Flexibilität und Offenheit die Individualisierung moderner, da transnationaler, Lebensläufe unterstützen und fördern.

Die vorliegende empirische Untersuchung schreibt letztlich die Geschichte des Fremden nach Simmel fort, der Fragen nach der Dauer, wie lange der Fremde ein Gast bleibt und der Relation, wie sich die Beziehung im Laufe der Zeit verändert, unbeantwortet lässt (vgl. Rommelspacher 2002, S. 9). Die Empirie lässt die These zu, dass in sich transnationalisierenden Vergesellschaftungsprozessen die „Bodenbesitzer" zu Fremden avancieren, da ihnen die Migrationserfahrung fehlt. Ihr Horizont ist unverändert, sie partizipieren nicht an den Erfahrungen, die Transmigrant*innen erleben und ihr Netzwerk ist eindimensional. Hierbei lassen sich wiederum zwei Typen von „Bodenbesitzern", also von Sesshaften, unterscheiden: Neben den „verwurzelten" Sesshaften, gibt es auch transnationale Sesshafte. Dabei handelt es sich um diejenigen, die über entsprechende Netzwerke und Kommunikationswege mit Transmigrant*innen in Kontakt stehen, ohne selbst zu migrieren oder zu pendeln. Sie partizipieren jedoch am transnationalen Leben, in dem sie regelmäßig grenzübergreifend miteinander interagieren oder sich bei Besuchen der Transmigrant*innen sehen und austauschen.

Die empirischen Ergebnisse bieten obendrein die Chance, zur Dekonstruktion gesetzter Begriffe der Fachdisziplinen beizutragen und somit eine bereits angestoßene Perspektiverweiterung weiter anzuregen: Die Kritik an der Migrationsforschung hat dazu geführt, dass Begriffe wie „Nation", „Kultur" oder „Heimat" hinterfragt, dekonstruiert und neu justiert werden. Somit entstehen erweiterte Perspektiven auf soziale Phänomene und gedehnte Semantiken bis dato eher unflexibel genutzter Terminologien und Eigenschaften. Diese Dynamik ist mitunter durch eine Subjektzentrierung in empirischer Forschung entstanden, die einen Paradigmenwandel begünstigt und eingeleitet hat. Diese forschungsprogrammatische Entwicklung in der Migrationsforschung rekurriert auf die in Studien rekonstruierten Binnenperspektiven, die mit jenen Referenzrahmen in Verbindung gebracht werden, „*in denen* und *durch die* Migration als Phänomen in Erscheinung tritt" (Nieswand, Drotbohm 2014b, S. 2 f., Hervorhebung im Original). Dazu gehört weiterhin die Perspektive des methodologischen Kulturalismus, durch die kulturelle Selbstverständlichkeiten eruiert werden, „die das Denken und Handeln *von* Migrantinnen und in Beziehung *zu* Migrantinnen bestimmen" (ebd., S. 2 f., Hervorhebung im Original). Hess plädiert dafür, zur Durchbrechung des methodologischen Kulturalismus, Migration „aus der Perspektive der Migration selbst zu beforschen" (ebd. 2013, S. 201, Hervorhebung im Original). Aus der „Perspektive der Migration" lassen sich aus dem subjektiven Verständnis und individuellen Erfahrungsschatz, der durch Empirie gewonnen wird, weitere Impulse für die wissenschaftliche Perspektivöffnung liefern. Selbst Biographien, die objektiv betrachtet als „erfolgreich integriert" gewertet werden könnten, werden aus subjektiver Perspektive als „unvollkommen" eingeordnet, indem sie bspw. ihre kulturellen Differenzen auf sozial-gesellschaftlicher Ebene nicht akzeptiert finden oder innerhalb institutioneller Systeme Herausforderungen aufgrund sozialer und ethnischer Herkunft entstehen. So gilt es, den Blick in Integrationsdebatten weiter zu schärfen: Lassen sich Aspekte wie Bildungsgrad, Arbeitsmarktintegration und wohnräumliche Vermischung für einen als *erfolgreich* eingeordneten Integrationsgrad „abhaken", so gilt es weiter, die subjektive Wahrnehmung zu berücksichtigen und zu eruieren, welche Verhaltensweisen oder Diskurse eine *gefühlte* Exklusion verursachen. Eine Bewertung „erfolgreich" oder „gut integrierter" Personen(gruppen) unterliegt zwar einem positivistischen Ansatz, erfolgt aber zugleich aus dem in einer kritischen Migrationsforschung desavouierten Machthabitus, wenn die Selbstwahrnehmung jener Personen(gruppen) unberücksichtigt bleibt. Vor diesem Hintergrund kann die Auswanderung Hochqualifizierter hingegen nicht per se als Abwendung aufgrund von Differenzerfahrungen gewertet werden. Vielmehr ermöglicht es gerade ein transnationales Leben, sich Anerkennungsräume zu schaffen, in denen Hybridisierung und pluri-lokale Beheimatungspraktiken sowie Zugehörigkeitsgefühle unhinterfragt (er)lebbar werden.

Im Kontext der Integration wird gerade für die türkeistämmige Bevölkerung Deutschlands wiederholend der Islam als unüberwindbare Barriere wahrgenommen und entsprechend instrumentalisiert. Gilt der Islam konstant als Schauplatz für alles Gegensätzliche negativer Konnotation, so zeigt sich von Innen heraus durchaus die Differenz gelebter Religiosität und deren Bedeutungsebenen: Unterschieden wird bspw. zwischen praktizierenden und nicht–praktizierenden Muslim*innen, ohne dass dadurch der Glaube per se infrage gestellt wird. Zugleich scheint der als unverrückbar „traditionell" und „rückständig" festgeschriebene Islam durch die *zweite Generation* durchaus einen Wandel zu vollziehen. Der Verzehr von Schweinefleisch oder der Genuss von Alkohol etwa werden selbst für die Elterngeneration mit dem Glauben vereinbar. Insbesondere gilt es jedoch in einem öffentlichen Diskurs, sei er politisch, wissenschaftlich, medial oder zivilgesellschaftlich eröffnet, nicht zu vergessen, dass Religion und Religiosität in erster Linie auf privater Ebene geführt und individuell ausgehandelt werden. Der nahezu voyeuristische Blick auf das Leben muslimischer Personen ist als Kern von Befremdungsprozessen wissenschaftlich ausreichend behandelt worden. Es ist also auch möglich, wieder einen Schritt zurückzutreten und die Biographien von Personen mit Einwanderungsgeschichte oder -erfahrung einmal ohne einen Fokus auf Religion als Differenzkategorie zu eruieren, zu analysieren und zu präsentieren.

Ausblick

Im ersten Quartal 2018 habe ich die vier Frauen, die in der vorliegenden Arbeit portraitiert werden, kontaktiert: Rüya lebt noch in der Türkei und erzählt, dass es zwar nicht immer ganz leicht sei, aber es ihr dennoch so gut gehe, dass sie noch nicht an eine komplette Rückkehr nach Deutschland denke. Ihre regelmäßigen Deutschlandbesuche seien für sie ausreichend. Tülay lebt ebenfalls noch in der Türkei und fühlt sich trotz der politischen Lage nicht in ihrem Alltag eingeschränkt. Deniz ist im Sommer 2017 gemeinsam mit ihrem Mann nach Deutschland zurückgekehrt. Sie betont, dass es für sie eine Rückkehr sei und für ihren Mann eine Auswanderung. Er besucht einen Deutschkurs, während Deniz arbeitet – sie scheint eine Stelle gefunden zu haben, mit der sie zufrieden ist. Das Ehepaar befindet sich noch auf Wohnungssuche in der Stadt, in der Deniz studiert hat. Das habe sich ihr Mann aufgrund familiärer Kontakte in der Region gewünscht. Deniz wäre eigentlich gerne in ihre Herkunftsstadt zurückgekehrt. Beril hat auf meine Anfrage leider nicht reagiert, eine Internetrecherche hat mir keine Informationen über ihren Aufenthaltsort vermittelt.

Während der Forschungsreise in der Türkei, wurde Erdoğan zum Präsidenten gewählt. Seitdem ist eine Reihe folgenschwerer Konflikte entstanden: Teile des türkischen Militärs scheiterten bei dem Versuch, in der Nacht vom 15. auf den 16. Juli 2016 die Erdoğan-Regierung gewaltsam zu stürzen (vgl. Ayyash 2017, S. 3). Die Bewegung rund um den in den USA lebenden Prediger Fethullah Gülen wird von der Erdoğan–Regierung für den Putschversuch verantwortlich gemacht und als Terrorgruppe eingestuft (vgl. ebd.). Seitdem befindet sich die Türkei im Ausnahmezustand: Vermeintliche Gülen-Anhänger*innen, Journalist*innen, Polizist*innen, Richter*innen, Soldat*innen und zahlreiche Oppositionelle werden, häufig ohne Anklageverfahren, inhaftiert (vgl. ebd.). Doch auch in Deutschland ist in den vier Jahren viel passiert: Die schwarz-rote Koalition hat sich 2018 erneut formiert, doch bei den Wahlen im September 2017 ist erstmals die AfD in den deutschen Bundestag eingezogen und vertritt mit ihren 92 Sitzen rechtsgewandte Meinungen deutscher Wähler*innen. In wie weit also die Politik Einfluss auf das Leben der Interviewpartnerinnen innerhalb ihrer transnationalen sozialen Räume nimmt, kann nur mutmaßlich beantwortet werden – jedenfalls ist deutlich: In politischer Hinsicht unterscheidet sich das Leben in Deutschland und der Türkei für türkeistämmige Personen deutscher Herkunft wohl eher kaum, nachdem Horst Seehofer als Innenminister den Islam als nichtzugehörig zu Deutschland erklärte und damit muslimischen Menschen ihre Zugehörigkeit zu Deutschland absprach.

Mit diesem Ausblick komme ich zum Schluss dieser Arbeit: Eine Fremdheitsforschung sollte nicht die eigentliche Differenz, sondern die vielfältigen Formen des Miteinanders und Interagierens fokussieren, die in gesellschaftlichen Fremdheitsdiskursen entstehen (vgl. Reuter 2002, S. 71). Denn die Abgrenzung des Eigenen und des Fremden basiert nicht auf einem „Fremdheitsstatus" des Fremden, sondern resultiert aus dem „Umgang" mit dem Fremden (vgl. ebd.). Gleichwohl ein „Status" als Fremder auch institutionell bedingt sein kann, bedenkt man die Wirkmacht von Staatsbürgerschaften, die zu institutioneller und struktureller Diskriminierung beiträgt. Dieses Beispiel deutet auf Migrations- und Grenzregime hin, die letztlich eben auch zum „Umgang" mit dem Fremden und zu der negativen Konnotation seines „Fremdheitsstatus" beitragen.

Die Empirie hat gezeigt: Die Befremdung hochqualifizierter transnationaler Frauen stärkt sie in ihren Mehrfachzugehörigkeiten, statt sie langfristig zu erschüttern. Aufgrund individueller Strategien, sind sie für die Überwindung von Krisen gerüstet. Gerade ihre Mehrfachzugehörigkeiten erweisen sich für sie – als potenziell Bleibende und potenziell Wandernde – als vorteilhaft innerhalb transnationalisierter Vergesellschaftungsprozesse. Denn sie verfügen über einen flexiblen Umgang mit Beheimatung und Zugehörigkeit, da sie sich nicht eindimensional verorten. Diese Qualitäten werden durch die Typisierung des Transmigranten und ebenso durch die Differenzierung der hochqualifizierten Transmigrantin akzentuiert. Darüber hinaus lassen sie sich als Anknüpfung an klassische Fremdenfigurationen, gar als neue Sozialtypen des Fremden, begreifen: Sie kommen, sie bleiben, sie ziehen womöglich weiter. Diese Lebensart rekurriert auf neue Migrationswirklichkeiten.

Diese neuen grenzüberschreitenden Migrationswirklichkeiten läuten einen gesellschaftlichen Wandel ein, der – Fremdheit als Ambivalenz entsprechend – nicht nur Faszination, sondern auch Furcht erzeugen kann, gerade dann, wenn Interaktion nicht möglich, gar verweigert, wird. Die Interaktion zwischen „den Anderen“ und „Uns“ kann für beide Seiten ertragreich sein, um die jeweilige Perspektive auf Begriffe und Eigenschaften wie „Heimat“ und „Tradition“, „Entweder-oder“ und „Sowohl-als-auch“ zu erweitern. Dadurch lassen sich zusätzlich soziale Konstruktionen offenlegen: Etablierte, oftmals negative, Vorstellungen über die jeweils „Anderen“ können durch einen offenen Austausch dekonstruiert werden. Denn eine Folge von Interaktionsverweigerung zwischen „Einheimischen“ und Mitbürger*innen mit Migrationsgeschichte oder –erfahrung *kann* sein, dass die „Einheimischen“ in die Außenseiterrolle befördert werden. Das Festhalten an einer *ursprünglichen* Etablierten-Außenseiter-Konstellation und das Hochhalten konventioneller Konzepte bspw. von „Heimat“, „Nation“ oder „Grenze“ kann Spannungen im gesellschaftlichen Miteinander intensivieren. Ein vorurteilsfreies Aufeinander zugehen verspricht somit für Wandernde und nicht-Wandernde Vorteile: Durch die Teilhabe an mehreren Gesellschaftskontexten lässt sich der individuelle und gesellschaftliche Horizont erweitern.

Literatur

Albrecht, C. 1997. Der Begriff der, die, das Fremde. Zum wissenschaftlichen Umgang mit dem Thema Fremde. Ein Beitrag zur Klärung einer Kategorie. In *Vom Umgang mit dem Fremden. Hintergrund – Definitionen – Vorschläge*, Hrsg. Y. Bizeul, U. Bliesener, und M. Prawda, 80–94. Weinheim: Beltz.

Alkan, M. N. 2011. Transmigranten auf dem Weg in die Heimat? http://www.kas.de/wf/doc/kas_30713-544-1-30.pdf?120504113236. Zugegriffen: 30. Jan. 2016.

Alscher, S., und A. Kreienbrink, Hrsg. 2014. *Abwanderung von Türkeistämmigen. Wer verlässt Deutschland und warum? Beiträge zu Migration und Integration*, Bd. 6. Nürnberg: Bundesamt für Migration und Flüchtlinge.

Apitzsch, U. 2000. Migration als Verlaufskurve und Transformationsprozeß. Zur Frage geschlechtsspezifischer Dispositionen in der Migrationsbiographie. In *Migrationsgeschichten von Frauen: Beiträge und Perspektiven aus der Biographieforschung. Werkstattberichte des IBL Universität Bremen*, Bd. 7, Hrsg. B. Dausien, M. Calloni, und M. Friese, 62–78. Bremen: Universitätsbuchhandlung.

Apitzsch, U. 2003. Migrationsbiographien als transnationale Orte. In *Migration, Biographie und Geschlechterverhältnisse*, Hrsg. U. Apitzsch und M. Jansen, 65–80. Münster: Westfälisches Dampfboot.

Apitzsch, U. 2009. Transnationales biographisches Wissen. In *Gender Mobil? Geschlecht und Migration in transnationalen Räumen*, Hrsg. H. Lutz, 122–140. Münster: Westfälisches Dampfboot.

Attia, I. 2009. *Die „westliche Kultur" und ihr Anderes Zur Dekonstruktion von Orientalismus und antimuslimischem Rassismus*. Bielefeld: transcript.

Aufenthaltsgesetz. 2008. Anhang D, Ausländerrecht, §19 (2). https://www3.arbeitsagentur.de/web/wcm/idc/groups/public/documents/webdatei/mdaw/mtiw/~edisp/l6019022dstbai378547.pdf?_ba.sid=L6019022DSTBAI378550. Zugegriffen: 27. Feb. 2018.

Aydın, Y. 2010. *Der Diskurs um die Abwanderung Hochqualifizierter türkischer Herkunft in die Türkei*. Hamburg: Hamburgisches WeltWirtschaftsInstitut (HWWI).

Aydın, Y. 2011. Rückkehrer oder Transmigranten? Erste Ergebnisse einer empirischen Analyse zur Lebenswelt der Deutsch-Türken in Istanbul. In *50 Jahre türkische Arbeitsmigration*, Hrsg. Ş. Ozil, M. Hofmann, und Y. Dayioglu-Yücel, 59–90. Göttingen: V&R Unipress.

N. Warrach, *Hochqualifizierte Transmigrantinnen*, Interkulturelle Studien,
https://doi.org/10.1007/978-3-658-27705-5

Aydın, Y. 2013. *„Transnational" statt „nicht integriert". Abwanderung türkeistämmiger Hochqualifizierter aus Deutschland.* Konstanz: UVK.

Aydın, Y. 2014. *Die neue türkische Diasporapolitik. Ihre Ziele, ihre Grenzen und ihre Herausforderungen für die türkeistämmigen Verbände und die Entscheidungsträger in Deutschland.* Berlin: Stiftung Wissenschaft und Politik.

Ayyash, L. A. 2017. Editorial. In *Türkei.* Hrsg. Bundeszentrale für politische Bildung: *Aus Politik und Zeitgeschichte*, 67. Jahrgang, 9–10/2017.

Babka, A., und G. Posselt. 2012. Vorwort. In *Homi K. Bhabha. Über kulturelle Hybridität. Tradition und Übersetzung*, Hrsg. A. Babka und G. Posselt, 7–16. Wien: Turia + Kant.

BAMF. 2014a. Migrationsbericht des Bundesamtes für Migration und Flüchtlinge im Auftrag der Bundesregierung. Migrationsbericht 2013. https://www.bamf.de/SharedDocs/Anlagen/DE/Publikationen/Migrationsberichte/migrationsbericht-2013.pdf?__blob=publicationFile. Zugegriffen: 05. Juni 2018.

BAMF. 2014b. Migrationsbericht 2014. Zentrale Ergebnisse. https://www.bamf.de/SharedDocs/Anlagen/DE/Publikationen/Migrationsberichte/migrationsbericht-2014-zentrale-ergebnisse.pdf?__blob=publicationFile. Zugegriffen: 16. Mai 2018.

BAMF. 2015. Migrationsbericht des Bundesamtes für Migration und Flüchtlinge im Auftrag der Bundesregierung. Migrationsbericht 2014. https://www.bamf.de/SharedDocs/Anlagen/DE/Publikationen/Migrationsberichte/migrationsbericht-2014.pdf?__blob=publicationFile. Zugegriffen: 05. Juni 2018.

BAMF. 2016. Migrationsbericht des Bundesamtes für Migration und Flüchtlinge im Auftrag der Bundesregierung. Migrationsbericht 2015. http://www.bamf.de/SharedDocs/Anlagen/DE/Publikationen/Migrationsberichte/migrationsbericht-2015.pdf?__blob=publicationFile. Zugegriffen: 05. Juni 2018.

Bartels, K. 1996. *Mit Fremden leben*. Frankfurt a. M.: VAS.

Barz, H., K. Barth, M. Cerci-Thomas, Z. Dereköy, M. Först, T. T. Le, und I. Mitchnik. 2015. Große Vielfalt, weniger Chancen. Eine Studie über die Bildungserfahrungen und Bildungsziele von Menschen mit Migrationshintergrund in Deutschland. https://www.stiftung-mercator.de/media/downloads/3_Publikationen/Barz_Heiner_et_al_Grosse_Vielfalt_weniger_Chancen_Abschlusspublikation.pdf. Zugegriffen: 31. Jan. 2018.

Basch, L., N. Glick-Schiller, und C. Szanton Blanc. 1994. *Nations unbound: Transnational Projects, Postcolonial Predicaments and Deterritorialized Nation-States*. Amsterdam: Gordon & Breach.

Bauman, Z. 2007. *Flaneure, Spieler und Touristen. Essays zu postmodernen Lebensformen.* Neuausgabe von 2007, Originalausgabe 1995. Hamburg: Hamburger Edition.

Baysan, A. 2013. Heute Studium, morgen Abwanderung? Deutsch-türkische AustauschstudentInnen in Istanbul. In *Transnationale Migration am Beispiel Deutschland und Türkei*, Hrsg. B. Pusch, 267–278. Wiesbaden: Springer VS.

Bebenburg, P., und M. Thieme. 2012. *Deutschland ohne Ausländer. Ein Szenario*. München: Redline.

Beck, U. 1986. *Risikogesellschaft. Auf dem Weg in eine andere Moderne*. Frankfurt a. M.: Suhrkamp.

Beck, U., und E. Beck-Gernsheim. 1994. Individualisierung in modernen Gesellschaften – Perspektiven und Kontroversen einer subjektorientierten Soziologie. In *Riskante Freiheiten. Individualisierung in modernen Gesellschaften*, Hrsg. U. Beck und E. Beck-Gernsheim, 267–278. Frankfurt a. M.: Suhrkamp.

Beck-Gernsheim, E. 2004. *Wir und die Anderen. Vom Blick der Deutschen auf Migranten und Minderheiten*. Frankfurt a. M.: Suhrkamp.

Becker, B. 2010. Bildungsaspirationen von Migranten. Determinanten und Umsetzung in Bildungsergebnissen. Arbeitspapiere – Mannheimer Zentrum für Europäische Sozialforschung, Nr. 137.

Becker-Schmidt, R. 2003. Zur doppelten Vergesellschaftung von Frauen. Soziologische Grundlegung, empirische Rekonstruktion. http://www.fu-berlin.de/sites/gpo/soz_eth/Geschlecht_als_Kategorie/Die_doppelte_Vergesellschaftung_von_Frauen/becker_schmidt_ohne.pdf. Zugegriffen: 11. März 2018.

Bhabha, H.K. 1990. The third space. Interview with Homi Bhabha. In *Community, culture, difference*, Hrsg. J. Rutherford, 207–221. London: Lawrence & Wishart.

Bhabha, H.K. 1994. *The location of culture*. London: Routledge Classics.

Bhabha, H. K. 2012. Round-Table-Gespräch, übersetzt von S. Seitz, M. Zirngast und G. S. Posstel. In *Homi K. Bhabha. Über kulturelle Hybridität. Tradition und Übersetzung*. Hrsg. A. Babka und G. Posselt, 61–77. Wien: Turia + Kant.

Bielefeldt, H. 2008. Das Islambild in Deutschland. Zum öffentlichen Umgang mit der Angst vor dem Islam. Deutsches Institut für Menschenrechte. http://www.institut-fuer-menschenrechte.de/uploads/tx_commerce/essay_no_7_das_islambild_in_deutschland.pdf. Zugegriffen: 17. Jan. 2013.

Boehm, A. 1994. Grounded Theory – Wie aus Texten Modelle und Theorien gemacht werden. In *Texte verstehen: Konzepte, Methoden, Werkzeuge*, Hrsg. A. Boehm, A. Mengel, T. Muhr, und Gesellschaft für Angewandte Informationswissenschaft (GAIK) e.V., 121–140. Konstanz: UVK University-Verlag.

Bohnsack, R., W. Marotzki, und N. Meuser, Hrsg. 2003. *Hauptbegriffe Qualitativer Sozialforschung*. Opladen: Leske + Budrich.

Bommes, M., Hrsg. 2011. Migration und Migrationsforschung in modernen Gesellschaften. Eine Aufsatzsammlung. *IMIS-Beiträge* 38. http://www.imis.uni-osnabrueck.de/fileadmin/4_Publikationen/PDFs/imis38.pdf. Zugegriffen: 6. März 2018.

Bourdieu, S. 1983. *Die feinen Unterschiede. Kritik der gesellschaftlichen Urteilskraft*. Frankfurt a. M.: Suhrkamp.

Bourdieu, P. 2000. Die biographische Illusion. In *Biographische Sozialisation*, Hrsg. E.M. Hoerning, 51–60. Stuttgart: Lucius & Lucius.

Bozay, K. 2005. *„…ich bin stolz, Türke zu sein!“ Ethnisierung gesellschaftlicher Konflikte im Zeichen der Globalisierung*. Schwalbach: Wochenschau.

Bozkurt, E. 2009. *Conceptualising „Home“. The question of belonging among Turkish families in Germany*. Frankfurt a. M.: Campus.

Breuer, F., P. Muckel, und B. Dieris. 2018. *Reflexive Grounded Theory. Eine Einführung für die Forschungspraxis*. Wiesbaden: Springer VS.

Brinkmann, H.U., und D.B. Maehler. 2016. Einführung in das Methodenbuch. In *Methoden der Migrationsforschung. Ein interdisziplinärer Forschungsleitfaden*, Hrsg. D.B. Maehler und H.U. Brinkmann, 1–14. Wiesbaden: Springer VS.

Brüsemeister, T. 2008. *Qualitative Forschung. Ein Überblick*, 2. Aufl. Wiesbaden: VS Verlag.

Bukow, W.-D., und R. Llaryora. 1998. *Mitbürger aus der Fremde. Soziogenese ethnischer Minoritäten*, 3. Aufl. Opladen: Westdeutscher Verlag.

Burkhart, G. 2006. Virtuosen der Selbstthematisierung? In *Soziale Ungleichheit, kulturelle Unterschiede: Verhandlungen des 32. Kongresses der Deutschen Gesellschaft für Soziologie in München,* Hrsg. K.-S. Rehberg und Deutsche Gesellschaft für Soziologie, Teilbd. 1 und 2., 3523–3531. Frankfurt a. M.: Campus.

Canan, C. 2015. *Identitätsstatus von Einheimischen mit Migrationshintergrund.* Wiesbaden: Springer VS.

Cassarino, J.-P. 2014. Theorising Return Migration: A revisited conceptual approach to return migrants. EUI Working Paper RSCAS No. 2004/02. http://www.eui.eu/RSCAS/WP-Texts/04_02.pdf. Zugegriffen: 5. Febr. 2017.

Castro Varela, MdM. 2007. Wer bin ich? Und wer sagt das? Migrantinnen und die Zumutungen alltäglicher Zuschreibungen. In *Eva ist emanzipiert, Mehmet ist ein Macho. Zuschreibung, Ausgrenzung, Lebensbewältigung und Handlungsansätze im Kontext von Migration und Geschlecht*, Hrsg. C. Munsch, M. Gemende, und S. Weber-Unger-Rotino, 62–73. Weinheim: Juventa Verlag.

Castro Varela, MdM. 2013. „Parallelgesellschaften" und „Nationalmannschaften" – Überlegungen zur Kritik in der Kritischen Migrationsforschung. In *Migrationsforschung als Kritik? Konturen einer Forschungsperspektive*, Hrsg. P. Mecheril, O. Thomas-Olalde, C. Melter, S. Arens, und E. Romaner, 65–78. Wiesbaden: Springer VS.

Ceylan, R. 2006. *Ethnische Kolonien. Entstehung, Funktion und Wandel am Beispiel türkischer Moscheen und Cafés*. Wiesbaden: VS Verlag.

Corbin, J., und A. Strauss. 1990. Grounded theory research: Procedures, canons, and evaluative criteria. *Qualitative Sociology* 13 (1): 1990.

Cöster, A. 2016. *Frauen in Duisburg-Marxloh. Eine ethnographische Studie über die Bewohnerinnen eines deutschen „Problemviertels"*. Bielefeld: transcript.

Currle, E. 2006. Theorieansatz zur Erklärung von Rückkehr und Remigration. *soFid Migration und ethnische Minderheiten* 2006/2. http://www.gesis.org/fileadmin/upload/dienstleistung/fachinformationen/servicepublikationen/sofid/Fachbeitraege/Migration_2006-2.pdf. Zugegriffen: 5. Febr. 2016.

Dahinden, J. 2009. Neue Ansätze in der Migrationsforschung. Die transnationale Perspektive. *Terra Cognita. Schweizer Zeitschrift zu Integration und Migration* 15 (2): 16–19.

Dahinden, J. 2010. „Wenn soziale Netzwerke transnational werden." Migration, Transnationalität, Lokalität und soziale Ungleichheitsverhältnisse. In *Knoten und Kanten. Soziale Netzwerkanalyse in Wirtschafts- und Migrationsforschung*, Hrsg. M. Gamper und L. Reschke, 393–420. Bielefeld: transcript.

Dausien, B. 1996. *Biographie und Geschlecht. Zur biographischen Konstruktion sozialer Wirklichkeit in Frauenlebensgeschichten*. Bremen: Donat.

Dausien, B. 2000. Migration – Biographie – Geschlecht. Zur Einführung in einen mehrwertigen Zusammenhang. In *Migrationsgeschichten von Frauen: Beiträge und Perspektiven aus der Biographieforschung,* Hrsg. B. Dausien, M. Calloni, und M. Friese, 9–24. Werkstattberichte des IBL Universität Bremen, 7.

Dausien, B. 2018. Biographie und Sozialisation. In *Handbuch Biographieforschung*, Hrsg. H. Lutz, M. Schiebel, und E. Tuider, 197–208. Wiesbaden: Springer VS.

Dausien, B., und H. Kelle. 2009. Biographie und kulturelle Praxis. Methodologische Überlegungen zur Verknüpfung von Ethnographie und Biographieforschung. In *Biographieforschung im Diskurs*, 2. Aufl, Hrsg. B. Völter, B. Dausien, H. Lutz, und G. Rosenthal, 189–212. Wiesbaden: VS Verlag.

Dreßler, M. 2014. Die Aleviten. Eine Religionsgemeinschaft im Spannungsfeld türkischer Politik. http://www.bpb.de/internationales/europa/tuerkei/184986/die-aleviten. Zugegriffen: 1. Apr. 2018.

El-Mafaalani, A. 2012. *BildungsaufsteigerInnen aus benachteiligten Milieus. Habitustransformation und soziale Mobilität bei Einheimischen und Türkeistämmigen*. Wiesbaden: Springer VS.

El-Mafaalani, A., J. Waleciak, und G. Weitzel. 2016. Methodische Grundlagen und Positionen der qualitativen Migrationsforschung. In *Methoden der Migrationsforschung. Ein interdisziplinärer Forschungsleitfaden*, Hrsg. D.B. Maehler und H.U. Brinkmann, 61–96. Wiesbaden: Springer VS.

Elias, N., und J.L. Scotson. 1993. *Etablierte und Außenseiter*. Frankfurt a. M.: Suhrkamp Taschenbuch.

Esser, H. 2001. Integration und ethnische Schichtung, 40. Mannheim: Arbeitspapiere – Mannheimer Zentrum für Europäische Sozialforschung, 40.

Faist, T., M. Fauser, und E. Reisenauer. 2014. *Das Transnationale in der Migration. Eine Einführung*. Weinheim: Beltz.

Farrokhzad, S. 2007. *„Ich versuche immer, das Beste daraus zu machen." – Akademikerinnen mit Migrationshintergrund: Gesellschaftliche Rahmenbedingungen und biographische Erfahrungen*. Berlin: Irena Regener Verlag.

Fischer-Rosenthal, W., und G. Rosenthal. 1997. Narrationsanalyse biographischer Selbstpräsentationen. In *Sozialwissenschaftliche Hermeneutik*, Hrsg. R. Hitzler und A. Honer, 133–164. Opladen: Leske + Budrich.

Flick, U. 2012. *Qualitative Sozialforschung. Eine Einführung*. Reinbek bei Hamburg: Rowohlt Taschenbuch.

Flick, U., E. von Kardoff, und I. Steinke, Hrsg. 2012. *Qualitative Forschung. Ein Handbuch*. Reinbek bei Hamburg: Rowohlt Taschenbuch.

Foroutan, N. 2015. Die postmigrantische Gesellschaft. http://www.bpb.de/gesellschaft/migration/kurzdossiers/205190/die-postmigrantische-gesellschaft. Zugegriffen: 3. Apr. 2018.

Gamper, M. 2011. *Islamischer Feminismus in Deutschland? Religiosität, Identität und Gender in muslimischen Frauenvereinen*. Bielefeld: transcript.

Glaser, B.G., und A.L. Strauss. 1967. *The discovery of grounded theory: Strategies for qualitative research*. Chicago: Aldine.

Glaser, B.G., und A.L. Strauss. 2005. *Grounded Theory. Strategien qualitativer Forschung*. Bern: Huber.

Glick-Schiller, N. 2014. Das transnationale Migrationsparadigma: Globale Perspektiven auf die Migrationsgesellschaft. In *Kultur, Gesellschaft, Migration. Die reflexive Wende in der Migrationsforschung*, Hrsg. B. Nieswand und H. Drotbohm, 153–179. Wiesbaden: Springer VS.

Glick-Schiller, N., L. Basch, und C. Szanton-Blanc. 1992. Transnationalism: A New Analytic Framework for Understanding Migration. *Annals of the New York Academy of Sciences* 645 (1): 1–24. https://doi.org/10.1111/j.1749-6632.1992.tb33484.x/pdf.

Glick-Schiller, N., L. Basch, und C. Szanton-Blanc. 1995. From Immigrant to Transmigrant: Theorizing Transnational Migration. *Anthropological Quarterly* 68 (1): 48–63. (Published by: The George Washington University Institute for Ethnographic Research).

Goffman, E. 1967. *Stigma. Über Techniken der Bewältigung beschädigter Identität*. Frankfurt a. M.: Suhrkamp.

Gogolin, I., und L. Pries. 2004. Transmigration und Bildung. *Beitrag für Zeitschrift für Erzeihungswissenschaft* 1 (2004): 5–19.

Gölböl, Y. 2007. *Lebenswelten türkischer Migrantinnen der dritten Einwanderergeneration. Eine qualitative Studie am Beispiel von Bildungsaufsteigerinnen*. Herbolzheim: Centaurus-Verlag.

Goldring, L. 1997. Power and status in transnational social spaces. In *Transnationale Migration. Soziale Welt*, Sonderband 12, Hrsg. L. Pries, 179–195. Baden-Baden: NOMOS.

Granato, M. 2004. *Feminisierung der Migration – Chancengleichheit für (junge) Frauen mit Migrationshintergrund in Ausbildung und Beruf. Kurzexpertise für den Sachverständigenrat für Zuwanderung und Integration*. Bonn: Bundesinstitut für Berufsbildung (BIBB).

Griese, H.M. 2013. Hochqualifizierte TransmigrantInnen: Zum Wandel aktueller Bildungsbiographien im deutsch-türkischen Kontext. In *Transnationale Migration am Beispiel Deutschland und Türkei*, Hrsg. B. Pusch, 187–198. Wiesbaden: Springer VS.

Gümen, S., und L. Herwartz-Emden. 1996. Ethnische Stereotypen, Fremdheit und Abgrenzung. In *Osnabrücker Jahrbuch Frieden und Wissenschaft, III*, 181–197. Osnabrück: Universitätsverlag Rasch.

Gümüş, B. 2013. Transmigration zwischen Deutschland und Istanbul: Erwartungen, Erfolge und Ernüchterungen von Hochqualifizierten. In *Transnationale Migration am Beispiel Deutschland und Türkei*, Hrsg. B. Pusch, 323–338. Wiesbaden: Springer VS.

Gutiérrez Rodríguez, E. 1999. *Intellektuelle Migrantinnen – Subjektivitaten im Zeitalter von Globalisierung. Eine postkoloniale dekonstruktive Analyse von Biographien im Spannungsverhältnis von Ethnisierung und Vergeschlechtlichung*. Opladen: Leske + Budrich.

Ha, K.N. 1999. *Ethnizität und Migration*. Münster: Westfälisches Dampfboot.

Ha, K.N. 2009. The White German's Burden. Multikulturalismus und Migrationspolitik aus postkolonialer Perspektive. In *No integration?! Kulturwissenschaftliche Beiträge zur Integrationsdebatte in Europa*, Hrsg. S. Hess, J. Binder, und J. Moser, 51–72. Bielefeld: transcript.

Hall, S. 1996. Who Needs ‚Identity'? In *Questions of Cultural Identity*, Hrsg. S. Hall und P. Du Gay, 1–17. London: Sage.

Halm, D., und M. Sauer. 2006. Parallelgesellschaft und ethnische Schichtung. In *Aus Politik und Zeitgeschichte*, Beilage zur Wochenzeitung Das Parlament, Hrsg. Bundeszentrale für politische Bildung, 1–2/2006.

Halm, D., und D. Thränhardt. 2009. Der transnationale Raum Deutschland – Türkei. http://www.bpb.de/apuz/31736/der-transnationale-raum-deutschland-tuerkei?p=all. Zugegriffen: 1. Apr. 2018.

Han, P. 2010. *Soziologie der Migration*. Stuttgart: Lucius & Lucius.

Han, P. 2018. *Theorien zur internationalen Migration. Ausgewählte interdisziplinäre Migrationstheorien und deren zentrale Aussagen*, 2. Aufl. Konstanz: UVK.

Hanewinkel, V. 2012a. Aus der Heimat in die Heimat? Die Abwanderung hochqualifizierter türkeistämmiger deutscher Staatsangehöriger in die Türkei. Focus Migration, Kurzdossier 17. https://www.bpb.de/system/files/dokument_pdf/KD_Abwanderung%20Türkeistämmiger_deutsch.pdf. Zugegriffen: 27. Febr. 2018.

Hanewinkel, V. 2012b. Voraussetzungen für Einwanderung und Integration in der Türkei. http://www.bpb.de/gesellschaft/migration/kurzdossiers/132840/einwanderung-und-integration-in-der-tuerkei. Zugegriffen: 3. März 2018.

Hanrath, J. 2011. Vielfalt der türkeistämmigen Bevölkerung in Deutschland. *Aus Politik und Zeitgeschichte*: 50 Jahre Anwerbeabkommen mit der Türkei. 61 (43): 15–21.

Hartmann, J., C. Klesse, P. Wagenknecht, B. Fritzsche, und K. Hackmann. 2007. *Heteronormativität. Empirische Studien zu Geschlecht, Sexualität und Macht*. Wiesbaden: VS Verlag.

Heckmann, F. 1992. *Ethnische Minderheiten, Volk und Nation. Soziologie inter-ethnischer Beziehungen*. Stuttgart: Enke.

Heinrich-Böll-Stiftung. 2011. Zuhause in Almanya. Türkisch-deutsche Geschichten & Lebenswelten., Dossier. http://migration-boell.de/web/integration/47_3025.asp. Zugegriffen: 2. Sept. 2017.

Helfferich, C., und H. Klindworth. 2014. Familienentwicklung und Bildungsverläufe im Leben von Migrantinnen. In *Migration, Familie und Gesellschaft. Beiträge zu Theorie, Kultur und Politik*, Hrsg. T. Geisen, T. Studer, und E. Yildiz, 221–238. Wiesbaden: Springer VS.

Hess, S. 2013. Wider den methodologischen Kulturalismus in der Migrationsforschung: Für eine Perspektive der Migration. In *Kultur_Kultur. Denken. Forschen. Darstellen*, Hrsg. R. Johler, C. Marchetti, B. Tscofen, und C. Weith, 38. Kongress der Deutschen Gesellschaft für Volkskunde in Tübingen vom 21. bis 24. September 2011, 194–203. Münster: Waxmann.

Holzer, B. 2006. Fremde, Touristen, Transmigranten: lokaler Status und globale Rollen in der Weltgesellschaft. In *Soziale Ungleichheit, kulturelle Unterschiede: Verhandlungen des 32. Kongress der Deutschen Gesellschaft für Soziologie in München*, Hrsg. K.-S. Rehberg, Deutsche Gesellschaft für Soziologie, 4443–4450. Frankfurt a. M.: Campus.

Hummrich, M. 2009. *Bildungserfolg und Migration. Biografien junger Frauen in der Einwanderungsgesellschaft*. Wiesbaden: VS Verlag.

Hunn, K. 2004. „Irgendwann kam das Deutschlandfieber auch in unsere Gegend …". Türkische „Gastarbeiter" in der Bundesrepublik Deutschland – von der Anwerbung bis zur Rückkehrförderung. In *Geschichte und Gedächtnis in der Einwanderungsgesellschaft. Migration zwischen historischer Rekonstruktion und Erinnerungspolitik*, Hrsg. J. Motte und R. Ohliger, 73–88. Essen: Klartext.

Hüttermann, J. 2000. Der avancierende Fremde. Zur Genese von Unsicherheitserfahrungen und Konflikten in einem ethnisch polarisierten und sozialräumlich benachteiligten Stadtteil. *Zeitschrift für Soziologie* 29 (4): 275–293.

Hüttermann, J. 2011. Moscheekonflikte im Figurationsprozess der Einwanderungsgesellschaft: Eine soziologische Analyse. In *Migrationsreport 2010. Fakten – Analysen – Perspektiven*, Hrsg. M. Krüger-Potratz und W. Schiffauer, 39–82. Frankfurt: Campus.

Inowlocki, L., G. Riemann, und F. Schütze. 2010. Das forschende Lernen in der Biographieforschung – Europäische Erfahrungen. Einführung in den Themenschwerpunkt. *ZDQ Zeitschrift für Qualitative Forschung* 11 (2/2010): 183–195.

Jacob, J., S. Köbsell, und E. Wollrad. 2010. *Gendering Disability. Intersektionale Aspekte von Behinderung und Geschlecht*. Bielefeld: transcript.

Jacobsen, L. 2009. Abschied aus Almanya. http://www.spiegel.de/lebenundlernen/job/exodus-von-mustermigranten-abschied-aus-almanya-a-645054.html. Zugegriffen: 27. Febr. 2018

Karakaşoğlu, Y., Terkessidis, M. 2006. Gerechtigkeit für die Muslime! *DIE ZEIT*, Nr. 06/2006. http://www.zeit.de/2006/06/Petition. Zugegriffen: 3. März 2018

Karasu, K. 2010. „Nie mehr braver Türke",http://www.spiegel.de/panorama/gesellschaft/rueckkehrende-migranten-nie-mehr-braver-tuerke-a-716677.html. Zugegriffen: 27. Febr. 2018

Kaya, A., und F. Adaman. 2011. The impact of Turkish-Origin returnees/transmigrants on Turkish society. In *50 Jahre türkische Arbeitsmigration in Deutschland*, Hrsg. Ş. Ozil, M. Hofmann, und Y. Dayıoğli-Yücel, 37–57. Göttingen: V&R Unipress.

Keskin, H. 2009. *Deutsch-türkische Perspektiven. Plädoyer für eine zukunftsorientierte Integrationspolitik*. Schwalbach: Wochenschau.

King, R., und N. Kılınc. 2014. Rootes to Routes: Second-Generation Turks from Germany „Return" zu Turks. *Nordic Journal of Migration Research*. https://doi.org/10.2478/njmr-2014-0018.

Kleemann, F., Krähnke, U., und Matuschek, I. 2013. *Intepretative Sozialforschung. Eine Einführung in die Praxis des Interpretierens*. Wiesbaden: Springer VS.

Königseder, A. 2009. Feindbild Islam. In *Islamfeindschaft und ihr Kontext. Dokumentation der Konferenz „Feindbild Muslim – Feindbild Jude"*, Hrsg. W. Benz, 21–34. Berlin: Metropol.

Kontos, M. 2000. Migration als Emanzipationsprojekt? Vergleiche im Generationen- und Geschlechterverhältnis. In *Migrationsgeschichten von Frauen: Beiträge und Perspektiven aus der Biographieforschung*, Hrsg. B. Dausien, M. Calloni, und M. Friese, 169–199. Werkstattberichte des IBL Universität Bremen, 7.

Krenner, D., und B. Horneffer. 2013. Hochqualifizierte in Deutschland. Erhebung zu Karriereverläufen und internationaler Mobilität von Hochqualifizierten 2011. Hrsg. Statistisches Bundesamt, Wiesbaden. https://www.destatis.de/DE/Publikationen/Thematisch/BildungForschungKultur/Hochschulen/HochqualifizierteDeutschland5217205139004.pdf?_blob=publicationFile. Zugegriffen: 26. Febr. 2018

Kühnel, S., und J. Leibold. 2000. Die anderen und wir: Das Verhältnis zwischen Deutschen und Ausländern aus der Sicht der in Deutschland lebenden Ausländer. In *Deutsche und Ausländer: Freunde, Fremde oder Feinde? Empirische Befunde und theoretische Erklärungen*, Hrsg. R. Alba, P. Schmidt, und M. Wasmer, 111–146, Blickpunkt Gesellschaft 5. Wiesbaden: Westdeutscher Verlag GmbH.

Laaser, M. 2008. Rückkehr und Entwicklung – Folgen von Rückkehr im Herkunftsland., COMCAD Arbeitspapiere - Working Papers No. 36, 2008, http://uni-bielefeld.de/tdrc/ag_comcad/downloads/workingpaper_36_Laaser.pdf. Zugegriffen: 5. Febr. 2016

Lucius-Hoene, G., und A. Deppermann. 2002. *Rekonstruktion narrativer Identität*. Opladen: Lesk + Budrich.

Lutz, H. 2004. Migrations- und Geschlechterforschung: Zur Genese einer komplizierten Beziehung. In *Handbuch Frauen- und Geschlechterforschung: Theorie, Methoden, Empirie*, Hrsg. R. Becker und B. Kortendiek, 565–573. Wiesbaden: VS Verlag.

Lutz, H. 2007. *Vom Weltmarkt in den Privathaushalt. Die neuen Dienstmädchen im Zeitalter der Globalisierung*. Opladen: Budrich.

Lutz, H., M. Schiebel, und E. Tuider. 2018. Einleitung: Ein Handbuch der Biographieforschung. In *Handbuch Biographieforschung*, Hrsg. H. Lutz, M. Schiebel, und E. Tuider, 1–8. Wiesbaden: Springer VS.

Maehler, D.B., und H.U. Brinkmann, Hrsg. 2016. *Methoden der Migrationsforschung. Ein interdisziplinärer Forschungsleitfaden*. Wiesbaden: Springer VS.

Mead, G. 1993. *Geist, Identität und Gesellschaft*, 9. Aufl. Frankfurt a. M.: Suhrkamp Taschenbuch.

Mecheril, P. 1994. Die Lebenssituation Anderer Deutscher. Eine Annäherung in dreizehn thematischen Schritten. In *Andere Deutsche Zur. Lebenssituation von Menschen multiethnischer und multikultureller Herkunft*, Hrsg. P. Mecherilund und T. Teo, 57–94. Berlin: Dietz Verl. GmbH.

Mecheril, P. 2001. Pädagogiken natio-kultureller Mehrfachzugehörigkeit. Vom „Kulturkonflikt" zur „Hybridität". In *Diskurs* 10 2001/ 2, 41–48.

Mecheril, P. 2003. *Prekäre Verhältnisse. Über natio-ethno-kulturelle (Mehrfach-)Zugehörigkeit*. Münster: Waxmann Verlag GmbH.

Mecheril, P. 2010. *Migrationspädagogik*. Weinheim: Beltz.

Mecheril, P. 2014. Was ist das X im Postmigrantischen? *sub urban* 2 (3): 107–112.

Mecheril, P., und T. Teo. 1994. *Andere Deutsche. Zur Lebenssituation von Menschen multiethnischer und multikultureller Herkunft*. Berlin: Dietz Verl. GmbH.

Mecheril, P., O. Thomas-Olalde, C. Melter, S. Arens, und E. Romaner, Hrsg. 2013. *Migrationsforschung als Kritik? Konturen einer Forschungsperspektive*. Wiesbaden: Springer VS.

Merz-Benz, P.-U. 2015. Paul Siu's „Gastarbeiter". Ein Leben zwischen „symbiotischer Segregation" und „sozialer Isolation". In *Schlüsselwerke der Migrationsforschung. Pionierstudien und Referenztheorien*, Hrsg. J. Reuter und P. Mecheril, 97–112. Wiesbaden: Springer VS.

Merz-Benz, P.-U., und G. Wagner. 2002. *Der Fremde als sozialer Typus*. Konstanz: UVK.

Messerschmidt, A. 2015. Fremd machen. Zygmunt Baumans Retrospektionen moderner nationaler Zugehörigkeitsordnungen. In *Schlüsselwerke der Migrationsforschung. Pionierstudien und Referenztheorien*, Hrsg. J. Reuter und P. Mecheril, 215–230. Wiesbaden: Springer VS.

Morokvasic, M. 2009. Migration, Gender, Empowerment. In *Gender Mobil? Geschlecht und Migration in transnationalen Räumen*, Hrsg. H. Lutz, 28–51. Münster: Westfälisches Dampfboot.

Müller, T., und A. Skeide. 2018. Grounded theory und biographieforschung. In *Handbuch Biographieforschung*, Hrsg. H. Lutz, M. Schiebel, und E. Tuider, 49–61. Wiesbaden: Springer VS.

Münkler, H., und B. Ladwig. 1997. Dimensionen der Fremdheit. In *Furcht und Faszination. Facetten der Fremdheit*, Hrsg. H. Münkler und B. Ladwig, 11–44. Berlin: Akadamie.

Nergiz, D.D. 2011. „Gäste können nicht mitspielen" – Mandatsträger mit Migrationshintergrund kommen zu Wort. In *Migranten in der deutschen Politik*, Hrsg. M. Oppong, 63–78. Wiesbaden: VS Verlag.

Nieswand, B., und H. Drotbohm. 2014a. *Kultur, Gesellschaft, Migration. Die reflexive Wende in der Migrationsforschung*. Wiesbaden: Springer VS.

Nieswand, B., und H. Drotbohm. 2014b. Einleitung: Die reflexive Wende in der Migrationsforschung. In *Kultur, Gesellschaft, Migration. Die reflexive Wende in der Migrationsforschung*, Hrsg. B. Nieswand und H. Drotbohm, 1–37. Wiesbaden: Springer VS.

Nohl, A. 2009. *Interview und dokumentarische Methode. Anleitungen für die Forschungspraxis*, 3. Aufl. Wiesbaden: VS Verlag.

Nordhausen, F. 2013. Polizei riegelt Erdogans Amtssitz ab. *Frankfurter Rundschau*. http://www.fr.de/politik/tuerkei-polizei-riegelt-erdogans-amtssitz-ab-a-700606. Zugegriffen: 5. Apr. 2018.

Olivier-Mensah, C., und S. Scholl-Schneider. 2016. Transnational return? On the interrelation of family, remigration, and transnationality – An introduction. *Transnational Social Review – A Social Work Journal*. https://doi.org/10.1080/21931674.2016.1186371.

Oltmer, J. 2012. *Globale Migration. Geschichte und Gegenwart*. München: Beck.

Oswald, I. 2007. *Migrationssoziologie*. Konstanz: UVK.

Otyakmaz, B.Ö. 1995. *Auf allen Stühle. Das Selbstverständnis junger türkischer Migrantinnen in Deutschland*. Köln: Neuer Isp-Verlag.

Özoğuz, A. 2016. 11. Bericht der Beauftragten der Bundesregierung für Migration, Flüchtlinge und Integration – Teilhabe, Chancengleichheit und Rechtsentwicklung in der Einwanderungsgesellschaft Deutschland. https://www.bundesregierung.de/Content/Infomaterial/BPA/IB/11-Lagebericht_09-12-2016.pdf?__blob=publicationFile&v=6. Zugegriffen: 25. Febr. 2018.

Paraschou, A. 2001. *Remigration in die Heimat oder Emigration in die Fremde? Beitrag zur europäischen Migrationsforschung am Beispiel remigrierter griechischer Jugendlicher*. Frankfurt a. M.: Peter.

Park, R.E. 1928. Migration und der Randseiter. In *Der Fremde als sozialer Typus*, Hrsg. P.-U. Merz-Benz und G. Wagner, 55–71. Konstanz: UVK.

Popal, M. 2007. Kopftücher HipHop – Körper sprechen schweigend (andere) Geschichten. In *Re/visionen. Postkoloniale Perspektiven von People of Color auf Rassismus, Kulturpolitik und Widerstand in Deutschland*, Hrsg. K.N. Ha, N.L. al-Samarai, und S. Mysorekar, 87–109. Münster: Unrast.

Pries, L. 1997. *Transnationale migration*. Baden-Baden: Nomos.

Pries, L. 2008. *Die Transnationalisierung der sozialen Welt. Sozialräume jenseits von Nationalgesellschaften*. Frankfurt a. M.: Suhrkamp.

Pries, L. 2010a. *Transnationalisierung. Theorie und Empirie grenzüberschreitender Vergesellschaftung*. Wiesbaden: VS Verlag.

Pries, L. 2010b. *Internationale migration*, 3. unv. Aufl. Bielefeld: Transcript.

Pries, L. 2015. Florian W. Znaniecki und William I. Thomas „The Polish Peasent in Europe and America". Eine Grundlegung der Soziologie und der Migrationsforschung. In *Schlüsselwerke der Migrationsforschung. Pionierstudien und Referenztheorien*, Hrsg. J. Reuter und P. Mecheril, 11–30. Wiesbaden: Springer VS.

Pusch, B. 2013. Einleitung: Zur transnationalen deutsch-türkischen Migration. In *Transnationale Migration am Beispiel Deutschland und Türkei*, Hrsg. B. Pusch, 11–27. Wiesbaden: Springer VS.

Reuter, J. 2002. *Ordnungen des Anderen. Zum Problem des Eigenen in der Soziologie des Fremden*. Bielefeld: transcript.

Reuter, J. 2010. Der Fremde. In *Diven, Hacker, Spekulanten. Sozialfiguren der Gegenwart*, Hrsg. S. Moebius und M. Schroer, 161–173. Berlin: Suhrkamp.

Reuter, J., und P. Mecheril. 2015. Einleitung. In *Schlüsselwerke der Migrationsforschung. Pionierstudien und Referenztheorien*, Hrsg. J. Reuter und P. Mecheril, 1–7. Wiesbaden: Springer VS.

Reuter, J., und N. Warrach. 2015. Die Fremdheit der Migrant_innen: Migrationssoziologische Perspektiven im Anschluss an Georg Simmels und Alfred Schütz' Analysen des Fremdseins. In *Schlüsselwerke der Migrationsforschung. Pionierstudien und Referenztheorien*, Hrsg. J. Reuter und P. Mecheril, 169–190. Wiesbaden: Springer VS.

Reuter, J., und M. Wieser. 2005. „Dazwischen-Sein". Zur Konvergenz postkolonialer und postfeministischer Diskurse. In *Diskurse der Gewalt, Gewalt der Diskurse*, Hrsg. M. Schultze, J. Meyer, B. Krause, und D. Fricke, 59–73. Frankfurt a. M.: Peter.

Rommelspacher, B. 1998. *Dominanzkultur. Texte zu Fremdheit und Macht*. Berlin: Orlanda Frauenverlag GmbH.

Rommelspacher, B. 2002. *Anerkennung und Ausgrenzung. Deutschland als multikulturelle Gesellschaft*. Frankfurt a. M.: Campus.

Rommelspacher, B. 2007. Geschlecht und Migration in einer globalisierten Welt. Zum Bedeutungswandel des Emanzipationsbegriffs. In *Eva ist emanzipiert, Mehmet ist ein Macho. Zuschreibung, Ausgrenzung, Lebensbewältigung und Handlungsansätze im Kontext von Migration und Geschlecht*, Hrsg. C. Munsch, M. Gemende, und S. Weber-UngerRotino, 49–61. Weinheim: Juventa.

Rosen, L. 2011. *„In der fünften Klasse, das war dann ... wirklich so, dass ... wir erst mal unter Türken gewesen sind." Eine biografieanalytische Studie zu Identitätskonstruktionen bildungsbenachteiligter Migrant(inn)en*. Berlin: Verlag Irena Regener.

Rumpf 2018. Arbeit und Aufenthalt in der Türkei. Das türkische Arbeitsrecht für in- und ausländische Arbeitnehmer. http://www.tuerkei-recht.de/downloads/Arbeit_und_Aufenthalt_Tuerkei.pdf. Zugegriffen: 1. Apr. 2018.

Salzborn, S. 2006. Ethnizität und ethnische Identität Ein ideologiekritischer Versuch. *Zeitschrift für kritische Theorie*, 22–23/2006, 99–119.

Scherr, A. 2017. Soziologische Diskriminierungsforschung. In *Handbuch Diskriminierung*, Hrsg. A. Scherr, A. El–Mafaalani, und G. Yüksel, 39–58. Wiesbaden: Springer VS.

Schiffauer, W. 2004. Opposition und Identifikation – zur Dynamik des „Fußfassens". Von der „Gastarbeit" zur Partizipation in der Zivilgesellschaft. In *Geschichte und Gedächtnis in der Einwanderungsgesellschaft. Migration zwischen historischer Rekonstruktion und Erinnerungspolitik*, Hrsg. J. Motte und R. Ohliger, 89–98. Essen: Klartext.

Schiffauer, W. 2008. *Parallelgesellschaften. Wie viel Wertekonsens braucht unsere Gesellschaft? Für eine kluge Politik der Differenz*. Bielefeld: transcript.

Schmitz, A. 2013. *Transnational leben. Bildungserfolgreiche (Spät-)Aussiedler zwischen Deutschland und Russland*. Bielefeld: transcript.

Schneider, J., R. Yemane, und M. Weinmann. 2014. Diskriminierung am Ausbildungsmarkt. Ausmaß, Ursachen und Handlungsperspektiven. Hrsg. Forschungsbereich beim Sachverständigenrat deutscher Stiftungen für Integration und Migration (SVR).

Schönhuth, M. 2005. Heimat. In *Das Kulturglossar. Ein Vademecum durch den Kulturdschungel für Interkulturalisten*, Hrsg. M. Schönhuth, http://www.kulturglossar.de/html/h-begriffe.html#heimat. Zugegriffen: 18. Apr. 2018.

Schönhuth, M. 2008a. Rückkehrstrategien von Spätaussiedlern im Kontext sich wandelnder Migrationsregime. Ein Beitrag zur Modelltheorie. In COMCAD Arbeitspapier 55, Bielefeld. https://www.uni-bielefeld.de/tdrc/ag_comcad/downloads/workingpaper_55_sch%C3%B6nhut.pdf. Zugegriffen: 5. Febr. 2015.

Schönhuth, M. 2008b. Remigration von Spätaussiedlern. Ethnowissenschaftliche Annäherungen an ein neues Forschungsfeld. *IMIS-Beiträge* 33: 61–83. http://www.imis.uni-osnabrueck.de/pdffiles/imis33.pdf Zugegriffen: 5.Febr. 2015.

Schütz, A. 1972. Der Fremde. Ein sozialpsychologischer Versuch. In *Der Fremde als sozialer Typus*, Hrsg. P.-U. Merz-Benz und G. Wagner, 2002, 73–92. Konstanz: UVK (Erstveröffentlichung 1944).

Schütze, F. 1976. Zur Hervorlockung und Analyse von Erzählungen thematisch relevanter Geschichten im Rahmen soziologischer Feldforschung: dargestellt an einem Projekt zur Erforschung von kommunalen Machtstrukturen. In *Kommunikative Sozialforschung: Alltagswissen und Alltagshandeln, Gemeindemachtforschung, Polizei, politische Erwachsenenbildung*, Hrsg. A. Weymann und Arbeitsgruppe Bielefelder Soziologen, 159–260. München: Fink.

Sezer, K., und Dağlar, N. 2009. *TASD-Spektrum 2: Die Identifikation der TASD mit Deutschland.* Sozialstudie über Türkische Akademiker und Studierende in Deutschland, futureorg Institut für angewandte Zukunfts- und Organisationsforschung.

Schütze, F. 1983. Biographieforschung und narratives Interview. *Neue Praxis* 13 (3): 283–293.

Sieber, C. 2012. Der „dritte Raum des Aussprechens" – Hybridität – Minderheitendifferenz. Homi K. Bhabha: „Tbe Location of Culture". In *Schlüsselwerke der Postcolonial Studies*, Hrsg. J. Reuter und A. Karentzos, 97–108. Wiesbaden: Springer VS.

Sievers, I., und H. M. Griese. 2010. Bildungs- und Berufsbiographien erfolgreicher Transmigranten. http://www.bpb.de/apuz/32371/bildungs-und-berufsbiografien-erfolgreicher-transmigranten?p=all. Zugegriffen: 3. März 2017.

Sievers, I., H.M. Griese, und R. Schulte. 2010. *Bildungserfolgreiche Transmigranten. Eine Studie über deutsch-türkische Migrationsbiographien.* Frankfurt a. M.: Brandes & Apsel.

Simmel, G. 1908. Exkurs über den Fremden. In *Der Fremde als sozialer Typus*, Hrsg. P.-U. Merz-Benz und G. Wagner, 47–53. Konstanz: UVK.

Siouti, I. 2013. *Transnationale Biographien. Eine biographieanalytische Studie über Transmigrationsprozesse bei der Nachfolgegeneration griechischer Arbeitsmigranten.* Bielefeld: transcript.

Siu, P.C.P. 1952. Der Gastarbeiter. In *Der Fremde als sozialer Typus*, Hrsg. P.-U. Merz-Benz und G. Wagner, 111–137. Konstanz: UVK.

Splitt, J. 2013. Offshoring und Migration: Transnationale Biographien deutsch-türkischer Callcenter-Agents in Istanbul. In *Transnationale Migration am Beispiel Deutschland und Türkei*, Hrsg. B. Pusch, 253–263. Wiesbaden: Springer VS.

Stagl, J. 1997. Grade der Fremdheit. In *Furcht und Faszination. Facetten der Fremdheit*, Hrsg. L. Münkler und B. Ladwig, 85–115. Berlin: Akademie.

Stahl, S. 2013. Türkische Sportvereine in Deutschland als Kristallisationspunkt transnationaler Netzwerke und Identitäten. In *Transnationale Migration am Beispiel Deutschland und Türkei*, Hrsg. B. Pusch, 215–233. Wiesbaden: Springer VS.

Stanat, P., D. Rauch, und M. Segeritz. 2010. Schülerinnen und Schüler mit Migrationsintergrund. In *PISA 2009. Bilanz nach einem Jahrzehnt*, Hrsg. E. Klieme, C. Artelt, J. Hartig, N. Jude, O. Köller, M. Prenzel, W. Schneider, und P. Stanat, 200–230. Münster: Waxmann.

Statista. 2017. Anzahl der Ausländer in Deutschland nach Herkunftsland in den Jahren 2016 und 2017. https://de.statista.com/statistik/daten/studie/1221/umfrage/anzahl-der-auslaender-in-deutschland-nach-herkunftsland/. Zugegriffen: 19. Febr. 2018.

Statistisches Bundesamt. 2007. Bevölkerung und Erwerbstätigkeit. Bevölkerung mit Migrationshintergrund – Ergebnisse des Mikrozensus 2005. https://www.destatis.de/DE/Publikationen/Thematisch/Bevoelkerung/MigrationIntegration/Migrationshintergrund2010220057004.pdf?__blob=publicationFile. Zugegriffen: 26. Febr. 2018.

Statistisches Bundesamt. 2017. Bevölkerung und Erwerbstätigkeit. Bevölkerung mit Migrationshintergrund – Ergebnisse des Mikrozensus 2016. https://www.destatis.de/

DE/Publikationen/Thematisch/Bevoelkerung/MigrationIntegration/Migrationshintergrund2010220167004.pdf;jsessionid=80010BB11CA19023047271297A6126C1.InternetLive1?__blob=publicationFile. Zugegriffen: 26. Febr. 2018.

Statistisches Bundesamt. 2018. Bevölkerung und Erwerbstätigkeit. Wanderungsergebnisse – Übersichtstabellen 2016. https://www.destatis.de/DE/Publikationen/Thematisch/Bevoelkerung/Wanderungen/vorlaeufigeWanderungen.html. Zugegriffen: 10. Juni 2018.

Stichweh, R. 1997. Der Fremde – Zur Soziologie der Indifferenz. In *Furcht und Faszination. Facetten der Fremdheit*, Hrsg. H. Münkler und B. Ladwig, 45–64. Berlin: Akademie.

Stojanov, K. 2010. Der Migrationshintergrund als Topos in gegenwärtigen Diskursen über Bildungsgerechtigkeit. In *Spannungsverhältnisse. Assimilationsdiskurse und interkulturell-pädagogische Forschung*, Hrsg. P. Mecheril, Í. Dirim, M. Gomolla, S. Hornberg, und K. Stojanov, 79–90. Münster: Waxmann.

Strauss, A.L. 1994. Anselm Strauss im Interview mit Heiner Legewie und Barbara Schervier-Legewie 2004. „Forschung ist harte Arbeit, es ist immer ein Stück Leiden damit verbunden. Deshalb muss es auf der anderen Seite Spaß machen". *FQS* 5 (3): 22.

Struve, K. 2013. *Zur Aktualität von Homi K. Bhabha. Einleitung in sein Werk.* Wiesbaden: Springer VS.

Terkessidis, M. 2010. *Interkultur*. Berlin: Suhrkamp Verlag.

Tönnies, F. 1887. *Gemeinschaft und Gesellschaft. Abhandlung des Communismus und des Socialismus als empirischer Culturformen.* Leipzig: Fues's.

Treibel, A. 2003. *Migration in modernen Gesellschaften. Soziale Folgen von Einwanderung, Gastarbeit und Flucht*, 3. Aufl. Weinheim: Juventa.

Treibel, A. 2015. *Integriert Euch! Plädoyer für ein selbstbewusstes Einwanderungsland.* Frankfurt a. M.: Campus.

Tuider, E. 2007. Diskursanalyse und Biographieforschung. Zum Wie und Warum von Subjektpositionierungen. In *Forum Qualitative Sozialforschung/Forum: Qualitative Social Research* 8(2):6. http://nbn-resolving.de/urn:nbn:de:0114-fqs070268. Zugegriffen: 5. März 2018.

Tuider, E., und M. Trzeciak. 2015. Migration, Doing difference und Geschlecht. In *Schlüsselwerke der Migrationsforschung. Pionierstudien und Referenztheorien*, Hrsg. J. Reuter und P. Mecheril, 361–378. Wiesbaden: Springer VS.

Uslucan, H.-H. 2011. Wie fremd sind uns „die Türken"? In *Aus Politik und Zeitgeschichte*: 50 Jahre Anwerbeabkommen mit der Türkei. *61. Jahrgang* 43 (2011): 3–8.

Uslucan, H.-H. 2013. Psychologische Aspekte der Integration von Zuwanderern. In *Neue Impulse für die Integrationspolitik*, Hrsg. M. M. Borchard, und K. Senge, 35-48. Sankt Augustin: Konrad-Adenauer-Stiftung e. V. http://www.kas.de/wf/doc/kas_36845-544-1-30.pdf?140324153134. Zugegriffen: 22. Febr. 2018.

Warrach, N. 2013. *‚Fremde' im Revier. Ein Blick der zweiten Generation türkeistämmiger Männer auf Duisburg-Marxloh.* Frankfurt a. d. Oder: Europa-Universität Viadrina. (unveröffentlichte Masterarbeit).

Warrach, N., und J. Reuter. 2016. Migration trotz Bildungserfolg? Der Fall türkeistämmiger Akademikerinnen. In *Symbolische Ordnung und Bildungsungleichheit in der Migrationsgesellschaft*, Hrsg. E. Arslan und K. Bozay, 107–122. Wiesbaden: Springer VS.

Weber, M. 1972. *Wirtschaft und Gesellschaft.* Tübingen: Mohr Siebeck.

Wessendorf, S. 2013. *Second-Generation Transnationalism and Roots Migration. Cross-Border Lives.* Surrey: Ashgate Publishing Limited.

Westphal, M. 2004. Migration und Genderaspekte. http://www.gesunde-maenner.ch/data/data_172.pdf. Zugegriffen: 23. Febr. 2018.

Wetzel. 2013. „Servus Münih!". http://www.sueddeutsche.de/muenchen/tuerken-wandern-aus-deutschland-aus-servus-muenih-1.1606445. Zugegriffen: 27. Febr. 2018.

Wimmer, A., und N. Glick-Schiller. 2002. Methodological nationalism and beyond: Nation-state building, migration and the social sciences. In *Global Networks* 2:301–334. http://www.columbia.edu/~aw2951/B52.pdf. Zugegriffen: 26. Febr. 2018.

Yildiz, E. 2009. Vom hegemonialen zu einem diversitätsbewussten Blick auf die Migrationsgesellschaft. http://www.migration-boell.de/web/diversity/48_2212.asp. Zugegriffen: 1. Apr. 2018.

ZEIT Online. 2012. „Viele Deutschtürken planen Rückkehr in Türkei". http://www.zeit.de/gesellschaft/zeitgeschehen/2012-08/tuerken-deutschland-lebenszufriedenheit. Zugegriffen: 27. Febr. 2018.

ZEIT Online. 2018. Horst Seehofer. „Der Islam gehört nicht zu Deutschland". https://www.zeit.de/politik/deutschland/2018-03/horst-seehofer-islam-deutschland. Zugegriffen: 17. März 2018.

Zentrum für Türkeistudien. 1995. *Migration und Emanzipation. Türkische Frauen in NRW verwirklichen ihre beruflichen und privaten Vorstellungen*. Opladen: Leske + Budrich.

ZfTI. 2016. Wandern türkeistämmige Hochqualifizierte ab? Die berufliche Lage und Wanderungsabsichten hochqualifizierter Türkeistämmiger in Deutschland – vorläufige Auswertung. http://zfti.de/wp-content/uploads/2016/07/ZFTI_AKTUELL-8Tuerkische Akademiker.pdf. Zugegriffen: 28. Febr. 2018.

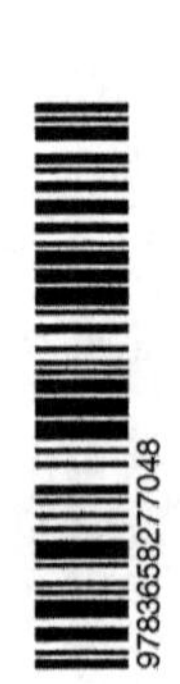
9783658277048